岳阳县年鉴

2015

中 共 岳 阳 县 委 员 会
岳 阳 县 人 民 政 府 主办

岳阳县委党史地方志办公室 编

方志出版社
Publishing House of Local Records

图书在版编目（CIP）数据

岳阳县年鉴. 2015/岳阳县委党史地方志办公室编
--北京：方志出版社，2015.9
ISBN 978-7-5144-1701-2

Ⅰ. ①岳… Ⅱ. ①岳… Ⅲ. ①岳阳县—2015—年鉴
Ⅳ. ①Z526.44

中国版本图书馆CIP数据核字（2015）第225495号

岳阳县年鉴（2015）

编　　者：岳阳县委党史地方志办公室
责任编辑：齐笑　张颢

出 版 人：冀祥德
出 版 者：方志出版社
　　　　　地址　北京市朝阳区潘家园东里9号（国家方志馆4层）
　　　　　邮编　100021
　　　　　网址　http://www.fzph.org
发　　行：方志出版社发行中心
　　　　　电话（010）67110500
经　　销：各地新华书店
印　　刷：岳阳市岳阳楼区新盛彩色印刷厂

开　　本：889×1194　1/16
印　　装：19
字　　数：568千字
版　　次：2015年9月第1版　2015年9月第1次印刷
印　　数：0001~1000册

ISBN 978-7-5144-1701-2　定价：260.00元

编 辑 说 明

一、《岳阳县年鉴》的编辑，以中国特色社会主义理论体系为指导，是中共岳阳县委、岳阳县人民政府主办，中共岳阳县委党史地方志办公室承编，岳阳县各乡镇、各部门（包括湖南省、岳阳市、解放军、武警消防驻岳阳县有关单位）共同参与编纂，全面反映岳阳县县情的大型综合性年刊。《岳阳县年鉴（2015）》卷为总第12卷，主要记载2014年岳阳县自然、政治、经济、文化和社会发展的基本情况，为社会各界和海内外人士了解和研究岳阳县提供基本资料。

二、本年鉴采用分类编辑法，以篇目、分目、条目组成框架结构的主体部分，全书条目标题统一用黑体加方头括号（【】）表示。

三、本年鉴记述时限为2014年1月1日至12月31日，特载部分内容涉及2015年。

四、本年鉴所载领导人名录以2014年12月31日在职为准，以各单位提供的资料为主要依据。

五、本年鉴稿件内容和数据均由各单位提供并经撰稿单位领导审核，然后由年鉴编辑部编辑，年鉴编委会终审定稿。凡涉及全县性的经济和社会发展的主要数据，均以县统计局提供的数据为准。

六、本年鉴的编辑出版，得到了各级领导大力支持和相关单位的通力协作，在此深表谢意。鉴于我们编辑水平有限，难免出现疏漏，不妥之处，恳请读者批评指正。

《岳阳县年鉴》编辑委员会

李凌峰　　月田镇党委书记
汪东九　　县职业中专党委副书记、校长
张文毅　　长湖乡党委书记
张忠新　　县城市建设投资管理中心党组书记、主任
杨　盛　　城关镇党委书记
吴旺兴　　黄沙街镇党委书记
邹飞跃　　相思乡党委书记
杨前进　　县人民政府办公室主任
余大红　　县委组织部常务副部长
易治国　　县纪委副书记、监察局局长、预防腐败局局长
陈　琳　　县委统战部常务副部长
陈亚兵　　副处级干部、县民政局党组书记、局长
周代建　　饶村乡党委书记
周方年　　县林业局党委书记、局长
段德平　　县人民检察院党组书记、检察长
姚海洋　　县交通运输管理局党委书记、局长
袁文琪　　县财政局党组书记、局长
黄运斌　　县司法局党组书记、局长
陶　波　　县移动公司经理
彭四旺　　县统计局党组书记、局长
彭浪英　　县政协副主席（兼）、县生态工业园管委会主任
喻新亚　　县人民医院院长
廖亚辉　　步仙乡党委书记
黎晓军　　新墙镇党委书记

《岳阳县年鉴》编辑部

主　　编　余泽世

常务副主编　何　勇

执行副主编　曹　瑜

摄　　影　许伟军

　　　　　陈　嵬

责任编辑　任冬姣

　　　　　费淑荷

版式设计　李仕玉

校　　对　潘　晴

目　　录

特　载

巴陵论坛

大事记

岳阳县综述

政 治

国防建设

法 治

群众团体

综合经济与管理

工信·电力

农林水

东洞庭湖管理

旅 游

贸 易

金融保险

教育·体育·科技

广播电视·文化

卫 生

社会生活

乡镇概况

先进人物

附录:岳阳县特色农产品简介

2014年7月23日，省委书记、省人大常委会主任徐守盛（前排右三）到岳阳县生态工业园调研

2014年8月14日，省委副书记、省长杜家毫（右一）到岳阳县生态工业园调研

2014年8月9日，省委副书记孙金龙（右一）到岳阳县生态工业园调研

2014年11月14日，副省长张硕辅（右一）到岳阳县调研农村能源建设工作

2014年7月30日，市委书记卿渐伟（左三）到岳阳县生态工业园调研

2014年3月27日，市委副书记、市长盛荣华（左二）到岳阳县新墙镇调研

2014年4月15日，县委书记毛知兵（中）深入篢口镇调研新农村建设工作

2014年11月6日，县委副书记、县长张中于（右三）到铁山库区调研水资源保护工作

岳阳县荣获全国文明城市提名城市

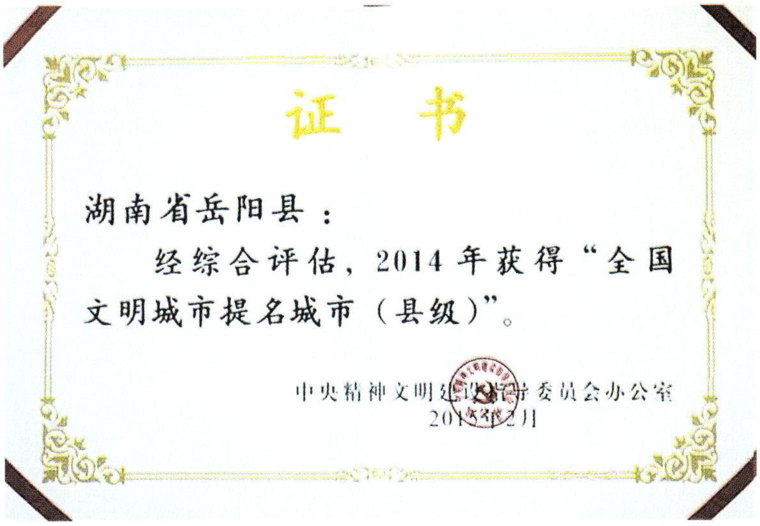
证书

湖南省岳阳县：

经综合评估，2014 年获得“全国文明城市提名城市（县级）”。

中央精神文明建设指导委员会办公室

2015年2月

2015 年 2 月 28 日下午，全国精神文明建设工作表彰暨学雷锋志愿服务大会在北京人民大会堂隆重举行。县委书记毛知兵参加会议，现场聆听中央领导的殷殷嘱托，并领取了全国文明城市提名城市荣誉证书。

“文明建设没有终点。”毛知兵说，这次荣获提名，既标志岳阳县文明建设工作跃上了新台阶，同时也是我们向新的更高水平迈进的一个新起点。今后，我们还要进一步发扬创文精神，继续努力，顽强奋斗，全面提升各方面的工作水平，不断开创岳阳县文明发展的新局面，争取早日进入全国文明城市行列。

县城掠影

秀丽无限东洞庭

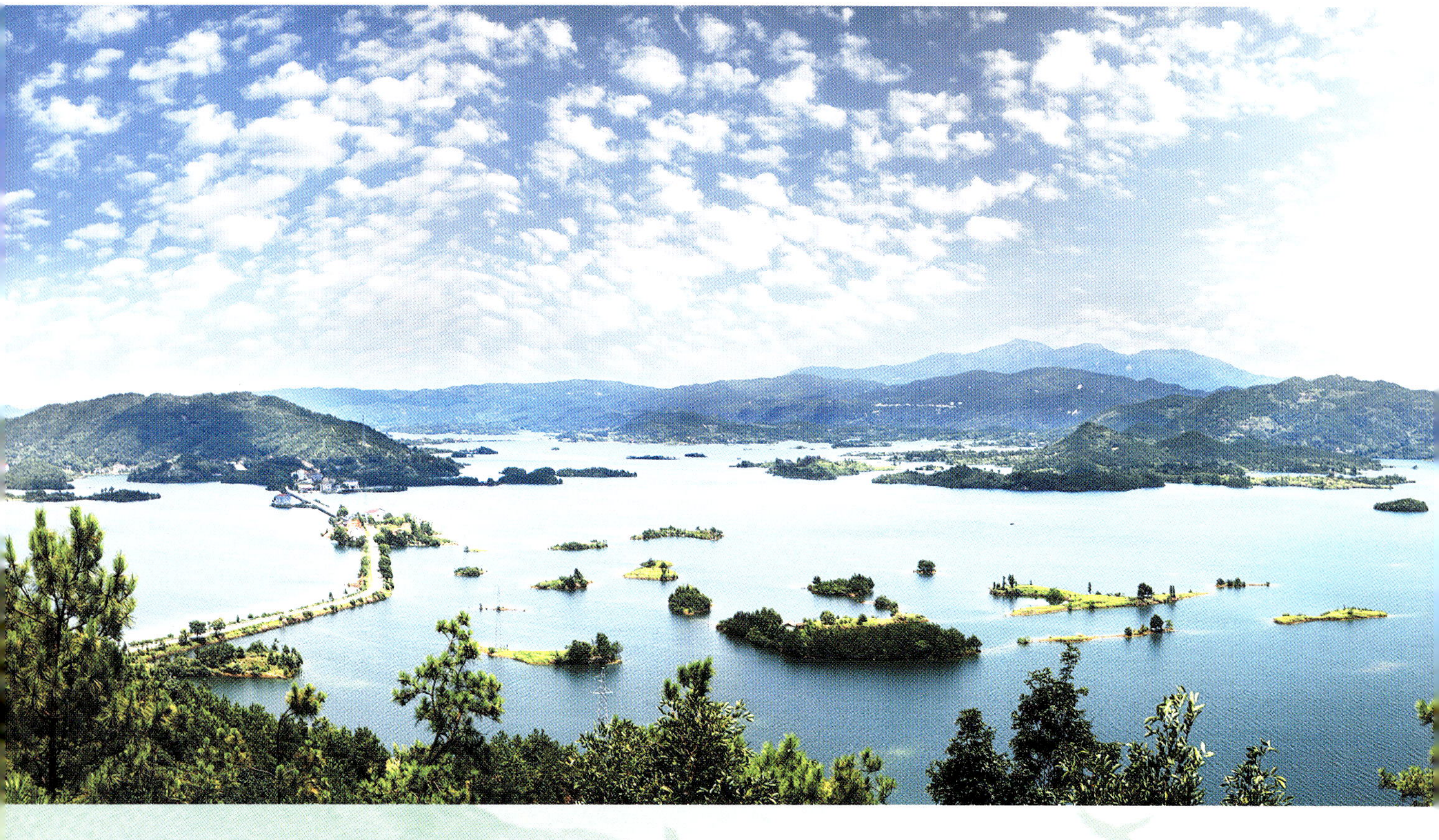

白云碧水映铁山

工业园区放异彩

2014年7月23日，省委书记、省人大常委会主任徐守盛到县生态工业园调研

2014年8月14日，省委副书记、省长杜家毫到县生态工业园调研

工业园领导班子在工地现场研究园区建设

湖南省医药领头企业——湖南科伦制药有限公司

湖南椰星食品饮料有限公司

中粮米业（岳阳）有限公司

湖南茂昌医药有限公司

湖南省金海科技有限公司

岳阳大力神电磁机械有限公司

湖南利尔康生物股份有限公司

城建投资硕果丰

县城建投资管理中心下设办公室、工程技术股、财务股、县中小企业信用担保公司。其主要职能和经营范围为：代表政府行使城建项目投资主体职能；代表政府进行城建资金的举债和还贷；统一运作国有资产、垄断经营城市规划区内土地；负责城建项目的市场化运作和开发经营；负责全县中小企业信用担保监管。2014，县城建投资管理中心在投资融资、城市建设、城市经营、自身建设等方面取得了一定的成绩,荣获岳阳县争取国家投入先进单位。

县人大常委会主任汤森林（左一）在张忠新等陪同下察看工业园游园建设情况

县委常委、副县长刘小良一行察看文胜南路建设情况

城建投领导到帮扶企业湖南金诺纸业包装有限公司调研

城建投领导到帮扶贫困村中洲乡白沙村指导工作

城建投主任张忠新一行察看人寿棋韵小游园建设情况

明镜高悬尧舜天

省委常委、省委政法委书记孙建国（左一）到岳阳县人民检察院检查指导工作

岳阳县检察院共有政法专项编制74个，设办公室、纪检组、监察室等19个内设机构。2014年，县检察院获得了“省级文明单位”、“市级先进基层检察院”、全县“好领导班子”、“社会管理综合治理优胜单位”、“新农村建设优秀帮扶单位”、“信访工作优胜单位”等荣誉。

检察长段德平（右三）深入城关镇城西社区认领“矛盾调解员”职务

全国第一个宪法日县人民检察院全体干警庄严宣誓

岳阳县人民检察院获得『省级文明单位』荣誉

阳光司法促公平

党组书记、局长　黄运斌

举办法治宣传文艺晚会

县司法局内设8个股室，下辖4个二级机构，对全县20个乡镇司法所行使业务指导权。2014年，县司法局积极践行党的群众路线，发挥法治宣传、法律服务、法律保障、法律援助、社区矫正、综治民调职能，突出加强自身建设，努力夯实基层基础，推动司法行政工作全面发展进步。

法治宣传车在城关地区宣传

法律援助对象赠送锦旗

法治宣传

解忧济困暖民心

县民政局是政府主管社会行政事务的职能部门。履行着“上为政府分忧，下为群众解愁”的重要职能，主管救灾救济、双拥优抚安置、民间组织管理、基层政权建设、城市农村居民最低生活保障、社会福利和社会事务、区划地名等工作。机关内设12个股（室），下辖10个二级机构，局系统有在职干部职工134人。

副处级干部、党组书记、局长　陈亚兵

全国文明优抚事业单位、省级园林式单位——县光荣院

县殡仪馆改造升级全面完成，惠民殡葬正式实施

岳阳县荣获2014年全市福彩杯篮球赛亚军

县城街道命名征求社会各界意见

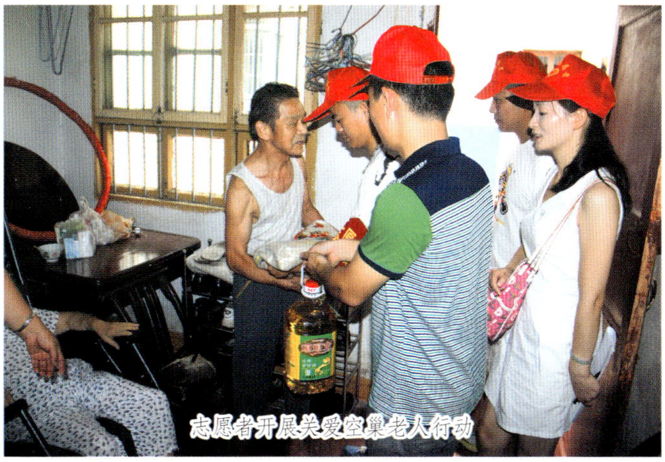

志愿者开展关爱空巢老人行动

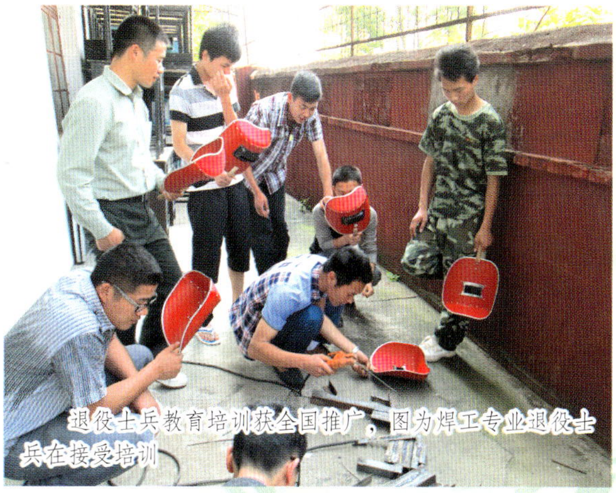

退役士兵教育培训获全国推广，图为焊工专业退役士兵在接受培训

一颗丹心护民生

岳阳县物价局负责全县行政区域内的商品（服务）价格、行政事业性收费管理及监督检查、价格调节基金征收管理、价格认证及价格成本调查监审等工作。2014年向省、市价格主管部门争取下拨价格调节基金496.1万元，主要用于补贴弱势群体生活，扶持“菜篮子”工程建设和基础设施建设。2014年，县物价局成本调查工作被评为全国2012-2014年度先进单位，价格调研、价调基金征收、价格法制工作进入全省、全市先进行列。

党的群众教育实践活动动员会

开展党的群众教育实践活动专题讲座

岳阳县物价局部分党员赴任弼时故居参观学习

深入毛田镇八斗村开展扶贫工作

荣誉证书

岳阳县价格协会：

荣获2013年度全市价格调研工作先进单位。

特发此证。

岳阳市价格协会

二〇一四年 月

岳阳县价格协会荣获全市价格调研工作先进单位

点“泥”成金满目新

截至 2014 年年底，县建材工业园共征用土地 280.8 公顷，引进企业 11 家，总投资超 19.9 亿元，其中陶瓷企业 6 家，投资 16.8 亿元,可上 38 条建筑陶瓷生产线。5 家陶瓷企业（天欣、亚泰、百森、宏康、金城）共有 19 条生产线建成投产，年生产墙地面砖 1 亿多平方米，年生产总值 30 亿元，上缴税收 2 亿多元，解决劳动力就业 6500 多人。

党组书记、主任　李爱民

天欣陶瓷

湖南宏康陶瓷

踏平坎坷成大道

2014年，岳阳县交通运输局高举项目大旗，实现了交通运输条件的持续改善。投资1.47亿元、全长17.369公里的S208杨林至张谷英二级公路（梅城线）项目，实现全线通车。投资1.4亿元、2000吨级（兼顾3000吨）鹿角码头项目，完成投资9768万元。岳望高速项目，征拆任务基本完成，工程已开工建设。投资2300万元的三港咀、杨柳渡改桥项目，完成了桩基工程和半数系梁工程。投资750万元的张谷英三级客运站项目，全面竣工。完成通畅工程建设268公里，农村公路危桥改造26座，安保工程60公里，县乡道维修工程80公里。

县委书记毛知兵（左二）在局长姚海洋（左一）等陪同下察看梅城线项目工程建设

县委副书记、县长张中于（左一）督战梅城线工程建设

三港咀大桥施工现场

鹿角码头项目施工现场

毛田大桥

月田镇赵洞村通畅公路

梅城线竣工通车

职苑桃李满天下

校长　汪东九

县委书记毛知兵（中）在校长汪东九等陪同下调研师生创业街门店

岳阳县职业中专开设有电子电器应用与维修、计算机网络技术、机械加工技术等10余个专业，有70多个实习实训室，建起了校园网络、闭路电视，有近3000万元的仪器设备和20余万册藏书。本科以上学历教师占95%，其中硕士研究生16人，特级教师2人，“双师型”教师占专业教师的94.8%。

学校坚持以“培养德技兼备的现代职业人”为目标，先后被国家教育部认定为首批国家级重点中等职业学校、国家中等职业教育改革发展示范学校，被省教育厅评为“湖南省职业学校教学工作优秀学校”、湖南省首批“农民工培训院校”、“湖南省示范性职业中等专业学校”，被省商务厅授予“湖南省外派劳务培训基地”，被省安全生产监督管理局定为“湖南省特种作业人员定点培训单位”。

学校承办的全县国有资产信息化管理培训班现场

学生进社区开展“学雷锋、感恩社会”义务维修活动

电子电器应用与维修专业学生在校内工厂实习

专业教师在师生创业街门店内传授学生网络布线技术

学校全景

志在杏林写春秋

岳阳县人民医院除担负全县人民的防病治病、医疗急救等任务外，还承担医学院校实习生的临床教学、全县乡镇医院的巡回医疗、业务培训、计划生育技术指导以及全县突发公共卫生事件的处置等任务。2014 年，县人民医院收治住院病人 25380 人次，门急诊病人 89299 人次，开展手术 4993 台次。

团结务实的院务会成员

2015 年春节联欢晚会暨 30 周年院庆

志愿者社区义诊

2014 年度学科带头人会议

第六届职工代表大会第四次会议

门急诊综合楼效果图

开启工业新征程

党组书记、局长　刘传雄

2014年，岳阳县工业和信息化局始终坚持加速推进新型工业化不动摇，紧紧抓住“转方式、调结构、促升级”的战略主线，着力加快园区建设，致力产业转型升级，大力招商引资，全力开展联手帮扶企业，全县工业经济保持了平稳较大发展。

刘传雄深入企业开展帮扶活动

刘传雄到月田镇慰问纯女户

中粮米业公司

湖南茂昌医药公司

层林尽染看林业

2014年，县林业局按照生态文明建设的总要求，牢牢把握“健康森林、美丽湿地、绿色通道、秀美村庄”四大主题建设，贯彻落实群众路线活动精神，坚持深化改革，创新驱动，积极推进岳阳县林业发展，全县森林覆盖率30.46%，楠竹总立竹株数3539.6万株，活立木总蓄积280.5406万立方米，比2013年度增加3.85%。2014年获得市林业局综合目标考核一等奖。其中生态公益林为民办实事和中央财政森林抚育补贴项目被评为省级先进单位。

县委书记毛知兵（左一）参加3.12植树节活动

3.12植树节县长张中于(右一)和林业局局长周方年一同植树

省林业厅专家组到县林科所三代杉木种子园区调研

岳阳县举办林业有害生物普查培训班

老师和红领巾们一同植树

世界野生动植物保护日宣传活动

长湖乡万亩松林

一方秀水润巴陵

党委书记、局长　李航

岳阳县水务局主管全县水行政工作，担负着防汛抗旱、水利工程建设与管理、水行政执法、水资源与河道管理、城市供水等职能工作。机关由办公室、财务股、政工股、水利建设与管理股、水利法规股、规划计划股、项目办和老干办等 8 个行政股室和纪检监察室组成。局辖 21 个二级机构和 20 个乡镇水利管理站，其中防汛办、水土保持局、铁山渠道管理所、新墙水库管理所为副科级二级事业单位。

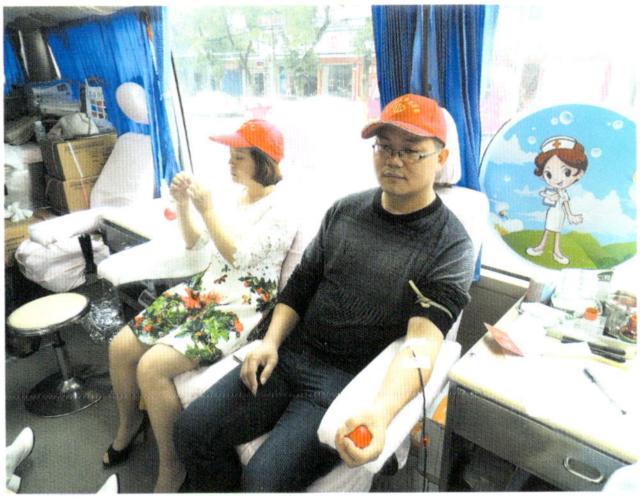

组织职工参加义务献血活动

防汛预案应急演练

新墙河采砂治理铁腕禁采

农村饮水安全新建供水厂

水库除险加固工程

中小河流治理河段

生命与使命同行

湖南省卫生计生委主任张健到岳阳县调研基层卫生工作

岳阳县卫生系统有县直医疗卫生事业单位10个，乡镇卫生院21所（其中中心卫生院5所、一般卫生院16所），社区卫生服务所1个，区域性血防站4个，厂矿企业所属医疗机构2个，民营医院4个，全县有村卫生室605个，医务室4个，门诊部5个，个体诊所36个，共设病床2469张。在编人员1608名，其中卫生专业技术人员1423人，注册乡村医生731人。2014年，县卫生局始终以“办人民满意卫生”为宗旨，坚持卫生工作“四化”（公共卫生法制化，医疗服务一体化，基本药物规范化，医疗保障科学化）方针，遵循基层医疗卫生机构“一个理念、两医并重、三基齐抓、四科完善”的“1234”发展思路（一个理念即乡镇卫生院要建成辖区老百姓满意的卫生院；两医并重即中西医并重；三基齐抓即乡镇卫生院要确保基本公共卫生、基本医疗和基层队伍建设三项工作到位，四科完善即内（儿）科、外科、妇科、中医科均衡发展），圆满完成了各项任务目标，开创了全县卫生事业科学发展的新局面。

团结务实的党委领导班子

办公楼

畅想移动新生活

2014年，岳阳县移动TD-LTE制式的4G正式投入商用，标志着正式进入移动互联网时代，推出了全新的品牌——“和”（“and!和”），“和”品牌将“全球通”、“动感地带”、“神州行”三大品牌融为一体，代表着2G、3G、4G网络以及固网在技术、业务层面的融合，陆续推出了和沟通、和生活、和娱乐、和家庭、和商务等多种移动新业务、新功能，4G套餐资费、流量套餐更优惠；开展“10项服务10分满意”服务承诺活动，提高客户满意度；推广集团客户信息化服务，电子政务、警务通、车务通、物联网、集团专线等集团产品为岳阳县移动客户提供专家级的移动通信服务，促进了县域经济和社会的和谐发展。2014年，全县移动在网客户达23.5万户，2G基站237个、3G基站87个、4G基站312个，网络覆盖在城关地区达100%，乡镇达99%。积极开展网络建设优化工作，2014年共建设4G基站200多个。建立和完善“网络质量客户响应机制”和“通信基站零退服运维机制”，为广大客户架起一座沟通的桥梁，为实现集团单位信息化，打造“数字巴陵”，提供畅通、可靠、先进、安全的信息平台。

岳阳县移动不断追求客户“十分满意”，以诚信实践承诺，连续两年荣获湖南省消费维权先进单位；财税工作连创新高，多次评为纳税先进单位；深入开展争先创优工作，先后荣获国家模范职工小家、湖南省文明单位、湖南省文明窗口、湖南省工人先锋号、湖南移动业务发展优胜单位等荣誉称号。

魅力荣城 城关镇

党委书记　杨　盛

党委副书记、镇长　刘四兵

城关镇为岳阳县县城驻地，全镇面积48.6平方公里，下辖13个行政村、18个居委会，共238个村（居）民小组，户籍总人口10.17万人。2014年，城关镇实现地区生产总值23.85亿元，完成地区固定资产投入21.9亿元，财政税收总收入达到2900万元。

镇容新貌

环境秀美的居民小区

新城区建设

高层居民小区

拆危重建工程——尚德家园

丰富多彩的群众艺术活动

和谐富饶看新开

新开镇位于岳阳县境内西北部，毗邻市区，交通便捷。总面积133.4平方公里，其中耕地面积3700公顷。全镇辖36个行政村、1个居委会，12668户，总人口39000人。2014年，新开镇坚持“工业兴镇、农业强镇、三产活镇”的工作思路，努力打造“商贸物流重镇”“现代农业新镇”“县域经济强镇”“休闲旅游名镇”，构建和谐、秀美、富饶、幸福新开。

党委书记孙肽(右二)，党委副书记、镇长毛红波(左三)走访村民

县委副书记、县长张中于到新开镇检查沟渠疏浚工作

便民服务中心

疏浚后的沟渠

集镇新貌

稻菽千层筻口镇

筻口镇位于岳阳县东北部，全镇土地总面积 137.9 平方公里，辖 58 个行政村，3 个居委会，592 个村民小组，总人口 63535 人，全镇耕地面积 5433.34 公顷，其中双季稻种植面积 5066.67 公顷，年产优质稻 0.7 亿千克，是岳阳县最大的粮食生产镇。

党委书记　付鸾声

国家级文明村镇、省级生态村、市级秀美村庄——西冲村

党委副书记、镇长　梁亿仲

疏浚护砌后的沟渠

蓝天米业深加工

中石油成品油库

油茶产业基地——油茶长势喜人

相思山下也相思

相思乡地处岳阳县东北部，与湖北省通城县接壤，属革命老区、铁山库区、边远山区和旅游新区。全乡总面积69.8平方公里，总人口2.6万，下辖27个行政村、236个村民小组，境内有银杏、杜仲等珍稀树种，长石、石英等矿产资源储量丰富，鲇鱼洞水力发电站被列入岳阳县重点工程项目，地势东高西低，平均海拔620米，属典型的亚热带大陆气候。

相思园风景区

相思大道

相思山庄

重建后的方塘新村

改造中的竹圯新村

青山绿水月田镇

镇政府办公大楼

月田镇地处湘、鄂两省，岳（阳）平（江）通（城）三县交界处，素以“大林区、大山区、大库区与大边区”（以下简称“四区”）著称。辖55个行政村、1个居委会，常住人口12457户49583人。2014年，月田镇积极推进“林业大镇、库区重镇、边贸强镇、山乡名镇”的建设，镇内生产总值达到6.756亿元，同比增长7%；农民人均纯收入达到9045元，同比增长10%。

党委书记　李凌峰

党委副书记、镇长　卢兴国

集镇步行街

便民服务中心大楼

月田风光——铁山千岛湖

月田风光——白石村梯田

月田香花坝

旅游名镇张谷英

张谷英镇位于岳阳县东南部，下辖31个村，1个居委会，267个村居民小组，土地面积144.3平方公里，山林面积10933.34公顷，其中成片楠竹6700公顷，素有“湘北十万亩楠竹基地”之称，耕地面积750.67公顷，人口28582人，人口自然增长率5.95‰。2014年张谷英镇以“科学发展、富民兴镇”为主题，围绕“突出两个重点，守住三条底线，狠抓四个关键，做强五大特色”的工作思路，努力将张谷英镇打造成湖南旅游强镇、特色名镇。

集镇

党委书记　刘映球

党委副书记、镇长　黄洋

三级客运站

S—208线公路

水环境治理

张谷英风光——老屋

张谷英风光——夕阳

秀丽无限饶村乡

饶村乡地处岳阳县东南部，现辖16个行政村，154个村民小组，总人口为17552人。2014年，饶村乡抢抓机遇，立足乡情，坚持“科学决策、求真务实，牢记宗旨、执政为民，团结奋进、不辱使命”的执政理念，按照“工业兴乡、林业立乡、项目强乡、旅游活乡、集镇提乡”的工作思路，促进了全乡经济社会全面发展。

饶村中学公租房

2014年黄亚飞老师获全国模范教师称号

中老年腰鼓队参加欢乐潇湘百姓大舞台合影

刘备洞玄德农庄

金西桥建成通车

疏浚后的五支渠金西段

新梅城线饶村段

罗水吟唱步仙乡

党委书记　廖亚辉

党委副书记、乡长　汤少文

步仙乡地处岳阳县东南边陲，东临平江，西接汨罗，全乡辖 21 个村，309 个村民小组，人口 34980 人。2014 年，步仙乡被评为市粮食生产压单扩双先进单位（全市排名第五）、市级安全生产示范乡镇等荣誉，财政所被评为省级标准化财政所。

美丽的岳坊水库

全国粮食监测点早稻测产

旅游景点鹿苑古寺

步仙乡宝丰矿业

新农村建设点

河畔明珠新墙镇

商贸步行街

党委书记　黎晓军

党委副书记、镇长　李革伟

新墙镇地处岳阳县城东部，新墙河畔。京港澳高速、107国道纵穿南北，荣公公路、岳荣新公路横贯西东，交通便利，是岳阳县向东发展的桥头堡和窗口单位。2014年，新墙镇被评为岳阳市“秀美乡镇”、市“文明村镇”、县全面建成小康社会综合绩效评估优秀乡镇、县党风廉政建设先进单位、县社会管理综合治理工作优胜乡镇、县控建拆违先进乡镇，县计生工作先进单位、县重点工程优质服务单位，新墙镇清水村被评为“全国文明村”。

新墙葡萄采摘一日游启动仪式

全国文明村——清水村

“欢乐潇湘·和谐新墙”文艺会演

枫树湾沼气能源园

沟渠疏浚

日新月异 长湖乡

党委书记　张文毅

党委副书记、乡长　王四平

长湖乡地处岳阳县正南部，和汨罗市大荆镇接壤，辖 31 个行政村，402 个村民小组，10806 户，4.2 万人，其中非农业人口 1300 多人。2014 年，长湖乡社会大局和谐稳定、财政收入大幅增长、民生建设长足改善、乡村面貌日新月异、全乡经济社会呈现出健康发展的良好势头。

招商引进形势喜人

基础设施日臻完善

社会事业空前发展

集镇发展迅速

水利建设逐步实施

江南小镇黄沙街

黄沙街镇东抵107国道，是岳阳县的南大门，自古就有“小长沙”的盛誉。镇域总面积129.4平方公里，耕地面积3.15千公顷，其中水田2400公顷，旱地750公顷。辖35个行政村、3个居委会、2个渔场和1个林场，总人口5.4万，其中非农业人口0.8万，镇区常住人口近1万人。

荣誉奖牌

新农村建设

美观舒适的保障性住房

同心生态科技园苗木基地

黄沙街镇敬老院

黄沙中心小学

春日采茶忙

特　　载

实施科技强县　推进旅游兴县
在打造全省通江达海的新增长极中争当排头兵

——在县委经济工作会议暨全县三级干部大会上的讲话

中共岳阳县委书记　毛知兵

（2015 年 3 月 6 日，根据录音整理）

同志们：

这次会议的主要任务是，深入贯彻党的十八大和十八届三中、四中全会以及中央、省委和市委经济工作会议精神，回顾总结 2014 年全县经济工作，全面部署 2015 年全县经济工作，动员全县上下振奋精神，坚定信心，抢抓机遇，以党建为抓手，吹响科技强县、旅游兴县的进军号，全力推动岳阳县经济社会又好又快发展，在打造全省通江达海的新增长极中争当排头兵。下面，我讲四点意见。

一、客观总结成绩，提振发展信心

2014 年，全县上下认真贯彻落实中央、省、市重要决策部署，牢牢把握稳中求进的总基调，科学谋划，积极作为，实现了经济社会发展稳中有进、稳中向好的目标，取得了有目共睹的变化，主要体现在如下五个方面：

*一是从经济指标看变化。*面对经济下行压力，岳阳县七项主要经济指标有六项继续保持两位数以上的增幅（只有城镇居民人均可支配收入这项指标的增幅在两位数以下，增长 9.6%），在全市六县（市）中排名前列，其中规模工业增加值在全市六县（市）中排名第一，地区生产总值、社会消费品零售总额、财政总收入、城镇居民人均可支配收入、农村居民人均可支配收入等 5 项指标在全市六县（市）中排名第二。特别是财政总收入增幅达 13%，首次突破 8 亿元大关，税财比（税收占财政总收入的比重）为 80.68%，比全市六县（市）平均水平高 6.28 个百分点。同时，岳阳县工业用电量增幅在全市六县（市）中排名第一。可以看出，岳阳县的财政收入是真金白银的，岳阳县的发展是实实在在的。

二是从产业结构看变化。新型工业化明显提速，规模工业企业总数达到146家，三次产业结构比由2013年的19.2:49.4:31.4调整为17.6:50.5:31.9，工业占比首次超过50%。新签约引进华能风电开发等过亿元项目7个，省高新技术产业集中区(科技园)在省政府组织的评审中获得通过，新增高新技术企业4家。完成粮食播种面积922246.67公顷，总产量达59.14万吨，再次获得“全国粮食生产先进县”荣誉称号。金融服务业、商贸流通业、旅游业等第三产业发展势头良好，特别是金融机构存款余额首次突破百亿元大关，存贷比(贷款总额/存款总额)达53.4%，在全市六县(市)中排名靠前。

三是从城乡面貌看变化。投入1.5亿元用于县城建设，县城扩容提质工作强力推进。省级园林县城创建工作全面启动，全国文明县城创建工作成效显著，岳阳县已经获得了“全国文明城市提名城市(县级)”。乡村环境卫生整治在全市六县(市)考核中排名第一，被评为全省新农村建设先进县。基础设施不断完善，投资1.8亿元的梅城线全面竣工通车，沟渠疏浚、水利血防、骨干山塘改扩建、中小河流治理等一批重点水利项目扎实推进。

四是从民生福祉看变化。18项29件省、市为民办实事项目和10件县定实事项目全面完成。全力推行高中阶段“阳光招生”，高考成绩再获丰收，二本以上上线率、二本以上上线人数、600分以上高分人数在岳阳市六县(市)排第一。新农合参合率99.6%，医疗卫生能力建设进一步加强。深入开展平安创建活动，扎实开展“烈火行动”，社会治安形势持续好转。深入开展污染隐患大排查，切实加强东洞庭湖、铁山库区生态环境保护，人民群众的幸福感和满意度大幅提升。

五是从党的建设看变化。以党的群众路线教育实践活动开展为契机，扎实开展 “三抓”(抓“一把手”、抓典型、抓评议)、“四评”(广大人民群众评、服务对象评、公众热线评、网络媒体评)、“六个一点”活动(要求工作人员做到笑容多一点、嘴巴甜一点、办事细一点、肚量大一点、动作快一点、效率高一点)，深入开展“党员进社区、竞赛当五员”活动(在职党员到社区报到为群众服务，积极争当政策的宣传员、技能的推广员、矛盾的调解员、民意的调查员、群众的勤务员)，全面推进“为民解困、帮民致富”服务型党组织建设，着力解决自身存在的“四风”问题、关系群众切身利益的问题以及联系服务群众“最后一公里”的问题。严格落实廉政责任，切实规范权力运行，对腐败行为实行“零容忍”，廉洁勤政、干事创业成为全县干部队伍中的主流。

在总结成绩的同时，我们也要清醒地看到存在的问题和不足，主要是：①经济下行压力较大，投资增长乏力，大项目、好项目不多；②经济结构不优，产业层次和水平不高，粗放型经济增长方式没有根本改变；③民生改善任务繁重，一些指标离全面小康目标还有较大的差距。等等。这些问题需要我们深入研究，认真解决。

二、正确研判形势，抢抓发展机遇

经济发展进入新常态，是中央审时度势作出的重大战略判断。认识新常态，适应新常态，引领新常态，是做好经济工作的基本前提。只有主动适应，科学把握，积极作为，才能抢占先机，推动经济发展提质增效。

1. 要科学认识新常态。主要是认识“三个不能”：一是发展不能慢。经济发展新常态，并不是不要发展，不要速度，而是要把发展从高速低效调整到中高速高效上来，讲求的是质量和效益，与过去相比，要求更严、标准更高、难度更大。岳阳县作为中部地区欠发达县，总量不大、结构不优、发展后劲不足仍然是县域经济发展面临的主要问题，必须把抓经济发展作为第一要务，科学把握质量、效益、速度与规模的统一，努力保持“相对赶超”的发展速度。二是投资不能减。新常态意味着经济发展方式正从规模速度型粗放增长转向质量效率型集约增长，经济结构正从增量扩能为主转向调整存量、做优增量并存的深度调整，经济发展动力正从传统增长点转向新的增长点。与全国发达地区相比，岳阳县缺乏大企业、好企业，工业基础薄弱，经济存量不足，这就决定了岳阳县目前的发展仍然要依靠要素驱动和投资驱动，仍然要想办法解决要素制约和投资不足的问题。三是创新不能等。从全球范围看，科学技术越来越成为推动经济社会发展的主要力量，创新驱动是大势所趋。经济新常态的要求，对干部的创新能力和攻坚克难能力也是一个巨大的考验。兄弟县(市)解决不了的发展难题，争取不到的项目和投资，如果我们创新性地解决了、争到了，岳阳县经济就能逆势上扬、高速增长。因此,我们必须增强忧患意识,不能等待、观望和懈怠,要积极营造创新的氛围,积极倡导创新创业,努力推动岳阳县经济发展向创新驱动转变。

2. 要主动适应新常态。主要是抓住“三个机遇”:一是要抓住全面深化改革的新机遇。发展是硬道理,改革是动力源。今年是全面深化改革的关键之年,中央、省、市将进一步加大简政放权力度,市场决定性作用将进一步凸显,市场活力将进一步增强。要把全面深化改革作为岳阳县赶超跨越的历史机遇,以改革促发展,着力破除体制机制障碍,努力实现县域经济跨越发展。二是要抓住国家改善宏观调控的新机遇。今年中央将坚持稳中求进的总基调,继续保持宏观政策的连续性和稳定性,继续实施积极的财政政策和稳健的货币政策。财政政策将继续向水利、能源、生态环保、“三农”等领域倾斜,为我们争取上级支持提供了更大的空间;货币政策将更加注重松紧适度,并将通过优惠利率降低实体经济的融资成本,对实体经济来说是一个利好。三是要抓住融入长江经济带战略的新机遇。2014 年 4 月,国务院正式批复《洞庭湖生态经济区规划》,国家预计总投入 23407 亿元,推进 100 个重点项目建设。在今年的省委经济工作会议上,守盛书记指出,要发挥岳阳作为我省融入长江经济带的“桥头堡”作用,将其发展成为全省通江达海的新增长极。我们要抓住这个千载难逢的发展机遇,大力发展湖区经济,将东洞庭湖打造成为呼应“长三角”、着眼“中三角”、对接“长株潭”、辐射“环湖区”的湖南省通江达海新增长极的最有力的支撑点。

3. 要勇于引领新常态。主要是做到“三个善于”:一是要善于把握大势。引领新常态,就是要按照“四个全面”(全面建成小康社会、全面深化改革、全面依法治国、全面从严治党)的新要求,遵循规律,强化责任,弄清楚三个问题:政策最鼓励我们做什么?群众最需要我们做什么?加快岳阳县发展我们最应该做什么?一个环节一个环节地突破,一个事项一个事项地推进,一个问题一个问题地解决。二是要善于科学谋划。无论是推进改革,还是促进经济增长,都要善于分析新形势、准确把握新政策。比如:如何加强与国家、省、市相关部门的衔接?如何加强项目的策划和做好项目的前期工作?如何争取更多的项目纳入国家和省、市计划的笼子?只有善于科学谋划,才能做到方向明确、重点突出,才能为岳阳县的当前和长远发展奠定基础。三是要善于干事创业。效率是拼出来的,成绩是干出来的。我们要认识到,要在打造全省通江达海的新增长极中争当排头兵,就必须付出比别人更多的努力,流下比别人更多的汗水。我们要把强化发展责任作为“新常态”,把勇于迎难而上作为“新常态”,始终保持干事创业的精气神,真正干到实处、干出实效。

三、坚持稳中求进,加快发展步伐

2015 年,是全面推进依法治国的开局之年,是全面建成小康社会的关键之年,是全面完成“十二五”规划的收官之年,同时也是我们主动适应经济新常态的调整之年。做好今年的各项工作,事关长远,意义重大。我们要咬定目标,把握要求,突出重点,努力开创经济社会发展的新局面。

(一)把握总体要求。全县 2015 年工作的总体要求是:深入贯彻落实党的十八大和十八届三中、四中全会精神,坚持以科学发展观为指导,坚持“科学决策、求真务实,牢记宗旨、执政为民,团结奋斗、不辱使命”的执政和发展理念,继续实施“融入一区一带,打造两城两景,发展三园三区,着力四抓四促”的发展战略,以党建为抓手,吹响科技强县、旅游兴县的进军号,加快全面深化改革和全面建成小康社会的步伐,深入推进依法治县,主动适应经济新常态,在打造全省通江达海的新增长极中争当排头兵。

(二)确定工作目标。根据上述总要求,我们经过充分酝酿,认真研究,确定了 2015 年工作的奋斗目标:

1. 定性目标:“三量齐升”“保二争一”。“三量齐升”,就是经济总量、运行质量和人均均量同步提升;“保二争一”,就是主要经济指标要在全市六县(市)排名中确保第二名、力争第一名。确保“十二五”规划目标任务全面完成或超额完成。

2. 定量目标:地区生产总值增长 9%,财政总收入增长 8%,固定资产投资增长 18%,社会消费品零售总额增长 12%,规模工业增加值增长 10%,城镇居民人均可支配收入增长 9%,农民人均纯收入增长 11.5%;人口自然增长率控制在 7‰以内;其他各项指标均按全面建成小康社会考核指标体系进度要求完成。这是年前召开的县十六届人大三次会议确定的目标,是最低目标,是工作的底线,我们的工作目标还要定得更高一点。

(三)突出工作重点。具体来说,要抓好以下六个方面的重点工作。

1. 以科技强县为方向,强力推进项目建设

实施科技强县战略,把高新技术项目的引进作为2015年经济工作的重中之重,创新思路择商选资,通过高新技术项目的引进不断适应经济新常态。这项工作由中于县长主抓,我亲自督查。主要是从三个方面着力:

一是加大科技园建设力度。全力抓好五期扩园工程,完成95.6公顷土地征拆以及水、电、路、气、排污等基础设施建设,实现园区一、二、三、四、五期板块的完整对接,促进园区提质升级。在2014年引进4家高新技术企业的基础上,新引进3—4家税收过亿元或者有税收过亿元潜力的高新技术企业落户,把科技园建设成为高技术含量、高附加值、高产业带动性、高成长性、高税收的企业集聚集中的载体和平台,确保“五年打基础、十年见成效”的目标实现。

二是加快产业转型升级。按照“135工程”(杜家毫省长要求用两年时间构建“135工程”,即建设100个产业园区、3000万平方米标准厂房、引进5000个创新创业企业)的要求,岳阳县要在两年之内完成标准化厂房建设15万平方米,引进创新驱动型企业45家。要加强自主创新,支持现有企业筹建国家、省、市工程技术中心,加快建立以企业为主体、市场为导向、产学研相结合的技术创新体系。要加强技术改造,以省级高新技术产业集中区(科技园)为依托,大力调整工业产品结构,推动岳阳县第二产业(工业)由粗放型向集约型转变,由外延式向内涵式转变。要支持建陶企业加大技改力度,努力将县建材园建成绿色园区、生态园区。

三是推进全民创新创业。鼓励引导创业能人特别是企业家推进“二次创业”,扩规模、提档次、上水平,实现更大发展。鼓励发动城镇失业人员、失地农民、退役军人采取灵活多样的形式创新创业。允许党政机关、事业单位有专长、有经验的人员,在不违反国家法律法规和政策的前提下,主动走出去,领衔创业、自主创业。大力引导外出务工人员返乡创业,实现由“就业型”向“创业型”“打工型”向“老板型”“候鸟型”向“长驻型”转变。创建良好的创新创业环境,让广大创新创业者“创得了、活得下、做得大”。

2. 以旅游兴县为重点,大力促进三产发展

杜家毫省长在今年的省委经济工作会议上指出,进入高铁时代,适应经济新常态,大力发展旅游产业势在必行。根据省、市经济工作会议精神,我们提出了“旅游兴县”的战略部署,致力将旅游业培育成岳阳县新兴支柱产业,以旅游业促进第三产业大发展,推动县域经济大跨越。具体要做好三个方面的工作:

一是强力推进现代旅游业。以建设全国旅游强县为目标,按照“党委统筹、政府主导、项目带动、市场引导、全民参与”的要求,实施张谷英民俗文化游、大云山宗教体验游、公田温泉休闲游、东洞庭湖芦苇生态游“四大板块”建设,打造“一乡一景”的大旅游格局,使旅游业真正成为全县的支柱产业。以张谷英景区为龙头,全力推进大云山、公田温泉等旅游产业综合开发,把张谷英景区、大云山、公田温泉打造成岳阳县旅游业的“金三角”。以旅游资源开发为重点,全力推进东洞庭湖芦苇荡旅游开发项目,按照“政府主导、政策支撑、市场运作”的模式,打造“楼—岛—湖—苇”精品休闲旅游线路。县委、县政府将成立由我为组长的旅游产业发展领导小组,负责“旅游兴县”战略的指挥调度,下设4个工作组,分别负责4大旅游板块的推进工作。

二是强力推进现代物流业。支持现有的新开海纳、新墙高桥、同安医药、茂昌医药、和田配送等物流企业做大做强,继续跟踪新开智慧物流园项目,加快建设集仓储物流、中转物流为一体的现代物流企业群体。加快临港产业区建设,确保鹿角2000吨级(兼顾3000吨级)码头工程2015年下半年竣工投产;启动临港产业区规划编制工作和临港物流园建设,重点对接引进3—5家船舶修造、现代航运物流、配套服务业等关联企业。

三是强力推进新兴服务业。加快金融服务业发展,规范金融市场建设,加强民间资本市场监管,做好产业政策和金融政策对接,稳妥推进县信用联社改制,支持华融湘江银行岳阳县支行在3月15日前营

业，创建省级金融支持现代农业发展示范县。发展健康养老、文化创意、体育健身等新兴服务业，促进全县第三产业快速发展。

3. 以提质增效为前提，加快发展现代农业

一是加快台创园建设。加大“三强企业”（世界500强、中国500强、台企100强）引进和招商力度，力争引进1—2家省级优秀企业入园和1家亿元以上台资企业入园。加快湘佳、牛牛、益隆、普爱等入园企业建设，着力培育一批带动力强、关联度高、成长性好的农产品深加工企业，延长产业链条，打造全省一流的现代农业引领区。

二是着力发展农村经济。坚持把保障粮食安全作为首要任务，全面禁止抛荒，守住耕地保护红线，稳定粮食生产面积，大力推行“压单扩双”，推广集中育秧，坚决保住“全国粮食生产先进县”这块金字招牌。着力推进农业产业化经营，提高农业生产效率，加快推进专业大户、农民专业合作社、家庭农场、农业企业等新型农业经营主体培育，力争在现有5家合作社进入“国家级示范社”（民心蔬菜、全民家禽、芭蕉扇业、新墙葡萄、盛源林业）的基础上新增4家。加快农村改革步伐，全面抓好农村土地承包经营权确权登记颁证工作，推进以农村集体资产股份制改革为重点的产权制度改革，继续深化农村土地流转，有序稳妥扩大农村土地承包经营权抵押贷款试点范围。实施精准扶贫，大力推进开发扶贫、保障扶贫和定点扶贫，确保扶贫工作取得实效。

三是狠抓农业品牌创建。狠抓优质农产品基地建设，重点做优做强7个农产品基地：①以筻口、杨林、柏祥、长湖8000公顷优质稻基地为主的绿色稻米基地；②以中洲民心蔬菜、福盛蔬菜基地为主的无公害蔬菜基地；③以坪桥湖、毛家湖、麻塘垸为主的黄颡鱼基地；④以新墙、新开107国道沿线为主的葡萄基地；⑤以环铁山库区、黄沙街、鹿角等红薯传统种植地区为主的红薯基地；⑥以公田、步仙、甘田、杨林等丘陵区乡镇为主的土鸡养殖基地；⑦以杨林、饶村、柏祥为主的湘白鸽养殖基地。

4. 以全面小康为引领，努力改善民生福祉

一是全面发展社会事业。全面完成省、市为民办实事项目和县定实事工程。加快建立符合县情、覆盖城乡、可持续的民生保障体系，依法保障全体社会成员平等参与、平等发展的权利，让广大人民群众更好地共享改革发展的成果。实施教育强县战略，继续支持义务教育学校危房改造和教育化债，逐步改善边远山区教师待遇，加大高中“阳光招生”力度，促进教育均衡发展。统筹做好医疗、卫生、文化和居住环境改善等重点工作，积极开展“送戏下乡”“农民健身”等活动，完善基本养老、基本医疗、最低生活保障等制度，稳定适度低生育水平。加强公共文化服务体系建设，扩大文化共享，促进文化与经济、工业、旅游深度融合，以法治思维推进文化惠民工程，促进文化事业大发展大繁荣。

二是全面创新社会治理。着力推进基层社会管理体制改革，强化城乡社区自治和服务功能，进一步健全“党委领导、政府负责、社会协同、公众参与”的新型社会管理格局，走“社区管理社会化”的路子。构建多元化的矛盾纠纷解决机制，健全人民调解、行政调解、司法调解“三调联动”工作体系，完善信访制度，畅通信访渠道，维护社会稳定。深入开展平安创建活动，健全治安防控体系，依法严厉打击涉赌、涉毒、涉黄、涉侵财、涉黑恶等“五类违法犯罪”行为，大力提高人民群众的安全感和满意度。加强安全生产管理，确保安全生产“四项指标”均在市政府控制指标范围之内。

三是全面加强生态文明建设。加强东洞庭湖生态环境综合整治，严厉打击非法捕捞、采砂、排污、营运等行为。加大铁山水资源保护与库区民生保障力度，重点整治库区生活垃圾和生活污水，推进居民集中安置点建设。强化生态环保，提高环保标准，严格环境监管，着力推进总量减排，全面完成市政府下达的各项减排指标任务。加大资源环境保护执法力度，严厉打击超标排污、排放有毒有害物质、未批先建等违法行为，坚决守住青山绿水，留住蓝天白云。

5. 以城乡统筹为抓手，加快推进城乡发展

一是加快推进县城建设。加快县城扩容提质，强力推进荣湾湖综合治理、城南河风光带、城市商业综合体等重点城建项目建设，不断拓宽城市框架，完善城区路网、地下管网以及背街小巷升级改造。积极创建全国文明县城，开展精神文明建设行动，提升市民道德素质和文明素养。全力创建省级园林县城，加快

推进小游园建设和街道绿化景观建设，全面构建“望得见山、看得到水、记得住乡愁”的宜居之城，提高县城生态宜居指数和市民幸福指数。

二是加快推进麻塘新开统筹城乡发展示范区建设。尽快完成由中国城市规划设计研究院制定的岳阳县统筹城乡发展规划编制，争取尽快获得市政府的同意批复。加大土地收储工作力度，完成示范区内路网规划、勘测和设计；做好控建拆违，确保实现“110”（违法建设查处率100%、拆除率100%、新增违法建设零记录）目标。继续实施“退二进三”的产业发展目标，大力招商引资，力争引进1—2家有实力的企业落户示范区，加快建设新型城镇化城乡统筹新区。

三是加快推进新农村建设。加快推进农村道路互联互通、农村电气化、安全饮水、中小河流治理综合整治等项目建设。巩固和扩大农村环境整治成果，认真实施农村环境整治整县推进项目，深入推进农村垃圾分类减量试点工作，全面实施环境整治村民理事会制度，争创全市农村环境整治先进县；重点创建2—3个“宜居宜业宜游”的美丽乡村和50个农村环境整治达标村，确保再次获评全省新农村建设先进县。

6. 以依法治县为基础，稳妥推进深化改革

一是加强全面深化改革。严格贯彻落实党的十八届三中全会精神，按照中央、省委和市委的统一部署，稳妥有序推进经济体制改革、政治体制改革、文化体制改革、社会体制改革、生态文明体制改革和党的建设制度改革，做到不抢跑、不慢跑、不乱跑。强化问题导向，着力推进行政审批、土地、户籍以及社会治理等各项改革，力求改革取得实效。加强调查研究，广泛征集各部门和群众对全面深化改革的意见建议，狠抓各项改革举措落地，注重统筹协调，强化督促评估，凝聚推进工作的强大合力。

二是深入推进依法治县。把法治精神贯穿各项工作始终，抓牢党委依法执政、政府依法行政、司法体现公正、权力受到监督这四个关键环节，不断提高法治思维和依法办事能力，确保党的依法治国方略“落地生根”。把司法和执法检查工作与法制宣传教育工作结合起来，充分发挥思想道德教育在提高公民素质、维护社会秩序、规范公民行为等方面的作用，做到德法并举、标本兼治。加强对建立健全后的制度规定执行情况的监督检查，坚决纠正有令不行、有禁不止、无视制度的问题，确保政令畅通。

三是优化经济发展环境。严格执行《优化经济发展环境“十不准”规定》，以及损害经济发展环境“五个一律”纪律规定，落实企业“宁静日”、涉企检查备案、“一事不再查”等制度，对违反制度规定的坚决实行“零容忍”，坚持责任上追一级。严厉打击强揽工程、强买强卖、强装强卸、阻工闹事等破坏经济环境的行为，对群众举报的问题，做到即时受理、快速出击、限时办结，确保服务零距离、环境零干扰。

四、全面从严治党，增强发展活力

党的建设历来是全党工作的重中之重，是决定我们事业成败的关键。在2015年1月29日《人民日报》刊发的《中共的政治规矩是什么》一文中，总书记习近平谈到政治规矩，剑指官场4种灰色心态：①对反腐性质认识的灰色心态；②认为反腐有“负面效应”的灰色心态；③对“为官责任”的灰色心态；④信奉官场“潜规则”的灰色心态。全县各级党组织和广大党员干部都要认真贯彻全面从严治党新要求，严格落实党风廉政建设责任制，不折不扣地遵守党的政治规矩，以更强意识、更多举措、更大作为把全面从严治党落到实处。

1. 坚持责任担当，把握党建新要求

抓党建是实打实的工作，来不得半点虚假。我们必须时刻保持清醒头脑，一心一意谋发展，聚精会神抓党建。

一是要突出主业意识。全县各级党组织特别是党委（党组）书记必须深刻认识到抓好党建是最大的政绩，是最大的发展，是最大的责任；抓好党建是本职，不抓党建是失职，抓不好党建是渎职。认真落实管党治党责任，党委（党组）负主体责任，各级党委（党组）书记负第一责任；在落实党风廉政建设责任制上，党委（党组）负主体责任，纪委负监督责任，时刻把全面从严治党作为应尽之责、首要之责。

二是要突出思想建党。我们党的先进性，根本就在于思想的先进性；我们党有力量，也在于思想上的力量。要加强党性教育，深入学习党的十八大、十八届三中、四中全会和总书记习近平系列重要讲话精神，坚定中国特色社会主义道路自信、理论自信和制度自

信。要积极创建党员干部思想教育基地和示范点，深入开展理想信念、党性党风党纪和道德品行教育，始终保持党员干部队伍的先进性和纯洁性。

三是要突出制度治党。要完善制度体系，坚持问题导向，结合党的群众路线教育实践活动的整改落实要求，把建章立制作为回应群众期盼和社会关切的有效手段，形成既简便易行又务实管用的制度体系，确保制度立得住、行得通、管得了、见实效。要强化制度执行，对踏红线者决不搞下不为例、既往不咎、法不责众，要做到零容忍、硬约束、强监督，不留“暗门”，不开“天窗”，坚决维护制度的严肃性和权威性，真正使党的制度和纪律成为带电的“高压线”。

2. 坚持务实创新，开创基础新局面

党的执政基础在基层，活力在基层，关键在基层。要扎实做好抓基层、打基础的工作，使每个基层党组织都成为坚强的战斗堡垒。

一是要围绕发展抓基层。要围绕经济建设抓党建，紧紧围绕县委中心工作和本单位实际来科学谋划、统筹安排、扎实推进党建工作。要围绕民生改善抓党建，加快建立符合县情、覆盖城乡、可持续的民生保障体系，让广大人民群众更好地共享改革发展的成果。要围绕依法治县抓党建，把各项党建事务纳入法治化轨道，形成以基层党组织为核心、各方共同参与的基层治理格局。

二是要突出服务抓基层。要坚持以点带面、典型引路的原则，明确1—2个党建创新项目，充分发挥基层党建示范点的示范、引领、带动和辐射作用。要以深化拓展教育实践活动成果为抓手，持续推进“为民解困、帮民致富”服务型党组织建设，推行“第一书记+两富指导员”工作模式，推动基层党组织的工作重心转到“五个服务”上来（服务改革、服务发展、服务民生、服务群众、服务党员）。要继续开展“党员进社区、竞赛当五员”活动，打通联系服务群众“最后一公里”“最后一步路”。

三是要强化保障抓基层。各级党组织书记都要更加重视基层、关心基层、支持基层，加大基层投入保障力度，将财力、人力和精力向党建倾斜，确保更多的心思用在基层，更大的功夫下在基层，更多的资源投向基层，确保基层有人管事、有钱办事、有处议事。要大力发展村级集体经济，增加集体收入，夯实村级组织服务群众的物质基础。要开展基层党建工作述职评议考核，既要真述严评，更要真抓实做，在工作中体现“党建思维”，在考核中体现“党建导向”。

3. 坚持常抓不懈，形成作风新常态

干部清正、政府清廉、政治清明是改革发展顺利推进的重要前提条件，越是改革发展的关键时期，越要加强干部作风建设。

一是要持续深入改进作风。完善作风建设长效机制，进一步巩固教育实践活动成果，着力解决“四风”问题、关系群众切身利益问题以及联系服务群众“最后一公里”问题。要认真落实党风廉政建设责任制，全面推进惩治和预防腐败体系建设，继续推进党务公开、政务公开、司法公开和各领域办事公开，让权力在阳光下运行，将权力关进制度的笼子。坚持有案必查、有腐必惩，既坚决查处领导干部违纪违法案件，又切实解决发生在群众身边的腐败问题，以反腐倡廉的实际成果赢得人心、促进工作、推动发展。

二是要不断规范选人用人。要深化干部人事制度改革，坚持“一报告两评议”制度，按照德才兼备的用人标准选干部、配班子，更加关注扎根基层、安心一线的干部，更加关注默默无闻、埋头苦干的干部，更加关注实绩突出、群众公认的干部，更加注重勇于开拓、善于创新的干部，探索任用干部看党建的具体办法，努力建设一支素质优良、结构合理，与发展需要相适应的干部队伍。

三是要严格落实工作责任。要完善干部绩效考核激励约束机制，引导全县党员干部以求真务实、科学严谨的态度破解难题，以对事业、对人民高度负责的精神推进工作。要实行责任倒查机制和工作问责机制，决不允许上有政策、下有对策，决不允许有令不行、有禁不止，决不允许打折扣、搞变通，决不允许推诿扯皮、拖拉延宕。要通过严格的问责，问出压力、问出效率、问出正气，提高干部的工作积极性。

同志们，新常态蕴含新机遇、带来新挑战、孕育新希望。让我们高举发展的旗帜，坚持改革创新、攻坚克难，努力完成2015年经济发展各项目标任务，在打造全省通江达海的新增长极中争当排头兵，为谱写中国梦岳阳县篇章做出新的更大的贡献！

岳阳县人民代表大会常务委员会工作报告

——2014年12月25日在县十六届人民代表大会第三次会议上

岳阳县人大常委会主任　汤森林

各位代表：

我受岳阳县第十六届人民代表大会常务委员会的委托，向大会报告工作，请予审议。

二〇一四年工作回顾

2014年，县人大常委会在中共岳阳县委的坚强领导下，在全体人大代表和全县人民的监督支持下，围绕全县改革发展稳定大局，依法履职，努力工作，为推进全面建成小康社会，谱写"中国梦岳阳县篇章"做出了积极贡献。2014年县人大常委会共召开常委会会议6次，主任会议13次，听取和审议"一府两院"专项工作报告19项，作出决议、决定、审议意见20项，任免国家机关工作人员38人次，开展集中考察、专题调研活动5次，对2部法律执行情况开展了检查，对7个单位开展了工作评议，听取了"一府两院"4名副职的专项工作汇报，圆满完成了县十六届人大二次会议确定的各项目标任务。

一、围绕发展大局，切实履行监督职责

常委会坚持党的领导和依法监督原则，综合运用多种监督办法，在推进"一府两院"依法行政、公正司法过程中，充分发挥了监督职能作用。

（一）积极推动重大决策落实。围绕年初确定的重大项目、重大民生工程进展情况，常委会组织人大代表开展现场调研、督查，督促"一府两院"全力抓好年度目标任务完成。对生态工业园建设、城市建设管理、荣湾湖综合治理、交通工程等重大项目的实施情况开展了专题考察和调研，及时指出了工作中存在的问题，并提出整改意见，督促资金按预算到位、项目按计划实施。

（二）高度关注宏观经济运行。围绕促进经济持续健康发展，常委会审查批准了县人民政府2014年财政预算方案；听取了2014年上半年财政预算执行的报告及2014年财政预算超收收入安排使用情况的报告；做出了批准岳阳县2013年度财政决算的决定。今年我们第一次实行了全口径预算，推动部门一般公共预算细化到项目、到科目，启动了政府性基金、社会保险基金预算管理。将政府性债务列为监督项目，要求规范举债、严控风险，确保全县财政平稳运转、收支平

衡。审查批准了县人民政府2014年国民经济和社会发展计划方案，听取了2014年上半年计划执行情况的报告。督促将上级专项转移支付安排的部分重大项目纳入计划管理，年初提交常委会审议批准，促进项目安排的公平合理、统筹兼顾。

（三）认真听取专项工作报告。围绕事关改革发展稳定的重点问题和涉及群众切身利益、社会普遍关注的热点问题，常委会依法监督，择重听取和审议“一府两院”专项工作报告。

常委会听取并审议了教育负债和化债资金使用审议意见落实情况的报告，提出了全面清查锁定债务、追究违规举债责任、多方筹措化债资金、建立教育内控机制等意见。县人民政府高度重视，多次开会研究，有针对性地制定了锁债、化债、控债“三管齐下”的措施，力争尽快实现义务教育阶段学校无债运行，并推出了一系列的内控制度，努力确保债务不反弹。

常委会将城乡居民最低生活保障作为2014年的监督重点，专题听取了整改情况报告。推动县人民政府调整了低保覆盖比例，保障能力向库区、山区倾斜；积极开展“阳光行动”，取消不符合条件的城市低保对象1126人、农村低保对象2984人。针对工作中仍然存在的问题，常委会提出了进一步加强城乡居民最低生活保障的审议意见，督促专款专用，杜绝“戴帽”现象，稳妥解决用低保资金化解征地和涉访矛盾的问题。

专题听取和审议了计划生育社会抚养费征收使用情况的报告，常委会提出了强化征收执法、规范征收管理、提高综治水平等意见。相关单位对照审议意见积极整改，县计生局开展阳光征收，规范了征收台账和票据管理，截至11月份已征收社会抚养费2234万元；县人民法院开展了“社会抚养费征收案件集中执行月”活动，司法拘留37人，执结案件103件，执行到位250万元；各乡镇严格执行征收标准，规范征收行为。岳阳县社会抚养费征收环境得到优化。

围绕农业增效、农民增收、农村富裕，常委会听取了农业综合开发、全县粮食生产、移民后扶项目资金使用、基本农田保护审议意见的落实、农业专业合作组织建设和土地流转审议意见的落实等工作情况的报告，对“三农”工作开展监督，要求因地制宜、多措并举，积极争取项目和资金，助推“农业大县”向“农业强县”升级。

就畜禽规模养殖环境污染治理工作，常委会深入养殖企业开展了专项考察，听取了县畜牧局、县环保局等单位的整改工作汇报，推动制定了《岳阳县畜禽规模养殖管理暂行办法》和《岳阳县畜禽养殖污染防治规划》，要求科学规划畜禽养殖业发展，推广种养平衡、农牧结合的养殖污染治理模式。

常委会还专题听取了县人民政府副县长易新岳、王卫兵分管工作情况的报告，听取了县人民法院副院长肖志军分管的民事审判工作、县人民检察院副检察长缪星火分管的反贪污贿赂工作情况的报告。听取并审议了县城控详规划编制及执行、重点项目实施及资金使用、法律援助、药品和医疗器械安全监督管理、新型农村合作医疗和城镇职工医疗保险审议意见的落实等工作情况的报告。

（四）扎实开展工作评议。常委会2014年对县教育局、县公安局、县国土资源局、县环境保护局、县物价局、县质量技术监督局、县渔政监督管理局等7个单位开展了工作评议。召开常委会工作评议专题会议，邀请县人民政府全体组成单位负责人及乡镇人大主席列席会议，对被评议单位按“满意、基本满意、不满意”三个档次进行综合评价，既肯定成绩，又客观公正地指出问题，提出整改意见，并要求被评单位在规定时间内报告整改情况。常委会还对2013年评议的7个单位工作整改情况开展了回头看，专题听取整改情况报告并进行评价，努力提升工作评议效果。

二、立足民主法治，加快推进依法治县

常委会紧紧围绕法治社会建设的需要，切实履行法律赋予的职权，依法任免国家工作人员，认真开展执法检查，促进依法行政、公正司法，推进社会公平正义。

（一）规范任免人事。常委会坚持党管干部原则，依法行使人事任免权。进一步规范和完善任前资格审查、法律知识考试、供职报告和颁发任命书等任免制度。全年共任免国家机关工作人员38人次，任命县人民法院人民陪审员14名，补选市人大代表1名。要求获任命对象珍惜和善用人民赋予的权力，自觉接受人大代表和人民群众的监督。

（二）监督法律实施。常委会围绕保障法律法规在本行政区的有效实施，认真开展执法检查。听取和审议了《中华人民共和国体育法》（以下简称《体育法》）贯彻实施情况的报告，督促县人民政府将体育事业经费、体育基础建设经费、全民健身经费等纳入了本年度的财政预算。就《工伤保险条例》贯彻实施情况开展了检查，要求县人民政府建立工伤认定与工伤基金管理制约、第三方对资金支付进行监察核实的机制。配合省人大常委会开展了《中华人民共和国大气污染防治法》执法检查及《湖南省安全生产条例》实施评估调查。

常委会重点跟踪了《中华人民共和国职业病防治法》（以下简称《职业病防治法》）执法检查审议意见的落实情况，监督和推动建立了“政府领导、部门实施、企业配合、职工参与”的职业病防治综合治理长效机制。今年来，县人民政府部署了为期6个月的职业病防治专项整治工作，开展部门联动集中宣传，共检测企业78家，实施体检3648人次，下达整改指令书133份，职业病危害申报企业达到134家，大大提高了企业和劳动者的防范意识，取得了良好的社会效益。

（三）督办人民信访。常委会十分重视人民信访，把信访工作作为体察民情、畅通民意的重要窗口，作为实施监督工作的重要信息来源。一年来，共受理人民群众来信35件，接待来访89人次，承接上级人大转办来信6件，办复率92%，对涉法、涉诉信访件进行了重点督办，努力维护群众合法权益，有效化解社会矛盾。

（四）认真做好规范性文件备案审查和讨论决定重大事项。按照监督法要求，常委会全年接收县人民政府报备规范性文件38件，乡镇人大主席团报备规范性文件12件，督促对个别文件依法进行修改；向市人大常委会报备规范性文件10件。依法讨论决定提请人大常委会审议的重大事项，常委会做出了同意县人民政府将荣湾湖生态新城片区开发建设项目（一期）贷款本息列入财政预算的决定。

二、增强工作活力，发挥代表主体作用

常委会高度重视代表工作，不断拓展活动载体，丰富活动内容，努力提高服务能力和水平，代表知情知政权得到保障，代表主体作用更加明显。

（一）丰富活动内容，提升代表参政议政能力。全年共邀请县人大代表列席常委会会议24人次，邀请乡镇人大主席列席常委会会议40人次；组织代表参加集中考察、调研；增加县代表活动经费，坚持为代表赠订《人民之友》《人大导刊》等杂志，寄送县人大常委会公报；开展常委会组成人员分组走访代表活动，密切同人大代表的联系。

（二）强化督促检查，认真办理代表议案建议。县十六届人大二次会议收到代表建议97件，大会确立议案1件。常委会对《关于创建省级园林县城的议案》进行重点督办。该项工作今年投入资金1669万元，城区实施了一大批绿化亮化工程，群众反映良好。常委会对97件代表建议认真梳理，各委室分工督办，建立了督办台账，分系统召开了督查会，将代表建议办理与承办单位的人事任免、工作评议挂钩，并推动建议办理纳入县委、县政府绩效考核系统。农办、水务局、财政局、文化局、教育局、公安局、发改局、卫生局、林业局、住建局、民政局、工信局等单位工作主动，措施得力，代表建议办理效果明显。目前，全部建议已经办理完毕，已经解决或列入规划正在解决的占79.6%，代表满意率为90%。

（三）加强工作指导，提高乡镇人大工作水平。常委会印发了《关于乡镇人大工作的指导意见》，建立了联系指导乡镇的制度，对乡镇人大工作实施目标考核。全县各乡镇人大工作有声有色，大部分乡镇人大对站所开展了工作评议，积极办理督办代表建议，拓展县乡代表活动载体。杨林乡代表“亮身份、树形象、做贡献”、张谷英镇人大推动制定村规民约、公田镇部门工作评议、筻口镇代表建议督办、新开镇代表工作室建设等工作，在全县起到了示范引领作用。

四、加强自身建设，不断提升履职水平

过去的一年，常委会积极适应形势发展变化和新时期人大工作需要，着力改进工作作风，更加注重服务保障，常委会和机关自身建设得到加强，履职能力不断提高。

（一）认真开展群众路线教育实践活动。按照市委的统一部署，常委会认真开展了党的群众路线教育实践活动，按要求完成了三个环节的各项工作任务，较好地解决了常委会党组和人大机关在“四风”方面存在的突出问题。加强机关制度建设，落实党风廉政建设责任制，进一步规范了机关接待、用车、考察等制度，常委会干部作风实现好转，工作绩效得到提升。

(二)注重学习交流。常委会认真组织了新《中华人民共和国环境保护法》(以下简称《环境保护法》)、新《中华人民共和国预算法》(以下简称《预算法》)的学习研讨活动；就全口径预算管理、重大事项决定等工作前往茶陵县、麻阳县等地开展了学习；配合省人大开展了农村可再生能源调查，配合市人大开展了铁山水资源保护调查、村级卫生室建设调查；加强人大新闻宣传，对常委会会议、主任会议、执法检查、专题考察等重要活动进行全方位报道，不断扩大人大工作的社会影响。

(三)服务中心工作。常委会立足全县大局，认真做好了县委统一安排的各项工作。常委会领导牵头的全国文明县城创建工作，今年9月份顺利通过了公共文明指数测评，已列入全国文明县城提名城市；省级园林县城创建、中洲通用航空机场、城市综合体、农业品牌创建、麻塘滨湖生态综合开发等项目进展顺利。人大办牵头联系的新农村建设点长湖乡高家村村容整洁、村风文明，得到了主管部门的认可和群众的好评。

(四)提高工作实效。常委会今年的议题选题少而精，调查做到了更加深入、审议做到了更加充分、意见做到了更加具体，监督扎实有效。如社会抚养费征收使用、城乡居民最低生活保障、义务教育化债、代表建议办理等议题的调研，实现了常委会组成人员全员参与，全县乡镇和部门基本覆盖，进村入户了解情况。一年来，常委会各委室围绕审议议题开展调研，形成调查、执法检查、工作评议等报告42篇，为常委会依法监督提供了依据。为了进一步提高人大工作实效，常委会还配合省、市人大常委会扎实开展了三湘环保世纪行、三湘农产品质量安全行、三湘农民健康行和民族团结进步行“四行”活动。

各位代表，2014年，县人大常委会较好地完成了年度工作目标任务，是县委正确领导，常委会组成人员和全体代表共同努力，“一府两院”和人大机关积极配合，全县人民和社会各方面大力支持的结果。在此，我谨代表县人大常委会，致以衷心的感谢！

在总结工作时，我们也清醒地认识到，常委会还存在开展监督时总结成绩多、指出问题少，部分议题调研不深入、掌握实情不足，联系代表、发挥代表作用不够等问题。我们将更加自觉地接受人民群众监督，虚心听取人大代表和社会各界意见，不断改进工作作风，不断提升履职能力，不断增强工作实效，努力推动常委会工作与时俱进。

二〇一五年工作计划

2015年，是全面推进依法治国的开局之年，是全面完成“十二五”规划的收官之年，是全面建成小康社会的攻坚之年。县人大常委会2015年工作的指导思想是：以党的十八届三中、四中全会精神为指导，依法履行宪法和法律赋予的各项职权，以推进依法治县和维护公平正义为切入点，围绕推进重大项目的实施、社会关注的热点和民生问题开展监督，坚持改进作风、务实创新，为加快推进民主法治建设、谱写中国梦岳阳县篇章做出新的贡献。

一、学习贯彻四中全会精神，积极推进依法治县

十八届四中全会将“依法治国”提升到了新的历史高度。常委会将深入学习领会、全面贯彻落实十八届四中全会精神，自觉把体现人民意志、保障民主权力贯穿于依法履职的全过程，落实到人大工作的各个方面，推动人大工作与时俱进。一是突出宪法主体地位。尊重宪法，认真组织宪法宣传活动，保障宪法、法律法规在本行政区有效实施。二是推动依法行政。推动制定政府及其部门权力清单，规范行政审批、执法的权限和行为，督促按照行政审批目录及规定流程办事，加强对行政执法的监督，进一步完善规范性文件备案审查工作。三是推动公正司法。认真落实《岳阳县人大常委会司法监督办法》，尝试开展司法执法人员学法用法考试。四是监督法律实施。常委会将听取《中华人民共和国道路交通安全法》(以下简称《道路交通安全法》)《体育法》《工伤保险条例》执法检查审议意见落实情况，对新《环境保护法》实施情况开展检查。结合县情，认真组织开展三湘环保世纪行、三湘农产品质量安全行、三湘农民健康行、民族团结进步行活动，不断增强活动实效。

二、认真履行法定职责，努力提升监督实效

常委会将综合运用听取专项工作报告、考察、调研、工作评议等多种形式，围绕实现政府2015年工作目标及重点项目、重大民生事项、人民群众反映强烈的问题开展监督，努力推动经济发展、民生改善、社会公平。一是推动2015年工作任务落实。以代表团为单位，组织县代表对县人民政府2015年重点工作任务落实情况开展调研、考察，对年度工作进行评价，督促政府目标任务完成。二是认真听取专项工作报告。听取并审议县人民政府行政审批改革、县本级重点项目实施和资金使用、保障性住房建设与分配、公共卫生服务均等化、文化市场综合执法等专项工作情况的报告；跟踪监督义务教育化债、城乡最低生活保障、社会抚养费征收使用、移民后扶资金使用、粮食生产、农业综合开发、县城控详规划编制及执行、工作评议等审议意见的落实情况；继续听取“一府两院”副职分管工作情况报告，对7个政府部门开展工作评议。三是加强对财政预决算的监督。专题听取审查2015年财政预算和2014年财政决算；推进包括一般公共预算、政府性基金预算、国有资本经营预算、社会保险基金预算的全口径预算管理，细化部门预算、项目预算；建立预算初审反馈机制，推进预决算公开，加强对财政预算执行和财政决算的监督；逐步规范乡镇财政预决算管理。四是加强对国民经济和社会发展计划的监督。专题听取审查“十三五”规划编制及“十二五”规划完成情况；加强县本级财政投入项目的计划管理，审查把关计划变更；将上级专项转移支付项目计划纳入审查范围，继续加强对项目分配、建设的监督，提高资金效益。五是依法抓好人事任免。坚持党管干部和人大依法任命原则，认真抓好任前调查与任后监督工作。六是规范讨论决定重大事项。制定人大常委会讨论决定重大事项的办法，正确界定重大事项范围，规范重大事项提出程序，加强对重大事项实施过程的监督。突出重大事项决定的公众参与环节，尊重民意、沟通民意，征求和听取人民群众的主流意见。

三、激发代表履职热情，充分发挥代表作用

完善代表工作机制，进一步加强代表学习培训工作，增强代表依法履职能力，提升代表综合素质；不断拓宽代表参与管理国家事务的渠道，继续深化常委会组成人员联系代表、代表联系选民等制度，充分发挥代表桥梁纽带作用。进一步扩大代表参与常委会活动的广度和深度，坚持和完善代表列席常委会会议，组织代表参加调研、考察和执法检查等活动，支持和规范代表依法履行职责，保障代表的知情权、参与权、表达权和监督权。完善代表履职评价机制，开展市县代表述职活动。不断完善议案、代表建议办理及督办机制，扎实做好县十六届人大三次会议议案、代表建议的办理工作，实行重点建议重点督办，探索建议办理评价机制，切实提高办理质量和水平。不断加强与乡镇人大的联系，强化业务指导，充分发挥基层人大组织作用，积极探索对乡镇政府及部门评议监督办法，搭建代表联系群众工作平台，抓好代表工作室创建，逐步规范和完善对乡镇财政预算的监督职能，把人大监督落到实处。

四、巩固学教活动成果，努力提升工作水平

坚持以党的十八大和十八届三中、四中全会精神武装头脑、指导实践、推动工作，切实加强队伍建设，进一步凝聚推动发展的正能量。结合依法治国的形势和推动人大工作与时俱进的需要，组织常委会成员和人大工作者参加全国人大培训活动；进一步强化作风建设，坚持深入基层、深入群众、深入实际、调查研究，充分听取群众的意见、要求和呼声，不断提高常委会决策的民主化、科学化水平；认真抓好各项制度建设，充分发挥常委会及各办事机构在监督工作中的职能作用；进一步做好人大信访接待工作，提高办理质量，多途径畅通民意渠道，维护群众的合法权益；进一步加强人大宣传工作，积极开展工作联系和对外交流，推动人大工作再上新台阶。

各位代表，岳阳县正处在提速发展的快车道，面临着良好的发展机遇，让我们倍加珍惜人民赋予的权力和信任，倍加珍惜政通人和的大好局面，在中共岳阳县委的坚强领导下，团结一心，开拓奋进，为推进法治岳阳县建设和全面建成小康社会而努力奋斗！

政府工作报告

——2014年12月24日在岳阳县第十六届人民代表大会第三次会议上

岳阳县人民政府县长 张中于

各位代表：

现在，我代表县人民政府，向大会报告工作，请予审议，并请各位县政协委员和其他列席人员提出意见。

一、2014年为谱写中国梦岳阳县篇章翻开崭新一页

2014年，全县上下紧扣经济建设中心，凝心聚力，攻坚克难，较好地完成了县十六届人大二次会议确定的目标任务。预计全年实现地区生产总值233亿元，增长10%；财政总收入8亿元，增长13%；固定资产投资195亿元；社会消费品零售总额75.2亿元，增长13%；城镇居民人均可支配收入20431元，农民人均纯收入11456元，分别增长10%、13%。

突出转型升级，产业结构进一步优化。三次产业结构比由2013年的19.2:49.4:31.4调整为17.6:50.5:31.9。工业经济稳中有进。全县规模工业企业146家，预计完成规模工业增加值140亿元，增长12%。科技园完成征拆数据采集和路网规划设计，新增高新技术企业4家，湖南科伦获得国家重大科技专项支持，利尔康、大力神成为湖南省战略新兴产业重点企业，湖南科伦、天欣科技荣获第二届“市长质量奖”。茂昌医药、大力神、椰星饮料等项目建成投产。现代农业稳中有为。粮食总产量稳定在50万吨以上，再次获评全国粮食生产先进县。无公害蔬菜、葡萄、鸽业、红薯粉、土鸡、黄颡鱼等农业品牌创建初见成效。8000公顷优质稻基地成为全国绿色食品原料标准化生产基地，民心蔬菜、全民家禽、芭蕉扇业、新墙葡萄、盛源林业5家农民专业合作社被评为国家级示范社。农村土地承包经营权确权登记颁证试点工作稳步推进，在全市率先开展农村土地承包经营权抵押贷款工作。再次获评全省新农村建设先进县，乡村环境整治工作排名全市前列。第三产业稳中有新。张谷英村被评为“中国特色景观旅游名村”，相思山荣获“湖南省十佳品牌景区”，张谷英村、大云山荣获“全市十大金牌景区”；成功推出了新墙葡萄采摘“一日游”休闲体验活动。全县金融机构存款突破100亿元，贷款53.4亿元，成功创建市级金融安全达标县。

突出项目建设，发展后劲进一步增强。招商方面，新引进亿丰时代广场、普爱生物科技、华能风电、旺磁电子等亿元以上项目7个。引资方面，共争取国家重点投入项目84个，落实资金7.3亿元，投资5000万

元的农村环境整治整县推进等一批大项目落户岳阳县。重点工程建设方面,城建:被确定为2014年全国县级文明城市提名城市,省级园林县城创建工作全力推进,荣湾湖综合治理工程稳步推进,城南河风光带、城区夜景工程和小游园建设全面铺开,完成文胜南路建设、6条主街道“白改黑”和5条背街小巷硬化,深入开展“五大整治”行动[1]和精神文明建设“十大行动”[2],县城面貌焕然一新。交通:岳长高速岳阳县段征拆施工进展顺利,完成S208杨林至张谷英段、大凤线大屋湾至柏祥段、鹿白线公田长安至毛田福胜段升级改造,八仙大桥、杜家坳铁路跨线桥大修及26座农村危桥改造和80千米通畅工程建设顺利完成。水利:解决4.2万人饮水不安全问题,疏浚沟渠2280千米,完成16座重点小Ⅱ型水库、31座一般小Ⅱ型水库除险加固,中洲泵站更新改造、中小河流治理综合整治等项目加快建设。电力:投入6600万元用于电网建设改造,成为全省新农村电气化试点县;35千伏筻口变增容改造、35千伏杨林变建设全面启动,原小水电供电区优惠用电整治工作稳步推进。

突出民生改善,社会大局进一步和谐。18项29件省、市实事和10项县定实事全面完成。中小学校危房改造、义务教育学校化债等工作扎实推进,城区“大班额”问题得到有效解决;高中“阳光招生”[3]社会反响良好,高考再创佳绩。新农合参合率99.6%,群众受惠1.8亿元,医疗卫生能力建设进一步加强。重度残疾人特殊生活补贴和护理补贴达到1.5万人次。新增无线数字电视用户5000户。完成保障性住房建设1483套。新墙河抗战文化保护工作有序推进,岳阳花鼓戏传承剧院改造完成。群众文化体育事业蓬勃发展,在省十二届运动会上夺得8枚金牌。实行“阳光低保”,社会救助力度进一步加大。认真落实“单独二孩”[4]和计划生育利益导向政策。积极推进铁山库区“两保”工作,扎实开展“铁山水资源保护行动月”活动。加强东洞庭湖环境综合整治,规范资源管理,砂石出让收益达到7.75亿元。启动乡镇司法所收编工作。禁毒教育基地对外开放,扎实开展“烈火行动”[5],社会治安形势持续好转。综治民调排名全省52位。认真开展“四大三基”行动[6]、专家查隐患活动和食品药品安全专项整治,安全生产形势平稳可控。

突出自身建设,政务管理进一步规范。行政效能不断提升。深化行政审批制度改革,取消行政许可事项22项,保留行政许可事项196项。推行项目建设工程报建联审联批,完善“一票制”收费[7]制度。规范乡镇税收征管秩序,财政财务管理得到加强。畅通“12345”公共服务渠道,加强县政府门户网站群体系建设。工作作风不断好转。扎实开展党的群众路线教育实践活动,坚持问题导向,真查实改,整章建制,着力解决了一批“四风”[8]方面的突出问题,完成办公用房清理,加强公务用车管理,“三公”经费[9]支出同比下降19.5%。民主法治建设不断加强。顺利完成第九次村委会换届选举。“六五”普法教育全面开展。监察审计工作深入推进, 廉政建设得到加强。认真办理人大代表建议103件、政协委员提案96件。国防动员和后备力量建设稳步推进。档案、史志、保密、人防、老干、工会、妇联、工商联、共青团、民族宗教、邮政、通信、烟草、石油、金融保险等工作都有新进步。

各位代表!现在的岳阳县城乡面貌日新月异,基础设施日臻完善,产业发展走势强劲,社会事业长足进步,人民生活持续改善,公平正义日益彰显,社会大局和谐稳定,人民群众的幸福感、归属感、自豪感显著增强。这些成绩的取得,是市委、市政府和县委正确领导的结果,是县人大、县政协监督支持的结果,是全县上下共同奋斗的结果。在此,我代表县人民政府,向全县人民及所有关心、支持岳阳县建设发展的社会各界人士,表示衷心的感谢并致以崇高的敬意!

回顾过去,我们深刻体会到,要实现岳阳县经济社会又好又快发展,必须坚持团结奋斗。坚决服从县委统一领导,自觉接受人大、政协和社会各界监督,积极争取方方面面支持,形成一心一意谋发展、凝心聚力搞建设的强大合力。必须勇于攻坚克难。在实事求是中直面难题、找准症结、抓住关键,以舍我其谁的担当、敢于创新的勇气、干事成事的智慧,攻坚克难,推动发展。必须突出项目建设。只有始终高举项目兴县大旗,推进项目建设,才能实现跨越发展。必须保障改善民生。想问题、办事情、做决策,充分尊重群众意愿,充分考虑群众诉求, 努力把群众的根本利益实现好、维护好、发展好。

各位代表!在总结成绩的同时,我们也清醒地看到，经济社会发展仍然存在不少困难和问题：经济下行，增幅放缓，实体经济运行困难；三次产业结构仍然不优，支撑发展、带动全局的大项目、好项目不多；征拆难、融资难、用地难等问题依然比较突出；政务服务中不作为、慢作为、乱作为现象没有根本杜绝，行政执法中乱收费、乱摊派、乱罚款行为仍然存在，工程施工中强揽工程、强装强卸、强行阻工现象时有发生；生态保护任重道远，等等。对此，我们一定高度重视，逐步加以解决。

二、实施“一二三四”战略，高举项目兴县大旗，加快推进全面建成小康社会进程

2015年，是全面深化改革的关键之年，是全面推进依法治国的开局之年，也是全面完成“十二五”规划的最后一年。政府工作的指导思想是：深入贯彻落实党的十八大及十八届二中、三中、四中全会和中央、省委、市委经济工作会议精神，围绕稳增长、调结构、促转型，主动适应经济发展新常态，融入“一区一带”，打造“两城两景”，发展“三园三区”，着力“四抓四促”，全面深化改革，推进依法治县，突出项目兴县，加强自身建设，加快全面建成小康社会，努力谱写中国梦岳阳县篇章。

主要预期目标是：地区生产总值增长9%，财政总收入增长8%，固定资产投资增长18%，社会消费品零售总额增长12%，规模工业增加值增长10%，城镇居民人均可支配收入增长9%，农民人均纯收入增长11.5%；人口自然增长率控制在7‰以内；新引进投资过亿元项目8个以上，争取国家重点投入确保高于全市六县（市）平均水平；认真编制县“十三五”经济社会发展规划，高标准建立重大项目储备库；全面完成市政府下达的节能减排任务；其他各项指标均按全面建成小康社会考核指标体系进度要求完成。

（一）以创建科技园为载体，提升新型工业化水平

提升园区平台承载力。加大科技园创建力度，推进生态工业园五期扩园，完成95.6公顷土地征拆并启动“七通一平”[10]基础设施建设；推进“135工程”[11]，加快标准化厂房建设，促进园区提质升级；围绕国家战略产业目录，加大招商引资力度，力争引进2—3家带动能力强、税收回报率高的高新技术企业。支持建陶企业加大技改力度，努力将建材园建成绿色园区、生态园区。台创园完成23.33公顷土地平整、园区次干道路和地下管网建设，污水处理厂建成投入使用。加大工业用地批后监管，提高利用效率。

提升优势产业支撑力。采取联手帮扶、金融支持、优化环境等措施，鼓励湖南科伦、向红机械等企业加快产业转型和产品升级换代；加快湖南科伦二期、健强药业、高压阀门管件、旺磁电子等项目建设，确保竣工投产。围绕生物医药、机械制造、农产品加工等重点产业进行招商，完善产业配套。

提升科技创新带动力。实施创新驱动发展战略，支持现有企业筹建国家、省、市级工程技术中心，加快建立以企业为主体、市场为导向、产学研相结合的技术创新体系。实施知识产权战略和品牌战略，提高企业核心竞争力。抓好节能减排工作，大力发展循环经济。

（二）以美丽乡村建设为抓手，统揽“三农”工作全局

加快一产“接二连三”，让农业更兴旺。一产方面：围绕特色优势农产品，完善扶持和发展模式，壮基地，深加工，活营销，创品牌，深入推进农业品牌创建工作。推进农村土地承包经营权确权登记颁证和抵押贷款试点，引导农村土地健康有序流转，加快培育专业大户、农民合作社、家庭农场、农业企业等新型农业经营主体。稳定粮食生产先进县位置，禁止抛荒，大力推行“压单扩双”，推广集中育秧。“接二”方面：做大做强中粮米业、洞庭油脂、湘渝焦糖等现有农产品加工企业；加快湘佳牧业、普爱生物科技、益隆坚果、牛牛科技、三利和食品等项目建设，确保竣工投产；引进带动力强、产业关联度高、市场前景好的农产品深加工企业，延长产业链条。“连三”方面：推进一、三产业深度融合，以现代农业特色基地为载体，以公田温泉为节点，以张谷英村、大云山、相思山、东洞庭湖等为依托，策划、包装葡萄采摘、土菜品尝、芦苇观赏、荡舟垂钓等一批旅游产品，形成3—4条农业体验休闲精品线路，打造以岳阳市区为主要客源地，以武汉城市圈、长株潭城市群为辅助客源地的一个半小时“周末游”目的地。

推进乡村环境整治，让农村更美丽。认真实施农村环境整治整县推进项目，加强以农村面源污染、畜禽养殖污染治理和生活污水、垃圾处理为重点的农村

环境连片整治。探索农村建房用地管理办法,严格实行“建新拆旧”。积极推广饶村伍相、麻塘和兴垃圾分类减量经验,力争创建2—3个宜居宜业宜游美丽乡村和50个农村环境整治达标村,争创全省新农村建设先进县。

提升公共服务水平,让农民更幸福。全面落实各项惠农政策,认真做好移民工作,实施精准扶贫,完善农业保险体系,多渠道增加农民收入。完善农田水利基础设施,改善农村生产生活条件。鼓励制定村规民约,积极开展“送戏下乡”“农民健身”等活动,大力倡导文明新风,培育健康向上的农村文化。推进村务公开,促进管理民主。关爱农村留守妇女儿童和孤寡老人,维护农村社会和谐稳定,让农村成为老百姓安居乐业的美丽家园。

(三)以资源整合开发为着力点,加快发展现代服务业

着力发展现代旅游业。启动张谷英村游客服务中心、停车场建设,完成景区水环境综合治理工程和古建筑群电网改造;认真抓好集中安置点建设,提质改造张谷英集镇。完成大云山景区云山宾馆、甘露寺、宗教广场建设和祖师殿改扩建,支持晟林公司完成景区道路建设。公田温泉完成“探改采”挂牌和总体规划编制,并启动建设。中洲通用航空项目完成机场手续报批和立项。完善景区道路旅游标识系统,建立功能齐全、方便快捷的公共信息服务体系。

着力发展现代物流业。支持茂昌医药、同安医药、新开海纳、新墙高桥、和田配送等物流企业做大做强,力争新开智慧物流园项目尽快落地。重点引进现代航运物流、配套服务等关联企业。进一步规范物流市场,维护公平竞争环境和良好物流市场秩序。

着力发展新兴服务业。规范金融市场建设,加强民间资本市场监管,稳妥推进县信用联社改革,支持华融湘江银行岳阳县支行尽快营业,创建省级金融支持现代农业发展示范县。发展健康养老、文化创意、体育健身等新兴服务业,培育新的经济增长点。

(四)以市县对接融合为路径,大力推进城乡一体化

加快县城提质扩容。以“创”提升形象,以水彰显灵气,以绿展示活力。全力推进“两城同创”。积极创建全国文明县城,常态化推进县城“五大整治”行动和精神文明建设“十大行动”,加大老城区尤其是居民社区给排水、强弱电、人行道、亮化绿化改造提质力度,加强建筑市场质量安全监管,加强城区清扫保洁,认真开展“美好社区、温馨家园”创建活动,不断提升市民道德素质和文明素养。全力创建省级园林县城,严格执行城市绿线管理,加快小游园、街道绿化景观建设,新增市级园林式单位10家以上。实施“八大城建工程”。①荣湾湖综合治理工程,重点完成城南河风光带建设和荣湾湖红线范围内土地征拆;②长丰路地下人行通道建设工程;③贺坪路县职业中专安全通道工程;④5条城区街道“白改黑”工程;⑤青山北路、团结北路建设工程;⑥亿丰时代广场主体工程;⑦城南片区旧城改造工程;⑧中心城区LED路灯改造和弱电入地工程。

加快麻塘、新开城乡统筹示范区建设。主动对接市区“南延”,尽快完成示范区总体规划编制,启动重点区域控详规划编制。加大禁违拆违治违和土地收储工作力度,完成示范区内路网勘测和规划设计。推进“退二进三”,重点发展高效农业、高新科技、物流仓储、休闲旅游、商住等产业。

加快乡镇集镇建设。实行最严格的耕地保护和集约节约用地制度,鼓励乡镇收储土地,支持乡镇基础设施建设和集镇提质改造,不断提升乡镇集镇承载能力和服务功能。加大禁违拆违治违力度,启动重点中心镇农贸市场标准化建设。实施集镇整洁工程、绿化工程、畅通工程,鼓励乡镇积极开展文明集镇、卫生镇、特色镇创建活动。

加快基础设施建设。鹿角码头尽快竣工营运,做好蒙华铁路、岳望高速公路建设协调工作,完成三港咀渡改桥、原梅城线饶村段和杨林段改造、19座危桥改造、42千米通畅工程建设,启动S312相思至杭瑞高速跨境路规划预可研工作。完成沟渠疏浚目标任务,启动县城源水备用管道建设,加快推进安全饮水、中小河流治理综合整治等项目。投入5000多万元,启动新一轮农网升级改造;完成110千伏公田变、35千伏月田变改造和35千伏杨林变建设;完成原小水电供电区优惠用电整治工作,实现同网同价。

(五)以水资源保护为重点,加强生态文明建设

做好铁山库区“两保”工作。认真贯彻落实市委、

市政府《关于进一步加强铁山饮用水水资源保护与库区民生保障的意见》。完成月田、毛田集镇污水处理厂建设并投入运营，加快推进其他集镇及二级保护区内居民生活污水净化设施建设，5个入库河口拦污设施全部启用。启动库区产业发展规划编制工作，加快推进居民集中安置点建设，积极争取国家、省政策性扶贫、救济救助、生态保护项目并向库区倾斜，抓好库区农村危房改造、敬老院建设等一批民生实事。

加强东洞庭湖生态环境综合整治。全力做好东洞庭湖砂石资源开发工作。持续开展"洞庭风雷"行动[12]，严厉打击非法捕捞、采砂、排污、营运等行为。创新"增殖放流"方式，加大水资源和水环境保护，促进人水和谐。探索东洞庭湖芦苇荡原生态旅游开发，积极争取湿地保护项目。

加大饮用水源地保护力度。认真贯彻落实新《中华人民共和国环保法》（以下简称《环保法》），严格执行环保第一审批权。加快编制并认真落实《岳阳县畜禽规模养殖污染防治规划》，合理划定禁养区、限养区和适养区，逐步实现畜禽养殖标准化、生态化。规范、有序出让新墙河三港咀上游河段砂石资源，坚决禁止乱采滥挖。加大对偷排、盗采行为的打击力度。完成防护林改造规划和乡镇集中式饮用水源保护规划编制。加强森林防火，大力植树造林。要像保护我们的眼睛一样保护生态环境，守住青山绿水，留住蓝天白云。

（六）以保障和改善民生为目标，不断提升民众幸福指数

努力发展普惠型社会事业。促进教育均衡发展，继续推进义务教育学校化债和危房改造，逐步改善边远山区教师待遇，巩固高中"阳光招生"成果，争创国家级农村职业教育示范县、全省教育信息化试点县。完成县人民医院门急诊大楼建设和60个村级卫生室达标工程，加强卫生服务能力建设，让群众就近享受高效优质的医疗服务；建立第三方调解机制，稳妥处理好医患纠纷。稳定适度低生育水平，强化社会抚养费征收管理，促进人口长期均衡发展。启动县城"四馆一中心"[13]规划编制工作，完成新墙河抗战博物馆建设并对外开放，争创公共文化服务示范县、民俗文化县。县综合档案馆建成投入使用。积极开展群众体育活动，深入开展爱国卫生运动。

不断完善共享型社会保障。全面完成省、市实事。进一步完善基本养老、基本医疗、最低生活保障等制度，继续做好失业保险、工伤保险、生育保险的扩面和基金征缴工作。建立基本养老服务补贴制度，认真做好原中小学民办教师、代课教师和老年乡村医生生活困难补助发放工作，全面落实重度残疾人特殊生活补贴和护理补贴、计划生育利益导向政策。全面提高公务人员工资收入水平。加快保障性安居工程建设，完成公租房建设500套和城市棚户区改造378户。推进殡葬改革。

积极做好创业型社会就业。营造良好的创新创业环境，完善创业扶持政策，激发全民创新创业热情。推进工商注册便利化，大力引导外出务工人员返乡创业，鼓励支持城镇失业人员、失地农民、退役军人采取灵活多样的形式创新创业。以创业带动就业，以就业促进增收，形成发展经济与扩大就业的良性互动。

全面推进服务型社会治理。积极开展"平安岳阳县"创建活动，严密防范和依法打击各类违法犯罪，巩固综治民调成果，维护社会公平正义。认真贯彻落实新《中华人民共和国安全生产法》（以下简称《安全生产法》），健全安全生产监管体系，深入推进安全生产大检查，治理车辆超限超载，坚决遏制重大安全生产责任事故发生。完善防灾减灾救灾体系，加强网络舆情、突发公共事件应急管理。开展信访工作"双向规范年"活动，推行涉法涉诉信访改革，重点推进积案化解。加强国防动员和国防教育工作，推进人防工程建设。

三、弘扬法治精神，加强政府自身建设

牢记宗旨，勤勉履职，切实地做到对人民负责、受人民监督、让人民满意。

以更严的要求推进依法行政。加快建设法治政府，自觉运用法治思维深化改革、推动发展、化解矛盾、维护稳定，形成办事依法、遇事找法、解决问题用法、化解矛盾靠法的良好法治环境。依法决策。把公众参与、专家论证、风险评估、合法性审查、集体讨论决定作为重大行政决策法定程序，确保依法、民主、科学决策。凡事关经济社会发展和人民群众切身利益的重大决策事项，都要向社会征求意见；凡专业性强的决策事项，都要开展专家咨询论证；凡涉及公共利益的

决策事项，都要组织听证。依法办事。加快建立权力清单、责任清单和负面清单，做到法无授权不可为、法定职责必须为。自觉接受人大法律监督和政协民主监督，认真执行人大及其常委会的决议决定，依法报告工作；认真办理人大议案、代表建议和政协建议案、委员提案。依法维权。加大司法救助力度，提供免费法律援助，维护弱势群体合法权益；规范企业用工行为，建立工资保证金制度，维护劳动者合法权益；强化食品药品安全监管，加快“12315”体系建设，维护消费者合法权益。

以更大的力度加快改革创新。勇于改革。严格按照中央和省、市统一部署，全面推进政府机构改革，稳妥推进公车、县级公立医院等改革。善于破难。出台《岳阳县集体土地征收和房屋拆迁管理办法》《岳阳县国有土地上房屋征收补偿办法》及《失地农民社会保障办法》，规范操作程序，着力破解征拆难题。协调政银企关系，鼓励金融机构放贷支持企业，综合利用科技贷款、资本市场、创业投资等多种方式加强对企业的融资支持，着力破解中小企业融资难题。敢于碰硬。持续开展“项目建设年”活动，严格落实《优化经济发展环境“十不准”规定》[14]，坚决查处一批强揽工程、强买强卖、强行阻工和行政执法中乱作为、慢作为、不作为的典型案件，让岳阳县真正成为人人向往的投资创业热土。

以更实的举措提高政府效能。转变作风提高效能。巩固党的群众路线教育实践活动成果，持续深入开展转作风、反“四风”活动，形成作风建设新常态。下大力气整治“不干事、不担事”等不良风气，少开会、少发文、少应酬、少折腾，把更多的时间、精力用到办实事、抓发展上来。规范管理提高效能。严格控制机关事业单位新增债务，加强农村“三资”[15]监管，推进财务管理精细化和规范化。认真落实项目建设工程报建联审联批和“一票制”收费制度，精简审批事项，严格实行“两集中、两到位”。规范统一公共资源交易，加快推进网上政务服务和电子监察系统建设。严格督查考核提高效能。坚持分类指导，完善绩效考核指标；创新督查方式，严格跟踪督办。以钉钉子的精神狠抓工作落实，划定路线图、签订责任状、明确时间表，精准发力，说了的坚决做到，定了的坚决兑现，真正做到不搞形式、不放空炮、不走过场。

以更高的标准践行廉洁从政。严格执行党风廉政建设责任制和廉洁从政相关规定。把廉政建设与经济社会发展一同部署、落实、检查和考核，加强行政监察和审计监督。厉行勤俭节约，确保“三公”经费支出“零增长”、楼堂馆所“零建设”、公务用车“零购置”。认真贯彻落实新《中华人民共和国预算法》（以下简称《预算法》），推进行政审批、财政预决算、“三公”经费等重点领域信息公开，努力建设廉洁、透明、阳光政府。

各位代表，全面建成小康社会的使命激励我们砥砺奋进，全县人民的重托鞭策我们奋勇前行。让我们在县委的坚强领导下，凝聚全县人民的智慧和力量，锐意进取，开拓创新，加快推进全面建成小康社会进程，努力地谱写中国梦岳阳县篇章！

注释：

1. “五大整治”行动：环境卫生、市政秩序、交通秩序、市场秩序、治安秩序、五小门店经营秩序整治行动。

2. 精神文明建设“十大行动”：“讲文明树新风”宣教行动、学雷锋志愿服务行动、道德讲堂建设行动、“诚信荣城”建设行动、文明餐桌行动、文明交通行动、“德行荣城”建设行动、网络文明传播行动、“我们的节日”主题活动、未成年人思想道德建设行动。

3. “阳光招生”：高中严格按计划招生，不多招一人；严格按分数录取，不降低一分；严格按标准收费，不多收一分，确保招生政策、录取过程、招生结果阳光透明、公平公正。

4. “单独二孩”：只要夫妻双方一人为独生子女，即可生二胎（如果前一胎为多胞胎，则不适于此政策）。

5. “烈火行动”：为整肃社会治安秩序，全面提升人民群众安全感和满意度，岳阳县2014年1月至10月开展以“扫黄禁赌、禁毒品、打击侵财犯罪”为主要内容的专项行动。

6. “四大三基”行动：安全生产大宣传、大培训、大检查、大整顿，基本建设、基础工作、基层创建。

7. “一票制”收费：纳入联合审批范围内的建设工程项目在立项、规划、用地审批、工程报建与建设、竣工验收等环节应缴纳的多项收费，按照“统一范围、统一标准、一票征收、分类转存”的方式，在县政务服务中心财政窗口实行集中统一征收。

8.“四风”:形式主义、官僚主义、享乐主义和奢靡之风。

9.“三公”经费:财政拨款支出安排的出国(境)费、车辆购置及运行费、公务接待费。

10.“七通一平”:通上水、通下水、通电、通讯、通气、通热、通路和平整地面。

11. “135工程”: 这是杜家毫省长在2014年10月31日召开的湖南省产业园区工作会议上提出的。即在全省建设100个产业园区、3000万平方米标准厂房、引进5000个创新创业企业。

12.“洞庭风雷”行动:市政府部署的在东洞庭湖集中开展严厉打击非法采砂、非法捕捞和非法排污行为,整治航运秩序,加强水上安全管理,保护东洞庭湖生态和渔业资源的专项行动。

13.“四馆一中心”:图书馆、文化馆、博物馆、美术馆和文化艺术中心。

14.《优化经济发展环境“十不准”规定》:不准推诿扯皮,拖延办事时限;除涉及国家安全、公共安全、生命财产安全和生态安全外,未经县优化办备案,不准擅自到企业乱检查;不准乱收费、乱罚款、乱摊派;不准乱培训、乱评比;不准增加行政许可实施的条件和程序;不准利用审批、检查和收费之机“吃拿卡要报”;不准只罚不纠或以罚代管;不准强迫代理和指定供应商;不准违反规定擅自查封、扣押企业账目、责令企业停产、停业、强扣企业生产器械和产品等;不准打击报复举报投诉企业。

15. 农村“三资”:农村集体资金、农村集体资产、农村集体资源。

策应发展新常态　共襄法治新蓝图
协力“一二三四”战略谱写中国梦岳阳县篇章

——2014 年 12 月 23 日在政协岳阳县第十二届委员会第三次会议上

政协岳阳县委员会主席　彭西罗

各位委员、同志们：

我受政协岳阳县第十二届委员会常务委员会委托，向大会报告工作，请予审议，并请列席会议的同志提出意见。

2014 年工作回顾

2014 年是政协岳阳县第十二届委员会发挥优势、开拓进取的一年。一年来，常委会坚持以科学发展观和习近平总书记系列重要讲话精神为指导，深入学习贯彻党的十八大和十八届三中、四中全会精神，突出团结和民主两大主题，组织广大政协委员，紧扣全县工作大局，认真履行政治协商、民主监督、参政议政职能，为推进全面深化改革、全面建成小康社会，谱写中国梦岳阳县篇章做出了积极贡献。

一、围绕“一二三四”战略全局协商议政，精准发力，进一步彰显了协商民主在决策环节中的资政地位

一年来，县政协努力推进协商民主广泛多层制度化发展，力求选准议题，关注大事；精心准备，做足功课，以前瞻性的理念和建设性的意见提供决策参考。

全会协商在“群言堂”层面聚焦了热点话题。二次全会上，常委会发挥委员齐聚一堂、集体协商的优势，组织了多层次、多议题的协商。在讨论政府工作报告及其他工作报告时，就贯彻落实县委经济工作会议精神建言献策，就大力优化经济环境、强力推进项目建设踊跃发言。大会期间，组织职业教育发展和农业品牌建设专场建言；围绕科技园创建、城乡一体化、农村文化产业、农村留守儿童教育成长、食品药品安全、水利建设、交通安全、新社区管理等问题，委员和下组讨论的县委县政府领导积极互动，提出了 70 多条意见建议。会议期间，召开政协常委扩大会议，特别就涉农项目资金整合、农村生态环境综合治理、东洞庭湖砂石管理等七个方面的问题，和应邀出席的县委县政府领导面对面交换意见。生动活泼的协商氛围，激发了委员的问政热情，得到县委、县政府高度重视和部门的热切回应。

专题协商以"现场会"方式提出了中肯意见。主席会议、常委会议和专委会就财政预算、区划调整、抗战文化宣传、东洞庭湖生态保护、十大城建项目和梅城公路建设等议题开展专题协商,并将更多的协商会议放到部门项目建设现场,边听边议,边看边商,重点就乡镇财税收入平衡,麻塘、新开区划调整慎重决策,新墙河抗战纪念碑选址荣湾湖,抓住洞庭湖生态经济圈上升为国家战略的机遇争取项目,落实市政府"二四七"方案保铁山库区生态民生,洞庭湖砂石过驳锚地迁建,县城小游园科学规划等问题提出协商意见。参与式的现场议政,增强了协商成效。

调研协商用"精品化"课题参与了重大决策。为协在关键处、商在点子上,常委会将调研协商作为"精品工程"来部署。2014 年,县委书记毛知兵亲自交题目、定任务、提要求,交办破解征地拆迁难、用地难、融资难"三难"问题调研课题。常委会将之列入全年五大履职重点之一,多方征询,多次会商。并到浙江象山、河南新乡和陕西咸阳考察,力求提出的应对策略与办法更加符合县情,形成了《破解征地拆迁和用地难题要有更新的思路》和《加快破解融资难题,提振县域经济活力》的调研材料。对此县委县政府高度重视,召开了破解经济发展难题务虚会,就政协调研报告中提出的保障民生、坚持阳光操作、完善失地保障制度、加强征拆管理和把握工作主动权等建议,进行了认真研究,出台了《岳阳县征地拆迁补偿方案》和《岳阳县被征地农民养老保险方案》。《破解征地拆迁和用地难题要有更新的思路》调研报告被市政协评为一等奖,《加快破解融资难题,提振县域经济活力》调研成果被省、市政协相关调研课题综合采用。

二、创新机制开展民主监督,注重实效,进一步增强了政协组织在监督体系中的社会公信力

政协民主监督在监督体系中占有重要地位,一年来,常委会创新监督机制,把握监督力度,进一步提高了民主监督的群众认可度。

创新提案督办强化了重点监督的执行力。2014 年,我们争取县委县政府重视支持,首次将提案办理纳入全县年终绩效考评项目。将对提案承办单位进行量化考核作为推进民主监督的强力手段。完善重点提案主席会议督办机制。5 件以上提案的单位,由政府、人大、政协联合督办,所有提案承办单位必须和委员见面沟通并致函答复。一年来,委员在财政金融、城建交通、市政环保、电力通讯、农业水利、科教文体、医药卫生、社会保障等领域,提交了 97 件提案。特别是关于打击地霸、路霸、优化项目施工环境,遏制耕地抛荒保障粮食生产安全,启动中洲湖饮水安全设施建设,完善乡村环境整治考核办法,失地农民养老保险和库区移民危房改造等提案,都得到比较认真的办理。

完善委派机制实现了部门监督的常态化。对社会关注度较高的 39 家执法执收部门和行业窗口单位,派驻了 78 名民主监督员。一年来,在公检法、民政、政务公开中心、人社局等单位,通过民主监督员对接、单位邀请上门、函电往来等方式,就打击入室盗窃、检务公开、人民陪审员制度、农村低保政策普惠弱势群体、改善政务环境方便服务群众等问题,民主监督员直陈民意,传递民声,实现了同职能部门的"双向互通"与"常来常往",推进了监督机制的常态化建设。

改进社情民意拓宽了社会监督的快车道。社情民意工作是全国政协系统唯一的量化指标。2014 年,在省市政协的重视和指导下,常委会把这项工作作为舆情监督的重点,健全了社情民意工作制度,对乡镇联络办、县直联络组和委员专项考核。一年来,委员深入民众,倾听民意,向县政协和上级政协报送了 60 多条社情民意信息。党群、宣教、农林、社科等联络组报送和反映的关于启用电线杆定位报警急救系统、优化乡镇计生服务环境、农村文化阵地"空壳现象"、分类处理农村历年旧欠和农村饮水安全等问题;毛田、月田、新开、公田等联络办报送的铁山库区五保户保障问题、农村校车补贴政策落实问题、建立医患纠纷协调处置机制、集镇建设等问题,下情上传,实情直达,一些重要信息,领导还做出了具体落实的批示。

三、激励政协委员发挥"三个作用",尽责履职,进一步彰显了政协队伍的时代风采

一年以来,全体委员发挥本职工作的带头作用、界别群众的代表作用和政协工作的主体作用等三个作用,竭忠尽智,积极作为。

履行职能不懈怠。常委会引导全体政协委员统筹兼顾、积极参政议政。开展考察评议。筻口、毛田、新墙、步仙、中洲、月田等乡镇联络办组织委员分别对中小河流治理、新农村建设示范村环境提质改造、农业技术推广、猪场污染治理，校车安全管理、看病难、铁山库区集镇污水处理工程等开展专项考察。筻口、公田、张谷英、长湖、柏祥等乡镇联络办分别对公安交警、卫生院、畜牧站、国土所、乡村小学、医院、路政、邮政等部门和单位，集中评议并当场测评，促进了部门工作。勤于调查研究。公田、麻塘、相思、甘田、新开、鹿角、杨林、社科、宣教、工交等联络办(组)，分别就三农补贴、山区道路安全、改革农村红白喜事、集镇项目提质改造、突发事件中过激行为处置、乡村黄赌毒治理、发挥毗邻市区乡镇区位优势发展高新技术产业和食品安全等问题，开展调研，提出了建设性意见和深层次建议。特别是公田镇联络办关于集镇周边少数村黄堵毒问题的调研，推动了联合整治行动，麻塘镇联络办关于沟渠疏浚的调研，引起了市县领导的高度关注，加快了决策落实进程。调研中，我们注重了上下协作、左右联动。党群组和宣教组，就城市公交线路与公交路牌设置联合调研，中洲、月田等乡镇联络办和宣教组委员就中洲乡移民饮水安全联合调研，市、县政协与党群、农林、社科、财贸、城关、鹿角、麻塘、中洲、黄沙街、新墙等联络办(组)，就优化创业环境，融资难、征地拆迁难、用地难问题，长江岸线资源保护与利用，基层政协组织建设等课题，集中履职资源联动调研，增强了履职效果。

立足岗位建功业。一年来，委员各尽所能，开辟新领域、谋求新创业、实现新突破、开创新局面，赢得了人生出彩的机会，也为政协组织增添了光彩。创业有实绩。经济界委员，充分发挥自身在资金、资产、资源等方面的优势，有的在家居建材方面投入巨资做大做强；有的在汽车营销方面勇开先河；有的在特色旅游开发方面打造亮点；有的在创办省级龙头企业打响现代农业品牌上开拓前行；有的在产业转型上先行一步；有的在扩大社会就业独树一帜，他们站在了全民创业的前沿，引领了财智人生的风范。岗位做贡献。委员立足岗位，干一行爱一行，专一行精一行，敬业尽责，忠勤任事，在本职岗位上竞风流、显风骨。有的在争取项目和工程建设中历尽艰辛，功劳卓著；有的在收集史料、编辑年鉴工作中呕心沥血，成绩突出。新墙镇政协联络办主任侯二平，作为全市唯一一名县政协委员，其事迹入选省政协《力量·湖南——2014政协委员“忠实履职、奉献湖南”实录》。协力助中心。主席、副主席、专委会参与洞庭新城项目协调工作，牵头参与麻塘、新开城乡统筹示范区建设。城关、鹿角、麻塘、饶村、云山等乡镇联络办积极参与重点工程建设和企业联谊招商工作。月田、毛田、公田、城关、鹿角、麻塘、新墙等乡镇联络办主任，或在铁山水资源保护中敢于面对矛盾，善于化解难题，或在征地拆迁项目建设中顾全大局，以身作则，协助党委政府为热点降温，为难点解困，为疑点释惑，服从和服务了市县和当地党政工作大局，发挥优势，建树业绩，努力维护核心、服务中心、凝聚人心。

倾情公益树形象。一年来，全体政协委员发挥扶危济困、乐善好施的传统美德，在捐资助学、无偿献血、慈善救助、抚慰弱势和保护生态、引导公序良俗等活动中，彰显了讲情义、讲道义、讲德义的风采。工商、党群、宣教、社科等界别和新墙、筻口等乡镇联络办委员，在“爱心圆梦”项目扶助儿童老人，免费医疗救助贫困户、帮扶贫困学生等方面，让他们感受了世间温情，社会关爱。刘冬平委员，成为岳阳市唯一一名荣获湖南省政协“最美政协人”称号的县政协委员。

四、落实群众路线教育活动要求加强自身建设，强基固本，进一步提升政协工作“三化”水平

常委会以群众路线教育实践活动为契机，切实加强自身建设，努力推进政协履行职能的规范化、制度化和程序化。

抓思想建设，夯实政治和专业基础。常委会将委员思想建设和政协履职能力建设，作为确保政治方向和提升水平的动力源泉。组织机关干部和委员认真学习《论群众路线》、十八届三中、四中全会精神、总书记习近平在庆祝人民政协成立65周年大会上的讲话等系列重要讲话，进一步增强了政协工作的理论自信、道路自信和制度自信。为打造“智囊团”“人才库”的主力阵容，引导委员有针对性地学习。先后三次组织政协机关参加省政协办公厅主办的政协知识讲座，两次邀请市政协对岳阳县政协常委、联络主任、组长、城区委员举办社情民意信息培训和市委履行政协三项职能文件的专题培训班，丰富了委员理论和专业视野。

在广大委员中开展了以反“四风”、提升履职能力为主要内容的“三比三树”和“两建两提”主题活动，改进了工作作风，振作了精神状态。

抓组织建设，发挥整体作用。加强组织建设，是发挥政协组织整体作用的着力点。我们一是加强常委会建设。完善运作程序，实行重点工作主席分工负责，常委牵头落实；改变常委会工作方式，实行每次常委会一项专题议政，邀请政府领导通报情况，听取意见和建议，切实增强政治协商的针对性、民主监督的实效性、参政议政的有效性，使常委会工作的内容和形式适应新形势、顺应新要求。二是加强专委会建设。细化了专委会的工作目标任务，丰富活动形式，实化活动内容，开展“四个一”履职活动，把专委会建设成组织委员和各界人士开展经常性参政议政活动、履行协商监督职能的平台。三是加强基层组织建设。完善了乡镇联络办运转机制，明确了基层政协组织九大职责和四项工作制度，厘清了基层政协“是什么”和“干什么”的疑虑。

抓制度建设，推进履职规范。制度问题带有根本性、全局性、长期性。常委会一是争取了党政支持的政策环境。争取县委重视转发了《政协岳阳县委员会关于政治协商、民主监督、参政议政的规定（试行）》，为政协工作提供了有力的政策依据和有效的制度保障。二是健全了各类会议制度。对于全会、常委会、主席会、专委对口协商会、委员学习会等有关会议，会前征求意见，科学确定议题。出台了《关于精简政协会议等活动的规定》（简称《规定》），本次全会就是按照《规定》的要求进行安排的。通过认真落实和执行各项规章制度，切实转变了政协组织的会风、文风和作风，形成了统一协调、务实高效的运转机制。三是强化了履职考核机制。对委员的“三个一”履职内容进行专项考核，并与市政协“五个一”活动一并考评，对专委会“四个一”履职目标跟踪督办，与专委会年度工作经费挂钩，对社情民意工作实行定期通报和奖励机制，对县直和乡镇政协联络办（组）履职绩效推行十分制考核，这些机制，很大程度上消除了委员“不动口、不动身、不动笔”现象，调动了委员参政热情，增强了委员议政能力。

各位委员，2014 年，我们所取得的成绩，是中共岳阳县委坚强领导的结果，是县政府和社会各界大力支持的结果，是全体政协委员和政协各参加单位共同努力的结果。在此，我代表政协常委会，向大家表示的衷心的感谢和诚挚的敬意！

我们清醒地认识到，我们的工作还有很多不足。比如，关于进一步落实和落地县委关于政协工作的文件精神方面的问题，界别意识还不强的问题，委派民主监督员工作衔接还没有到位的问题，少数提案承办单位对委员敷衍了事的问题，个别部门对政协常委会视察评议松懈怠慢的问题，基层政协工作队伍的稳定问题，等等。我们要认真研究，加以改进。我们真诚希望委员提出意见和建议，帮助我们把工作做得更好。随着协商民主的不断推进，政协事业发展的前景越来越好，提升履职新层次，开拓政协新局面，我们有开拓前行的历史使命，我们更有责无旁贷的政治责任。

2015 年工作思路

2015 年县政协工作的指导思想和总体要求是：深入贯彻落实中共十八届三中、四中全会精神和习近平总书记系列重要讲话精神，在中共岳阳县委的坚强领导下，紧扣“科学决策、求真务实，牢记宗旨、执政为民，团结奋斗，不辱使命”的执政和发展理念，服从服务“一二三四”发展大战略，立足团结和民主两大主题，切实履行三大职能，为助推全面深化改革、全面建成小康社会，推进依法治县，快速适应经济新常态，努力谱写中国梦岳阳县篇章做出新的贡献。

一、深入学习党的十八届三中、四中全会和习近平总书记系列重要讲话精神，在更高层次上增进思想共识，把握政治方向，明确目标任务

常委会将进一步加强委员学习培训，深化政协工作重大方针政策和人民政协性质、地位、职能和作用的认识，推进政协工作。要进一步把握做好政协工作的重要原则。政协工作必须坚持中国共产党的领导，必须坚持人民政协的性质定位，必须坚持大团结大联合。对于习近平总书记提出的“我们的目标越伟大，我们的愿景越光明，我们的使命越艰巨，我们的责任越重大，就越需要汇聚起全民族智慧和力量，就越需要广泛凝聚共识、不断增进团结”的要求，我们要深入领会。要进一步明确当前政协工作的目标任务。坚持中国特色社会主义制度优势和特点，坚持紧扣改革发展献计出力，坚持发挥人民政协在发展协商民主中的重要作用，坚持广泛凝聚实现中华民族伟大复兴的正能量，坚持推进履职能力建设。要进一步担承推进协商民主的时代使命。全面认识社会主义协商民主是中国社会主义民主政治的特有形式和独特优势这一重大判断，深刻把握社会主义协商民主是中国共产党的群众路线在政治领域的重要体现这一基本定性，切实落实推进协商民主广泛多层制度化发展这一战略任务。要进一步提升政协委员的法治观念。政协委员要带头弘扬法治文化，用人格的感染力，言行的影响力，为深入推进依法治县进程提供智力和舆论支持。要进一步强化服从县委战略大局、服务政府工作重点的中心意识。在县委务虚工作会上，县委书记毛知兵提出了2015年工作新的指导思想和发展战略。各级政协组织和全体政协委员，要切实做到“四同”：与“科学决策、求真务实，牢记宗旨、执政为民，团结奋斗、不辱使命”的执政和发展理念同心、与强力实施“一二三四”发展战略同向、与全面深化改革、全面建成小康社会深入推进依法治县同行、与努力谱写中国梦岳阳县篇章同声。

二、切实贯彻县委关于政协工作的10号文件精神，在更宽领域中积极履行职能，服务“一二三四”战略

2015年，常委会将以县委2014年10号文件精神为切入点，以县委“一二三四”发展战略和县政府工作重点为着眼点，以改革思维、创新理念、务实举措，大力推进履职能力建设，提升服务大局水平。

*进一步提升政治协商层次。*要策应新常态，因应新愿景，对于融入“一区一带”的战略议题，对于实现“三量齐升”的政策实施，要有独特的视角、深邃的洞察和敏锐的见解。一是精选政治协商议题。常委会将在高新科技园创建、美丽乡村建设、现代服务业发展、城乡一体化推进和重大民生实事等五大重点领域协商议政。要完善选题和成果转化机制，“事要乘机，言当中节”，进一步提升协商议政质量和社会影响，真正为县委县政府科学决策提供重要参考。二是创新协商工作模式。常委会将以财政预算协商、“十三五”规划、重要提案办理、三次全会建言等为议题，进一步完善季度协商形式。主席会议、各专门委员会采取一事一协商的方式，力求协出成效，商出水平。三是出台规范性协商文件。积极参与县委政治协商规程文件的制定，进一步明确“三在前三在先”协商程序，进一步明确“三重一大”协商领域，进一步明确协商各方的任务和要求。

*进一步增强民主监督实效。*一方面，要把握民主监督的自身优势。政协委员社会联系广，信息量大，能反映各方面群众的意见和要求，位置超脱，视野宽阔，能比较客观地提出建议和批评，要使政协的民主监督更贴近群众关心的热点，体现监督特色。另一方面，要完善民主监督机制。实行所有提案承办单位上门答复、重点提案承办单位上常委会通报、提案承办情况上全会通报等“三上机制”。提案承办要达到“三个100%”：承办单位和提案人见面率达到100%，提案承办单位对提案人的书面回复率达到100%，提案人对提案承办情况评议率达到100%。定期对委派民主监督对象检查通报，必要时组织评议。畅通舆情汇集和反馈渠道，进一步改进社情民意信息收集、报送和通报工作。

*进一步丰富调研视察成果。*常委会将重点围绕园区招商引资项目、东洞庭湖湿地保护与恢复、城南风光带、农村沟渠疏浚等重大工程项目，围绕公车改革、文化惠民、电子政务建设、依法治县等重要课题，开展调研视察，提出的意见要持之有据，言之有物，看得清、讲得准、说得明，具有科学性、可行性，形成较高质量的调研考察成果，为县委、县政府及相关部门提供有价值的决策参考。

三、按照履职能力现代化要求，在更新境界上加强自身建设，提升综合素养

常委会将为委员营造更宽松的环境，搭建更宽广的平台。加强政协机关建设。政协机关是为政协委员履行职责服务的政治机关和政协组织常设的办事机构，要着力提高事务性服务能力和综合性协调能力；要将政协机关建成有归属感、荣誉感的“委员之家”；要巩固群众路线教育实践活动成果，按照“六个一点”的要求，改进机关作风，健全规章制度，努力创先争优；要开辟县政协网站，加强外宣推介，营造良好的政协工作舆论氛围，激发委员积极性、主动性和创造性。

健全常委会和专委会工作机制。常委会议事程序更规范，议题研判更科学；专委会合作联动更经常，通过组织联合调研和考察等活动，彰显履职整体优势。重视界别建设。引导广大委员强化界别意识，从“广泛代表”回归“界别代表”，真正发挥界别群众的代表作用。建立界别联系人制度，充分开展界别讨论、界别发言、界别提案和界别反映社情民意等活动。推进委员队伍建设。政协工作的实力在委员，潜力在委员，活力也在委员。健全委员联络机制，扩大联系面，为有效发挥主体作用创造条件；健全委员履职激励约束机制和动态管理机制，积极为委员创造条件；完善委员学习培训制度，切实提高参政议政能力；深入推进社会主义核心价值观教育、感恩教育、形势教育和法治教育，进一步增强委员的工作责任感、岗位荣誉感和时代使命感。

各位委员，同志们，新使命承载新希望，新征程开启新梦想，让我们在中共岳阳县委的坚强领导下，以更强烈的责任意识建言出力，以更务实的作风走近群众，为服务“一二三四”战略，谱写中国梦岳阳县篇章做出新贡献。

巴陵论坛

加强基层领导工作　全面推进依法治县

毛知兵

在全面建成小康社会的关键阶段，在全面深化改革的攻坚时期，党的十八届四中全会吹响了建设社会主义法治国家的进军号，给出了依法治国的时间表、路线图和任务书。“郡县治则天下安”，县一级在党和国家工作全局中处于承上启下的地位，党的依法治国方略能否“落地生根”，关键在县一级。根据十八大报告“全面落实经济建设、政治建设、文化建设、社会建设、生态文明建设五位一体总体布局”的战略部署，笔者认为，加强基层领导工作、全面推进依法治县，应该从五个方面着力。

一、加强政治法治建设

全面推进依法治县必须抓牢四个关键的环节：党委依法执政、政府依法行政、司法体现公正、权力受到监督。具体来讲，要着力解决“四大问题”。

1. 坚持依法执政，解决方向问题。党委能不能坚持依法执政，关系到政治建设的方向和全局。要依法建章立制。作为没有立法权的县一级，每一项规章制度的制定和实施，不但在内容和程序上都必须符合宪法和法律规定，而且要符合本地经济社会发展的客观要求。要依法科学决策。改革和完善党委决策机制，规范重大决策程序，突出法律咨询的重要作用，坚决杜绝“拍脑袋决定、拍胸脯保证、拍桌子执行、拍屁股走人”的现象。要依法促进民主。坚持和完善基层民主制度，不断地健全基层党组织领导的基层群众自治机制，提高社会自治能力。

2. 坚持依法行政，解决目标问题。要围绕2020年实现“法治政府基本建成”的目标，按照省政府“两规定”（湖南省行政程序规定、政府服务规定）、“两办法”（规范行政裁量权办法、规范性文件管理办法），严格依法行政。要加快政府转型，履行好经济调节、市场监管、社会管理和公共服务的基本职能，运用好行政指导、行政规划、行政合同、行政奖励等间接管理手段，搭建好电子政务、社区服务、社会救助等公共服务平台，确保不缺位、不错位、不越位。要完善行政决策，把公众参与、专家论证、风险评估、合法性审查和集体讨论决定作为重大决策的必经程序，防范政府工作中的法律风险。要规范行政执法，从体制机制、程序步骤和监督问责上确保行政执法部门依法执法、公正执法。要深化政务公开，加大财政收支、行政审批事项、重大建设项目等重点领域的公开力度，从程序、内容上完善政务公开制度。

3. 坚持司法公正，解决路径问题。培根有一句名言：一次不公正的裁判，危害性胜过十次犯罪，因为一次犯罪污染的只是水流，但不公正的裁判污染的却是水源司法公平正是建设法治社会的内在要求，也是推进依法治县的必要措施。县一级要从人民群众最关心、最不满意的问题着手，牢牢抓住影响司法公正的“牛鼻子”：要大力推进量刑规范化改革，统一裁判和执法尺度，在规范自由裁量权上有新突破；要加大生效裁判执行力度，建立健全执行联动震曝机制，在解决执行难上有新突破；要健全司法纠错机制，依法及时纠正司法过错行为，在错案纠正上有新突破县、乡(镇)两级党委政府要带头维护司法权威，各级行政机关要依法参与诉讼活动、认真履行协助义务、自觉履行生效判决。

4. 坚持依法监督，解决保障问题。让权力公开透明运行，是权为民所用的根本途径，更是依法治县的根本保障。要构建党内监督、人大监督、行政监督、民主监督、司法监督与社会监督有机结合的全方位监督体系，切实增强监督实效。要把各级领导干部和领导班子作为监督的重点对象，把干部人事权、司法权、行政执法权行使等作为监督的重点领域，把新闻媒体和社会舆论作为增大监督效力的重要途径，对人民群众举报投诉、新闻媒体反映的问题，有关部门要认真调查核实，依法及时处理；对决策失误、违法行政、滥用职权、失职渎职等行为，要严格依法依规终身追责。

二、推进经济法治建设

县域经济是国民经济系统中基本的区域经济单元，是国民经济的基石。新形势下，要推进县域经济又好又快发展，必须用法治的思维抓经济建设，主要是破解“三大难题”。

1. 破解定位不准的难题。地理位置、生态环境、自然资源和经济结构的差异，决定了县域经济发展模式与路子不同。对县域经济进行准确定位，事关县域经济发展的质量和速度。要立足时代高度定位，站在全面建成小康社会的时代高度，科学、全面地对县域经济的发展进行分析和研究，坚持走生产发展、生活富裕、生态良好的文明发展道路。要立足县情实际定位，对全县的情况进行深入调查研究，根据在省市经济中的区域位置、与邻县的竞争合作关系、在产业链中的角色、在省市规划中的地位等确定发展方向、发展目标、重点领域，确立产业系列、县内经济布局。要立足长远发展定位，科学制定近、中、长期发展规划，并坚持规划的严肃性和延续性，杜绝“张书记来了种樟树，李书记来了种李树”的现象。

2. 破解特色不明的难题。县域经济发展的根本出路就是发展县域特色经济“特色”就是优势，就是特殊的市场竞争力。要大力挖掘地方特色，立足实际，从环境优势中寻找特色，从资源优势中培植特色，从传统优势中筛选特色，从品牌优势中挑选特色，从历史、古迹中挖掘特色，从现代科技中创造特色。要认真选好特色品牌，重点考虑四个因素：具有独特性(独特的资源原料供应、独特的技术或秘方、独特的历史文化背景、独特的使用价值、独特的设计及其品质等)；具有广阔的市场前景；具有可观的经济效益；具有可观的降低成本潜力。要着力提高特色品牌质量，以过硬的质量标准，以科技为中心，不断推动品牌上档次、上水平。

3. 破解环境不优的难题。经济环境对于经济发展有着巨大的牵动作用和重要的基础作用，良好的经济环境是一个地方最大的竞争优势和最现实的生产力。所以说，抓经济环境就是抓发展。要打造公平公正的法制环境。严厉查处破坏经济发展环境和损害投资者合法权益的各种行为，重点查办有令不行、有禁不止、政令不畅、“中梗阻”案件，查办暗箱操作、奉行“潜规则”的案件，查办行政不作为、慢作为、乱作为的案件等，加大对金融诈骗、偷税骗税等经济犯罪的打击力度。要打造勤廉高效的政务环境。把思想观念从“重管理”转变到“重服务”上来，不折不扣地落实好省市出台的各项政策措施，建立健全服务企业的长效机制，推动企业持续健康发展。要打造竞争有序的市场环境。制定地方性信用制度，出台企业和个人诚信管理办法，建立企业信用奖惩机制；整顿规范市场秩序，依法严厉打击假冒伪劣、骗买骗卖、行业垄断、商标侵权等破坏市场公平竞争的行为。要打造和谐有序的社会环境。对强买强卖、强装强卸、强揽工程等严重影响企业正常秩序的行为，要依法从快从严打击。

三、推进文化法治建设

县域文化建设是县域经济发展的精神动力和智力支持，也是县域经济社会发展的重要内容。文化改革发展离不开坚实的法律保障，县一级要紧扣时代脉搏，以法治思维推进文化惠民工程，促进文化事业的大发展大繁荣。

1. 强化文化服务，扩大文化共享。要健全基础设施，坚持把公共文化服务体系建设作为扩大文化共享的根本措施，建立“政府投入为主、企业社会多元投入为辅”的一系列机制，促进公共文化设施建设持续推进，形成布局合理、全面覆盖的公共文化设施和文化服务体系。要丰富文化活动，坚持以丰富群众文化生活为重点，建立文化辅导员联乡镇、联社区、联企业、联学校制度，指导成立遍布城乡的社会文化团体，用内容形式丰富、群众喜闻乐见的文化活动满足人民群众不断增长的文化需求。要加强文化传播，坚持“双百”方针和“二为”方向，以报纸、电视台、重点新闻网站为主，着力构建技术先进、传输快捷、覆盖广泛的现代传媒体系，不断提升主流媒体的引导力和影响力。

2. 促进文化融合，提升文化产业。要促进文化与经济融合，坚持把加快文化产业发展，构建地域特色鲜明、主导产业突出、布局结构合理、创新能力较强的现代文化产业体系摆在重要的战略位置，以加快符合县域实际的文化产业发展来推动经济发展。要促进文化与工业融合，坚持引导和鼓励企业在产品中注入文化元素，促进企业转型升级，提升产业层次，强力推进新型工业化进程。要促进文化与旅游融合，坚持把促进旅游与文化的深度融合，作为加快发展现代旅游业，提升文化产业对经济发展贡献率的有效手段，依托丰富的旅游文化资源，积极探索旅游与民俗文化、宗教文化和红色文化融合发展的新路子，努力将旅游文化产业打造成县域经济新的增长极。

3. 推动文化创新，激发文化活力。要深化体制改革，将文化建设纳入县域经济社会发展总体规划，切实抓好文化馆、图书馆、广播电视台等公益性事业单位改革和县电影公司、花鼓戏剧团等“转企改制”（事业单位转变成企业单位）工作，建立健全党委领导、政府管理、行业自律、社会监督、企事业单位依法运营的文化管理体制。要净化文化市场，重点加强对网络传播行为和网吧、图书报刊、影视音像制品、娱乐休闲等领域的监管，扫除毒害人们心灵的腐朽文化垃圾。要注重道德引领，坚持用社会主义核心价值观引导人民群众增强道德判断力和道德荣誉感，自觉履行法定义务、社会责任、家庭责任；坚持法治与德治相互支撑、协力推进，充分发挥思想道德教育在提高公民素质、维护社会秩序、规范公民行为等方面的引领作用，提高人民群众学法守法的自觉性。

五、推进社会法治建设

社会主义和谐社会是一个公平、稳定、人本和利益协调的社会，同时更是一个法治的社会。和谐社会需要法治机制支撑，法治是社会和谐的前提和基础。县一级要通过加强法治建设，促进县域社会和谐、稳定、有序发展。

1. 依法创新社会管理。构建法治型社会管理模式是坚持依法治国的基本要求，其根本是把法律作为解决新时期社会矛盾和保护群众正当利益的基本手段。要进一步健全党委领导、政府负责、社会协同、公众参与的新型社会管理格局，尤其要规范发展社会组织，发挥各类社会组织在提供服务、表达诉求、规范行为等方面的积极作用，真正把社会组织建成社会管理的协同力量。要不断创新社会管理方式方法，更加注重用法律手段调节社会关系，平衡社会利益，解决社会矛盾，促进社会和谐。要着力推进基层社会管理体制改革，强化城乡社区自治和服务功能，走“社区管理社会化”的路子。

2. 依法保障改善民生。依法保障和改善民生是我们一切工作的根本出发点，也是社会和谐稳定的源泉。要将民生保障作为法治社会建设的主要目标，进一步健全党委和政府主导的维护群众权益机制，兼顾好不同方面群众的利益，依法保障全县人民各项合法权益。要把改善民生作为处理改革发展稳定关系的结合点，加快发展各项社会事业，加快建立符合县情、覆盖城乡、可持续的民生保障体系，尤其要高度关注困难群体的基本生活。要真正重视权利公平、机会公平、规则公平、分配公平，依法保障全体社会成员平等参与、平等发展的权利，让广大人民群众更好地共享改革发展的成果。

3. 依法维护社会稳定。要构建多元化的矛盾纠纷解决机制，健全人民调解、行政调解、司法调解“三调联动”工作体系，及时有效化解矛盾纠纷。要完善信访制度，畅通信访渠道，依法规范信访行为，积极引导信访当事人通过法律渠道反映诉求，解决矛盾纠纷。要加强源头治理和应急处置能力建设，加强重大建设项目、重大政策制定的稳定风险评估，高度重视群体性事件的应对和处理，防止矛盾激化。要坚持守住社会稳定底线，深入开展平安创建活动，加强社会治安综合治理，健全治安防控体系，依法严厉打击人民群众关注的涉赌、涉毒、涉黄、涉侵财、涉黑恶等“五类违法犯罪”活动，有效化解一批重大社会矛盾和“钉子案”，大力提高人民群众的安全感和满意度。

六、推进生态文明法治建设

生态文明建设是一项复杂的系统工程和长期的战略任务，需要不断完善规划，更需要法律的规范和保障。

1. 完善生态文明建设规划。要构建科学合理的城镇化、农业发展和生态安全格局，科学划定生态保护红线，合理指导基础建设、资源开发、产业布局和生态环境保护，推进环境污染综合治理，强化对重点生态功能区域、生态环境敏感区域和生态脆弱区域的有效保护。要加强企事业单位污染物排放总量控制监管，严格落实建设项目环境影响审批、农村面源污染整治、危险废物许可、城市垃圾无害化处理、地下水资源保护、生态环境监控管理。要加快建立系统完整的生态文明制度体系，在建立生态经济机制、公众参与机制、公民环境权益保障机制、流域协调机制、环境污染损害评估制度、地方环境标准制度等方面加快进度。

2. 建立绿色GDP考核评价体系。要树立保护生态环境就是保护生产力、改善生态环境就是发展生产力的理念，坚决杜绝带血的GOP、黑色的GOP、污染的GOP，建立健全生态文明建设责任制和以保护生态环境为导向的经济政策、完善资源有偿使用制度和生态补偿制度，将经济增长与资源节约、环境保护综合考评，建立体现生态文明要求的目标体系、考核办法、奖惩机制，真正把生态文明建设纳入制度化轨道。要大力强化生态环保和节能减排，提高环保标准，严格环境监管，逐步淘汰高能耗、高污染项目，促进“两高一低”（高污染、高耗能、低效益）经济向绿色、循环、低碳转变，培育绿色、低碳等新兴产业增长点，实现经济发展与环境保护的双赢。

3. 加大资源环境执法力度。要积极探索适应生态文明建设的执法机制，强化生态环境保护行政执法与刑事司法有效衔接，克服并纠正资源环境执法中的地方和部门保护主义，遏制行政干预执法的现象，维护生态文明法治的统一和尊严，切实把生态文明建设纳入法治化轨道。要改革干部考核指标体系，把环境保护目标考核作为干部政绩考核的重要指标，并将考核结果作为评价干部政绩和干部升迁的主要参考指标之一；通过建立和实施严格的责任追究制度，激发和强化各级领导干部、环境执法人员生态文明建设的责任意识。要充分发挥社会监督作用，及时向社会公布治理保护计划、重大环境建设项目决策、环境质量状况等信息，保障人民群众的知情权、参与权和监督权，引导社会力量积极、有序参与生态环境保护。

总而言之，县一级是各种利益和矛盾最基础的交汇点，是直面人民群众各种权力和利益诉求的第一线。县委作为基层党组织，只有把法治精神融入“五位一体”战略部署，依法治县工作才能抓出成效，基层领导工作才会取得新突破。

（作者系中共岳阳县委书记）

做好对接文章　加快县域发展

张中于

主动呼应“打造湖南通江达海的新增长极”，岳阳县责无旁贷，责任重大。面对新机遇、新目标、新任务，我们必须充分利用区位交通优势，科学定位，主动作为，着重地抓好四个方面的对接。

一、深度融入，在规划上对接。把岳阳县放到全市、全省的大格局中来考量、来规划。坚持规划先行，以更高的站位、更广的视野、更大的手笔，主动对接、深度融入长江经济带和洞庭湖生态经济区规划，认真编制《岳阳县国民经济和社会发展“十三五”规划》，以及县域产业发展规划、县城总体规划、城镇体系规划、麻塘和新开城乡统筹示范区规划，做到上下衔接，相互配套，融为一体。充分发挥规划的引领作用，加强规划的实施与管理，重点是对接市区“南延”，实施县城“北靠”，盘活资源，搞活经营，聚集人气，全面推进市县融合、城乡一体，逐步实现市县规划同步、交通同城、环境同治、旅游同线、生态同建。

二、夯实基础，在交通上对接。随着高铁时代、城轨时代的到来和长江黄金水道的畅通，环洞庭湖“2小时经济圈”呼之欲出，谁能抢先打通交通网络的“关键节点”，谁就能抢占先机，率先发展。岳阳县濒临洞庭、毗邻市区、水陆畅通，要充分发挥临湖通江优势，尽快完成岳阳港鹿角作业区2000吨级（兼顾3000吨级）货运码头建设，加快实施航道整治工程，严格管理和科学利用岸线资源，促进要素流动，努力把港鹿角作业区2000吨级（兼顾3000吨级）货运码头建设成为全市现代航运物流的重要一翼。同时，积极地做好岳望高速、蒙华铁路建设协调工作和S312相思至杭瑞高速跨境路规划预可研工作，打通交通节点，加快构建水陆联运、内外畅通的综合交通体系。

三、转型升级，在产业上对接。一产方面：按照“保障国家粮食安全的现代农业基地”的战略定位，大力发展粮食生产，继续保持粮食生产先进县荣誉；完善扶持和发展模式，深入推进农业品牌创建工作；大力开展农村土地承包经营权确权登记颁证和抵押贷款，引导农村土地健康有序流转。二产方面：以创建科技园为载体，加快推进“135工程”，促进园区提质升级；加大招商引资力度，积极承接“长三角”“珠三角”等发达地区产业梯度转移，把岳阳县建设成为产业转移的重要承接地。三产方面：积极融入“楼岛江湖”精品线路，整合开发湖（东洞庭湖）、村（张谷英村）、山（大云山）、泉（公田温泉）等优势资源，大力发展现代旅游业；推进一、三产业深度融合，策划和包装一批旅游产品，形成3—4条农业体验休闲精品线路，打造以岳阳市区为主要客源地，以武汉城市圈、长株潭城市群为辅助客源地的一个半小时“周末游”目的地。

四、综合整治，在生态上对接。像保护我们的眼睛一样保护生态环境，守住蓝天白云，留住青山绿水，努力争当洞庭湖生态经济区生态文明建设的先行者、引领者和示范者。加强东洞庭湖生态环境综合整治，持续开展“洞庭风雷”行动，严厉打击非法捕捞、采砂、排污、营运等行为，进一步加大渔业资源、湿地资源、水资源和水环境保护力度，让东洞庭湖成为人与自然和谐相处的典范。认真贯彻落实市委、市政府《关于进一步加强铁山饮用水水资源保护与库区民生保障的意见》，全力做好铁山“两保”工作，把一泓清甜的生命之源留给子孙后代。加快麻塘、新开城乡统筹示范区建设，推进“退二进三”，重点发展高效农业、高新科技、物流仓储、休闲旅游、商住等产业，打造绿色空间，实现绿色发展，建设绿色家园，真正让城乡统筹示范区成为“城市会客厅”和“休闲好去处”，努力建设“生态绿心”。

（作者系中共岳阳县委副书记、县人民政府县长）

践行党的群众路线　密切党群干群关系

汤小娥

党群干群关系是最广泛、最基本和最重要的社会关系，密切党群干群关系是社会和谐稳定、事业协调发展的前提，是国家长治久安、党的兴衰成败的基础。如何才能让我们的党群干群关系更密切、更融洽？当前在全党范围内深入开展以“为民、务实、清廉”为内容的党的群众路线教育实践活动，就是践行党的群众路线、密切党群干群关系的桥梁和纽带。

一、牢记为民宗旨，夯实密切党群干群关系的基础

“为民”即立党为公、执政为民，这是践行群众路线的价值取向。我们要牢记“全心全意为人民服务”的根本宗旨，坚持一切为了群众、一切依靠群众，从群众中来、到群众中去，让党群干群关系的群众基础更加深厚。

1. 真心关爱群众。联系群众就像走亲戚，越走越亲近。广大党员干部要带着真情实感深入乡镇、社区、村组，关心百姓冷暖，解决百姓困难，了解群众的酸甜苦辣，摸准群众的喜怒哀乐，做群众的“贴心人”，以亲民爱民的真心浇灌出血浓于水的亲情。要走进群众心里，深入了解群众的政治、思想、情绪等方面的实际情况，畅通群众利益的诉求表达渠道，妥善化解纠正损害群众切身利益的突出问题，对于群众最关心的切身利益和实际困难，凡是能办到的，一定千方百计帮助解决，切实做好稳定社会的基础工作。

2. 真心依靠群众。群众是真正的英雄，是创造历史的真正动力。广大党员干部要把相信群众、依靠群众作为正确领导的必要前提，作为制定政策的根本依据，倾听群众呼声，掌握实际情况，增强工作的针对性、有效性。要充分尊重群众的首创精神，及时总结成功经验，积极引导发挥群众的积极性和创造性，促进经济和社会各项事业的发展。要真正深入基层群众，走进田间地头，把政策讲清、把道理讲明、把工作做细，赢得群众的理解和支持，依靠群众的智慧和力量，把好事做好、实事办实。

3. 真心服务群众。服务群众是共产党人的神圣职责。广大党员干部要时刻摆正自己和人民群众的位置，不办有损群众利益的事情，当政府利益和群众利益相冲突的时候，尽量让利于民，不与民争利。要始终坚持把保障和改善民生作为我们一切工作的出发点和落脚点，紧紧围绕群众最关心、最现实的利益问题，解决人民群众日益增长的物质文化需要，真正让群众得实惠、更满意。要加快各项社会事业发展，集中精力解决教育、医疗、住房、就业等方面的实际困难，加快推进重大民生工程建设，让发展的成果更多、更公平地惠及广大群众。

二、打造务实作风，畅通密切党群干群关系的渠道

“务实”即求真务实、脚踏实地，这是践行群众路线的本质特征。总书记习近平指出，空谈误国，实干兴邦。在践行党的群众路线教育实践活动过程中，广大党员干部必须将“务实”的优良作风贯穿活动始终，让党群干群关系的实现渠道更加畅通。

1. 知实质、察实情。要系统学习中央、省委、市委有关群众路线的丰富内涵，深刻领会习总书记系列重要讲话的精神实质，不断提升自身理论素养和政策水平，做到真学、真懂、真用，切实增强思想自觉、政治自觉和行动自觉。同时，要坚持把理论和实践结合起来，在深入调研、吃透实情上下工夫，深入基层，深入群众，深入一线，通过下基层实打实地走访，和群众面对面地交流，在就业、教育、医疗、卫生、社会保障等方面认真倾听民声、及时掌握民情、充分征求民意，确保把关系群众切身利益的问题找准找全找实，为维护群众合法利益掌握实实在在的依据。

2. 讲实话、重实干。要在工作职责面前敢于动真碰硬、敢于担当负责、敢于坚持原则，既对自己讲“实话”，又对别人讲“实话”，真正把心思用在干事业上，把功夫下到出实招上，以负责任的态度开展批评与自我批评。要注重真抓实干，多做打基础、管长远、利百姓的事，努力创造经得起群众、实践和历史检验的业绩；要按照总书记习近平提出的“三严三实”要求，坚持问题导向，体现责任担当，对确定的工作尤其是群众反映强烈的问题，集中精力加以解决，不能够解决的要提出整改计划，逐步加以整改，逐条进行督办，真正做到事事有交代，件件有落实。

3. 办实事、求实效。坚持走党的群众路线不是“一阵风”，密切党群干群关系更不是“一锤子”买卖，最大的“务实”就是帮助群众解决生产生活中的实际问题。要按照本级财政民生支出占比只增不减、民生实事办理力度只强不弱、城乡居民收入增幅只升不降的原则，认真办理民生实事，努力提高公共服务水平，不断加强社会综合治理，让全县人民群众有更好的教育、更稳定的工作、更可靠的社会保障、更高水平的公共服务、更优美的环境、更幸福的生活。

三、树立清廉形象，强化密切党群干群关系的保障

“清廉”即严于律己、廉洁奉公，这是践行群众路线的基本要求。“打铁还须自身硬”，在教育实践活动过程中，广大党员干部必须树立清廉形象，以清廉从政来取信于民，以秉公用权来赢得人心，让密切党群干群关系的保障更加有力。

1. 讲原则强约束。自觉遵守党章，严格执行廉政准则，时刻用组织原则和工作纪律要求自己、警示自己，做到警钟长鸣、防微杜渐。主动接受监督，带头约束自己，自觉净化朋友圈、社交圈，培养健康的生活情趣，保持高尚的精神追求，以平和之心对待名、以知足之心对待利、以敬畏之心对待权，自觉抵制各种不良风气的侵袭和干扰，做到一身正气、两袖清风。

2. 讲廉洁树正气。切实履行“一岗双责”，严格落实岗位廉政建设责任，增强反腐倡廉和拒腐防变自觉性，坚决反对一切消极腐败现象，做到在拜金主义、享乐主义和极端个人主义的侵蚀面前拒腐蚀、永不沾。带头弘扬正气，汇聚正能量，对工作中发现的问题敢抓敢管，敢于批评，敢于“亮剑”，自觉抵制人情风、关系网，切实做到不唯亲、不唯和，营造风清气正的社会环境，真正做到干部清正、政府清廉、政治清明。

3. 讲规矩守底线。依法行政是领导干部正确行使权力的基本准则。要始终敬畏法律，切实增强法制意识，带头学法、懂法、守法，按照法定权限履职，遵照规章制度办事，严格规范权力行使，把权力关进制度的笼子，坚持用制度管人、管事、管物，始终让自己在法律、制度允许的范围内活动，做到守住“底线”，不越“红线”，远离“高压线”。

（作者系中共岳阳县委副书记）

以民之义 为民履职
关于密切人大与人民群众联系的思考

汤森林

我国的人民代表大会制度是建立在国家一切权力属于人民的基础上，人民群众通过人民代表大会这一根本政治制度行使管理国家的权力，人民的意志通过人民代表大会这一主要民主渠道得以实现。各级人大常委会如何立足本地实际，密切人大与人民群众的联系，是当前人大工作面临的一个重大课题。特别是在当前全党深入开展群众路线教育实践活动的背景下，各级人大要进一步重视和解决联系人民群众的问题。

一、始终坚持人民群众主体地位不动摇

人大为什么要密切联系人民群众，对人民群众这个特定的对象，首先要对其地位有一个正确的认识和把握，弄清楚人民群众在国家、社会和历史中的重大作用和重要地位。

马克思主义哲学观点认为，人民群众是历史的创造者。从历史发展的实际进程来看，人民群众不但是物质资料生产的主体，是社会物质财富的创造者，而且也是人类社会精神生产的主体，是社会精神财富的创造者，人民群众是社会历史发展的真正主体。人民群众还是社会变革的决定力量，一切社会的变革，都是为了解放和发展生产力，推动生产关系向前发展，人民群众创造着并不断改造着社会关系，从而不断推动着社会向前发展。

无论是西方的议会，还是中国的人民代表大会，不同的民主形式，对民意的重视却是不约而同。因为人心向背是社会发展中始终起决定作用的因素，“得人心者昌，逆人心者亡”“水可载舟，亦可覆舟”不只适用于中国社会，也适用于外国社会，不止影响封建主义社会，也影响资本主义社会、社会主义社会。只有赢得群众的广泛支持，新政才能有效推行，执政党才能“稳坐江山”。相比西方的议会制度，我国的人民代表大会制度，对人民地位的肯定更直接、更明了，人民代表大会是人民行使治理国家权力的直接表达形式。

在当代中国，人民群众的地位尤显重要，因为中国共产党发迹于人民群众，植根于人民群众，壮大于人民群众，人民群众是我党的力量之源。中国共产党能从最初的十几个成员发展壮大，吸引无数有志之士加入，成为苦难中华大地上的一支新兴力量，打败了丧心病狂的日本侵略者，赶走了装备数倍精良于自己的国民党，凭的就是人民群众的支持。因为中国共产党与人民同甘苦，斗土豪、分田地，不拿群众一针一线，所做的一切都是为了人民群众能过上好日子，所以得到了广大人民群众的支持和拥护。党的十八大报告提出“必须坚持人民主体地位”，并将其作为在新的历史条件下夺取中国特色社会主义新胜利必须牢牢把握的“八项基本要求”之首来阐释，凸显了人民群众在中国特色社会主义事业中的重要地位和作用。

二、正确认识人大联系人民群众的必要性

人民代表大会制度产生的基础是人民当家做主，密切人大与人民群众的联系，是坚持和完善人民代表大会制度、做好新形势下人大工作的重要内容，具有深远的历史意义和重大的现实意义，十分必要。

密切人大同人民群众的联系是实现党对国家领导的需要。人民代表大会制度是在党领导下建立起来的符合中国国情的根本政治制度。由人大代表选举产生的各级国家权力机关组成人员，来自人民，代表人民，受人民委托行使国家权力，并接受人民监督。这种天然联系使人大在密切党和国家机关与人民群众的联系上，有着独特的优势。执政党应当充分发挥人大制度的体制、机制优势，改进和加强对人大工作的领导，把做好人大工作，发挥代表作用作为密切联系人民群众的有效途径和重要载体。党组织通过法定程序把自己的主张变成国家意志和过程，就是进一步扩大民主和密切联系人民群众的过程，也是集思广益、完善提高的过程，更是动员全体人民理解、支持党的重大决策，从而便于团结一致，万众一心，更好地实现党的意图和决策。

密切人大同人民群众的联系是民主政治建设的需要。人大必须同人民群众保持密切联系，是由我们国家的政权性质和人大的法律地位所决定的。宪法明确规定“中华人民共和国的一切权力属于人民”“全国人民代表大会和地方各级人民代表大会都由民主选举产生，对人民负责，受人民监督”。人大依法选举产生政府、法院、检察院等国家机关负责人，分别行使国家的行政权、审判权和检察权。人民代表大会制度架构的“顶层”地位和权力关系，回答了国家权力“源自谁”“为了谁”“依靠谁”等关键问题。国家的一切权力属于人民，人民行使国家权力的机关是全国人民代表大会和地方各级人民代表大会。人民群众群体庞大、人数众多，一层一层选出他们自己的代表，通过人民代表大会这一特定形式来实现当家做主、管理国家事务，客观上要求人大主动联系人民群众。从法律地位上看，人大代表来自人民群众，他们的权力由人民群众授予，代表广大人民群众行使管理国家的职责，主观上人大必须同人民群众保持密切联系，代表人民群众利益，表达人民群众意愿，反映人民群众呼声。

密切人大同人民群众的联系是做好人大工作的需要。密切人大代表同人民群众的联系，是党的群众路线在人大工作中的体现，是我国政治制度的一大优势和特色。实践证明，充分利用这一优势，有利于更好地发挥代表作用，并在此基础上，进一步提升人大工作水平。代表法规定，人大代表必须“与原选区选民或者选举单位和人民群众保持密切联系，听取和反映他们的意见和要求，努力为人民服务”。人民群众最关心、最期盼、最忧虑、最希望解决的问题，就是人大工作的重点。人大应当把群众呼声作为第一信号，把维护人民群众根本利益作为一切工作的出发点和落脚点，正确行使人民赋予的权力，真正做到对人民负责、受人民监督、为人民服务、让人民满意，努力使改革发展成果更多地惠及全体人民。

密切人大同群众的联系是人大代表依法履职的需要。“人民选我当代表，当好代表为人民”。人大代表在会议期间和闭会期间，一切工作和活动的出发点和最终归宿都要以维护人民群众利益为主，只有深入群众调查研究，面对群众听取意见，才能获得第一手的资料，了解群众所需所想，为党委决策提供依据，为人大监督提供参考。人大代表只有与人民群众保持密切联系，了解民情，反映民意，维护民利，各项工作才会有的放矢，才能真正为民履职，为人民群众搞好服务。人大代表一旦脱离群众，就如无源之水、无本之木，成为“空中楼阁”式的代表。

三、充分发挥人大联系人民群众的政治优势

近年来，岳阳县人大常委会主动适应新形势、新要求，将密切联系人民群众作为基层基础工作抓实。一是将密切联系群众作为人大工作的重要内容，列入主任会议的重要议程，列入年度工作计划，定期开展，定期督导，不定期进行检查考核。二是制定了一系列的代表联系群众工作制度，先后印发了《岳阳县人大常委会关于开展走访人大代表活动的实施方案》《岳阳县人大常委会关于开展县人大代表向选民述职活动的实施方案》等文件，出台并完善了常委会领导联系乡镇（选区）制度、代表调研考察制度、代表走访群众制度、代表向选民述职等制度，将人大密切联系人民群众工作制度化、规范化。三是持续开展常委会组成人员联系代表、代表联系选民的“双联”活动，积极引导人大代表争当人民群众的“政策宣传员、信息联络员、矛盾调解员、便民服务员”，基本实现了联系群众的常态化，积极引导该县人大代表忠诚履职、为民服务。

对照形势和现实的需要，人大要进一步充分发挥密切联系群众的政治优势，从群众中来，到群众中去，在各项工作中，坚持将党的群众路线贯穿于依法履职全过程、落实到人大工作的各个方面，才能赢得了群众的支持和拥护，推动中国的民主法治建设顺利前行。

密切联系人民群众就是要维护群众根本利益。人民对美好生活的向往,就是我们的奋斗目标。任何时候、任何场合我们都要把人民利益放在首位,这是人大密切联系人民群众的核心所在。要强化宗旨意识,依法保障人民群众对美好生活的向往和追求,努力使人大成为表达、平衡、协调社会利益的重要平台。要尊重人民首创精神,从人民的实践创造中汲取宝贵经验,从人民的发展要求中增添不竭动力,使各项工作获得广泛、可靠、牢固的群众基础和力量源泉。要认真听取人民群众意见,以民之所望为履职所向,自觉接受监督,切实改进作风,把人大工作落到人民关注的地方,努力使监督的成效达到人民满意的程度。

密切联系人民群众就是要促进社会公平正义。公平正义是社会主义的核心价值取向,也是人大密切联系群众的必然要求。人大工作要为实现公平正义提供强有力的法制保障。要大力弘扬法治精神,推动严格执法、公正司法、全民守法进程,积极营造公开、公平、公正的法治环境。要进一步加强人大法律监督和工作监督,把事关改革发展稳定的重大问题、群众普遍关注的热点难点问题、重要的民生问题作为监督重点,以此推动依法行政和公正司法,让人民群众感受到公平正义,保证人民赋予的权力始终用来为人民谋幸福。

密切联系人民群众就是要充分发挥人大代表作用。人大代表来自人民、根植人民、服务人民,与人民群众有着天然的联系,是党和国家联系群众的重要纽带。代表们认真履行职责的过程,就是密切联系群众和为人民服务的过程。人大要立足基层代表工作实际,加大组织引导力度,支持和保障代表更好地履行职责。要建立和完善代表联系群众制度,更好地发挥人大代表了解民情、反映民意、汇集民智的桥梁纽带作用,将群众的意见和建议转化为代表的议案和建议,使人民的意愿更好地通过人民代表大会这一主要民主渠道得以实现。要建立健全代表履职情况的监督机制,推广代表向选民述职、选民评议代表的做法。人大代表要走在时代前列,勇于担当重任,充分发挥参与决策、监督促进、模范带头的作用,做好群众领路人,当好人民代言人。

密切联系人民群众就是要始终坚持改革创新。十八届三中全会提出要推动人民代表大会制度与时俱进。随着我国社会主义民主法治进程的不断加快,人民群众对人大工作的期望值越来越高。人大工作要不断顺应人民群众对民主进步的新期待,就不能因循守旧、故步自封、安于现状,而是要解放思想、与时俱进、勇于创新。要创新监督方式,积极探索财政全口径预决算监督管理办法,探索制定人大常委会决定重大事项的办法;要回应社会关切,对涉及社会民生的城乡最低生活保障、新型农村合作医疗、环境保护等项目进行重点监督。人大只有坚持从实际出发,不断研究新情况、探寻新思路,才能切实履行好宪法和法律赋予的职权,才能不辜负人民群众的期望和重托。

(作者系岳阳县人大常委会主任)

治事为民的价值取向　为政以德的风范传承

——观照焦裕禄精神的时代内涵

彭西罗

总书记习近平在兰考调研时指出，“焦裕禄同志是县委书记的榜样，也是全党的榜样”，“他的精神同井冈山精神、延安精神、雷锋精神等革命传统和伟大精神一样，过去是、现在是、将来仍然是我们党的宝贵精神财富”。总书记的重要讲话，思想深邃、饱含深情，对焦裕禄精神时代内涵进行了深刻阐述，为广大党员干部提供了标杆，指明了方向。当前，我们从为政为人的道德期许，从理想理念的探求追寻，进一步领悟焦裕禄精神的时代内涵，进一步升华焦裕禄精神的时代价值，进一步增强践行焦裕禄精神的时代使命，为党员干部队伍提供动力，增强定力，激发活力，使这种穿越时空、历久弥新的焦裕禄精神在党员干部队伍中内化于心，外化于形，从而进一步推动党的群众路线教育实践活动走向深入，意义深远。

焦裕禄的公仆情怀，彰显了公忠体国的政治品格，新时代更需要这种以民为本的精神灌注。“心中装着全体人民、唯独没有他自己”，焦裕禄的这种公仆情怀，是他公而忘私的体现，也是他竭忠尽智的力行。这种格局不是与生俱来的，这种修持也不是一蹴而就的，需要久久为功的培植，习与性成的浸染。如果我们治事为政，只想到谋一己之私，只想到谋一得之利，以自我得失为中心，以个人利益为导向，那么我们的肌体和血液，不可能有这种民本基因。“为政者以通下情为急”，我们的党员干部只有深具这种公仆情怀，把老百姓放在心上，老百姓才会把我们放在心上。这是政治品格和政治方向的问题，也是人生观和世界观的问题。这种公仆情怀与党性修养，互为表里，相辅相成。当前，要在广大党员干部队伍中深入开展公仆情怀的教育，要放低身段，放低姿态，自觉深入群众，相信群众，依靠群众，干事创业首先要呼应民声，顺乎民情、维护民利，这种万事以民先的“先导工程”，是公仆接地气、通民心的生动体现。广大党员干部秉承了这种公仆意识，传承了这种民生情怀，这面民生民心的镜子，就能激发我们思想的闪光点，也能透视我们灵魂的阴暗面，群众路线教育实践就找到了一块试金石，找准了一个切入点。

焦裕禄的求实作风，彰显了求索真知的识见视野，新时代更需要这种循名责实的执着追寻。凡事探求就里、“吃别人嚼过的馍没味道”，从焦裕禄这种家常话、大白话中体现出来的求实作风，我们体会到了一种寻根问底的心劲，一种探赜索隐的心志。朴素的语言里面充满了生活哲理，朴直的表达充溢了政治智慧。当前，我们需要改进的就是这种作风。这种求实作风，应在广大党员干部队伍中倡导弘扬。当今有极少数党员干部，办事或照本宣科，或蜻蜓点水，说话人云亦云，甚至不知所云；办事没有自己的主张，说话没有自己的主见。其实，这是一种知识的欠缺，本领的恐慌，视野的逼仄。当前，省市正推进“四化两型”“三量齐升”发展战略，县委正谋划“一二三四”发展宏图，这些战略大局的推进，重大举措的实施，新谋略，新思路，新愿景，没有成规可用，没有旧例可循，如果没有开新篇的理论勇气，没有开新局的政治眼光，还是在老地方原地打转，还是在故纸堆中寻章摘句，老办法没有用，新办法不会用，吃现成饭，说现在话，都于事无补。党员干部就是要摒弃这类因循守旧的陋习，破除这种坐摊守业的惰性，勇于探索，勇于创新，敢于探求未知世界，敢于走前人没有走过的路，不断在实践中出真知，用知识指导实践，虚实相生，在推进当地经济社会发展中走出新的模式，创造新的业绩。

焦裕禄的奋斗精神，彰显了奋发赶超的开拓意识，新时代更需要这种舍我其谁的豪情迸发。“敢教日月换新天”“革命者要在困难面前逞英雄”，焦裕禄这种奋斗精神，正是我们党员干部队伍中需要的积极心态，进取精神。一支队伍就要有一种蓬勃朝气，一个地方要就有一种昂扬锐气。要凝聚干事创业的正能量，要激发敢干敢闯的主旋律。只有置身这样一种大气场，营造这样一种大环境，干部队伍的整体潜力才能发挥出来。反之，如果我们总是畏首畏尾，总在缩头缩脑，为拦路虎所惧，为绊脚石所阻，不拿出踏石留印、抓铁有痕的斗志和激情，那么，我们就会望洋兴叹，一事无成。在困难面前昂不起头，就会在群众面前抬不起头，没有坚决的意志力和果决的行动力的党员干部，在艰巨的创业环境和复杂的形势下，要干事成事，肯定寸步难行。今天，我们重温焦裕禄在艰苦恶劣的自然条件下“咬定青山不放松”的精神，很有必要。焦裕禄同志这种奋斗精神，永远不会过时，永远不应淡化。党员干部队伍身上要体现这种气旺神足，洋溢这种激情与豪情。“忧劳可以兴国，逸豫可以亡身”，如果总想过安稳日子，总想生活在安逸的温室中，不经风吹浪打，不经千锤万凿，不会成长，更不会成熟。党员干部只有经过刚性淬火的锻打，经历过关斩将的磨炼，才会在“山重水复疑无路”时，闯出“柳暗花明又一村”。

焦裕禄的道德情操，彰显了道义担当的人格风范，新时代更需要这种严以修身的品性涵养。艰苦朴素、廉洁奉公、“任何时候都不搞特殊化”，焦裕禄这种高尚的道德情操，直到今天，在兰考县仍是津津乐道，念念不忘。不搞特殊化，严格要求自己，这是党员干部的底线，也是总书记习近平近期对党员干部提出的“三严三实”的要求之一。党员干部清廉是政治清明的窗口。群众最看重的是党风和政风，最反感的是脱离群众的“形式主义、官僚主义、享乐主义、奢靡之风”。在立身处世，治事理政上，焦裕禄这种严格自律的情操，当前，在党员干部队伍中要大力发扬，武装头脑，正本清源。孔子有“其身正，不令而行；其身不正，虽令不从”的告诫，群众只有在人格上折服你，才会在思想上拥护你，才会在行动中追随你。不难想象，一位作风不严谨、要求不严格的党员干部特别是领导干部，即使能力再强，魄力再大，没有人格魅力，不去修身养性，老百姓也不会真心佩服你，更不说要号令一方，带动一方、创业一方。人心向背是分水岭，道德修养是风向标。我们任何时候，都不能丢掉艰苦朴素、克己奉公的本色，都不能改变立党为公、执政为民的宗旨。党员干部队伍风气进一步转变了，形象才会进一步提高，风声所披，民心所向，一而十，十而百，百而千，千而万，必能百川归海，千帆竞发，为全面建成小康社会奠定最坚实的社会基层，凝聚最广泛的精神力量。

治事理政，居官守责，总要有一种价值和理念，作为我们的思想行为取向和引导；总要有一种道德和风范，作为我们的精神富矿开掘和传承。观照焦裕禄精神的时代内涵，为我们干部队伍建设带来了新的理论视野，新的活力源泉。

（作者系岳阳县政协主席）

切实践行“五个坚持”做党委放心的“前哨”和“后院”

余泽世

2014年5月8日，总书记习近平在中央办公厅调研并发表重要讲话，提出了“五个坚持”的要求，具有极强的震撼力和感染力，给人极大的教育和启迪。我认为，作为办公室干部，要切实践行“五个坚持”，全面提升服务水平，把党委办公室建成党委的坚强前哨和巩固后院。

一、要竭尽忠诚。忠诚是办公室人员最基本的政治品德和思想品德，是做好办公室工作第一位的要求。真正的忠诚是一种自然的行为和自觉的行动，不是权宜之计，不带任何目的，在思想上、言行上旗帜鲜明地与党委保持高度一致。要做到对党的绝对忠诚，我认为，关键是要解决三个思想问题。一是要坚定理想信念。那就是坚定对马克思主义的信念，坚定对中国特色社会主义的信念，坚定对中国共产党领导的信念。只有信念坚定了，才能做到“千磨万击还坚劲，任尔东西南北风”；如果理想信念不坚定，遇到一点风雨就动摇，那么尽管平时表面上看着忠诚，但最终也是靠不住的。二是要保持积极心态。目前我国正处于社会转型期、矛盾凸显期，各种矛盾、各种负面问题很多。对此，党委办公室的同志要坚持用辩证思维来客观看待，深刻认识到这些矛盾和问题是社会发展中的非主流现象，是与党的路线方针政策格格不入的，是可以通过全面深化改革的推进逐步解决的。只有保持这样一种积极的心态，才能以理论上的清醒保证政治上的坚定，从而进一步坚定自身理论自信、制度自信、道路自信，确保对党忠诚，在思想上、政治上、行动上坚如磐石、不可动摇。三是要提升素质能力。学习是增长才干、提高素质的重要途径，是做好各项工作的重要基础。办公室的干部职工要不断地学习新知识、掌握新理论、吸收新信息、提升新水平，从工作的实际需要出发，不断提高自己的参谋服务能力、以文辅政能力、综合协调能力和解决问题的能力，更好地服务领导、服务基层、服务群众，更好地尽到忠诚之责。

二、要胸怀大局。大局意识的强弱决定了办公室人员作为的大小和地位的高低。总书记习近平要求中办干部“身在兵位，胸为帅谋”，充分说明大局意识对办公室人员的重要性。首先是要懂得大局就是县域经济社会的持续健康发展这个硬道理，其次要为服务大局、顾全大局、支持大局、维护大局，做出最大的成绩。具体地说，党委办公室系统的干部要坚持从三个方面围绕大局做好服务：一是要围绕大局开展调研。站在推进经济社会发展的高度，在领导决策前为其提供真实、准确、详细、全面的情况，提供切实可行的参考意见和预案。二是要围绕大局以文辅政。在撰写文稿时要紧跟领导思维并适度超前，将每一篇文稿都写成精品。三是要围绕大局督促检查。对党委已经形成的决策狠抓落实，对出现的问题及时反馈，确保各项决策部署落到实处、收到实效。同时还要求我们做到参与而不干预、协助而不越权、服从而不盲从、到位而不离位、帮忙而不添乱，围绕中心工作发挥参谋助手应有的作用。

三、要敢于担当。办公室工作有极强的政治性、政策性和程序性，出现任何一点差错，都可能牵一发而动全身，产生重大影响，甚至造成不可挽回的损失，这就要求办公室干部要具备强烈的事业心、严肃认真的工作态度和一丝不苟的工作作风。为此，我们要把坚持“极端负责的工作作风”作为行动指南，牢固树立“办公室工作无小事”的理念，做到“六个不让”，即：不让领导布置的工作在我这耽误，不让正在处理的公文在我这积压，不让差错失误在我身上发生，不让来联系工作的群众在我这里受到冷落，不让各种小道消息从我口中流出，不让办公室形象在我这里受损。

四、要乐于奉献。办公室工作节奏快、要求高，工作辛苦、生活清苦，所以，乐于奉献是对办公室人员的一贯要求，也是办公室工作的光荣传统。进入办公室工作，肩负着党的信任和人民的重托，就要有任劳任怨、乐于奉献的思想准备。要有光荣感、自豪感，不图名、不为利，经受得住各种误解、委屈和挫折；要坚持以苦为乐，把吃苦和勤奋作为实现人生价值的必修课，以奉献为荣，不计个人得失，怀有“计利当计天下利，求名要求万世名”的胸襟；要耐得住寂寞、守得住清贫，时刻保持一份好心情。只有这样，才能真正做到像总书记习近平说的那样“痛并快乐着”，在勤奋工作中实现自我价值，以实际行动守护好共产党人的精神高地。

五、要严守纪律。办公室干部不能认为“机关牌子大、领导靠山硬”而有所依仗、有恃无恐，更不能滥用领导和办公室的名义谋取个人私利，否则损害的是领导的权威，辱没的是党委的形象，自己也必将身败名裂。因此，我们必须筑牢思想防线，强化党性修养，严格执行中央“八项规定”、省委“九条规定”，严格落实“三严三实”的作风建设要求，始终坚持公正的职业操守，努力铸造两袖清风的道德丰碑，用实际行动为党委形象增色添彩。

（作者系中共岳阳县委常委、县委办公室主任）

大 事 记

2014年岳阳县大事记

1月

1月3日，岳阳县人民政府与中南大学护理学院签订合作框架协议。

1月15日，省委常委、常务副省长陈肇雄，副省长何报翔一行，到岳阳县麻塘镇春风村看望慰问特困群众。

1月22日，市委书记卿渐伟和市委常委、市委秘书长樊进军到岳阳县光荣院和困难群众家里看望慰问。

2月

2月16日，岳阳县县委经济工作会议暨全县三级干部大会召开。

3月

3月4日，岳阳县党的群众路线教育实践活动动员大会召开。

3月10日，县委农村工作会议召开。

3月27日，市委副书记、市长盛荣华到岳阳县新墙镇开展“访基层群众、问干部作风、谋全面小康”调研活动。

4月

4月3日，岳阳县财源建设、社保基金征缴暨联手帮扶企业行动工作会召开。

4月11日，岳阳县争取国家重点投入和推进重点工程建设调度会召开。

4月29日，岳阳县党的群众路线教育实践活动汇报会暨“为民致富”服务型党组织建设推进会召开。

4月30日，省文明办副主任熊科文及市文明办负责人等一行到岳阳县调研文明创建工作。

5月

5月6日，岳阳县启动开展“欢乐潇湘·幸福岳阳·秀美巴陵”大型群众文化活动。

5月21日，以省妇联副主席龚健为组长的第九次村委会换届选举工作督查组一行，到岳阳县督查第九次村民委员会换届选举工作。

6月

6月13日，岳阳县“四大家”班子及成员（党员）、法检“两长”征求意见情况民主评议会召开。

6月18日，岳阳县开展农村党支部书记专题培训活动。

6月24日，岳阳县召开2014年禁毒工作会议。

6月25日，岳阳县道教协会第一次代表大会召开,标志着岳阳县道教协会正式成立。

7月

7月8日，岳阳县举行“清正在心”主题教育暨县委中心组(扩大)集中学习活动。

7月30日，全市上半年项目建设流动现场会观摩团到岳阳县考察。

8月

8月14日，省委副书记、省长杜家毫带领省发改委、省财政厅、省国土资源厅、省交通运输厅负责人到岳阳县开展调研活动,实地察看新墙镇清水村、湖南科伦制药有限公司及中粮米业(岳阳)有限公司。

8月18日，岳阳县创建全国文明县城工作推进会召开。

8月19日，省委副书记孙金龙带领省水利厅、省财政厅、省粮食局等部门负责人一行到岳阳县开展调研,实地察看了新墙镇清水村、湖南科伦制药有限公司及中粮米业(岳阳)有限公司。

9月

9月12日，省政协副主席、民革湖南省主委刘晓一行到岳阳县调研新墙河抗战文化保护与利用工作。

9月25日，岳阳县党的群众路线教育实践活动群众测评大会召开。

9月29日，深化平安岳阳县建设暨综治民调工作推进会召开。

9月30日，岳阳县在麻塘镇金山村县烈士陵园开展全国首个烈士纪念日公祭活动。

10月

10月11日，市委副书记李志坚到岳阳县调研生态能源项目建设和农村土地承包经营权抵押贷款工作。

10月21日，全市农村土地承包经营权抵押贷款在岳阳县首发。

10月23日，岳阳县党的群众路线教育实践活动总结大会召开。

10月24日，西藏桑日县委副书记、县长吾金带领该县党政代表团到岳阳县进行对口支援20周年答谢交流。

11月

11月3日，市委书记卿渐伟,市委常委、市委秘书长樊进军一行到岳阳县调研项目建设及企业生产经营情况,实地察看了鹿角码头、城市综合体、城南河综合治理工程等三个县重点项目施工现场。

11月14日，副省长张硕辅带领全省河道管理暨农村能源工作会议与会人员到岳阳县枫树湾生态农牧产业园,考察农村沼气能源建设情况。

11月20日，省委常委、省委政法委书记孙建国到岳阳县调研政法工作。

11月24日，岳阳县工作务虚会议召开。

11月28日，岳阳县举行十八届四中全会精神的辅导学习,县委书记毛知兵在会上主讲廉政党课。

12月

12月12日，岳阳县乡镇党委书记抓基层党建工作汇报会召开。

12月16日，省农业银行行长张晓男一行到岳阳县调研。

12月19日，岳阳县非公有制经济代表座谈会召开。

12月23日，政协岳阳县第十二届委员会第一次会议召开。

12月24日，岳阳县第十六届人民代表大会第一次会议召开。

岳阳县综述

历史沿革

【概况】 岳阳县历史悠久，夏、商为三苗之地。西周、东周属楚。秦属长沙郡罗县，西汉为长沙国下隽县境，东汉下隽县地复属长沙郡。三国时属吴，隶属长沙郡。西晋太康元年（公元280年）分下隽县西部，隶属长沙郡。南朝宋元嘉十六年（439年）置巴陵郡，隋开皇九年（589年）改巴陵郡为巴州，十一年改巴州为岳州，隋大业元年（605年）易名罗州，三年改罗州为巴陵郡，巴陵县隶属随之变更。唐宋巴陵县属岳州（巴陵郡），元属岳州路，明清属岳州府，民国2年（1913年）废岳州府，巴陵县改为岳阳县，后设湖南第一行政督查区，岳阳县属之。1949年7月20日岳阳县和平解放，属长沙专署管辖，1952年9月长沙专署改名湘潭专署。1960年1月2日，经国务院批准，析岳阳县城关镇、城陵矶镇为岳阳市，由岳阳县代管。1962年10月20日国务院决定撤销岳阳市，复为岳阳县城关镇。1964年9月22日置岳阳专署，岳阳县属之。1975年10月29日，国务院下函恢复岳阳市，与岳阳县同属岳阳行署管辖。1981年10月20日经国务院批准，湖南省人民政府于11月10日通知撤销岳阳县，并入岳阳市，隶属岳阳地区。1983年2月，岳阳市升为省辖市，同年7月13日经国务院批准，8月19日湖南省人民政府通知恢复岳阳县建制，归岳阳市管辖，岳阳县隶属岳阳市至今。

地　理

【位置面积】 岳阳县位于湖南省东北部，东接湖北省通城县，东南连平江县，南抵汨罗市，西南以湖洲与沅江市、南县交界，西与华容县、君山区毗邻，并与临湘市、岳阳楼区、君山区接壤。县界极端位置，东至月田镇钟山村钟家山南麓，南至长湖乡民主村王家寮分水岭，最西、最北均以东洞庭湖湖洲与君山区相接。2014年年底，全县土地总面积280983.36公顷，其中耕地49154.42公顷，园地4027.82公顷，林地88914.71公顷。草地3263.04公顷、城镇村级工矿用地13150.02公顷、交通运输用地3641.66公顷、水域及水利设施用地113074.41公顷、其他土地575808公顷。2013年全县各乡、镇、场土地面积（公顷）城关镇4981.27、麻塘镇7414.76、鹿角镇9345.56、黄沙街镇13085.96、新墙镇7596.61、柏祥镇9999.92、筻口镇13937.83、公田镇8917.90、毛田镇7993.79、月田镇17540.17、张谷英镇13213.40、新开镇13279.97、中洲乡7289.97、长湖乡12059.76、步仙乡10365.96、甘田乡5729.19、杨林乡8528.01、云山乡3986.28、相思乡6387.26、饶村乡4523.33、湖管系统85737.25、铁山水库4651.83、中洲渔场2388.66、县原种场350.12、黄沙街茶场509.85、大云山林场1168.75。

【地貌】 县境地貌自东北幕阜山余脉向西南东洞庭湖呈降阶梯状倾斜。山地主要分布在毛田镇、月田镇、张谷英镇、云山乡、相思乡、饶村乡及公田镇。主要山脉有相思山、大云山。其中相思山位于岳阳县与湖北省通城县交界处，主峰眉毛尖海拔957.20米，为全县最高山峰。大云山位于县境东北部，与临湘市交界，主峰相公尖海拔909.70米。全县海拔300米以上的主要山脉有：位于云山乡的大云山，海拔909.70米；位于相思乡的相思山，海拔957.20米；位于饶村与张谷英交界处的大峰山，海拔554.10米；位于麻塘镇境内并沿京广铁路南北延伸的麻布大山，海拔352.70米；位于毛田镇的铜鼓山，海拔535.90米；位于月田镇的白石山，海拔595.70米；位于张谷英镇的小水尖，海拔641.20米；位于柏祥镇的石头山，海拔358.20米；位于步仙乡的红花尖，海拔364.20米。丘陵主要分布于盆地周边或山间山麓旁侧。岗地主要分布于东洞庭湖东岸的麻塘镇、城关镇、黄沙街镇及新墙河两岸。平原主要分布在筻口、新墙、公田、鹿角、城关等乡镇，全县水域面积1100平方千米，主要为县辖东洞庭湖水面。

【河流湖泊】 县境主要河流有直泄东洞庭湖的新墙河、费家河、坪桥河、铜鼓河；有直入南洞庭湖的罗水河。河网水系归属相对集中，沙港、游港河为新墙河两大支流，其中沙港河发源于平江县板江乡大坳岭，自月田江埂入县境。流经月田、湾头、杨林、熊市，至筻口镇的三港嘴汇合游港河后入新墙河主流。游港河发源于临湘市药姑山，由西塘入县境，经筻口至三港嘴汇入新墙河主流。沙港、游港河自三港嘴汇流后流经新墙、荣家湾从破岚口入东洞庭湖，主流全长26.80千米，流域面积418平方千米。费家河发源于袁家里，流经黄秀桥、宝塔，河流长20千米，流域面积85.60平方千米，坪桥河发源于长湖乡胡仙山，流经三友、凌云、黄沙街、坪桥，河流长22千米，流域面积85.40平方千米。罗水河发源于张谷英镇桂峰村坳背里，经岳坊、步仙桥进入汨罗市，在县境长42千米，流域面积133.20平方千米。铜鼓河发源于茅栗铺，流经赵建中、磨刀、麻塘，河流长16千米，流域面积32.10平方千米。

县境湖泊有与长江相通的东洞庭湖，有与境内河流相连的内湖。县境内有大小内湖17个。

自然资源

【概况】 境内记录到的野生动物500种，即兽类22种，鸟类266种，虫类195种，其他17种。其中属国家一级保护动物12种，二级保护动物47种，三级保护动物70种。记录到的鱼类114种，经济价值较大的鱼类有青、草、鲢、鳙、鲤、鲫、鳊、鳇、黄鳝、泥鳅等20余种。家畜有猪、牛、羊、兔、猫、狗等，家禽有鸡、鸭、鹅等。境内记录到的木本类植物829种，其中乡土树种655种，属国家级及省定保护树种24种，用材树种主要有杉、松、樟、枫、檫、楠、桐、柏等，经济树种主要有油茶、油桐等，果木树种主要有桃、李、梨、橘等。竹类有楠竹、凤凰竹等10余种，水生植物有芦苇、莲藕、茭白、席草等百余种。主要农作物有水稻、棉花、蚕豆、黄豆、绿豆、玉米等。境内已探明的矿产有钒、锰、铁、磷、石煤、泥炭、绿柱石、萤石、耐火粘土、石英、钾长石、白云石、石灰石等20余种。

旅　游

【概况】 岳阳县旅游景点主要有大云山、张谷英民俗文化村、相思山公园、铁山水库。

张谷英民俗文化村 张谷英民俗文化村位于县境东部张谷英镇张谷英村，占地5万多平方米。历经明清时期，先后建成房屋1732间，大部分保存完好，在全国古建筑群中，号称“天下第一村”。房屋大都依山而建，伴溪而筑，栋宇相连，到处是曲径通幽，小桥流水。其严谨的整体结构、独具匠心的内部装饰、通达合理的排水系统，既体现了传统民居的风格特征，又迥异于传统民居的诸多共性，被公认为古代建筑史上的“三绝”。湖南省将该村定为“湘北农家乐旅游点”，岳阳市将其列入岳阳十大景点之一。其大小景点有狮象把门、文塔、天灯、仙人石、龙珠石、当大门、青云楼、上新屋、王家塅、百步三桥、龙涎井、长寿井、龙形山、张谷英墓、孝子坟、垫公墓、藏谷洞、民俗陈列馆、王震办公旧址等20余处。2001年6月，张谷英民俗文化村被国务院批准为“国家重点文物保护单位”。2003年10月，张谷英村被建设部、国家文物局公布为第一批历史文化名村。2013年1月,张谷英景区被全国旅游景区质量等级评定委员会公布为“国家AAAA”级旅游景区。

大云山 大云山位于岳阳县东北部,面积128.28平方千米。大云山群峰耸立,怪石嶙峋,飞瀑流泉,洞府幽深。1996年建立大云山国家森林公园,公园核心景区面积340公顷,分为祖师殿和真君殿两个景区,有48处景观景点。大云山植物资源丰富,植被覆盖率80%,年平均气温18℃,7月最高气温32℃。大云山森林旅游已纳入中国优秀旅游城市岳阳市旅游规划,被列为岳阳十景之一、岳阳东部宗教生态旅游区、岳阳市重点生态旅游线,2009年12月被评为国家AAA级景区。大云山集道教、佛教、旅游、避暑于一体,每逢三月三、九月九,朝庙求签者络绎不绝,是人们朝拜观光游览的理想之处。

相思山公园 相思山公园位于岳阳县东部的相思山,与湖北通城、江西修水接壤,绵延10余千米,平均海拔700米以上,其主峰相思山(眉毛尖)海拔957.2米,年平均气温15摄氏度,是极佳的旅游、观光、度假、休闲、避暑、会务等理想场所。相思山原名相师山,相传此地是汉高祖刘邦请张良第二次出山的地方。相思山名胜古迹颇多,历代曾建殿、宫、寺、庙多处,著名的有白云观、芙蓉寺、张良庙等。旅游区由世界爱情文化生态旅游谷、同乐谷、相思瀑布、相思峰以及相思村等景区组成。

铁山水库 铁山水库位于大云山东南山脚,面积41.6平方千米,总容量6.35亿立方米,147座大小岛屿布列其间,四周青峰倒映,库面波光粼粼,显得扑朔迷离,绚丽多姿。库区主要名胜古迹有斩龙潭、狮子洞、飞鸣寺、八仙台等10多处。铁山水库已成为游人泛舟赏花、驻水垂钓、射击狩猎、嬉水游泳、避暑养心的胜地。

(曹　瑜)

行政区划

【行政区划变更】 2005年12月27日,岳阳市人民政府办公室根据省民政厅《关于将岳阳县康王乡等三个乡镇划归岳阳楼区管辖的批复》(湘民行发〔2005〕33号)精神,下达岳政办函〔2005〕170号《关于同意将岳阳县康王乡等三个乡镇划归岳阳楼区管辖的批复》,同意将岳阳县康王乡、三荷乡、西塘镇成建制划归岳阳楼区管辖。所划2乡1镇的行政建制、行政区域、政区名称和政府驻地不变。

2014年年底,全县辖12个镇、8个乡、558个村民委员会、42个居民委员会、6018个村民小组、120个居民小组。

表 1　　岳阳县 2014 年行政区划

乡镇名称	辖村(居)民委员会	辖村(居)民小组	辖村(居)民委员会名称
毛田镇	31 个村 2 个居委会	217 个组 11 个居民小组	界头村 桃洞村 邹塅村 高昌村 杨家村 染坊村 八斗村 水圳村 黄金村 白水村 育英村 英桥村 彭庄村 孟城村 芭蕉村 南冲村 港堤村 同心村 廖塅村 水源村 小港村 湾丘村 莲荷村 胡铁村 毛田村 八宝村 南庙村 立坪村 赵段村 福胜村 道仁村 丝绸居委会 八斗居委会
云山乡	15 个村	122 个组	云山村 文洞村 永兴村 联合村 长仑村 文昌村 爱国村 陈洞村 杨塅村 西台村 联盟村 黄稻村 田坳村 谢山村 云塅村
黄沙街镇	35 个村 3 个居委会	429 个组 14 个居民小组	九元村 群乐村 大众村 金光村 建设村 双义村 黄秀村 福堂村 大联村 滨湖村 中桥村 再茂村 坪中村 苍田村 坪桥村 树德村 周冲村 黄金村 先锋村 存仁村 青山村 新堤村 天然村 杨元村 高塘村 玉华村 廖山村 余兰村 和平村 光华村 作新村 新民村 红卫村 友义村 新华村 新绣居委会 桃源居委会 复兴居委会
杨林乡	25 个村	279 个组	龙潭村 杨林村 白泥村 付朝村 张坪村 沙陂村 红阳村 四龙村 沈塘村 崩山村 立塘村 城山村 兰田村 王安村 聚云村 和平村 兰泽村 白水村 福冲村 溪源村 谷太村 琴田村 姑桥村 马旁村 鲁丑村
相思乡	27 个村	202 个组	牛形村 志元村 刘家村 中毛村 方塘村 桥头村 九龙村 中道村 芙蓉村 卢塅村 长洞村 双坡村 竹峰村 李塅村 大冲村 杨塅村 朝西村 石门村 西港村 积谷村 黄中村 东港村 凤凰村 河山村 杨山村 同乐村 相思村
饶村乡	16 个村	154 个组	惘港村 大坳村 莲花村 饶村村 中留村 东山村 振兴村 李汉村 金西村 伍相村 江南村 大峰村 双石村 清水村 居公村 花园村
甘田乡	15 个村	188 个组	戴家村 港口村 东升村 枧田村 高桥村 石姑村 一心村 飞云村 李塅村 羊楼村 伞把村 五星村 浏泗村 甘田村 横铺村
月田镇	55 个村 1 个居委会	538 个组 1 个居民小组	红光村 韩塅村 钟山村 柏树村 大坪村 白石村 花苗村 金塘村 改港村 谢家村 上坪村 口前村 何塅村 江墺村 甘溪村 月形村 陈福村 马家村 文昌村 茂田村 邓谷村 上庄村 大陂村 大界村 杨林村 半洞村 牛黄村 福洞村 王塅村 毛家村 徐中村 三让村 许家村 孙家村 余家村 茨洞村 新庄村 西田村 王龙村 大桥村 上洞村 苏塅村 大洲村 湾头村 刘庙村 双江村 稻田村 东元村 赵洞村 国庆村 道院村 伏马村 高雅村 塘坳村 洞口村 新田居委会
麻塘镇	19 个村 2 个居委会	224 个组 10 个居民小组	麻塘村 大塘村 新建村 永和村 大坳村 牌头村 八景村 东风村 横塘村 塘内村 谢垅村 金山村 应垅村 万垅村 春风村 畔湖村 北湖村 洞庭村 和兴村 新街居委会 车站居委会
新开镇	35 个村 2 个居委会	399 个组 1 个居民小组	上文村 兴隆村 朱砂村 新开村 团山村 方园村 马山村 永安村 胜天村 毛力村 高垅村 画眉村 龙湾村 杨华村 大马村 枫树村 车塘村 双雁村 共和村 船山村 大源村 大塘村 湛港村 团山村 万福村 小源村 杨柳村 古港村 兴安村 九龙村 香严村 李伏村 卫星村 七星村 云天村 新开塘居委会 马店居委会
公田镇	23 个村 2 个居委会	256 个组 10 个居民小组	公田村 河东村 黄田村 栗山村 媳岭村 小湄村 龙山村 马元村 东淇村 板桥村 芳山村 熊山村 大山村 青隐村 饶港村 塘田村 彭昌村 祯祥村 全福村 向佳村 晏冲村 杨塅村 长安村 老街居委会 新街居委会

续表 1

乡镇名称	辖村（居）民委员会	辖村（居）民小组	辖村（居）民委员会名称
筻口镇	58个村 3个居委会	617个组 14个居民小组	清潭村 四兴村 牌头村 大堤村 朱仑村 刘本村 中安村 克敬村 沙南村 大元村 新安村 四庠村 山上村 均安村 中洲村 潼溪村 中心村 井塘村 锹塘村 大塘村 和平村 刘桂村 三港村 梅花村 李何村 新庄村 大柳村 老街村 筻口村 仙安村 明星村 桥埠村 东游村 沙坡村 南源村 漆市村 九峰村 游港村 中湖村 花坪村 莲塘村 移山村 小塘村 小溪村 三联村 邓桥村 笔架村 保安村 鲁受村 燎原村 西冲村 双港村 熊市村 洲上村 郭家村 界岭村 新塘村 西游村 新街居委会 老街居委会 筻口居委会
中洲乡	25个村	189个组	黑泥村 北套村 二郎村 南套村 湘江村 机场村 十字村 寒湖村 平湖村 青峰村 红旗村 塘坡村 白沙村 义合村 铜盆村 天灯村 风亭村 平垸村 宝塔村 兴旺村 仁义村 金山村 杨山村 大明村 青镜村
步仙乡	21个村	306个组	关王村 松溪村 应祥村 付胜村 召保村 狮山村 石美村 柘山村 胡兴村 安山村 五关村 辛淑村 东岳村 石牛村 胜利村 广福村 岳坊村 泉冲村 北斗村 石龙村 狮山村
柏祥镇	24个村 1个居委会	350个组 1个居民小组	大湖村 桂林村 明淑村 蒋渭村 黄珍村 金咀村 赵李村 万寿村 光明村 大姚村 中村村 周庆村 十步村 窑岭村 谢全村 敖家村 伏太村 俄咀村 松岭村 付义村 四知村 文付村 柏祥村 分水村 刘明居委会
张谷英镇	31个村 1个居委会	260个组 1个居民小组	龙洞村 豪坑村 新改村 文艺村 下庄村 陈坪村 大水村 小水村 金鸡村 松树村 向阳村 大王村 芭蕉村 红卫村 一心村 杨和村 泉水村 师堂村 桂峰村 竹坪村 天龙村 杉桥村 长坪村 兰陵村 刘家村 寺湾村 十美村 大桥村 延寿村 四维村 张谷英村 张谷英居委会
长湖乡	31个村	392个组	白羊村 旱坪村 湖头村 新许村 断塘村 自强村 宏图村 天龙村 胡山村 高家村 范家村 松山村 长湖村 光荣村 大仙村 龙头村 段潘村 邓宗村 京广村 长征村 三间村 双联村 魏庆村 新桥村 燎原村 民主村 义门村 三红村 三友村 凌云村 农科村
鹿角镇	32个村 4个居委会	412个组 12个居民小组	友爱村 群合村 群力村 周谢村 三义村 金星村 富强村 文发村 先锋村 忠信村 东庄村 青莲村 幸福村 五爱村 三塘村 兴无村 大成村 高丰村 葵花村 华群村 大同村 岳午村 星火村 共同村 牛皋村 建新村 济美村 寿桥村 农科村 鹿角村 杨茂村 滨湖村 老街居委会 青龙嘴居委会 鹿角居委会 洞天观居委会
城关镇	13个村 18个居委会	202个组 36个居民小组	沿河村 六合村 新建村 农科村 东方村 株树村 兰塘村 大冲村 许胜村 群兴村 月东村 跃进村 孙午村 城北居委会 卫农居委会 荣站居委会 文胜居委会 枫桥居委会 城南居委会 月西居委会 桥东居委会 南街居委会 集镇居委会 同心居委会 庆丰居委会 城西居委会 天鹅居委会 老街居委会 街赵居委会 向阳居委会 巴陵市场居委会
新墙镇	27个村 3个居委会	282个组 9个居民小组	先锋村 双枫村 红光村 上游村 清水村 袁岭村 联河村 寺塘村 进塘村 周邓村 金桥村 双港村 高桥村 水库村 沙河村 板桥村 牌头村 植山村 方杨村 桃源村 前进村 大桂村 马形村 四义村 草岭村 毛杨村 松源村 新墙居委会 老街居委会 新街居委会

人口状况

2014年年末，岳阳县总户数237473户，年末总人口724711人，其中男性380390人，女性344321人，男性女性比例为104.7:100，常住人口73.09万人；全年出生人口9996人，出生率为13.8‰；死亡人数4775人，死亡率6.6‰，人口自然增长率为7.2‰。

国民经济和社会发展

2014年，在县委、县政府的正确领导下，全县上下深入贯彻落实党的十八大、十八届三中全会精神，坚持以科学发展观为指导，切实践行“二十四个字”的执政和发展理念，全力实施“一二三四”的发展战略，以“三量齐升”为目标，以改革创新为动力，以项目建设为抓手，强力推进全面建成小康社会，实现了国民经济健康发展，各项社会事业全面进步。

【经济综合实力增强】 全县实现地区生产总值2375640万元，按可比价计算，同比增长11%。其中第一产业增加值434444万元，同比增长4.8%。第二产业增加值1185921万元，同比增长13.0%，其中，工业增加值同比增长13.4%；建筑业增加值同比增长6.4%。第三产业增加值755275万元，同比增长11.9%。按常住人口计算，人均生产总值32503元，比上年增加3332元，同比增长11.4%。三次产业结构比例由2013年的19.2:49.4:31.4调整为18.3:49.9:31.8，第一产业下降0.9个百分点，第二产业上升0.5个百分点，第三产业上升0.4个百分点。

【农业和农村经济稳步发展】 全县农林牧渔业实现现价总产值649650.4万元，同比增长4.84%。其中农业产值307262.1万元，同比增长3.91%；林业产值12342.39万元，同比增长6.35%；牧业产值243414.7万元，同比增长4.54%；渔业产值79571.75万元，同比增长8.8%；农林牧渔业服务业产值7059.47万元，同比增长12%。

【农业生产稳步发展】 全县农作物总播种面积139.38千公顷，同比增长0.5%。其中粮食播种面积90.43千公顷，同比增长1.98%；油料播种面积19.01千公顷，同比增长1.65%；蔬菜播种面积13.08千公顷，同比增长3.97%。粮食总产量518885吨，同比增长2.89%；油料产量34444吨，同比增长10.59%；蔬菜类（含菜瓜）产量422879吨，同比增长9.79%。全县农业机械总动力75.11万千瓦，同比增长0.21%；农用化肥施用量39593吨（折纯），同比减少7.16%。

【林业生产快速发展】 2014年年末有林地面积83718.07公顷，其中楠竹面积10216.6公顷。苗圃总面积20公顷，苗木年销售量500万株。木材采伐蓄积量25085立方米，楠竹消耗17.57万株。

【牧业生产较快发展】 全县2014年年末牛存栏6.75万头，同比增长0.7%；全年肥猪出栏142.83万头，同比增长1.9%。年末生猪存栏81.2万头，同比增长0.72%，其中年末母猪存栏8.1万头，同比下降5.92%；山羊存栏6.05万只，同比增长8.03%；家禽出笼505.5万只，同比下降1.89%；禽蛋产量16790吨，同比下降0.6%；肉类总产量108700吨，同比增长1.78%。

【渔业生产持续发展】 全县淡水养殖面积9.56千公顷，同比增长11.5%；水产品产量49594吨，同比增长9.47%。

【工业经济快速增长】 据初步核算，全部工业实现增加值112.38亿元，同比增长13.4%。146家规模以上工业企业实现工业增加值同比增长13.5%。实现工业总产值477.74亿元，同比增长12.9%，产销率99.88%。其中，大中型企业完成产值67.69亿元，同比下降24.3%，占全县规模工业企业的14.17%。从轻重工业看，轻工业产值272.09亿元，同比增长24.8%，重工业产值205.65亿元，同比增长0.3%；从注册类型看，国有企业产值10.98亿元，集体企业产值6.55亿元，股份合作企业产值1.22亿元，股份制企业产值

425.48亿元，外商及港澳台商投资企业产值4.13亿元，其他经济类型企业产值29.37亿元。37家高新科技企业，全年实现工业总产值70亿元,同比增长13.4%。

【建筑行业稳步发展】 全县全社会建筑企业增加值62072万元，同比增长6.4%。全县具有资质等级的建筑业企业12家，其中有工作量的企业12家,完成施工总产值15.49亿元,同比增长6.6%。房屋建筑施工面积63.16万平方米，房屋建筑竣工面积59.05万平方米,同比分别增长2.9%、12.9%。

【固定资产投资快速增长】 全县完成固定资产投资2044602万元,同比增长10.9%。其中完成工业固定资产投资1201679万元，同比下降11.2%,完成工业技改投资885657万元,同比下降21.5%。全年计划总投资亿元以上项目59个,比上年同期增加5个,累计完成投资额552444万元,占整个固定资产投资的27.02%。分产业看第一、二、三产业投资分别为106730万元、1295103万元、692908万元，第一产业同比增长61.4%、第二产业同比下降10.1%、第三产业同比增长39.5%。从投资构成看，建筑工程投资1004582万元，同比增长9.8%，安装工程115645万元,同比增长77.8%,设备工器具购置382070万元,同比增长5%，其他费用投资542305万元,同比下降13%。

【居民消费持续增长】 全年社会消费品零售总额75.15亿元,同比增长12.9%。按销售地区分,城镇市场消费品零售额63.24亿元,同比增长13.1%;乡村市场消费品零售额11.91亿元，同比增长11.8%。按行业分,批发业和零售业分别实现零售额8.15亿元、59.67亿元,同比分别增长11.3%、13.4%;住宿和餐饮业分别实现零售额0.74亿元、6.59亿元,同比分别增长11.4%、9.9%

【交通运输业平稳发展】 全年公路货运量1257.6万吨，客运量3460万人次；货物周转量60513万吨千米，旅客周转量22726万人千米。全县公路通车里程2935.629千米，其中等级公路2881.534千米，农村通公路行政村比重达到100%。

【邮电通信业持续发展】 全县邮政业务总量3600.29万元,同比增长9.5%；电信业务总量4811万元,同比增长10.7%,本地计次制电话用户100793户,因特网注册拨号用户28964户；联通业务总量3680万元，同比增长10.8%；2014年年末移动日均通话客户为241293户,业务总量1.528亿元，同比下降0.78%，互联网用户2230户。

【旅游事业正在崛起】 全县全年共接待中外游客248万人次,同比增长30.3%，旅游综合收入达20亿元,同比增长31.5%。张谷英共接待旅客72万人次,旅游综合收入4.5亿元，同比增长18%;大云山共接待旅客44.9万人次,旅游综合收入1.29亿元，同比增长19.4%。

【财政收入稳步增长】 全县财政总收入80000万元，同比增长13%。地方财政收入一般预算收入45199万元,同比增长19.8%。财政总支出280268万元,同比增长14.6%。

【金融存贷健康发展】 全县金融机构2014年年末各项存款余额992614万元，同比增长12.89%，其中居民储蓄存款664534万元，同比增长13.86%。全县金融机构年末各项贷款余额506710万元，同比增长8.85%，其中短期贷款228960万元，同比下降13.91%；中长期贷款276960万元,同比增长39.76%。

【保险事业提速发展】 全县保险机构保费收入达到8886.02万元,同比下降17.4%。人寿保险保费收入2784.94万元，同比下降52.1%，财产保险保费收入2238.78万元，同比增长25.26%。全县保险机构理赔支出4308.43万元,同比增加23.03%,其中人寿保险248.3万元，同比增加18.96%；财产保险1338.86万元，同比增长20.61%。

【基础教育不断巩固】 全县基础教育不断巩固。全县各类学校107所(不含幼儿园),其中普通小学74所,初中学校21所,高中学校4所,中等职业教育学校1所。在校学生人数 71102 人，其中普通小学 37536 人，普通中学 17956 人，普通高中 10663 人，中等职业教育学校 4833 人。特殊教育 1 所，在校学生 114 人。适龄儿童入学率 99.41%，九年义务教育小学年巩固率 100%，初中年巩固率 99.84%。全县高中应届毕业生 3266 人，高考二本以上上线人数 1783 人，其中文科 358 人，理科 1327 人。专业考生 98 人。

【科技工作快速发展】 2014 年年末，全县有 3 个省工程（技术）研究中心，2 个市工程（技术）研究中心。专利申请量 121 件，授权量 87 件，其中发明专利申请量 21 件，同比增长 91%。争取科技计划项目 14 个，争取上级经费 1347 万元。37 家高新技术企业累计实现增加值 20.48 亿元。

【文化活动丰富多彩】 全年共举办演出活动 28 场，演出节目380多个，其中新创节目 49 个，参演人员 4000 多，观众近 11 万，在市会演中获得一等奖 2 个、二等奖 3 个。开展送戏下乡 100 场、送电影下乡 5000 多场、社会主义核心价值观宣讲 10 场。“三馆一站”免费开放共接待读者群众 5 万人次。投入 260 万元对岳阳花鼓戏传承剧院改造，12 月份已投入使用。

【卫生事业健康发展】 卫生系统共有医疗卫生机构 37 个，卫生技术人员 1432 人，其中执业医师 762 人，注册护士 359 人。卫生机构床位数 1866 张，其中医院 955 张，卫生院 911 张。全年诊疗病人 57.4 万人次，其中医院诊疗 15.3 万人次，卫生院诊疗 38.2 万人次，妇幼和社会保健所诊疗 3.9 万人次。全年全县共计 61.45 万人参加新型农村合作医疗，参保率达 99.5%，同比增长 0.4%。

【体育事业蓬勃发展】 2014 年为全县 28 个乡村配了 28 幅高标准篮球架，56 幅乒乓球台，积极向省体育局争取到 9 条健身路径落户荣城；新成立了太极拳协会、步仙武术分会、少林武术培训馆、棋院、庆丰羽毛球协会、青少年羽毛球培训基地等群众体育协会，全年参加健身活动的群众达 50000 人次。在省第十二届运动会上，岳阳县运动员一举获得 8 枚金牌，1 枚银牌，5 枚铜牌，为县争得了荣誉。2014 年完成彩票销售 1.8 亿元，同比增长 38.5%。

【城乡居民生活水平不断提高】 全县农村居民人均可支配收入 11494 元，同比增长 13.4%；人均消费性支出 8200 元，农村居民人均居住面积 50.21 平方米，同比分别增长 19.5%、1.8%。城镇居民人均可支配收入 20350 元，同比增长 9.6%；人均消费性支出 9026.8 元，同比增长 8.6%，城镇居民人均居住面积达到 35.73 平方米，与 2013 年基本持平。全县单位从业人员年平均工资达到 37647 元，同比增长 13.0%。其中在岗职工年平均工资 39222 元，同比增长 15.9%。

【社会保障事业快速发展】 城镇职工基本医疗保险参保人数 32739 人，其中机关事业单位职工医保参保人数 13671 人，城镇企业职工基本养老保险参保人数 19068 人。城镇失业保险参保人数 24700 人。养老、医疗、失业、工伤、生育保险总支出 4.32 亿元。城镇登记失业率 3.98%，社会保险参保率 96.5%，生育保险覆盖率 98%。　社会福利收养性单位数 1 个，社会福利收养性单位床位数 80 张。20 个乡镇有敬老院 24 个，有 1520 张床位，1 个县级光荣院有 68 张床位。居民最低生活保障已保人数 34941 人，其中城镇居民最低生活保障已保人数 11649 人，发放补贴 3494.7 万元，补差标准 250元/月；农村居民最低生活保障已保人数 23292 人，发放补贴 2990.6928 万元，补差标准 107 元/月。

【资源、环境和安全生产】 岳阳县资源丰富，钒矿储量全国最大。全县城市污水处理率 85%，城市生活垃圾处理率 100%。全年完成植树造林面积 3666.67 公顷，森林覆盖率 30.46%。林木绿化率为 38.98%。全年境内年度最高气温为 36.1 摄氏度，最低为负 3.5 摄氏度，全年平均气温 17.9 摄氏度，年降水量 1403.4 毫米。

电力消耗需求稳步增长。初步核算，全年全社会用电总量 88597 万千瓦小时，同比增加 487 万千瓦小时，同比增长 0.6%。其中工业用电 58616 万千瓦小时，与 2013 年同期持平。

全年发生交通事故5040件，刑事案件(结案)309件，犯罪(判决)人数429人，民事案件结案数1328件。

说明：

1. 本公报中数据均为初步统计数。

2. 地区生产总值，各产业增加值绝对数按现价计算，增长速度按不变价格计算。

3. 从2011年开始，纳入规模以上工业统计范围的工业企业起点标准从年主营业务收入500万元提高到2000万元。固定资产投资统计标准从计划总投资50万元提高到500万元。

(县统计局提供)

精神文明建设

【概况】 2014年，岳阳县精神文明建设工作以党的十八大、十八届三中、四中全会精神和国家主席习近平系列重要讲话精神为指针，以培育和践行社会主义核心价值观为根本，以创建全国文明城市为目标，扎实推进精神文明建设十大行动，深入开展群众性文明创建活动，全县精神文明建设取得丰硕成果，获得了3个国家级荣誉，即岳阳县获得全国文明城市提名城市(县级)，县烟草局被评为全国文明单位，新墙镇清水村被评为全国文明村。

一、加强了文明创建宣传

8月23日，《湖南日报》以《无边春色北湖山》为题专版宣传岳阳县全国文明县城创建工作成效。9月12日，《人民日报》“连线基础”版块刊载岳阳县文明宣传“四进”活动的典型做法。《岳阳日报》全年共刊登“学雷锋志愿服务、我们的节日”等精神文明创建活动的宣传报道14篇。县电视台、县新闻网、县手机报分别开辟文明创建宣传专栏，全方位宣传创建工作动态。县文明办联合《巴陵通讯》编辑部和城关镇，针对文明城市创建，印发《巴陵通讯》特刊1.5万份、“模拟调查问卷”8000份、“致广大市民的一封信”1万份，着力提升市民对文明县城创建工作的知晓率、支持率和参与率。

二、开展了精神文明建设十大行动

1. 文明宣教行动。继续开展文明宣讲进机关、进学校活动，2014年共开展文明宣讲活动95场次。创作编排了《最美教师黄亚飞》《保洁风波》《喜看今日新荣城》《夸媳妇》《一袋垃圾》《老刘的退休生活》《志愿者》等一批精彩节目，将爱岗敬业精神、环境卫生、文明新风、市容市貌等内容融入文艺表演中，在全县乡村和城关各社区演出22场次，每场演出都吸引了2000名以上观众。

2. 公益广告行动。县文明办制定下发了《岳阳县2014年深入开展“讲文明树新风”公益广告宣传方案》，以社会主义核心价值观、中国梦、志愿服务等为主要内容，县手机报和《巴陵通讯》每期都刊发一副公益广告，县电视台3个频道每天播放公益广告的总时间达1.5小时；新增7块大型固定公益广告牌、130根路灯公益广告、25处墙体公益广告、82块公交站牌公益广告、94块街道路牌公益广告。

3. 学雷锋志愿服务行动。成立了岳阳县志愿服务组织联合会，组织开展了岳阳县首届优秀志愿者评选活动，隆重表彰了6个优秀志愿服务集体和10名优秀志愿者。进一步加强志愿者网上注册工作，2014年，全县在湖南省志愿服务网站上的注册志愿者人数达到7.34万人，完成了省、市文明办提出的“注册志愿者人数占本地区常住人口的比例≥10%”工作任务。积极搭建活动平台，进一步打造“‘红红火火过大年’五下乡志愿服务”“文明单位志愿服务进社区”“清洁家园”“爱心送考”“微水爱心系列公益行动”等服务品牌。大力加强志愿服务宣传引导，全年在各级各类媒体刊登好人好事、志愿服务活动宣传报道100余篇(条)，2014年12月编印了岳阳县志愿服务内部刊物——《文明巴陵》第1期。

4. 诚信建设行动。9月份，县文明委召开专题会议，研究推进诚信建设制度化工作，制定下发《岳阳县推进诚信建设制度化实施方案》。在公、检、法系统深入推进“阳光办案”“阳光执法”行动；坚持开展打击信贷老赖专项行动，2014年共开展清理国家公职人员拖欠银行贷款行动3批次；积极推进诚信“红黑名单”制度建设，2014年以工商、税务、安全生产、产品质量、食品药品安全、环境保护、交通运输等领域为重点，在县级媒体发布各类“红黑榜”18期。

5. 文明旅游行动。制定下发《岳阳县“做谦恭有礼岳阳人·文明与旅游同行”活动实施方案》；印发《中国公民国内旅游文明行为公约》《中国公民出境旅游指南》等宣传资料3000多份；在张谷英景区、大云山景区、相思公园景区等设立了130余块文明旅游提示牌。在“9·20”公民道德宣传日当天，组织网络文明传播志愿者与新闻媒体记者深入张谷英景区、大云山景区和县城星级宾馆前开展“弘扬雷锋精神，做谦恭有礼岳阳人”集中宣传活动。

6. 道德讲堂建设行动。继续在全县行政企事业单位、中小学校和城关社区，按照“三个统一”(统一建设模式、统一活动流程、统一活动次数)的工作要求，扎实推进道德讲堂建设。在县一中图书馆三楼报告厅建立县道德讲堂总堂阵地，由各系统牵头单位轮流承办，2014年共开展总堂活动9期。

7. 文明餐桌行动。进一步深化以“文明用餐，节俭惜福”为主题的文明餐桌行动，继续开展“文明餐饮店”“文明食堂”“文明药店”评选活动。2014年评选出华泰大酒店、华钰大酒店、金泉大酒店3家“文明餐饮店”，县人民法院食堂、荷花塘小学食堂、县人社局食堂3家“文明食堂”，湖南一健大药房连锁公司济一堂二药房、湖南东陵大药房连锁公司济源店2家“文明药店”。

8. 网络文明传播行动。在全市率先成立了县网络文明传播指导中心，制定《2014年岳阳县网络文明传播工作方案》。组建了一支50人的网络文明传播骨干力量，并定期举办线下交流和业务培训。以各级文明单位为主体，积极开展网上传播活动，通过群众喜闻乐见的形式传播网络文明，消除网上乱象，凝聚网络舆论正能量。

9. “我们的节日”主题活动。着重在春节、清明节、中秋节、重阳节和“3·5”“7·1”“9·3”“9·20”“9·30”等纪念日期间，组织开展丰富多彩的节日主题活动和纪念宣传活动，抓好传统文化教育。春节在月田镇举行了2014年“红红火火过大年”暨“五下乡”主题志愿服务活动启动仪式，有16家部门单位共100多名志愿者参加。清明节在青少年学生中开展祭奠革命先烈教育实践活动和网上祭英烈活动，全县共有16所学校近2000多名学生参加了祭扫活动，有2万多学生开展了“网上祭英烈”活动。中秋节在县二中孔子文化广场举办了“情系中秋·共赏明月”诗歌朗诵晚会。在“9·3”抗日战争纪念日、“9·20”全国公民道德宣传日、“9·30”全国首个烈士纪念日，组织开展了相应的纪念、宣传活动。

10. 未成年人思想道德建设行动。广泛开展了未成年人节日主题活动、经典诵读活动、学雷锋做小小志愿者活动、“我的中国梦”学习宣传活动、“美德少年”评选活动、优秀童谣征集和推广活动，加强未成年人思想道德教育，落实立德树人的根本任务。出台了“岳阳县乡村学校少年宫建设与管理办法”，切实加强乡村学校少年宫的建设和管理。2014年新增建设2所乡村学校少年宫（中洲乡和新开镇），年底组织对全县9家乡村学校少年宫的阵地建设、活动开展、资金管理等进行了督查。

三、抓好了两项创建活动

1. 全国文明城市创建。2014年是全国文明城市申报验收之年，县委、县政府着力于建机制、抓常态、强考核，出台了《岳阳县创建全国文明县城工作责任追究和奖励办法》；县文明办组建了专门班子针对精神文明建设“十大行动”和城市样本点达标工作，常态化开展指导和督查；邀请市调查队开展了模拟测评。实现了城市文明程度指数测评连续3年全市第一的好成绩，被确定为全省6个全国县级文明城市提名城市之一。2015年2月28日，县委书记毛知兵代表岳阳县赴北京参加全国精神文明建设工作表彰大会，捧回了“全国文明城市提名城市(县级)”荣誉证书。

2. 文明单位创建。2014年是全国、省、市、县文明先进单位的大创建年，全县各级各单位以争创国优、省优、市优为重点，深入开展文明先进单位创建活动。成功创建全国文明单位1个，全国文明村镇1个，省级文明单位3个，市级文明先进单位7个，县级文明先进单位8个。

四、举办了三大群众文体活动

1.“欢乐潇湘·幸福岳阳·秀美巴陵”百姓大舞台群众文艺会演活动。采取“村村出节目、镇镇有演出、片区大会演、县城集中赛”的方式进行，先后举办了39场演出，参与的群众演员达4000多人次，观众达12万多人，真正实现了“政府搭台、百姓唱戏、群众受惠”的目的。

2.全民广场舞大赛活动。自4月份开始，在全县20个乡镇和城关各社区广泛开展初赛选拔活动，筛选出27支优秀代表队，于9月26日在荣湾湖广场举办了2014年岳阳县“灏东杯”首届全民广场舞大赛总决赛。整个初、决赛活动，共有320多支代表队近万名广场舞爱好者参与，现场观众达20万人次。

3.乡镇篮球比赛活动。10月15日，“康源”杯岳阳县第七届乡镇篮球赛在县体育馆开幕，20个乡镇全部组队参赛，整个赛事历时8天，组织了初赛、复赛、决赛共计60场比赛。

(吴拥民　付武胜)

县、县直系统及部分驻县单位领导人名录

（2014.1—2014.12）

中共岳阳县委员会

书　记　　毛知兵
副书记　　张中于
　　　　　汤小娥
常　委　　李　勇
　　　　　余泽世
　　　　　喻飞跃
　　　　　袁陆保
　　　　　王保林
　　　　　向风行
　　　　　刘小良
　　　　　刘行文
　　　　　吴跃中（援藏）
　　　　　黄艳娥（挂职）
　　　　　　　　（2014.3—　）

岳阳县人大常委会

主　任　　汤森林
副主任　　许欧蛟
　　　　　袁　文
　　　　　张艳生
　　　　　周建军
　　　　　胡海平

办公室

主　任　　袁召舟
副主任　　李美秀

农村工作委员会

主　任　　周久来
副主任　　蒋中华

内务司法工作委员会

主　任　　李炜炜
副主任　　任凯鹏

选举任免联络工作委员会

主　任　　刘　齐
副主任　　柳　平

财经工作委员会

主　任　　梁绪华
副主任　　陈　明
　　　　　万　意

科教文卫工作委员会

主　任　　蔡平凡
副主任　　吴三龙

城乡建设环境资源工作委员会

主　任　　陈完良
副主任　　李淑晖

岳阳县人民政府

县　长　　张中于
常务副县长
　　　　　李　勇
副县长　　刘小良
　　　　　黄艳娥（挂职）
　　　　　　　　（2014.3—　）
　　　　　易新岳
　　　　　王卫兵
　　　　　周　里
　　　　　刘四清
　　　　　彭碧芳
　　　　　刘曙光
副调研员　许学忠
　　　　　胡团生

政协岳阳县委员会

主　席　　彭西罗
副主席　　陈　明
　　　　　彭浪英（兼）
　　　　　甘柏旺（兼）
　　　　　彭荣欣（兼）
　　　　　许安全
正处级干部
　　　　　李载荣
　　　　　赵煜恒

办公室

主　任　　李　林
副主任　　黎鸿南

学习文史提案委员会

主　任　　晏乐慰
副主任　　付白玉

法制群团联络委员会

主　任　　吴小云
副主任　　庞玉红

经济科技委员会

主　任　　刘翠君
副主任　　刘琦新

文教卫体委员会

主　任　　陈飞雪
副主任　　刘细辉(2014.9—　)

岳阳县人民武装部

部　长　　刘志勇(　—2014.1)
　　　　　洪国明(2014.1—　)
政治委员　刘行文
副部长　　游国光(　—2014.2)
　　　　　吴　杰(2014.2—　)

中共岳阳县纪律检查委员会(监察局)

书　记　　向风行
副书记、监察局局长、预防腐败局局长
　　　　　易治国
副书记　　袁干保
　　　　　杨望龙
监察局副局长
　　　　　甘柏旺(　—2014.10)
常委、监察局副局长
　　　　　李林勇
　　　　　彭六军
常　委　　龙洛阳
　　　　　黄　静
　　　　　杨斌君
监察局副局长
　　　　　余望新(2014.10—　)
预防腐败局副局长
　　　　　古阁城

县委办系统

县委办公室

主　任　　余泽世
常务副主任
　　　　　任三星
副主任　　李传忠
　　　　　周世求
　　　　　刘雪梅
　　　　　何　勇
　　　　　任元中
纪检组长　米发伍

县档案局

局　长　　周世求
副局长　　李　君
　　　　　宋明英
纪检组长　李建立
党组成员　易石平

县委史志办

主　任　　何　勇(兼)
副主任　　曹　瑜

县接待办

主　任　　刘雪梅(兼)
副主任　　吴　进(　—2014.9)

县绩效办

主　任　　李传忠(兼)
副主任　　邓　伟
　　　　　刘小文

县委机要保密局

局　长　　周闰年
副局长　　冯岳斌

县委政策研究中心

主　任　　毛红波(　—2014.11)
副主任　　李　云

组群统战系统

县委组织部

部　长　　王保林
常务副部长
　　　　　余大红
副部长　　刘　岳
　　　　　罗新喜
　　　　　陈　鑫(兼)
　　　　　胡团生(兼)
部务会成员
　　　　　苏艳明
　　　　　周　年
　　　　　孙荣华

县编办

主　任　　谢雨星
副主任　　江新德
　　　　　陈　玲
纪检委员　付海滨

县总工会

党组书记、常务副主席
　　　　　易树芝
副主席　　兰天喜
　　　　　胡光霞
纪检组长　汪　洋
党组成员　李建云

团县委

书　记　　何铁飞
副书记　　王尹静

县妇联

主　席　　冯　艳
副主席　　陈　敏
　　　　　何燕花

县委老干部工作局

局　长　　陈　鑫
副局长　　卢　映
　　　　　彭拥军
纪检组长　黄克荣

县委党校

校　长　　姜天抗
副校长　　颜家祥
　　　　　佘水利(　—2014.10)
　　　　　姜中葵
纪检组长　张爱斌

县科协

主　席　　刘拥政
副主席　　杨鹏飞

宣传统战系统

县委宣传部

部　长　　喻飞跃
常务副部长
　　　　　方曙光
副部长　　李庆新
　　　　　王创新
副处级干部
　　　　　甘治国

县委统战部

部　长　　喻飞跃
常务副部长
　　　　　陈　琳
副部长　　毛金根
　　　　　易长春

县工商联

主　席　　李赐柚
党组书记　毛金根(兼)
副主席　　张从农
　　　　　杨　洲

县文化广电新闻出版局

党组书记、局长
　　　　　郑一夫
副局长　　付红兵
　　　　　方楚生
　　　　　王　勤
　　　　　刘沙沙
纪检组长　万　铁

县文联

主　席　　冯　扬(　—2014.11)
副主席　　任福阶
　　　　　陈科辉(兼)
　　　　　吴小平(兼)

县广播电视台

党组书记、台长　陈晓军
副书记、副台长　王根良
副台长　　周　克
　　　　　杨亚龙
　　　　　罗海波
纪检书记　杨四恩
党组成员、总工程师　方永江

县体育局

党组书记、局长　李君梅
副局长　　佟靠山
　　　　　黄　海(　—2014.12)
党组成员　李智勇
　　　　　陈亚辉
　　　　　万琼峰
纪检组长　王　鹏(2014.12—　)

县张谷英管理处

主　任　　刘映球
党组书记　毛世红
副主任　　易立勤
　　　　　黄丽娟
纪检组长　荣光明

县新华书店

经　理　　彭建武
副经理　　易　兵
　　　　　尹小文

政法系统

县委政法委

书　记　　　袁陆保
常务副书记　方　兴
副书记　　　曾雄会
　　　　　　颜学进
　　　　　　郭胜强
　　　　　　汪卯山
纪检组长　　毛四兵
办公室主任　蒋　拓

防范整治邪教工作办公室

主　任　　郭胜强
副主任　　赵兵荣(兼)
　　　　　陈燕辉(兼)
　　　　　李　勇

县公安局

党委书记、局长　刘四清
副书记、政委　　方　屏
副政委　　　　　许军东
副书记、副局长
　　　　　高跃元
　　　　　李干取
　　　　　王四清
副局长　　胡亚文
　　　　　毛罗生
　　　　　黎细定
　　　　　陈燕辉
　　　　　易双明
　　　　　万岳平
　　　　　殷石奖
纪委书记　钟仁贵

县交警大队

大队长　　刘金林
教导员　　付卫国
副大队长　余楚高
副教导员　费春来
副大队长　黄海球
　　　　　唐宏国
副书记　　张四清
　　　　　张海湘

县人民检察院

党组书记、检察长　段德平
副书记、副检察长　吴春生
　　　　　　　　　张正球
副检察长　　李小波
　　　　　　隋　杰
　　　　　　缪星火
纪检组长　　陈长生
政治部主任　何星明
党组成员　　吴　勤

县人民法院

党组书记、院长　杨水平
副书记、副院长　张　维
　　　　　　　　陈业文
副院长　　　肖志军
　　　　　　戴清波
　　　　　　欧阳磊
政治部主任　赵　慧
纪检组长　　龙　兵
审判委员会专职委员
　　　　　　张建明
　　　　　　付建军
　　　　　　李克毅

县司法局

党组书记、局长　黄运斌
副书记、副局长　易辉宇
　　　　　　　　杨文甫
　　　　　　　　胡鹤鸣
党组成员　唐晓虎
　　　　　兰双虎

县武警中队

指导员　　姚泽民
队　长　　胡　超(2014.4—　)

县消防大队

大队长　　胡大鹏(　—2014.11)
　　　　　公绪鑫(2014.11—　)
教导员　　张洪奎

县政府办系统

县政府办公室

主　任　杨前进
副主任　杨明敏
　　　　许东望
　　　　侯练兵
　　　　黄甲地
　　　　续　涛
　　　　刘亮甫
　　　　侯小波
　　　　彭　华

县政府经济研究中心

主　任　毛绍波
副主任　陈恢鹏

县人民防空办公室

主　任　杨明敏(兼)
副主任　梁望春(兼)
　　　　赵佳喜

县民族宗教事务局

局　长　彭　华(兼)
副局长　李三军

县民政局

党组书记、局长　陈亚兵
副书记、副局长　肖智安
副局长　朱庆辉
　　　　彭荣欣
　　　　皮定关
　　　　刘一强
　　　　周卫兵
纪检组长　罗文俊
副处级干部　孙　敏

县残联

党组书记、理事长　刘　滔
副理事长　胡　斌
　　　　　欧小元
党组成员　吴雪兵

县审计局

党组书记、局长　刘卫兵
副书记、副局长　余预芬
副局长　兰　勇
　　　　廖　翔
　　　　李良启
纪检组长　李再陆
党组成员　熊己亥

县国土资源局

党组书记、局长　钟九生
副书记、副局长　钟智勇
副局长　狄春桃
　　　　刘百川
　　　　吴　杰
　　　　荣益民
　　　　陈上立
纪检组长　毛彬生
党组成员　杨　碧
总工程师　李　霄
总经济师　朱勇为

县人口和计划生育局

党组书记、局长　梁绪望
副书记、副局长　任日新
副局长　吴立山
　　　　陈继凤
　　　　陶小知
纪检组长　张钦喜
党组成员　许　琦
　　　　　吴修明

县食品药品监督管理局

党组书记、局长　龚六一
副局长　姚望华
　　　　许灿武
　　　　高小阳
纪检组长　李育军
副处级干部　李冬青

县环境保护局

党组书记、局长　吴承棉
副书记、副局长　邹水生
副局长　付俊杰
　　　　刘　昭
　　　　戴忠军
纪检组长　任志勇
党组成员　任泽凤
　　　　　彭向东
　　　　　颜成员

县科技局

党组书记、局长　何新文
副书记、副局长　万　强
副局长　吴　锐

喻帜文
淦森柏
纪检组长　徐孝刚
党组成员　兰伟光

县信访局

党组书记、局长　邹三龙
副局长　蒋仕林
续海山
李大亮
党组成员　杨战军

县移民局

党组书记、局长
官晨希（　—2014.8）
姜宏毅（2014.9—　）
副书记、副局长　高作荣
副局长　付五魁
杨交辉
许岳文
纪检组长　刘跃丰

县安全生产监督管理局

党组书记、局长　刘修平
副局长　杨柏松
任康铭
吴江华
黄岳华
蔡彦华（2014.12—　）
纪检组长　任春锦

东洞庭湖河道采砂管理局

党组书记、局长
邓　辉（2014.1—　）
副局长　刘庆福（2014.1—　）
李　锋（2014.1—　）
纪检组长　杨　智（2014.1—　）

县卫生局

党委书记、局长　方正春
副书记、副局长　李良红
许文杰
副局长　周关度
张湘玉
穆梦华
杨立强（兼）
程朝晖
姜炎星
纪委书记　姚凤鸣

县人民医院

院　长　喻新亚
党总支书记　邓寿停
副院长　谷四英
方水平
纪检组长　易书联
院长助理　钟正如
工会主席、办公室主任　李三玉

县生态工业园

主　任　彭浪英
党组书记　廖孝坤
副书记、副主任　张兴中
副主任　彭友桂
邹岳军
吴少锋
纪检组长　汤少文
（　—2014.12）

县建材产业改造升级管理办公室

党组书记、主任
张忠新（　—2014.5）
李爱民（2014.5—　）
副主任　毛　征
陈　晖
纪检组长　许奇龙

县荣湾湖建设开发服务中心

党组书记、主任　任新庆
副主任　唐卫平
李岳平
纪检组长　张四文

湖南岳阳台湾农民创业园

党组书记、主任　毛一民
副书记、副主任　尹爱华
副主任　何德保
胥望荣
纪检组长　万烈欣

县住房公积金管理中心

主　任　方伟明
副主任　李东文

县政务服务中心

主　任　许东望
副主任　李骁勇
崔　露

发改系统

县发展和改革局

党组书记、局长　胡秉阳
副书记、副局长　许英勇
副局长　刘淼清
　　　　杨经纬
纪检组长　张六一
党组成员　龚湘华

县物价局

党组书记、局长　龙世勇
副书记、副局长　朱满迎
副局长　许四求
　　　　姜曙光
　　　　邓　斌
　　　　方秋平
纪检组长　任畅学
党组成员　孙培林

县人力资源和社会保障局

党组书记、局长　胡团生
副书记、副局长　刘才伟
　　　　　　　　毛武雄
　　　　　　　　杨　柳
副局长　郭吉良
　　　　骆　斌
　　　　王生龙
　　　　王国雄
　　　　廖　凌
　　　　李马志
纪检组长　熊　维（　—2014.12）
党组成员　胡卫兵
　　　　　陈细水
　　　　　刘　卫

县统计局

党组书记、局长　彭四旺
副局长　肖典先
　　　　何凯辉
　　　　敖　珊
纪检组长　胡　扩
总统计师　李　锐
党组成员　任小元

县招商局

局　长　王　敏
党组书记　李金富
副局长　杨　晴（2014.11—　）
　　　　李　志（2014.11—　）

县旅游局

党组书记、局长　陈　俊
副书记、副局长　袁　正
副局长　万明星
　　　　刘映辉
党组成员　李小雄

县城市建设投资管理中心

党组书记、主任
　　　　任三星（　—2014.5）
　　　　张忠新（2014.5—　）
副主任　江拥军
　　　　胡乃之
　　　　余新波
纪检组长　游斌强
党组成员　赵耕耘

农林水系统

县农办

党组书记、主任　王　靖
副主任　方望平
　　　　许　波
　　　　付绪兵
　　　　甘德宜
副主任（兼）纪检组长　张　斌
党组成员、扶贫办主任　龙新献
党组成员　董卫国
　　　　　付　玲

县水务局

党委书记、局长　李　航
副书记、副局长　张盟苒
副局长　王卫斌
　　　　吴爱桃
　　　　周小秋
　　　　刘　毅
纪委书记　陈岳军
总工程师　刘季用
党委委员　吴小平
　　　　　龚　琪

县农业局

党委书记、局长　陈晓华
副书记、副局长　刘德保
副局长　陈碧芳
　　　　刘长银
　　　　钟　波
纪委书记　李恩龙
党委委员　谢林元

袁高鹏
总农艺师　方继球

县林业局

党委书记、局长　周方年
副局长　王　露
易正凡
刘建平
余　华
邹　琦
纪委书记　刘君保
党委委员　谢建湖
王映平

县畜牧水产局

党委书记、局长　柳卫平
副局长　王麒麟
唐利辉
宋真梁
敖　伟
纪委书记　陈石准
总畜牧师　孙晓香
党委委员　胡　恒
黄　信

县农机局

党委书记、局长　龚绪海
副局长　熊　希
龚海波
梁　华
纪委书记　夏　明

县农村经营管理局

党组书记、局长　许石雄
副局长　孙朝阳
易顶盛
卢权力
费荣辉
纪检组长　陈兵良
党组成员　沈珊珊

大云山国家森林公园

书记、主任　任小军
副主任　谢模勇
蒋　莉
党总支委员　王小林

工信系统

县工业和信息化局

党组书记、局长　刘传雄
副书记、副局长　李　袆
副局长　李际忠
梁叶青
任联忠
纪检组长　李立新
党组成员　贺子桂
欧阳求生
副处级干部　赵新文

县质量技术监督局

党组书记、局长　荣东旭
副书记、副局长　舒先平
副局长　高钱钢
李建华(2014.12—　)
彭　勇
纪检组长　李建华(　—2014.12)
党组成员　谢利民

国网岳阳县供电公司

总经理　聂用务
党委书记　朱金先
副书记、副总经理　陈志东
副总经理　钟献威
黄晓春
傅　钟(2014.1—　)

县邮政局

局　长　江　伟
副局长　谢军华
黄大军

县电信公司

经　理　罗　珲
副经理　汪　靖
蔡　涛

县移动公司

经　理　陶　波
副经理　谢正华
方艳华

县联通公司

经　理　任　江

县石油公司

经　理　殷卫东
经理助理　张晓柏
副经理　杨岳兵
任曙会

县盐务局

局　长　　郑　斌
副局长　　杨远红

交通系统

县交通运输局

党委书记、局长　姚海洋
副书记、副局长
　　　　　李小成（　—2014.10）
副局长　　甘柏旺（2014.10—　）
　　　　　龚荣兵
　　　　　黎　明
纪委书记　荣卫忠
总工程师　刘修阳（　—2014.9）
党委委员　江泽红
　　　　　许丙南

县公路局

党委书记　夏光华（　—2014.3）
　　　　　杨学军（2014.3—　）
局　长　　杨学军
副局长　　徐庆和
　　　　　鲁　红
　　　　　罗喜军
纪委书记　万祖毅
主任工程师　童新波

建设系统

县住房和城乡建设局

党委书记、局长　方卫兵
副局长　　邓般四
　　　　　肖朝辉
　　　　　李美球
　　　　　袁　来
　　　　　刘尽欢
　　　　　刘友四
纪委书记　陈定龙
党委委员　龙望保
　　　　　胡海保

县规划局

党组书记、局长　万次龙
副局长　　周水果
　　　　　李聘宏
　　　　　孙细金
纪检组长　刘新球

县房地产管理局

党组书记、局长　陈　铭
副书记、副局长　吴立文
副局长　　王秀云
纪检组长　易　淼
党组成员　谭伯渊

商务系统

县商务局

党组书记、局长　周　岩
副局长　　陈次良
　　　　　付六生
　　　　　方助民
　　　　　狄罗新
　　　　　万　意
　　　　　吴光辉
纪检组长　杨　智（　—2014.1）

县财政局

党组书记、局长　袁文琪
副书记、副局长　吴军威
副局长　　袁贵新
　　　　　陈民主
　　　　　汪　辉
　　　　　胡　晖
　　　　　胡志刚
纪检组长　程希华
总会计师　徐家齐
党组成员　黄甲征
　　　　　刘奇爱
　　　　　邹晓军
　　　　　焦世平

县供销社

党委书记、理事会主任　聂再祥
监事会主任　　守　一
监事会副主任　方　猛
理事会副主任　周联玲
　　　　　　　方　荣
纪委书记　邹胜利
党委委员　张　航
　　　　　肖春香

县粮食局

党委书记、局长　袁金辉
副局长　　董鸿升
　　　　　张铁军
　　　　　张国礼
　　　　　罗学龙
纪委书记　孙友德
党委委员　童宗旺

县工商行政管理局

党组书记、局长　刘　遂
副书记、副局长　罗赞祥
副局长　李西兵
　　　　刘　炜
　　　　张永忠
　　　　唐伟华
纪检组长　冯小兰

县国税局

党组书记、局长
　　　　罗来波（　—2014.7）
　　　　谢　斌（2014.7—　）
副局长　张　峰（　—2014.8）
　　　　陆文君（　—2014.8）
　　　　徐云霞
　　　　高良敏
　　　　李　智
纪检组长　吴喜保

县地税局

党组书记、局长　戴学斌
副局长　王　耘
　　　　黄　斌
　　　　胡　风
　　　　蒋志平
纪检组长　胡永忠

县烟草专卖局（分公司）

局长、经理　周小红
纪检组长　丁孟祥
副局长　徐正平
副经理　陶　明

金融系统

县人民银行

行　长　李雄兵
副行长　谢小龙
　　　　谢爱华
纪检组长　彭　博（　—2014.11）
　　　　兰志宏（2014.11—　）

县农业银行

行　长　江汉渭
副行长　杨旭辉（　—2014.4）
　　　　丁呈皓（2014.4—　）
　　　　刘　磊
　　　　陆立峰

县农业发展银行

行　长　钟晓武
副行长　鲁建超
　　　　何岳松

县工商银行

行　长　崔少武
副行长　胡向东
　　　　汪新时
　　　　黄南山
　　　　汪云波

县建设银行

行　长　梅培根（　—2014.9）
　　　　罗兴保（2014.9—　）
副行长　罗兴保（　—2014.9）
　　　　姚宇航

县中国银行

行　长　付　秦
副行长　陈　刚
　　　　康建军

县信用联社

理事长　吴志军（　—2014.8）
　　　　陈幼兵（2014.8—　）
主　任　谢四一（　—2014.8）
　　　　李　令（2014.8—　）
监事长　向金初（　—2014.8）
　　　　陈扩军（2014.8—　）
副主任　杨定华（　—2014.10）
　　　　付良军（2014.10—　）
　　　　邓飞凤（　—2014.10）
　　　　艾佑知（2014.10—　）

县邮政储蓄银行

行　长　魏崇华
副行长　陈忠世

县人寿保险公司

经　理　刘江军（　—2014.4）
　　　　黄　琴（2014.4—　）
副经理　马武荣
经理助理　侯卫宏

县财产保险公司

经　理　唐克强

副经理　　彭　萍
经理助理　黄　勇

中华联合保险公司

经　理　　荣时遇
副经理　　胡菊兰
　　　　　邓日欣
经营顾问　童三定

湖管系统

县东洞庭湖管理局

党委书记、局长　李石礼
副局长　　王满星(兼)
　　　　　李德军(兼)
　　　　　李利平
　　　　　刘满荣
纪委书记　胡晓峰
党委委员　陆文兵
　　　　　陈　辉
　　　　　葛阳玲

县渔政局

党组书记、局长　李德军
副局长　　姚剑龙
　　　　　梁大寒
　　　　　李文芳
　　　　　蒋灵芝
　　　　　李海波
纪检组长　周志舒
党组成员　杨利文
　　　　　袁小毛

湖南洞庭苇业有限责任公司

党委书记、总经理　王满星
副书记、纪委书记
　　　　　张亮辉(2014.6—　)
副总经理　李建红
　　　　　费春霞
　　　　　方七零
　　　　　张台柱
　　　　　方振湘
党委委员、工会主席
　　　　　张干林
党委委员　付锦球
副总经理　葛能文
　　　　　何　辉
　　　　　文　哲(2014.12—　)

教育系统

县教育局

党委书记、局长　李有根
副书记、副局长　李丽荣
副局长　　李响球
　　　　　毛金金
　　　　　张登高
纪委书记　梁贤定
党委委员　郭文明
　　　　　乔黄胜
　　　　　黄湘黎
　　　　　易照华

县一中

校　长　　李有根
党委书记　李道儒
副书记、副校长　郭光前
副校长　　卢小柱
　　　　　晏石文
纪委书记　李　威
工会主席　蒋远新
办公室主任　汤爱军

职业中专

党委副书记、校长　汪东九
副校长　　李　波
　　　　　李毓东
纪委书记　陈恢雄
工会主席　袁金良

乡镇领导人名录

(2014.1—2014.12)

城关镇

党委书记　杨　盛
副书记、镇长　刘四兵
副书记　　刘望才(2014.12—　)
　　　　　吴少锋(兼)
人大主席　张　磊
政协联络办主任　黄光明
纪委书记　卢亚军
党委委员　易　锋(挂职)
　　　　　(　—2014.4)
　　　　　刘望才(　—2014.12)
　　　　　易　斌
　　　　　方立军
　　　　　曾伟波(2014.6—　)
副镇长　　易　斌(挂职)
　　　　　张　韶

彭　芳（　—2014.5）
袁检保（2014.6—　）
人大副主席
候益波
曾伟波（　—2014.6）

鹿角镇

党委书记　姚正大
副书记、镇长
彭泽民
副书记　廖焱丰（2014.12—　）
人大主席　周　兵
政协联络办主任
王　鹏（　—2014.7）
阮振国（2014.7—　）
纪委书记　陈石文
党委委员　邓　飞
李　刚
吴宏伟（　—2014.6）
副镇长　罗乐之
李　丹
人大副主席　陈志辉

麻塘镇

党委书记　任伟平
副书记、镇长　续广宁
副书记　吴　进（2014.12—　）
人大主席　李七林（　—2014.9）
吴　进
（2014.9—2014.12）
张学维（2014.12—　）
政协联络办主任　阎敏波
纪委书记　张学维（　—2014.12）
蔡春华（2014.12—　）
党委委员　廖焱丰（　—2014.7）
张　宏
（2014.7—2014.12）

卢继红
蒋仕涛
副镇长　袁　柱（挂职）
（2014.11—　）
汤雅麟
人大副主席　荣来归

新开镇

党委书记　孙　肽
副书记、镇长
毛　鸥（　—2014.11）
毛红波（2014.11—　）
副书记　喻军辉（2014.12—　）
人大主席　付海霞
政协联络主任　冯彦平
纪委书记　张　宏（2014.12—　）
党委委员　蔡春华（　—2014.12）
付水霞
童卫华
副镇长　赵玮华
人大副主席　龚卫华
易阳兵

筻口镇

党委书记　付鸾声
副书记、镇长　梁亿仲
副书记　黄　海（2014.12—　）
人大主席　徐勇军
政协联络办主任
阮正国（　—2014.7）
任明星（2014.10—　）
党委委员　毛　瑞（　—2014.12）
冯学理（2014.1—　）
颜昌勇（2014.10—　）
余艳智（　—2014.12）
副镇长　李小雄（　—2014.12）
张永胜

黄湘群（2014.10—　）
人大副主席　林　凯
冯荣保

甘田乡

党委书记　程立斌
副书记、乡长
高兴球
副书记　许海峰（2014.12—　）
人大主席　许陆军（　—2014.12）
朱雄光（2014.12—　）
政协联络办主任
陈登高（　—2014.12）
高湘元（2014.12—　）
纪委书记　高湘元
副乡长　张　燕
高大军
人大副主席　熊　立

公田镇

党委书记　陈君辉
副书记、镇长　王　勇
副书记　陈世能
人大主席　任　畅
政协联络办主任　易志坚
党委委员　陈世能（　—2014.12）
王林志（　—2014.12）
廖　辉
李志宏
龚小峰（2014.12—　）
副镇长　黄加宝
刘新华
人大副主席　方　魁

云山乡

党委书记　吴旺兴（　—2014.9）

毛　鸥（2014.10—　）
副书记、乡长　付海苗
副书记　张鹏飞（2014.12—　）
人大主席　李将维（　—2014.9）
李柒林（2014.9—　）
政协联络办主任
唐志刚（　—2014.12）
周湘福（2014.12—　）
纪委书记　周湘福（2014.12—　）
党委委员　李佑军（　—2014.12）
周湘福（　—2014.12）
副乡长　彭　立
邓党生
人大副主席　孙正正

毛田镇

党委书记　付文勇
副书记、镇长　黄　晨
副书记　施华兵（2014.12—　）
人大主席　施华兵（　—2014.12）
杨向荣（2014.12—　）
政协联络办主任　李灯保
纪委书记　杨向荣（　—2014.12）
李小雄（2014.12—　）
党委委员　吴建军
刘　衍（2014.12—　）
易洛斌（　—2014.12）
副镇长　刘　衍（　—2014.12）
蒋　拓（　—2014.12）
许　维（2014.12—　）
人大副主席
易　艳（　—2014.12）

相思乡

党委书记　邹飞跃
副书记、乡长　刘三军
副书记　杨法新（2014.12—　）
人大主席　李龙波
政协联络办主任　汪秋宝
党委委员　杨法新（—2014.12）
罗文勇
李简政（　—2014.12）
刘拥华（2014.12—　）
龙新宇（2014.12—　）
副乡长　龙新宇（　—2014.12）
万红娟
人大副主席　李　宏

月田镇

党委书记　李凌峰
副书记、镇长　卢兴国
副书记　毛　瑞（2014.12—　）
人大主席　李　明
政协联络办主任　杨拥军
纪委书记　邹　翔（　—2014.12）
赵波林（2014.12—　）
党委委员　赵波林（　—2014.12）
许马风（　—2014.12）
李新辉
李红霞（　—2014.12）
汪庆宇（2014.12—　）
副镇长　李旭东

张谷英镇

党委书记　刘映球
副书记、镇长　黄　洋
副书记　李细雄（2014.12—　）
人大主席　胡华盛
政协联络办主任　刘新生
纪委书记　李细雄（　—2014.12）
易洛斌（2014.12—　）
党委委员　胡孟生（　—2014.12）
张　宏（　—2014.7）
钟志斌
余秋根（2014.12—　）
副镇长　余秋根（　—2014.12）
徐小霞
人大副主席　万　懿

饶村乡

党委书记　姜宏毅（　—2014.10）
周代建（2014.10—　）
副书记、乡长　綦小广
副书记　邹　翔（2014.12—　）
人大主席　万　辉
政协联络办主任　付伟中
纪委书记　许干群（2014.12—　）
党委委员　张鹏飞（　—2014.12）
龚小峰（　—2014.12）
副乡长　汪庆宇（　—2014.12）
赵　雄
人大副主席
袁　雁（　—2014.12）

杨林乡

党委书记　陈庆军
副书记、乡长　吴红兵
副书记　许陆军（2014.12—　）
人大主席　刘一标
政协联络办主任　刘志宇
纪委书记　余艳智（2014.12—　）
党委委员　许林波（　—2014.12）
颜昌勇（　—2014.12）
陈红平
孙朝晖（2014.12—　）
副乡长　欧阳玲芝
王　会（　—2014.12）
人大副主席　罗　默

步仙乡

党委书记　廖亚辉
副书记、乡长
　　余望新（　—2014.12）
　　汤少文（2014.12—　）
副书记　刘庆华（2014.12—　）
人大主席　蒋湘明
政协联络办主任　陈振宁
纪委书记　陈群风（2014.12—　）
党委委员　刘庆华（　—2014.12）
　　赵波林（　—2014.12）
　　万　群
　　李佑军（2014.12—　）
副乡长　李忠耘
人大副主席　钟　方

柏祥镇

党委书记　童　铮
副书记、镇长　陈拥军
副书记　刘　盟（2014.12—　）
人大主席　戴永红
政协联络办主任　孙陆山
党委委员　胡德意（　—2014.12）
　　李简政（2014.12—　）
　　刘　盟
　　姚飞梁
　　孙朝晖（　—2014.12）
　　吴红波（2014.12—　）
副镇长　杨　睛（　—2014.10）
　　黄飞龙
　　姜宗干（2014.12—　）
人大副主席　万海勇

新墙镇

党委书记　黎晓军
副书记、镇长　李革伟
副书记　童　军（2014.12—　）
人大主席　彭泽龙
政协联络办主任　侯二平
纪委书记　童　军（　—2014.12）
　　周满六（2014.12—　）
党委委员　黄细波
　　彭文荣
副镇长　王建平
　　袁　雁
人大副主席　吴秀荣

长湖乡

党委书记　张文毅
副书记、乡长　王四平
副书记　李海鸣（2014.12—　）
人大主席　李海鸣（　—2014.12）
　　周三波（2014.12—　）
政协联络办主任
　　戴洪波（2014.12—　）
纪委书记　周三波（　—2014.12）
　　胡德意（2014.12—　）
党委委员　戴洪波（　—2014.12）
　　冷清波
　　周满六（　—2014.12）
副乡长　姜新伙
　　吴红波（　—2014.12）
　　文　哲（　—2014.12）
人大副主席　吴朝晖

黄沙街镇

党委书记　周代建（　—2014.9）
　　吴旺兴（2014.9—　）
副书记、镇长　周立雄
副书记　鲁　伟（2014.12—　）
人大主席　梁拥军
政协联络办主任
　　刘细辉（　—2014.12）
　　秦　毅（2014.12—　）
纪委书记　朱雄光（　—2014.12）
　　王　庆（2014.12—　）
党委委员　刘　勇（2014.12—　）
副镇长　张志永
　　彭　会（2014.12—　）
人大副主席　董细红

中洲乡

党委书记　许吉程
副书记、乡长　费时铭
副书记　李九斤（2014.12—　）
人大主席　梁加凤（　—2014.12）
　　陈登高（2014.12—　）
政协联络办主任
　　毛虎勇（2014.12—　）
纪委书记　胡孟生（2014.12—　）
党委委员　万满平
　　刘凤梅（　—2014.12）
副乡长　付　勤
　　王　会（2014.12—　）
人大副主席　周正操

政 治

中国共产党岳阳县委员会

重要会议

【县委经济工作会议】 2014年2月16日，县委经济工作会议在县花鼓戏传承剧院召开。全体县级领导，县委办公室班子成员、县纪委副书记，县委各部委常务副职，县人大常委会办公室主任、各专门委员会主要负责人，县政府办班子成员，县政协办公室主任、各专门委员会主要负责人，各乡镇党委书记、乡镇长；县直正科以上单位党政主要负责人及全县村（居委会）党支部书记参加会议。县委书记毛知兵在会上作主题报告，县委副书记、县长张中于安排部署了2014年度经济工作。县委副书记汤小娥主持会议。县委常委、常务副县长李勇在会上宣读了《关于表彰岳阳县2013年度先进集体的通报》。会议还对获得突出贡献奖的个人、绩效评估先进单位、招商引进优秀项目一等奖代表及争取国家重点投入优秀项目一等奖负责人进行了现场颁奖。

【党的群众路线教育实践活动动员大会】 3月4日，岳阳县召开党的群众路线教育实践活动动员大会，省委督导组副组长周震虹，市长盛荣华，市委驻县督查组组长杨太平，县委书记毛知兵，县长张中于等省、市、县领导参加并作重要讲话。周震虹充分肯定了岳阳县对党的群众路线教育实践活动的认真谋划和精心部署，并对活动方案的主导性、操作性和针对性给予了高度评价。盛荣华在会上强调，要以饱满的政治热情投入教育实践活动，以严格的要求扎实推进教育实践活动，以强烈的责任担当抓好教育实践活动。杨太平就如何抓好督导工作及督导工作的定位作了具体要求。毛知兵在大会上动员报告，张中于主持会议。县委、县人大、县政府、县政协领导班子成员，法、检“两长”和其他在职处级干部；县委党的群众路线教育实践活动领导小组全体成员；担任过正处级领导和近5年退出县“四大家”领导班子的老同志；各乡镇党委书记、乡镇长；县纪委常委；党组织关系在县的县直部门、企事业单位、人民团体、驻县国有企业主要负责人；其他县委委员、候补委员；在县的省、市两级“两代表一委员”；县委督导组成员；县委活动办各组正副组长；非公企业党组织书记和社会组织党组织书记代表参加会议。动员会上，部分与会人员还对县“四大家”领导班子和“四大家”班子党员领导干部、法检“两长”进行了民主评议。

重要文件

县委、县政府《关于加快推进全面建成小康社会的意见》（岳县发〔2014〕1号）。主要内容是：一、指导思想。融入“一区一带”，打造“两城两景”，发展“三园三区”，着力“四抓四促”，以“三量齐升”为目标，以改革创新为动力，以项目建设为抓手，强力推进全面建成小康社会，努力谱写中国梦岳阳县篇章。二、基本原则。始终以改善人民生活、促进人的全面发展为根本目的，始终以发展为第一要务、以经济建设为中心。三、发展目标。大力推进现代农业建设和湖区生态建设，培育壮大特色优势产业，提高工业化和城镇化水平，加快融入长江经济走廊，到2017年全面建成小康社会，到2020年建成全国农业现代化和生态文明建设示范区。四、主要任务。一是强力推进产业转型升级、二是强力推进项目建设、三是强力推进新型城镇化、四是强力推进生态文明建设、五是强力推进民生改善。五、保障措施。一是加强组织领导,完善工作机制;二是加强分类指导,促进整体达标;三是加强政策引导,提供要素保障;四是加强目标管理,严格考核评价。

县委《印发〈关于开展党的群众路线教育实践活动的实施方案〉的通知》(岳县发〔2014〕4号)。主要内容是:一、指导思想。加强全县党员干部的马克思主义群众观点和党的群众路线教育,进一步突出作风建设,坚决反对形式主义、官僚主义、享乐主义和奢靡之风,着力解决人民群众反映强烈的突出问题,为强力推进全面建成小康社会、努力地谱写中国梦岳阳县篇章提供坚强组织保证。二、总体要求。一是注重领导带头、层层示范;二是注重聚焦“四风”、解决问题。三是注重敞开大门、群众参与;四是注重分类指导、有序推进;五是注重上下协力、衔接带动;六是注重严格要求、真督实导。三、工作任务。一是着力解决“四风”突出问题,二是着力解决损害经济发展环境的突出问题,三是着力解决关系群众切身利益的问题,四是着力解决联系服务群众“最后一千米”问题,五是着力解决服务型党组织建设问题。四、推进方式。一是学习教育、听取意见;二是查摆问题、开展批评;三是整改落实、建章立制。五、分类指导。一是扎实有序推进;二是注重分类实施;三是发挥行业系统指导作用。六、组织领导。一是落实领导责任,二是加强督查检查,三是强化宣传引导,四是坚持统筹兼顾。

县委《印发〈关于在党的群众路线教育实践活动中深入推进“为民致富”服务型党组织建设的实施方案〉的通知》(岳县发〔2014〕6号)。主要内容是:一、指导思想。为强力推进全面建成小康社会、努力谱写中国梦岳阳县篇章提供坚强组织保障。二、主要任务。带动基层党组织服务意识显著增强、服务能力显著提高,不断提升全县各级党组织和党员的影响力、美誉度。三、工作措施。一是优化班子,增强基层组织致富带富牵引力;二是创新方法,增强基层组织致富带富推动力;三是健全机制,增强基层组织致富带富驱动力。四、实施步骤。一是动员部署阶段,二是全面实施阶段,三是总结提升阶段。五、工作要求。一是加强组织领导,二是加强考核评价,三是加强舆论宣传,四是加强统筹兼顾。

县委、县政府《关于开展绩效考核工作的意见》(岳县发〔2014〕8号)。主要内容是:一、绩效考核的指导思想、基本原则;二、绩效考核的对象;三、绩效考核的组织机构;四、绩效考核的程序;五、绩效考核的指标;六、绩效考核的办法;七、绩效考核结果的运用。

县委《关于印发〈中共岳阳县委常委直接联系群众实施办法〉的通知》(岳县发〔2014〕11号)。

县委《岳阳县贯彻落实〈建立健全惩治和预防腐败体系2013—2017年工作规划〉实施方案的通知》(岳县发〔2014〕13号)。主要内容是:一、指导思想和目标要求。二、工作任务和责任分解。三、组织领导和综合保障。

重大活动

【岳阳县教育基金会暨长沙理事会成立1周年座谈会在岳阳县一中举行】 1月11日,岳阳县教育基金会暨长沙理事会成立一周年座谈会在岳阳县一中举行。国防科技大学计算机学院政委刘乔一、省纪委副秘书长朱再驰、岳阳市副市长李为、岳阳县委书记毛知兵等省、市、县领导,岳阳县籍在外企业家和乡友,以及县内企业家和特邀嘉宾共50余人出席会议。肖家炎、潘迪雄、王五星、刘勇、郭晓冬、程勇等多名爱心企业家现场举牌,共向岳阳县教育基金会捐赠420万元。

【岳阳县举行“清正在心”主题暨县委中心组(扩大)学习活动】 5月27日,岳阳县举行“清正在心”主题暨县委中心组(扩大)学习活动。县委书记毛知兵主持,全体县委学习中心组成员,县直及驻县各单位党政主要负责干部,乡镇党委书记、乡镇长参加。参加学习活动人员集体观看了保密警示教育片——《全国窃密泄密案例警示教育片》,让全体与会人员接受深刻的保密教育。在“党风廉政建设”专题讲座中,邀请省纪委常委刘大放讲授了一堂题为《习近平的反腐倡廉战略思想》的生动讲课。讲座以总书记习近平关于反腐倡廉战略思想及实践为总纲，就党中央反腐倡廉的新思路、新举措、新信号作了深入浅出的全面解读，并对十八届三中全会关于腐败体制机制改革问题进行了深刻阐述，为全体领导干部敲响了反腐倡廉的警钟，让与会人员深受教育和启发。

【湖南省委书记、省人大常委会主任徐守盛到岳阳县调研】 7月23日，湖南省委书记、省人大常委会主任徐守盛到岳阳县生态工业园湖南科伦制药公司调研企业发展情况，省委常委、省委秘书长韩永文和省直有关部门负责同志随行。徐守盛充分肯定了公司对湖南经济发展和两型社会建设所做出的巨大贡献，并要求省内各级各部门都要营造良好环境，不断地培育壮大科伦生物医药产业。他建议公司紧盯战略性新兴产业，以创新发展、转型发展带动产业结构调整，推动公司科学可持续发展，并鼓励公司进一步做大做强，坚持对社会负责、对员工负责，努力打造成行业标杆企业。市委书记卿渐伟，市委副书记、市长盛荣华，岳阳县委书记毛知兵，县委副书记、县长张中于等领导陪同调研。

【县委举行党的群众路线教育实践总结活动】 10月23日，县委举行党的群众路线教育实践活动总结活动，对全县教育实践活动进行总结，对今后一个时期如何巩固和拓展教育实践活动成果、进一步落实从严治党要求、持续深入推进作风建设进行安排部署。省委督导组副组长周震虹、市委督导组组长杨太平参加总结活动并讲话。县委书记、县委党的群众路线教育实践活动领导小组组长毛知兵作总结讲话，县委副书记、县长、县委党的群众路线教育实践活动领导小组副组长张中于主持总结活动。

【西藏桑日县党政代表团到岳阳县开展答谢交流对口援藏20周年活动】 10月24日，西藏桑日县县委副书记、县长吾金带领该县党政代表团到岳阳县答谢交流对口援藏20周年。毛知兵、张中于、汤小娥、汤森林等全体在家县领导热情接待了桑日代表团一行。交流期间，桑日党政代表团一行先后参观了岳阳县生态工业园区、荣湾湖广场及政务公开中心，与岳阳县进行了政府与人大的工作交流，并探讨了人才交流、招商引资、文化交融等问题。10月24日晚在县体育馆内，30余名身着民族盛装的青年藏族演员们送上了充满民族风情和地域特色的原生态歌舞晚会，表达了对岳阳县援藏工作的感激和对全县人民的美好祝愿，演绎了“汉藏一家亲”的诚挚友谊。

【市委书记卿渐伟到岳阳县调研项目建设】 11月3日，市委书记卿渐伟，市委常委、市委秘书长樊进军一行到岳阳县调研项目建设及企业生产经营情况。县领导毛知兵、张中于、余泽世、王卫兵、彭浪英及相关单位负责人一同调研。卿渐伟一行深入鹿角码头、城市综合体、城南河综合治理工程等三个岳阳县重点项目施工现场。每到一处，卿渐伟都认真倾听、并仔细询问了在建工程的施工进度和建成后的产能及效益。在随后召开的汇报会上，县委书记毛知兵就岳阳县2014年主要工作以及2015年工作规划等情况作汇报，县委副书记、县长张中于介绍了岳阳县乡村环境卫生整治的先进经验，全体县级领导参加会议。

【县委开展全县工作务虚讨论活动】 11月24日，县委围绕“今年怎么看，明年怎么干”主题开展全县工作务虚讨论活动，县“四大家”领导和相关部门负责人参加讨论。县委书记毛知兵主持讨论活动，并客观评价了岳阳县2014年工作、提出了2015年全县工作的初步思路。县委副书记、县长张中于指出了全县经济社会发展取得了成绩和存在的问题，就2015年工作提出了很好的意见和建议。其他县领导也从分管工作出发，结合全县大局，总结了2014年全县各项工作，畅所欲言、科学谋划了2015年的发展思路。

【岳阳县举行全国首个烈士纪念日公祭活动】 9月30日，岳阳县在麻塘镇金山村县烈士陵园，隆重举行全国首个烈士纪念日公祭活动，共同缅怀烈士功绩，弘扬爱国主义精神。县领导毛知兵、张中于、汤小娥、彭西罗等全体在家县级领导，县直部门主要负责人、乡镇党委书记，烈士家属、退伍军人与学生代表共200余人参加公祭活动。县委书记毛知兵深情宣读了祭文,县委副书记、县长张中于主持公祭活动,50名少先队员齐声唱起《我们是共产主义接班人》,县"四大家"领导代表全县人民向革命烈士敬献花篮。仪式结束后,大家绕行一周,一同瞻仰了烈士墓园。

【省委副书记、省长杜家毫一行到岳阳县开展调研活动】 8月14日,省委副书记、省长杜家毫带领省发改委、省财政厅、省国土资源厅及省交通运输厅一行到岳阳县开展调研活动,市县领导卿渐伟、盛荣华、毛知兵、张中于及相关单位负责人一同参加。杜家毫一行先后察看了新墙镇清水村、湖南科伦制药有限公司及中粮米业(岳阳)有限公司,到县新农村建设、农业特色产业、农产品加工业及医药企业开展了深入调研。

【市委书记卿渐伟到岳阳县考察项目建设情况】 12月29日,市委书记卿渐伟带领全市项目建设流动现场会的与会人员,到岳阳县城南河综合治理项目现场及大力神电磁机械、茂昌医药物流等企业,参观考察项目建设情况。

(兰 伟)

2014年县委县政府重点工作考核情况

一、领导班子考核情况

(一)评为"好"班子的单位(72个)

城关镇、新开镇、筻口镇、甘田乡、毛田镇、相思乡、张谷英镇、饶村乡、杨林乡、步仙乡、柏祥镇、新墙镇、长湖乡、中洲乡、县纪委(监察局)、县委办公室(含县史志办、县委县政府接待办、县绩效办、县机要局、县委政策研究中心)、县档案局、县委编办、县委党校、县委老干部局、县妇联、县科协、县委宣传部、县委统战部、县工商联、县文广新局、县广播电视台、县体育局、张谷英管理处、县交警大队、县人民检察院、县人民法院、县司法局、县人大办公室、县政府办公室(含县政府经济研究中心、县民宗局)、县人防办、县政府政务服务中心、县信访局、县民政局、县残联、县审计局、县人口计划生育局、县环保局、县药监局、县卫生局、县人民医院、县安监局、县招商局、台创园、荣湾湖建设开发服务中心、县发改局、县统计局、县农办、县水务局、县农业局、县畜牧水产局、县农机局、县经管局、大云山管理处、县工信局、县住建局、县规划局、县房产局、县商务局、县财政局、县供销社、县粮食局、县东管局、县渔政局、县苇业公司、县教育局、县职业中专。

(二)评为"较好"班子的单位(20个)

鹿角镇、麻塘镇、公田镇、云山乡、月田镇、黄沙街镇、县总工会、县文联、县委政法委、县公安局、县科技局、县旅游局、县城建投、县生态工业园、县建材工业园、县政协办公室、县物价局、县林业局、县砂管局、县一中。

(三)评为"一般"班子的单位(4个)

团县委、县移民局、县人社局、县交通运输局。

二、全面建成小康社会综合绩效评估工作

(一)优秀集体

1. 优秀乡镇

新墙镇　城关镇
筻口镇　中洲乡
毛田镇　步仙乡

2. 优秀县直单位

县人口计划生育局
县民政局
县卫生局
县农办
县工信局
县统计局
县住建局
县环保局
县规划局
县审计局
县委老干局
县妇联
县生态工业园
荣湾湖建设开发服务中心
县东管局
县国税局
县地税局
县人民银行
县烟草局
县农业银行
县中华联保公司
县石油公司

(二)良好集体

1. 良好乡镇

新开镇　张谷英镇
麻塘镇　鹿角镇
长湖乡　柏祥镇

杨林乡　饶村乡
甘田乡　相思乡
月田镇
2. 良好县直单位
县体育局
县档案局
县信访局
县教育局
县广播电视台
县文广新局
县发改局
县招商局
县财政局
县水务局
县经管局
县科技局
县畜牧水产局
县商务局
县农业局
县供销社
县农机局
县粮食局
县房产局
县药监局
县渔政局
县安监局
县人民法院
县司法局
县人民检察院
县国土资源局
县委党校
县残联
县委编办
县工商联
县科协
团县委
县砂管局
张谷英管理处
县苇业公司
县一中
大云山管理处
县职业中专
台创园
县工商局
县质监局
县住房公积金管理中心
县公路局
县邮政银行
县中国银行
县信用联社
县建设银行
县财保公司
国网岳阳县供电公司
县盐务局
县新华书店
县移动公司
县联通公司
卫农粮库
县电信局
(三)合格集体
1. 合格乡镇
公田镇　黄沙街镇
云山乡
2. 合格县直单位
县移民局
县人社局
县林业局
县旅游局
县交通运输局
县物价局
县公安局
县文联
县总工会
县城建投
县建材工业园
县邮政局
县农发行
县人寿公司
县工商银行
(四)突出贡献奖
全国文明城市(县城)创建
湖南岳阳高新技术产业开发区申报

三、社会管理综合治理工作

(一)乡镇
1. 市优胜乡镇
甘田乡　长湖乡
2. 县优胜乡镇
城关镇　新墙镇
杨林乡　云山乡
毛田镇　饶村乡
柏祥镇
3. 合格乡镇
新开镇　麻塘镇
步仙乡　张谷英镇
鹿角镇　筻口镇
相思乡　中洲乡
月田镇　公田镇
黄沙街镇
(二)县直及驻县单位
1. 优胜单位
县公安局
县人民检察院
县人民法院
县司法局
县发改局
县农办
县水务局
县住建局
县财政局
县招商局
县粮食局
县供销社
县安监局
县审计局
县委党校
县残联

县委编办
县委老干局
县教育局
县民政局
县人口计划生育局
县卫生局
县信访局
县文广新局
县体育局
县生态工业园
县移动公司
县东管局
县苇业公司
台创园
县质监局
县工商局
县邮政局
县烟草局
国网岳阳县供电公司
县建设银行
县信用联社
县中国银行

2. 合格单位

县委办公室
县人大办公室
县政府办公室
县政协办公室
县人武部
县纪委
县委组织部
县委统战部
县委政法委
县委宣传部
县林业局
县总工会
县档案局
团县委
县工商联
县广播电视台
县文联
县渔政局
县砂管局
县规划局
县农业银行
县国税局
县药监局
县环保局
县妇联
县人社局
县旅游局
张谷英管理处
县建材工业园
县物价局
县农机局
县畜牧水产局
县科技局
县公路局
县电信局
县国土资源局
县移民局
县科协
县经管局
县统计局
大云山管理处
县工信局
县交通运输局
县房产局
县城建投
荣湾湖建设开发服务中心
县农业局
县商务局
县联通公司
县一中
县职业中专
县邮政银行
县人民银行
县石油公司
县地税局
县农业发展银行
县工商银行
卫农粮库

3. 基本合格单位

县中华联保公司
县财保公司
县盐务局
县新华书店
县住房公积金管理中心
县人寿公司

4. 黄牌警告单位:无

5. 一票否决单位:无

四、人口和计划生育工作

(一)乡镇

1. 优胜单位

麻塘镇　筻口镇
新墙镇
其中,麻塘镇为市级模范单位

2. 一类单位

长湖乡　新开镇
相思乡　甘田乡
饶村乡　毛田镇
杨林乡　张谷英镇
步仙乡　鹿角镇
云山乡　柏祥镇
黄沙街镇　月田镇
城关镇　中洲乡

3. 二类单位

公田镇

(二)县直机关(含驻县单位)

1. 优胜单位

县监察局
县人民检察院
县人民法院
县国土资源局
县发改局
县林业局
县总工会
县工信局

县水务局
县交通运输局
县东管局
2. 综合治理工作优胜单位
县委组织部
县委宣传部
县委统战部
县农办
县人社局
县住建局
县人口计划生育局
县药监局
县工商局
县财政局
县民政局
县移民局
县卫生局
县公安局
县教育局
3. 一类单位
县委办公室
县人大办公室
县政府办公室
县政协办公室
县委政法委
县人武部
县委党校
团县委
县妇联
县科协
县文联
县工商联
县残联
县委编办
县委老干局
县信访局
县档案局
县文广新局
县体育局
县广播电视台
县交警大队
县农业局
县畜牧水产局
县农机局
县经管局
县商务局
县招商局
县粮食局
县统计局
县科技局
县旅游局
县供销社
县环保局
县物价局
县规划局
县安监局
县房产局
县司法局
县渔政局
县审计局
县一中
县职业中专
县城建投
荣湾湖建设开发服务中心
县生态工业园
张谷英管理处
大云山管理处
县苇业公司
县建材工业园
台创园
县砂管局
县质监局
县国税局
县地税局
县人民银行
县公路局
县邮政局
县住房公积金管理中心
县电信公司
县烟草局
国网岳阳县供电公司
县新华书店
县石油公司
县工商银行
县农业银行
县建设银行
县财保公司
县人保公司
县中华联合公司
县移动公司
县中国银行
县邮政银行
县联通公司
4. 二类单位
卫农粮库
县农业发展银行
县信用联社
县盐务局

五、安全生产工作

(一)优胜单位
1. 乡镇
中洲乡　鹿角镇
麻塘镇　月田镇
杨林乡　张谷英镇
柏祥镇
2. 县直单位
县公安局
县安监局
县教育局
县住建局
县卫生局
县水务局
县国土资源局
县生态工业园
县建材工业园
县公路局
县旅游局

国网岳阳县供电公司

县交通运输局

县环保局

县质监局

六、争取国家重点投入工作

(一)优秀项目

1. 特等奖(空缺)

2. 一等奖

县环保局和县财政局的农村环境综合整治整县推进项目;

荣湾湖建设开发服务中心和县城建投的融资项目;

县发改局的岳阳县保障性住房小区外配套基础设施项目。

3. 二等奖

县卫生局和县发改局的县人民医院门急诊综合楼扩建项目;

县房产局的城关镇桥头杨城市棚户区改造项目;

县住建局的农村危旧房改造项目;

县教育局的义务教育薄弱学校改造项目。

4. 三等奖

县国土资源局的农村土地综合整治项目;

县移民局的移民后扶产业发展项目;

县农业局的新增粮食产能田间工程项目;

张谷英管理处的古文物维修和消防工程项目;

县水务局的洞庭湖区安全饮水项目;

县交通运输局的三港咀渡改桥项目;

县林业局的新墙河国家湿地公园湿地保护与恢复工程项目。

5. 重大项目推进贡献奖

县财政局和县环保局的重点生态功能区补助项目。

(二)优秀单位

县环保局

县财政局

荣湾湖建设开发服务中心

县城建投

县发改局

县卫生局

县房产局

县住建局

县教育局

县国土资源局

县移民局

县农业局

张谷英管理处

县水务局

县交通运输局

县林业局

国网岳阳县供电公司

县工信局

大云山管理处

县生态工业园

七、为民办实事工作

优胜单位

县林业局　县残联

县教育局　县住建局

县房产局　县体育局

县环保局　县经管局

县统计局

八、获评全国、省、市、县文明创建先进单位名单

1. 全国文明村

新墙镇清水村

2. 全国文明单位

县烟草局

3. 省文明单位

县国税局

县地税局

县人民检察院

4. 市文明标兵单位

县教育局

5. 市文明单位

县水务局

县消防大队

湖南天欣科技股份有限公司

6. 市文明村镇

新墙镇

7. 市文明窗口单位

县房地产产权市场管理所

8. 市文明社区

城关镇巴陵社区

9. 县文明单位

中洲中学

柏祥卫生院

县公安局城南派出所

10. 县文明窗口单位

县公安局人口与出入境大厅

11. 县文明村镇

杨林乡

鹿角镇岳午村

毛田镇南冲村

12. 县文明社区

县苇业公司月山社区

九、信访工作

(一)乡镇

优胜单位

麻塘镇　步仙乡

城关镇　杨林乡

月田镇　毛田镇

中洲乡　张谷英镇

一类单位

新开镇　甘田乡

鹿角镇　饶村乡

筻口镇　柏祥镇

长湖乡　云山乡

公田镇　相思乡

二类单位

新墙镇　　黄沙街镇

(二)县直单位

优胜单位

县人口计划生育局

县经管局

县工信局

县砂管局

县苇业公司

县公安局

县人民法院

县人民检察院

县国土资源局

县水务局

县生态工业园

县卫生局

县交通运输局

县住建局

台创园

县渔政局

县民政局

县规划局

县人社局

一类单位

县纪委

县委办公室

县委组织部

县委政法委

县委宣传部

县委统战部

县人武部军事科

县政府办公室

县人大办公室

县政协办公室

县移民局

县档案局

县体育局

县广播电视台

县发改局

县信访局

县司法局

县林业局

县物价局

县文广新局

县安监局

县残联

县环保局

县农办

县农业局

县畜牧水产局

县农机局

县商务局

县财政局

县招商局

县统计局

县科技局

县旅游局

县药监局

县审计局

县委党校

县总工会

团县委

县妇联

县科协

县文联

县工商联

县委编办

县委老干局

县职业中专

县城建投

张谷英管理处

大云山管理处

县质监局

县国税局

县地税局

县公路局

县邮政局

县人民银行

县住房公积金管理中心

县烟草局

县盐务局

县新华书店

县石油公司

县工商银行

县农业银行

县农业发展银行

县建设银行

县财产保险公司

县人寿保险公司

县中华联保公司

县移动公司

县中国银行

县邮政银行

县联通公司

卫农粮库

县粮食局

县供销社

县东管局

县工商局

县电信局

县一中

县信用联社

国网岳阳县供电公司

县教育局

县房产局

荣湾湖建设开发服务中心

县建材工业园

十、社会主义新农村建设工作

(一)优秀乡镇(6个)

麻塘镇　　饶村乡

甘田乡　　杨林乡

中洲乡　　公田镇

(二)优秀示范村(6个)

新墙镇清水村

长湖乡高家村

筻口镇新安村

柏祥镇俄咀村

鹿角镇岳武村
步仙乡石美村
(三)优秀帮扶单位(16个)
县发改局
县公安局
县交通局
县环保局
县国土资源局
县苇业公司
县财政局
县政府办公室
县工信局
县教育局
县水务局
县委办公室
县烟草局
县人民检察院
县人民法院
县委宣传部

十一、乡村环境卫生整治工作

(一)环境卫生整治优秀乡镇(3个)
第一名:麻塘镇
第二名:饶村乡
第三名:甘田乡
(二)环境卫生整治优秀农林场(1个)
中洲渔场
(三)环境卫生整治清洁村(93个)
城关镇:新建村　孙坞村
鹿角镇:杨茂村　牛皋村
金星村　中信村
鹿角村
麻塘镇:和兴村　塘内村
洞庭村　春风村
北湖村
新开镇:大源村　杨华村
兴隆村　大马村
九龙村
筻口镇:笔架村　新塘村
柒市村　沙南村
新安村　西冲村
新庄村　朱仑村
游港村
甘田乡:戴家村　伞把村
李塅村　羊楼村
公田镇:全福村　青隐村
马元村
云山乡:黄稻村　陈洞村
云塅村　永兴村
毛田镇:同心村　廖塅村
港堤村　赵塅村
胡铁村　水源村
相思乡:中道村　九龙村
长洞村　相思村
石门村　积谷村
月田镇:邓谷村　许家村
牛黄村　国庆村
毛家村　柏树村
大陂村　半洞村
张谷英镇:向阳村　泉水村
师堂村　龙洞村
陈坪村
饶村乡:振兴村　双石村
莲花村　伍相村
杨林乡:白泥村　福冲村
付朝村　白水村
步仙乡:应祥村　石美村
柏祥镇:黄珍村　十步村
俄咀村　桂林村
新墙镇:四义村　双枫村
上游村
十二公里居委会
长湖乡:旱坪村　范家村
三间村　高家村
黄沙街镇:双义村　再茂村
高塘村　作新村
中洲乡:南套村　青峰村
兴旺村　北套村
宝塔村

十二、联手帮扶企业工作

优胜单位
县计生局
县安监局
县发改局
县财政局
县信访局
县教育局
县农办
县林业局
县东管局
县国土资源局
县城建投
县总工会
县工信局
县质监局
鹿角镇
县生态工业园

十三、禁违拆违治违工作

(一)先进单位
1. 先进乡镇
一类乡镇:
第一名:麻塘镇
第二名:新墙镇
第三名:毛田镇　鹿角镇
二类乡镇:
第一名:张谷英镇
第二名:长湖乡
三类乡镇:
第一名:杨林乡
第二名:中洲乡
2. 先进县直单位
县公安局
县规划局
大云山管理处
张谷英管理处

3. 零违建村

鹿角镇农科村

4. 优秀村(居委会)

城关镇:枫桥居委会

新建村

卫农居委会

新开镇:新开村

新墙镇:高桥村

麻塘镇:春风村　畔湖村

毛田镇:同心村　八斗居委会

柏祥镇:伏太村

月田镇:刘庙村　三让村

国庆村

鹿角镇:杨茂村　鹿角居委会

黄沙街镇:光华村

公田镇:黄田村

长湖乡:范家村

步仙乡:应祥村

县委办公室工作

【概况】 县委办公室共有干部职工65人,其中在职47人,退休18人;中共党员63人,群众2人;副科以上干部21人。内设科室:秘书组、常委秘书室、信访接待室、督查室、行政组、政工组、机关联合工会、绩效考评办;归口管理单位:县委史志办、县委县政府接待办、县绩效管理办公室、县委政策研究中心、县委改革办、县委机要保密局。

【秘书工作】 2014年,县委办秘书科紧紧围绕县委中心工作和县委办公室总体思路,认真改造职责,各项工作取得了较好成效。一是精简文件,文电办理严谨规范。按照"改进工作作风,密切联系群众"八项规定的要求,发文更加注重实效,更加注重解决实际问题,全年共承办文件109个,同比去年减少10个。全年共接发电话通知460多个,确保了上传下达准确及时,确保了政令畅通。二是精简会议活动,会务组织严密精细。本着务实高效的原则,从严清理、切实减少各类会议活动,能不开的会坚决不开,可以合并的会坚决合并。全县性会议比去年减少了30%。同时,成功接待了省、市主要领导到岳阳县的多次调研活动。三是全面清理党委序列的议事协调机构和党内规范性文件。对全县2005年至2014年间成立的县级层面党委序列的议事协调机构进行了全面清理,对清理出的115个议事协调机构,进行撤销、合并、更名后只保留57个。对全县1983年以来以县委、县委办公室名义发布的3000多个党内文件进行了全面清理,对清理出的163个党内规范性文件,宣布继续有效的文件57个、修改的文件8个、宣布废止的文件73个、宣布失效的文件25个,编印了350多页的《中共岳阳县委党内规范性文件选编》。四是内务服务周到细致。2014年,秘书科在内务服务上注重严密化管理。在值班、公务服务、卫生、文印管理、档案管理上,实现了零差错。

(兰　伟)

【督查工作】 2014年,县委督查室围绕全县工作大局和县委、县政府重大决策、重要工作部署,认真开展督促检查,狠抓工作落实,取得了较好的成绩。一是围绕党委重大决策和重要部署,抓督查促落实。2014年以来,县委督查室对县委经济工作会议和几个专题会议精神贯彻落实情况进行了督查,对群众路线教育活动以来的各类大型会议进行了严格督查,有力促进了上级党委和县委的方针、政策、决策在基层尽快贯彻落实。同时,城乡环境整治工作和禁违拆违治违督查工作开展一月一暗访、一季一明察,通过反复督查,环境卫生面貌明显改观,全县基本实现了禁违拆违治违"110"目标。开展"创文"工作经常性督查,为创建全国文明县城夺牌奠定了基础。一年来,共开展各类督查58次,向县委、县政府领导呈送督查汇报13次,并下发督查通报11期,有力地推进了县委重大决策和重要部署的落实。二是围绕专项督查事项,抓督查促落实。认真在全县党政机关开展领导干部违规占用办公用房清理和督查工作,目前,全县党政机关清理办公用房工作进度较快,效果较好,腾退整改率92.55%。根据县委、县政府主要领导交办,开展了工业园科技园建设、梅城线建设、台创园建设、荣湾湖建设、岳望高速公路建设等重点工程督查,每周和每月督查相结合,重点工程的进度明显加快。三是围绕领导批示件,抓督查促落实。对市委督查室下发的每一份批示件和专项督查事项都认真研究,及时办结,按时上报。全年共收到市主要领导批示件8份,办理批示件8份,按时办结率100%。四是围绕绩效考核工作,抓督查促落实。积极做好年初全县经济工作会议期间督查室负责的光荣册制作和先进单位先进个人奖牌奖金发放等会务工作。及时下发《关于2014年度全面建成小康社会综合绩效考评相关工作责任分解的通知》,要求各单位对照任务早安排、早动手,逐一落实,并认真开展了日常和年度绩效考核工作。

(张辛君　许石仲)

政研综调工作

【概况】 县委政策研究中心为正科级行政支持类事业单位,归口县委办公室管理,下设文稿组、调研组、信息组3个股室,定编7名。

2014年,政研中心按照“紧扣县委中心工作,把握主要领导思想精髓并适度超前”的思路,继续发扬“团结、和谐、活跃、奋进”的优良传统,超前服务、规范服务、优质服务,政研各项工作取得了新的突破。

【文稿服务】 政研中心把文稿服务作为政研工作的重心之一,着眼求实、求深、求新、求精,优质高效完成了一批重要文稿的撰写。2014年政研中心共完成重要报告、讲话、汇报材料180多篇,为部门、乡镇修改材料30余篇,编印《县委通报》14期,并有28篇高质量的、能展现岳阳县工作水平的理论材料和典型经验材料在中央、省、市级刊物上发表,特别是《改进作风要讲认真》在《人民日报》上刊发,被《岳阳日报》转发,《抓住五条线　架起一座桥》被国家行政学院出版的《地方学习党的群众路线教育实践活动论文集》收录,《以焦裕禄精神为标杆,把群众路线践行到底》被《湘组研究》刊物采用,起到了推介经验、扩大影响的良好效果。

【调查研究】 在文稿任务繁重的情况下,政研中心紧紧围绕全县“一二三四”的发展战略,抓住经济社会发展中的热点、难点问题,积极组织开展调研活动。2014年,政研中心着眼产业转型升级、全民创新创业、城乡统筹发展、农业品牌创建、重大工程推进、东洞庭湖生态环境保护等重大课题,先后多次深入企业、深入农村,掌握实情,形成调研报告。《以教育实践活动促发展促改革促民生》《关于我县征地拆迁工作的调查与思考》《关于加快园区经济发展的调查与思考》《关于全县矿产资源整顿与规范的的调查与思考》等10多篇有分量、有深度、有价值的调研成果进入县委、县政府的视野,为县委决策提供了客观依据和决策参考。此外,还如期完成了《岳阳县东洞庭湖湿地保护的做法、成效及存在问题》《岳阳县农业品牌创建》等省市约稿调研材料。

【信息编报】 坚持紧贴社会热点焦点,不断完善工作制度、拓展信息渠道,增强了信息服务的及时性和有效性,为促进党委科学决策发挥了重要作用。2014年,共编发《岳阳县情况》8期、《要情汇报》9期,较好地发挥了信息工作的耳目、助手、预警作用。向省办、市办报送信息1500多条(篇),报送量居全市首位。《岳阳县“四级评价”增添大学生村官泥土味》《岳阳县探索实施干部作风考核预警机制》《基层反映:保护传统村落刻不容缓》等30条信息在省委办公厅内刊上单条刊发,信息报送质量系数在全市9个省办信息直报点排名第一。

【改革工作】 县委成立全面深化改革领导小组并下设办公室(深改办),由政研中心主任兼任办公室副主任,与政研中心实行一个机构、两块牌子。按照省委、市委的工作要求和县委的统一安排部署,深改办全体人员积极稳妥有序推进全县改革工作,确保不抢跑、不掉队、不乱跑。制定了《2014年下半年工作要点及责任分工》及《2014年下半年全面深化改革工作任务倒排表》,对全县深化改革各阶段的工作任务进行分解量化,明确任务完成时限,在推进省委确定的九大类48项改革、市委确定的九大类44项改革和15项改革试点工作中,有26项工作已完成或实际启动并取得初步成效。

(任石慧)

保密工作

【概况】 岳阳县国家保密局和中共岳阳县委机要局、岳阳县国家密码管理局实行三块牌子,一套人马,为归口县委办管理的正科级行政机构,主管全县的保密工作,同时承办县委保密委员会的日常工作,现有工作人员4名。保密工作坚持实行积极防范、突出重点、依法管理的方针,既确保国家秘密安全,又便利信息资源合理利用。2014年,围绕县委中心工作,县国家保密局认真履职,积极开展工作,全年没有发生失泄密事故。

【召开保密专题会议】 2014年4月18日,召开县委保密委员会成员会议。会上,宣读了2013年全省的“两个泄密通报”,观看了《保密教育警示片》,传达学习了中央、省市有关机要、保密工作的文件和会议精神,汇报了全县保密工作情况,县委办主任余泽世就机要保密工作作出了指示。2014年5月27日,县委举行“清正在心”主题暨县委中心组(扩大)学习活动,全体与会人员集体观看了保密警示教育片《全国窃密泄密案例警示教育展》,县委书记毛知兵要求以高度的政治责任感进一步做好新形势下的保密工作,坚决杜绝和防止窃密泄密事件发生,为实现中国梦岳阳县篇章保驾护航。

【保密检查工作】 开展文件保密专项检查。2014年4月9日,为落实《关于组织开展涉密中央、国务院、省委、省政府文件保密管理专项检查的通知》要求,县国家保密局对照检查目录,对政府办等单位进行了一次检查。开展常规保密检查。2014年,从6月下旬至7月下旬,县国家保密局组织了为期1个月的保密检查活动,共检查县“四大家”“两院”及其他县直单位共41家单位和部门。开展了重点单位保密抽查。2014年6月中旬,对全县重点涉密单位进行了保密抽查,并对全县各单位2013年度普查数据的产生和变化情况进行了统计,向市国家保密局报送了普查数据。配合上级开展检查。2014年9月3日,县保密局配合市国家保密局到县政府办公室等相关单位开展了保密检查。并在县公安局、县交警大队、县保密局、县委政法委等4家单位涉密计算机上安装了“涉密计算机及移动存储介质保密管理系统”(“三合一防护系统”)。开展非涉密网络保密管理专项检查。2014年9月24日至29日,按照《关于组织开展非涉密网络保密管理专项检查的通知》文件要求,县国家保密局对全县相关党政机关和涉密的14家单位开展了一次检查,现场检查计算机15台,按照《检查目录》三大项内容要求,采取查阅资料、询问情况、查看现场、检查相关计算机等方式开展检查,同时填写了《非涉密网络保密管理情况检查表》和《保密现场检查意见反馈表》。

【参与监督保密工作】 一是参与教师招聘考试试卷保密工作。2014年5月下旬,参与了2014年岳阳县一中公开招聘教师考试试卷保密工作。二是做好高考、学考试卷保密工作。2014年5月27日,制定《岳阳县国家保密局2014年高考、学考试卷保密工作实施方案》,成立高考、学考试卷保密领导小组,6月5—13日高考学考期间,安排专人协助、监督县教育局等单位做好了高考学考试卷的接送、存放等环节的保密工作,确保了“两考”试卷保密工作万无一失。三是全程监督全县事业单位公开招聘试卷保密和考务工作。

【业务管理工作】 配齐保密装备,按照《关于推进保密技术装备配备和应用的通知》(岳保办〔2013〕7号)文件要求,2014年1月份,县保密局装备了多功能存储介质销毁机(销密卫士XMS—9000)和存储介质信息消除工具(山东中孚信息产业股份有限公司产品)。加强涉密载体销毁管理工作,2014年3月17日,将2013年度各单位存放在县国家保密局的机要文件资料在筻口华丰纸厂进行监督销毁;10月9日,在收购县政府办废旧报纸资料的废品收购站清查了30余袋废纸,查找出50余份内部资料。开展规范依法定密工作。2014年6月,根据《国家秘密定密管理暂行规定》相关要求,对县“四大家”“两院”的法定定密责任人、指定定密责任人(承办人)进行了明确,并报市国家保密局授权备案。整理保密档案。2014年下半年,县国家保密局对机要类、保密类档案进行整理归档工作,共整理2012年度保密类档案6盒,2013年度保密类档案9盒。

【县乡公文系统管理工作】 通过县乡电子公文交换系统向全县各单位群发公文邮件260份。一是做好维护工作。全年现场远程维护近360台次,更换Ukey5个。二是进行签收抽查通报。2014年8月16日,向全县县乡公文交换系统开通单位发送《中共岳阳县委机要局2014年1—7月份电子公文系统邮件签收抽查及文件办理反馈情况的通报》(岳县机发179号邮件),对全县各单位邮件签收情况和文件办理反馈情况从高到低进行排序通报,提高了全县各单位保密员的工作责任心。三是总结维护经验。2014年4月,县国家保密局报送的《SQY29安全电子邮件系统故障排除和使用技巧汇编》在"湖南省党政密码科技进步奖"评审中获得三等奖。

(冯岳斌)

接待工作

【概况】 县委县政府接待办公室主要负责县"四大家"接待工作。2014年,接待办紧紧围绕全县经济社会发展大局,积极贯彻落实中央和省、市公务接待管理规定,始终坚持有利公务、务实节俭、严格标准、简化礼仪、高效透明的原则,努力提升服务水平,优质高效地完成了各项接待任务。全年共接待来宾300余批次。

【接待省级领导到岳阳县调研指导工作】 2014年7月23日,省委书记、省人大常委会主任徐守盛到岳阳县生态工业园湖南科伦制药公司调研企业发展情况;2014年8月14日,省委副书记、省长杜家毫到岳阳县对新农村建设、农业特色产业、农产品加工业及医药企业开展深入调研。

【接待西藏党政代表团到岳阳县答谢交流】 在全国上下隆重纪念对口援藏20周年之际,10月24日,接待西藏桑日县县委副书记、县长吾金带领该县党政代表团到岳阳县答谢交流。

(汤钰琼)

全面小康建设综合绩效考核工作

【概况】 2014年,岳阳县加快推进全面建成小康社会,将绩效考核与小康指标考核相融合,开展全面建成小康社会综合绩效评估,科学制定全面小康绩效评估指标体系,改进评估方法,严格结果运用,全面小康建设工作得到稳步推进。

【制定综合评估体系】 在整体构思全面小康考评体系和设计考评方案时,将考核主体、考核对象、考核指标、考核方法统筹起来通盘考虑,坚持分类指导的原则,充分考虑各考评对象现有基础、发展水平、部门职责和工作性质的差异,从具体指标目标值设置、权重赋予、考评分类上区别对待。将20个乡镇按自然条件和发展基础分为A、B、C三大类,设立不同的指标体系进行考核评比,同时成立三个乡镇指导小组负责指导乡镇的小康社会建设工作;将县直部门根据职责职能分为社会管理部门、经济管理部门、司法执法部门、党务群团部门、其他管理系列、驻县事业单位系列和驻县企业单位系列、参考不参评系列等八个系列,从而保障了考评体系的科学性严密性、方案的合理性可行性。

【设计综合评估指标】 在原有的绩效评估指标体系上,融入小康社会考评指标,并以小康考评指标为考核的主要导向,在权重上向小康考评指标倾斜,构建新的以小康工作为主的指标体系。2014年在乡镇设置了18项小康指标,在千分制的总分里面占445分;县直有24家单位有小康指标考核项目。构建指标体系主要按照党务管理绩效与政务管理绩效相结合、经济发展与社会发展相结合、业务管理与班子建设相结合、一般工作与特色创优工作相结合、原有基础与现有努力相结合、现有绩效与长远绩效相结合、个人绩效与集体绩效相结合等"七个结合"的原则,采取上下对接、反复磋商的方式进行。

【分阶段进行综合评估】 采用日常考评与年终考评相结合的方式推动小康指标任务完成。7月份开展了上半年绩效考核,其中小康指标是主要考核内容,对全县20个乡镇、102个县直单位进行了考核评估,并分类别排名先后。年底全面展开了2014年全面建成小康社会综合绩效评估工作。

【强化评估结果运用】 按照奖优、治庸、罚劣的原则,建立全面建成小康综合绩效考评奖惩机制,以县委、县政府名义出台《全面建成小康社会综合绩效考评结果运用具体办法》，把考评结果作为改进工作、经济奖惩的重要依据，作为评估单位领导政绩和工作人员业绩、行政问责的主要依据。通过合理有效运用考评结果来推动全面建成小康社会各项指标的完成。

（邓　伟）

史志工作

【概况】 2014年，史志办以《岳阳县志（1978—2007）》《岳阳县年鉴》编纂工作为中心任务，各项工作齐头并进。编辑出版了《岳阳县年鉴（2014）》，多次调整、修改、完善《岳阳县志（1978—2007）》，进一步修改《中国共产党岳阳县历史》。史志办被评为2014年度全市史志工作年终目标管理考核先进单位。

【编辑出版《岳阳县年鉴2014》】 年鉴工作在人手少、任务重的情况下，做到“早部署，早动手，早出初稿”，2013年年底就着手抓好年鉴资料的收集、整理工作，争取了工作主动权；努力提高质量，在全面准确、突出特色上下功夫，把精品意识贯穿到工作的全过程和各个环节，努力提高《岳阳县年鉴2014》质量；在编辑上，做到文字精练，内容翔实齐全，全书共12卷591千字，系统记载了2013年岳阳县自然、政治、经济、文化和社会发展的情况；在图片、彩版设计、版面编排上，创新花样，图文并茂，充分反映年度亮点、社会热点和读者关注点。《岳阳县年鉴2014》于10月由方志出版社公开出版发行，年鉴工作率全市之先由专业出版社出版发行，开了先河。

【修改完善《岳阳县志（1978—2007）》】 紧锁精品良志目标，在狠抓工作进度，保证质量的前提下，对《岳阳县志》先后做了多次挖掘、调整、修改工作。把县级评审会综合意见修改完毕后，按照市史志办的要求进行篇目结构调整，《岳阳县志》由原来的18篇升为21篇，章节进一步细化。人物征集工作通过县委办发文启动、资料收集、检验核实等环节，进展顺利。

【修改完善《中国共产党岳阳县历史》】 2014年8月1日，组织县直各部门和各乡镇参加《中国共产党岳阳县历史（送审稿）》《岳阳县志（送审稿）》县级评审会，主要任务是要求各相关单位对书中所涉及的业务工作进行查漏补缺。同时，《中国共产党岳阳县历史》通过“四大家”领导和曾经在岳阳县工作过的领导审稿和市委史志办审稿，推进顺利。

（费淑荷）

档案工作

【概况】 档案局内设办公室、档案管理、法规、业务、科教等5个股室。2014年，全县档案部门和档案工作者履行“为党管档、为国守史”的神圣职责，围绕“新馆建设必须开工”的奋斗目标，提出了“集中全力，迎难而上，大胆推进，务必突破”的工作要求，不议论，不折腾，一鼓作气拼命干，档案事业实现了里程碑式的发展。

【档案馆建设】 新馆建筑面积3729平方米，其中库房1842.45平方米，占总面积的49.41%；对外服务用房1280.1平方米（含展厅755.49平方米、报告厅198.9平方米），占总面积的34.32%；档案业务和技术用房246.28平方米，占总面积的6.6%；办公用房122.51平方米，占总面积的3.29%。2014年2月27日，经党组集体研究，报请分管领导同意，确定县设计院为县综合档案馆设计单位。6月13日，县人民政府原则上同意按上级规定面积建设好档案馆。8月5日，县档案局准备了三套设计和效果图方案，向张中于、李勇、余泽世等县级领导汇报，基本确定第一方案。8月11日，县档案馆建设工程规划在县委院内新地基上进行公示。8月19日，设计院出具设计蓝图，并送岳阳市图审中心进行审定，9月5日，市图审中心出具图审意见。9月11日，县规划局颁发建设工程规划许可证。9月15—22日，财政局预算审核，并下发批复。9月22日，新馆建设项目在网上进行公开招标。10月13日上午，新馆建设在县政务公开中心开标，湖南泰山有限公司中标，10月16日下发中标通知书。10月28日，县档案局与宏远监理公司签订监理委托合同。11月2日上午11时8分，县档案新馆建设正式破土动工。11月7日，与中标单位湖南泰山公司签订施工合同，合同价657.7万元，工期180

天。12月1日，县档案新馆奠基，正式开工建设。

【档案法治】 10月中下旬，由县人大教科文卫委、法制办、县委督查室会同县档案局，分五个组对全县20个乡镇、90个县直单位进行了档案行政执法检查。今年改革检查办法，检查面达到100%，对存在问题的单位面对面地下发了《问题清单》，一式两份，单位领导亲自过目盖章，提出改进措施。执法检查中，对违法行为，不留情面，据实执法；对遗失档案的单位，下发了整改通知。检查结束后，召开了情况碰头会，下发了通报；对档案意识淡薄、档案员不负责任的单位提出了通报批评。

【档案馆工作】 面对现有条件，县档案馆克服多重困难，有选择地收集了重要保存价值的档案。重点档案抢救方面，安排了专项资金和专业人员，全年全页托裱87页，手抄102页，复印640页。

【档案业务】 为加强业务建设，县档案局举办了为期两天的培训班。除了仍以乡镇、县直单位为重点外，按照国家档案局10号令的要求，就企业档案的归档范围和保管期限进行了专门培训。着力加大了对进馆单位档案管理力度，要求长期、永久档案必须确保纸质、电子档案齐全，档案管理软件推广率达到了70%。为了促进乡镇档案接收进馆前期工作，在麻塘镇试点，将该单位1983年以来的档案进行了系统整理，对永久和长期档案全部实行数字化。继续推行重点建设项目和重大实事档案合同制管理。县档案局与建设单位、施工单位、监理单位配合协调，做到了提前介入，跟踪指导，简化程序，确保了重点工程和重大实事项目档案收集齐全、整理规范。扎实抓好了新农村档案、企业档案、专业档案、园区档案。对鹿角镇岳武村、城关镇新建村的新农村档案和湖南科伦制药有限公司的企业档案进行了系统的指导和整理；计生局的二孩生育、计生奖扶专业档案，规划局的建设工程档案，工业园区的档案进行了一对一的指导。

（汪自兴）

组织工作

【概况】 县委组织部内设县直机关工委、干部办、党建办、办公室、远程中心、干部档案室、公务员管理办公室、村（社区）治理绩效办公室、干部监督问责办公室，有在编在职干部职工22人。2014年，在县委的坚强领导和正确指导下，组织部门认真贯彻党的十八大、十八届三中、四中全会精神以及中央、省市组织工作会议精神，坚持“忠诚为上、公正为范、创新为源、严谨为要、自律为基、服务为荣”为主要内容的“六为”精神，围绕中心、服务大局，以改革创新精神全面推进组织工作，为强力推进全面建成小康社会、努力谱写中国梦岳阳县新篇章提供了坚强组织保证和人才支撑。党的群众路线教育实践活动得到中央省市等媒体的推介报道，“为民致富”服务型党组织建设初见成效，党委（党组）书记落实基层党建责任述职评议工作扎实推进；围绕配备乡镇党委副书记全面配优配强了乡镇班子，干部人事领域“三超两乱”专项整治工作有序推进，在全市率先开展科级干部谈心谈话活动，得到了省、市组织部门的高度认可；认真落实省委组织部《关于从严加强全省组织部门自身建设的意见》，以教育实践活动为契机全面整改班子和部机关存在的“四风”问题，有效地提升了组织部门的工作效能和服务水平。

【开展部务会成员与科级干部谈心谈话活动】 为深入了解掌握干部思想状态，宣传干部政策，扎实开好党的群众路线教育实践活动专题民主生活会，为教育活动顺利开展提供组织保障，2014年7月，县委组织部出台《县委组织部部务会成员与科级领导干部谈心谈话工作方案》文件。2014年7—9月，部务会成员深入20个乡镇、85个县直单位共与722名领导干部开展谈心谈话，收集意见建议1100余条，其中涉及班子建设和干部管理方面150条，谈心谈话工作得到岳阳市委组织部的肯定与推介。中共岳阳市委办公室《领导参阅》专文刊载中共岳阳县委《架起“连心桥”铺就“感情路”——岳阳县科级干部谈心谈话活动呈现新常态》。

【干部队伍日常管理】 一是规范调配管理。2014年1月印发《岳阳县干部调配管理制度》文件，进一步明确干部调配的权限、程序和范围，此外还规定干部借调必须经县委组织部审批同意，凡违反干部调配程序和要求的，组织（人事）部门一律不再办理调配手续，并追究相关单位和人员的责任。二是强化考核奖惩。2014年1月出台《岳阳县科级领导班子和领导干部年度考核实施办法（试行）》，以制度建设强化考核工作。严格兑现公务员和机关事业单位工作人员年度考核结果，2014年确定优秀等次人员2101人，称职等次人员10701人，不确定等次人员341人，基本称职等次人员9人，不称职等次人员9人。三是严格督促检查。连续下发《关于重申和完善干部管理有关规定的通知》《关于清理规范股级干部配备问题的通知》《关于印发岳阳县干部调配管理制度的通知》3个专题文件，先后组织3次专项督查，分别下发整改通知书23份、46份。长湖乡1名长期不在岗的公务员在县、乡的督促下办理辞职手续。股级干部违规任免、擅自借调、混岗的现象得到有效整治。四是夯实公务员考录工作。及时配合做好全省公务员考录的报名、笔试、面试、体检、考察工作，及时组织新录用人员到岗到位，及时办理工资、医保、社保等手续，严格程序、坚持标准，跟踪管理、全程服务，确保了零失误、零差错。2014年招录乡镇公务员20名，为历年最多人次。

【“三超两乱”专项治理工作】　党的群众教育实践活动期间，将“三超两乱”问题专项治理工作纳入督导内容，多次组织县纪委、县委编办、县人社局、县财政局等成员单位开展督查清理。并对问题相对突出22个单位发出整改通知书，全县消化超编人员25人，消化领导职数20人，非领导职数79人，清理纠正超范围分设党政职务人数7人，纠正或处理“吃空饷”人员183人，退还或追缴资金10.2万元。开展清理党政领导干部违规在社会组织（企业）兼职行为，共清理在社会组织兼职的科级干部5人，退休的处级干部4人，清理在企业兼职的科级干部1人。

【科技特派员工作】　2014年，全县共选派43名科技特派员赴各乡镇开展科技帮扶和创业行动，其中县派36人，市派6人，省派1人。湖南农业大学副教授何俊博士是岳阳县第一名省派科技特派员。2014年5月、8月，分批组织全县农业和畜牧系统56人次科技特派员和乡土科技能人参加在市农村党员基层干部实用技术培训基地（大荆培训基地）举办的全市实用人才带头人培训班。2014年，农村科技创业行动，共发展龙头企业2个，培育专业合作组织8个，推广新品种16个，转化应用新技术13项，培训农民5800余人。

【干部监督管理】　为严肃整治乡镇干部“走读”问题，下发《关于整治乡镇干部“走读”问题的实施方案》，2014年7月中旬、8月上旬、10月中旬，县委组织部联合县纪委、县人社局、县财政局先后3次对乡镇干部白天在岗和晚上住机关情况进行了督查，对6名违反工作纪律的干部进行了全县通报批评，对4名领导干部进行了诫勉谈话。以问责约束规范干部行为，2014年7月，县委组织部启动问责程序，对一名未经报批程序擅自赴京培训的县直单位主职干部实行停职检查，问责处理情况全县通报。2014年全年共有24名工作人员受到问责处理，其中处级干部5人，科级干部9人，一般工作人员10人；免职1人，责令辞职1人，停职检查1人，诫勉谈话6人，通报批评15人。加大领导干部任期经济责任审计，全年共对19名领导干部进行任期经责审计，其中任中审计14人，离任审计5人。

【干部培训工作】　加大干部教育培训力度，将部门办班全部归口县委组织部管理，统一在县委党校办班。严格办班管理，加强学风建设，对每位参训学员实行跟班考核，每期培训班均按要求成立班委会和临时支部，学员编成若干学习小组，编定座位，对号入座，班主任每天对学员的到课情况进行严格考勤并如实记录，每周通报考勤和学习情况。2014年共选派185人参加省、市委组织部和党校的调训，县委党校举办培训班22期，培训学员3024人，其中计划内培训班15期，培训人数2129人。

【党的群众路线教育实践活动】　2014年3月4日全面启动教育实

践活动以来，全县109个县管正科级以上单位、1103个基层党组织、29800名党员认真贯彻“照镜子、正衣冠、洗洗澡、治治病”的总要求,以“为民务实清廉”为主题,坚持领导带头,以上率下;坚持聚焦“四风”,解决突出问题;坚持开门搞活动,群众参与;坚持宣传引导,营造氛围;坚持严格要求,真督实导。“学习教育、听取意见”环节，把加强学习教育作为党的群众路线教育实践活动的首要任务,通过开展“五学”活动和五个专题大讨论，党员干部理想信念显著增强。开展“访基层群众,问干部作风”意见建议征集活动,县“四大家”班子成员先后召开座谈会22个、720人参加,深入乡村开展调研42次，走访群众1120余户,走访企业和服务单位168家,共收集意见建议656条，梳理归总为213条。“查摆问题、开展批评”环节,全县各级领导班子及成员一是对照检查，主动把自己摆进去，认真撰写和反复修改完善对照检查材料，并经过层层审阅把关,真正做到“对准号、像自己、有深度”;二是交心谈心,坚持“四必谈”,紧扣“四个重点”,做到“六个谈透”;三是开好专题民主生活会,坚持严格条件、严格程序、严格标准,确保会议取得“红红脸、出出汗、排排毒、治治病”的效果。“整改落实、建章立制”环节,坚持扭住“四风”不放,“改”字当头,以“准、狠、韧”的劲头,先后开展三批53项专项整治,党员干部作风明显改进，吃喝之风等各类作风顽疾得到有效祛除，党群干群关系更为密切。严格开展了党内规范性文件和行政规范性文件清理活动,确定制度建设计划73项并得到有效落实。

【开展“为民解困、帮民致富”服务型党组织建设】 一是开展“组团式”服务。35名县级领导带头开展“联手帮扶企业”行动,从领导互联、党员互帮、人才共育、资源共享上加强互通共建;67个县直部门定点联系20个乡镇、帮扶77个村,重点帮带队伍、帮助发展、帮宣政策、帮办实事、帮扶群众。二是突出“品牌化”建设。以无公害蔬菜、鸽业、优质葡萄、红薯粉、土鸡、黄颡鱼等六大特色农产品为品牌创建重点，着力打造一批村级集体经济强村。三是推进“科技性”创业。选派一大批年轻干部、技术尖兵、中层骨干担任科技特派员,深入农村一线技术指导、创业帮扶,进一步畅通创业渠道。四是创新“网格化”管理。合理确定网格规模，每名管理员联系服务10户左右群众，结对联系群众、解决困难问题。

【“党员进社区、竞赛当‘五员’”活动】 将全县85家县直单位分派到县城区18个社区和地域在东洞庭湖的月山社区开展活动,并明确了19个牵头单位,负责组织协调活动开展;全县19个牵头单位积极主动联系部门单位，对接社区，将在职党员划分到社区网格，确定到社区挂牌服务人员并做好轮值预安排；组织在职党员干部认领岗位，明确本单位党代表情况，并做好联点社区党代表工作室参加接待日活动安排;县城各社区结合各自地域实际情况,本着“条块明确、人员匹配、方便管理”的原则,将各自社区划分网格，县城社区共划分网格84个。活动开展以来，县直单位共2004名在职党员、210名各级党代表进驻19个社区,认领服务岗位3200个,建立党代表工作室19个，走访社区群众1600多户,结对联系群众264户，解决实际问题960个,为基层办实事230件。

（孙荣华　胡　鹏）

机构编制工作

【概况】 县委编办内设综合室、机构管理室、编制管理室和事业单位登记管理室4个股室，同时加挂岳阳县事业单位登记管理局牌子，实行两幅牌子一套人马。2014年4月，全县行政审批制度改革工作牵头单位从县法制办移交县委编办。2014年,编办围绕改革发展大局,严格机构编制管理,积极推进各项改革，为全县经济社会发展提供了坚强的体制机制保障。2014年获全市机构编制管理工作先进单位称号。

【机构改革】 稳步推进事业单位分类改革。在事业单位分类改革工作中,主要把握三个环节,力促工作落实。一是抓营造氛围。通过召开会议、下发方案、媒体宣传等方式，让各单位主动参与到事业单位分类工作中来。二是抓目录修订。认真参考区域、省、市分类目录，结合县情，制定了符合岳阳县实际的分类目录。三是抓分类标准。对照分类标准，从严划分事业单位类别，严禁经营类向公益类挤、公益二类向公益一类挤、公益类向行政类挤，让类别划分体现政府机构改革和职能转变的精神。全县597家事业单位中，暂不分类的事业单位25家，拟纳入行政类的事业单位12家，拟纳入生产经营类的事业单位6家，拟纳入公益一类的事业单位494家，拟纳入公益二类的事业单位59家，拟撤销的事业单位1家。

【乡镇站所改革试点工作】 2014年，全市启动乡镇站所改革试点工作，长湖乡作为岳阳县改革试点乡镇。3月底县委、县政府成立了乡镇站所改革试点工作领导小组。4月份出台了《长湖乡进一步深化和完善站所改革试点工作方案》和《长湖乡进一步深化和完善站所改革试点人员竞岗和分流工作实施意见》两个文件。改革实施过程中，严格审查改革试点的每个节点，在机构设置和人员配备上，严格按照“三定”规定，逐一审核；在人员定岗和分流上，先申报、再审定、再公示，最后定岗分流。期间，编办牵头，联合相关职能部门对长湖乡的改革工作进行了两次督查。6月23日，改革工作圆满完成，达到了预期目标：一是长湖乡站所经营性职能得到彻底剥离，公益性职能进一步明确；二是乡镇派驻机构党组织实行属地管理，林业站得到下放，财政所实行县乡共管，乡镇站所管理体制得到完善；三是长湖乡在站所设置人员编制调整上获得了自主调剂权；四是实现了多渠道分流超编人员；五是加大了乡镇站所财政保障力度，加强人站所人员培训，创新了为农服务方式，规范了乡镇人员编制管理。

【机构编制管理】 严格把住人员“入口”。2014年年初，针对各单位申报的本单位年度用编计划，编办调研后，拟订年度用编计划，并报县编委审定后，印发《关于下达2014年度全县行政事业单位年度用编计划的通知》（岳县编发〔2014〕15号）。在实施过程中，未纳入用编计划的单位进人，一律不予列编。2014年，新进人员共列编338份，其中公开招录、招聘人员列编322份，外地调入14份，安置军转干部2份，县行政事业单位新进人员较市定控制计划少进20人，较2013年自然减员500人，净减100人。行政事业单位人员连续13年实现“负增长”。

严控机构设置。机构设置严格按照“精减、统一、效能”原则。进一步规范了机构审批程序，凡科级以上行政事业机构的审批，由部门申报，编办调查、编委研究、县委常委会议审核后报市编办审批；股级机构的增设、更名，先由单位申报、编办调查、报请编委主要领导同意后，编办研究审批。2014年，全县先后撤并了县房屋产权产籍管理所、县房地产交易管理所、县物业管理办公室、县工资统发中心、县水利总工程师室、市电视台驻县记者站、县福利企业生产管理站、县退伍军人接待站、县畜牧兽医技术服务中心、县水产技术服务中心等10家职能弱化的事业机构，全县事业机构净减了两家。

【事业单位法人登记管理】 坚持把握审核重点，认真做好设立、变更和注销登记工作。全年共办理事业单位设立登记6个，法定代表人变更、名称变更、举办单位变更和资金变更登记55个，补发证书80多个。在事业单位法人年检方面做到了应检尽检。对法人变更的49家事业单位办理了法人代表变更登记，做到了应审尽审。其中对规划局、房产局、建材办、张谷英管理处、台创园等5个事业单位的法定代表人委托县审计局进行了离任审计。2014年，岳阳县把县畜牧水产局下属5个事业单位、县农机局下属3个事业单位定位法人履职评估试点单位。通过科学设置指标，取消“单位自评”程序，增加“民调评估”程序，有效地避免了人为干扰因素，确保了事业单位法人履职评估的公平、公正。

【行政审批制度改革】 行政审批制度改革工作牵头单位移交编办后，编办及时做好与法制办的工作移交，成立了县审改办，明确专人负责，并且把行政审批事项清理工作定为全年工作重点。实行“三下三上”模式，把好清理工作质量关：一是审改办下发清理表格、单位自查上报行政审批事项。各单位收到通知后，进行认真自查,并将自查结果报审改办。二是审改办初审,与单位逐个核定,提出初审意见。各单位在收到初审意见后,进行认真比对,形成反馈意见,并上报审改办。三是审改办制定目录初稿,单位确认。形成《岳阳县县本级行政审批项目目录(初稿)》。

经清理,全县本级共取消行政许可项目22项,承接行政许可和政务服务事项31项(其中,行政许可事项26项,政务服务事项5项),新增行政许可事项7项,110项行政许可事项合并成41项,调整行政审批事项28项,最后形成县本级行政许可事项196项。

(熊仲勋)

党校工作

【概况】 岳阳县委党校是行政支持类副处级事业单位,设有办公室、教研科、社会培训科、行政事务室等4个科室。教职工26名,其中在职18名,有高级讲师3名,讲师7名。校园面积2.67公顷,建筑面积8100平方米,已具备同时容纳300人的办学规模,先后被评为“市级文明单位”“省级园林单位”。2014年,县委党校全面贯彻中央、省市《2013—2017干部教育培训规划》,坚持“教学立校、质量强校”的发展理念,全力提升党员干部教育培训工作水平,被湖南省委党校、行政学院评为“全省党校行政学院先进单位”。

【培训工作】 县委组织部年初制定《干部教育培训计划》,形成了党校干部教育培训的规律性、稳定性,实现了全员培训、按需培训的有效结合。2014年共举办培训班20期,培训学员3024人,其中计划内培训班15期,培训学员2129人,计划外培训班7期,培训学员895人,超额完成了培训工作任务,彰显了全县党员干部培训的主阵地作用。

【教学工作】 教学工作紧扣“理论教育、党性教育、全县发展战略”三条主线,优化了主体班课程设置,明确了教员教学研究的主攻方向,增强了干部教育培训的实效性。同时逐步健全和完善“三集体一评议”的教学制度,提高教学能力。全年共推出了40个既富于时代气息,又贴近干部实际的优秀专题课,课题更新率在68.9%以上,教学质量测评优良率一直保持在95%以上。理论教员袁艳荣获全省党校系统“优秀教师”称号。

【科研工作】 全年共撰写11篇调研报告和篇理论文章,确立“农村基层党组织建设”为省级科研立项课题,其中《冲破思想观念束缚,高举思想解放旗帜》《新时期党的群众路线:发展成果、现实意义、实践路径》等荣获党校系统理论研讨会市一等奖,省二等奖,在省市级刊物上公开发表理论文章4篇。共编辑、送阅了3期《学习与思考》,标志着科研工作的制度化和常态化,县委、县政府政府对党校科研工作相当肯定,有力提升了党校的科研水平。

【校园建设】 投入300多万元新建学员宿舍楼,弥补了多年来制约党校发展的短板,党校具备同时容纳300人的办学规模;投入20多万元完成了办公楼及多媒体教室的升级改造,为学员、教职工营造了良好的学习、工作环境;投入50多万元新建校门和校内道路升级。2014年党校建设是继2009年大投入以来又一个高峰年,为党校干部教育培训工作提供了强有力的后勤保障。

【宣讲工作】 按照县委部署,充分利用党校优势,成立了“党的群众路线教育实践活动”“学习贯彻总书记习近平系列重要讲话精神”“全国文明县城创建”“学习党的十八届四中全会精神”等专题宣讲团,进单位、进企业、进社区、进农户开展宣讲活动,共宣讲150场次,听众近万人次,为全县中心工作深入地开展营造了良好氛围。

(王　玮)

老干部工作

【概况】 中共岳阳县委老干部局是负责全县离休干部和副处级以上退休干部管理和服务的工作机构,归口县委组织部管理,内设办公室、生活待遇股、组织宣教股3个股室,下辖老干活动中心(加挂“县老年大学”),配备班子成员4名,有在编干部职工15人,退休5人,挂靠管理“五老”组织6个(县关心下一代工作委员会、县老年书画协会、县老年大学、县老年人体育协会、县老年科技工作者协会、县老年保健协会)。

2014年，县老干局深入学习贯彻党的十八届三中全会和总书记习近平系列重要讲话精神，以中央、省、市老干部工作会议部署和县委、县政府要求为指针，积极围绕中心、服务大局，突出抓好离退休干部“两项建设”，认真落实“两项待遇”，努力深化老干部服务管理，积极引导老干部发挥作用，全面丰富老干部的精神文化生活，切实加强队伍自身建设，实现了全县老干部工作继续保持良好发展的态势。

【两项待遇】 老干部政治待遇。坚持老干部阅文、列席会议、通报情况、走访慰问、征询意见等制度常态化，老干代表列席重大会议46人次，召开通报会3次；在教育实践活动中，县委政府及领导向老干代表征求意见建议85人次；春节前夕县委主要领导对离休和副处级退休干部进行了慰问；老干局每月对离休干部开展一次走访。全县各单位坚持认真落实老干部政治待遇，在全社会形成了尊重老干部、学习老干部、关爱老干部的良好风尚。老干部生活待遇。离休干部“三个机制”不断完善，“两费”切实保障，各项政策规费无一拖欠。根据文件调整了离休干部护理费。同时，不断优化离退休干部服务管理工作，认真做好老干部信访，接待老干部23人次，解决老干部诉求3件；坚持“三定四包五清”走访联系老干部工作制度，形成了生病住院、重要寿辰、新春佳节、矛盾纠纷、生活困难、丧葬大事“六必访”的惯例，对8位特困老干部帮扶1.3万元，得到了广大离退休干部的高度赞扬和热烈拥护；探索老干部“四就近”服务管理工作，40余名客居县城的老干部在城关镇各社区就近参与活动；组织离休干部进行了健康体检。

【两项建设】 老干部思想政治建设。落实〔岳老干8号〕文件，深入开展“受教育、保本色、争上游”活动，针对老干部居住分散、身体不好、行动不便等实际，在全县范围内采取“三上门”“四个一”(即：上门宣讲活动精神、辅导学习、征求意见，送一份活动方案、一套学习书籍、一封公开信、一份征求意见表)的形式组织学习；全县87个支部每月定期组织学习，不断坚定理想信念、组织纪律、模范带头和反“四风”意识；各支部结合实际深入调研，先后为本单位开展教育活动提出意见建议210多条，大部分老干部都敢于亮身份，积极参与讲传统、提意见、搞督导，促进本单位群众路线教育实践活动深入开展，提高反“四风”实效。老干部党支部建设。按照《关于进一步加强和改进全市离退休干部党支部建设工作的意见》(岳组发〔2012〕15号)文件精神，继续深入推进“先锋、安家、阵地”工程，狠抓老干部党建工作，积极开展“服务型离退休干部党组织”创建，全面夯实工作基础。指导新建联合支部两个，选举更换支部书记5人。新开镇、县渔政局老干支部被评为全市离退休干部先进集体。

【老年组织工作】 县关心下一代工作委员会继续关注青少年思想道德教育，全面部署“老少共筑中国梦、老少共创文明城”系列主题活动，先后组织校外辅导员开展青少年社会主义核心价值观宣讲报告会8场次，学生听众达到5000人，举办了“美丽中国·我的中国梦”中学生演讲比赛和书法绘画征文竞赛活动，在岳阳市关工委举行的“老少共筑中国梦、老少共创文明城”系列活动演讲比赛中，县关工委推荐的县八中学生余扬扬获二等奖。推荐张谷英镇少年张海标，获评岳阳市唯一“全省最美孝心少年”。县老年书画协会和县老年大学围绕庆祝建国65周年在相思等地开展书画写生“四进”活动3次，征集民间优秀书画作品编印出版《砚田秋实》(第六期)；老年大学新增二胡初级与提高班两个班。县老年体协积极发展老年体育事业，举办了县直和乡镇老年门球赛，共29支代表队340余名老同志参加了比赛。县老年科技工作者协会致力三农服务工作，建立和完善科技示范基地10个，牵线并促进湖南大学老科协与新墙镇枫树湾畜牧有限公司进行科企合作，推进岳阳县富硒农产品发展。县老年保健协会联合老科协在14个村积极开展“百岁健康示范村”创建工作，黄沙街镇再茂村“百岁健康示范村”创建工作已通过省老科协验收，为岳阳市仅有的两个村之一；积极宣传老年保健常识，先后培训老年保健知识宣传骨干45人，下乡举办大型保健知识讲座6期，组织老年保健知识电视竞赛活动，组队参加岳阳市电视竞赛获二等奖。

【岳阳市老科协创新科技服务现场经验交流会在岳阳县召开】 9月11日至12日，岳阳市老科协创新科技服务现场经验交流会在岳阳县召开。副市长李为，市委组织部副部长、老干部局局长张赟，县委书记毛知兵，县委副书记、县长张中于，岳阳市老干部局副局长周兰，县委常委、组织部长王保林等领导参加相关活动。

县委副书记、县长张中于向与会人员介绍了近年来岳阳县在一、二、三产业及城市建设、新农村建设中所取得的发展和成就。与会人员先后参观了新墙镇清水村富硒葡萄、进塘村枫树湾畜牧有限公司及杨林鸽业，实地查看和了解了富硒技术在岳阳县农业应用中所带来的巨大潜力和发展空间。

（施四林）

宣传思想工作

【概况】 县委宣传部内设机构4个：办公室、新闻办、理教办、文化产业办；下属二级事业单位4个：县新闻中心、文明办、县网络建设与管理中心、《巴陵通讯》编辑部。2014年年末有干部职工21人，其中大专以上文化程度20人。2014年，县委宣传部紧紧围绕市委宣传部年初工作目标及县委、县政府中心工作大局，积极营造舆论氛围、热情服务群众，各项工作顺利、有序、卓有成效，为加快实现县全年工作目标提供了强大精神动力和舆论支持。

【理论教育】 继续在全县开展学习型党组织建设“五创两评”、党员干部“一个月读一本好书，读好一本书”及“全民读书月”活动，“争创学习型组织，争做学习型干部”在各单位形成了浓厚氛围。11月22日，组织全县1080名副科级以上领导干部集中参加了理论考试，3381名普通干部参加了单位组织考试，进一步提升了干部理论水平。继续开展“巴陵大讲堂”活动，努力构建县委中心组和领导干部理论学习新平台，“巴陵大讲堂”全年共开讲4次。

县委中心组开展了9次集中学习、讨论活动，邀请了市委党校副校长刘宇赤、省纪委常委刘大放、省人民检察院职务犯罪预防处处长饶力明、省人口计生委人口发展研究处处长尹晖、市委讲师团主任李桂华等领导专家前来讲座。县委书记毛知兵先后两次讲课，县长张中于辅导学习了总书记习近平的讲话精神。

全年举行形势政策报告会88场、宣讲活动100多场次，县委成立了宣讲团，县直相关单位、各乡镇成立了“微宣讲”小分队，开展了丰富多彩、形式多样的宣讲活动。9月份，开展了“千名书记讲核心价值观活动”，并选拔两名选手参加全市决赛，获三等奖。

组建了县委“党的群众路线”专题宣讲团，宣讲60场次。围绕“党的群众路线”开展了“千名书记讲党课”比赛活动。

【舆论宣传】 加大对外媒体宣传力度，全年在市级以上媒体上稿1640篇，其中在《人民日报》、中央电视台、新华社、人民网、新华网等中央级媒体上稿198篇，县委书记毛知兵的署名文章《改进作风要讲认真》被《人民日报》刊载。

提升对内舆论引导的力度。县4大媒体均开设专栏，全方位开展重点工作宣传。如：贯彻全县经济工作会议精神、党的群众路线教育实践活动、文明创建、沟渠疏浚等。深入基层着力挖掘了一批民生新闻，如“把一生献给大山”的民政所长许杰、无私奉献的女村支书陈玉凤、身残志坚的马宏权等一批基层典型。

把握网络文明传播的广度。在全市率先成立网络文明传播指导中心，使网络文明传播规范化、常态化。在人民网、新浪网、红网湖南频道等省级以上媒体上稿133条，完成转评任务1361条，刊发文明传播稿件80篇。网络舆情监控到位，处置及时，引导有方，全年网络事件为零。

【精神文明】 把全国文明城市作为第一名片来打造，文明创建工作跃上新台阶，获得了3项省级荣誉、3项国家级荣誉。完善三大机制。一是责任机制。出台《岳阳县2014年创建全国文明城市实施方案》《岳阳县创建全国文明城市工作责任追究和奖励办法》。二是投入机制。县财政和各责任单位安排财政总收入的5%作为创建专项经费，为全国文明城市创建提供了有力保障。2014年仅“讲文明树新风”公益广告宣传一项，全县总投入达280万元。三是督查考核机制。建立了常态化的文明城市创建工作议事制度，实行挂号销号制度，定期组织城市文明程度指数模拟测评；将文明城市创建工作纳入绩效考核重要内容。开展五大整治行动。强力开展了环境卫生和市政秩序、交通秩序、市场秩序、治安秩序、五小门店经营秩序的大整治。强化城市管理，全面推行“五位一体”环境卫生管理新模式，规范了市场经营行为，交通秩序、治安秩序得到极大改善，县城面貌焕然一新。优化“八大环境”。深入开展优化“八大环境（政务环境、法治环境、市场环境、人文环境、生活环境、安全环境、社会环境、生态环境）”活动，进一步动员和组织全县各方力量，强化效能建设，创新工作方式，规范行政行为，形成了“事事关系荣城发展，人人都是荣城形象，处处维护荣城环境”的良好社会氛围。推进十大文明行动。县级新闻媒体均开辟了“讲文明　树新风”公益广告专栏；成立学雷锋志愿服务组织102个，志愿者达74000多人，开展活动1000场次；建立道德讲堂120所，开展活动600余场次；全县486家餐饮单位、113家单位和学校公共食堂已全面普及“文明餐桌”行动；中心城区由县直单位分段负责五创劝导，200名青年志愿者在城区开展文明交通劝导，维护了县城的卫生和交通秩序；组织开展文明宣讲进机关、进学校活动68场次，文艺宣传进社区12场次，引导市民“学文明知识、守文明公德、做文明市民”；创建示范街1条、示范店20家；在传统节日和重要纪念日期间，组织开展丰富多彩、喜闻乐见的“我们的节日”　主题活动，把“我们的节日”过成文化节、爱国节、仁爱节、传承节；在全县中小学开展经典诵读活动、“美德少年”评选活动、优秀童谣征集和推广活动，加强未成年人思想道德教育，让孩子们健康成长。一系列活动的开展，传播了正能量，提升了广大市民的素质，文明和谐、遵德守理蔚成风气。

【文化产业】　推进文化品牌创建，文化惠民功能大提升。一是开展了“欢乐潇湘·幸福岳阳·秀美巴陵”大型群众文艺会演暨百姓大舞台活动。文艺会演采取“村村出节目、镇镇有演出、片区大会演、县城集中赛”的方式，先后举办了39场演出，参与的群众演员达4000多人次，观众达12万多人次；全民广场舞大赛有320支代表队近8000人参与表演，现场观众达20多万人，实现了“政府搭台、百姓唱戏、群众受惠”的目的。新华社、湖南卫视、湖南经视、湖南宣传动态、《岳阳日报》等媒体进行了多次报道。二是开展岳阳花鼓戏“一元剧场”文化惠民活动，全年演出28场次，被省委宣传部作为先进典型在全省推广。三是新墙河抗战文化保护与利用工作稳步推进。占地1500平方米的抗战博物馆已完成文案大纲设计和内容设计，2015年6月将正式对外免费开放。推进文化产业发展，文化富民功能大提升。着力提高广播电视的传播力、覆盖率、影响力，新华书店实现收入5336万元，体育彩票总销量突破1.8亿元，同比增长38%。着力加强综合文化市场管理，服务水平与效益大大提高。推进文艺创作生产，文化育民功能大提升。设立文艺创作基金，大力扶持文艺创作，全年共有21篇作品在国家级刊物上发表；多件书法、摄影作品在全国、省级比赛中获奖。新成立了饶村乡、新开镇、新墙镇诗联书画协会，实现全县20个乡镇的全覆盖，会员达1900多人，“中华诗词之乡”品牌深入人心。

（孙　晗　刘衍军）

统战工作

【概况】　岳阳县委统战部内设机构5个：办公室、党外干部办、台湾工作办公室、民族宗教工作办公室、经济联络办。2014年年末有干部职工10人。2014年，县委统战部深入实施同心工程，切实加强党外代表人士队伍建设，全力服务非公经济健康发展和非公经济代表人士健康成长，依法加强民族宗教事务管理，积极推进岳台两地经贸文化交流，扎实开展党的群众路线教育实践活动，较好完成了年度各项目标任务。

【四同创建工作】　创建同心项

目——同心讲堂。同心讲堂是县委统战部打造的党外代表人士教育培训平台，2014年，同心讲堂在金海科技有限公司建立主阵地，成立了“同心讲堂读书会”，在省社会主义学院举办了一期集中培训班，组织座谈会、读书交流活动4次，举办大型讲座2次，先后邀请了原省社会主义学院院长、博导胡旭晟等12名资深学者为学员授课。2014年12月12日的《岳阳日报》以《小讲堂聚集大能量》为题，对同心讲堂开展情况进行了专题报道。创建同心乡村——黄沙街镇黄秀村。县委统战部、县工商联发挥牵头作用，组织相关领域专家开展调研活动3次，召开党员组长、村民代表、企业代表协调会、座谈会5次。与县规划局一起帮助制定出台了《黄秀村同心乡村建设实施方案》《同心乡村建设规划》。整合相关职能部门涉农项目、资金，改善农田水利、电、路、厕等基础设施。注重发挥村民主体地位，建立村民理事会、志愿者协会等组织，健全“党组织＋村民理事会＋合作社”和“党组织＋村民理事会＋志愿者协会”村民自治机制。引导县域工商企业家、农民企业家、爱心人士主动参与秀美乡村建设。本地企业家黄建文引进劳动密集型企业华高鞋帮厂，投资1500多万元，安排本地农民工350人就业。非公经济人士捐资修建了“同心敬老院”，集供中养老年人102人。创建同心园区——台创园。县委常委、宣传统战部长喻飞跃先后6次深入台创园进行调研座谈，帮助解决基础设施建设融资、施工建设环境等问题多个，促成两个台湾投资考察团来台创园考察。创建同心社区——城南社区。县委统战部牵头，组织宣传、教育、文广等部门，成立帮强班子、帮推发展、帮社会服务三个工作小组，投入帮扶资金5万元。

【“两个健康”活动】 一是深入开展帮扶。县统战部、县总商会加强与相关部门协调合作，搭建融资、沟通、维权等服务平台，帮助非公企业解决用地、规划、环保、高新科技企业申报、融资担保等问题21个。二是加强教育引导。在非公企业党员和非公经济人士中深入开展党的群众路线和理想信念教育实践活动，组织动员会、主题培训班、座谈会16场次。12月18日，统战部牵头组织召开了全县非公经济代表人士座谈会。三是强化党建引领。按照“六有”标准，建好一批非公企业党建工作示范点。推行抓好培养、配强书记、完善制度等有力举措，持续提升非公企业党建工作规范化、制度化、科学化水平，党组织影响力、向心力不断增强。2014年，全县非公企业中向党组织递交入党申请书的人数比2013年增加了50%。四是引导回馈社会。2014年，非公经济人士的社会责任担当意识进一步增强，自觉致富思源，主动回馈社会，为新农村建设、扶贫助学等公益事业捐赠款物价值200多万元。

【民宗事务工作】 开展宗教场点证照、教职人员证件审核工作，取缔注销违规证件两个。健全民族宗教领域突发事件应急机制，与政法、国土、规划等部门加强联动，严防邪教渗透，严控违规宗教场点建设，打击处理非法聚会、传教活动6人次。与城管、工商部门联合行动，妥善处理涉疆少数民族群众违规摆摊设点3起。建立三级宗教工作网络和乡（镇）、村（社区）两级宗教工作责任制，明确相关部门在涉及宗教事务管理和公共服务中的职责。成立县道教协会，提升宗教自我管理水平。健全宗教活动制度、教职人员管理制度、教职人员教育培训制度、财务制度、安全卫生制度等管理制度，不断提高宗教事务自我管理、规范管理水平。

【台海统战工作】 热情接待两岸学子文化交流会、同乡会和台商86人次。积极参与两岸交流。12月5日至12日，县委常委、宣传部长、统战部长喻飞跃，常务副部长陈琳，县台办主任李可辉三人随市赴台参访团对台湾进行了为期一周的考察访问，期间广泛走访、深入接触了包括台湾湖南商会会长在内的台湾各界人士，增进了对台湾社情民意的了解。妥善处理台属李满辉上访案。共调查走访3个乡镇、50多位群众，召开由市台办、县移民局、信访局、县法制办及相关乡镇参加的协调会多次，按《信访条例》作出了《对李满辉诉求上访事件的处理意见》。

（冯高平）

中共岳阳县纪律检查委员会(监察局)

【概况】 县纪委、监察局内设办公室、信访室(加挂信访举报中心牌子)、纪检监察室、党风政风监督室、执法和效能监督室、案件审理室、案件监督管理室、预防腐败室、宣传教育室9个内设机构。机关在编干部39人。2014年,县纪委、监察局全面贯彻落实中央、省、市反腐倡廉工作部署,充分发挥党内监督专门机关作用,落实"三转"要求,抓好主责主业,深入推进惩治和预防腐败体系建设,党风廉政建设和反腐败工作取得了明显的成效。

【党风廉政建设责任制】 县委着力履行党风廉政建设主体责任,把党风廉政建设与改革发展稳定各项工作同部署、同落实、同检查、同考核,制定出台了《岳阳县建立健全惩治和预防腐败体系2013—2017年工作规划》。县委班子成员严格履行"一岗双责"。各乡镇和县直各部门主要负责人与县委、县政府,各单位与所属站所、二级机构签订了党风廉政建设责任状,形成了一级抓一级、一级向一级负责、层层有责任要求的责任体系。县委高度重视纪检监察队伍建设,县纪委监察局机关交流了1名班子成员,配齐配强两名空缺室主任;将全县20个乡镇的17名纪委书记进行了调整充实,其中配齐乡镇空缺纪委书记8名。同时,投入20余万元推进纪检监察机关制度化信息化建设;将乡镇纪检监察工作经费纳入财政预算。县纪委认真履行监督责任,积极协助县委抓好全县党风廉政建设责任制的落实,着力推动"三转"(转职能、转方式、转作风)落实,聚焦主业,抓好主责,从原牵头或参与的22个议事协调机构退出7个,将参与的政府采购、工程项目招投标监管等13项工作交还给主责部门。明确各乡镇纪委书记、县直部门纪检组长不得兼管或直接参与纪检监察以外的其他工作,把工作重心转到了对主责部门履职情况的监督检查上。

【领导干部廉洁自律工作】 开展党员领导干部违规收受红包礼金、有价证券、支付凭证等问题的专项整治,2014年全县133名领导干部共上交红包礼金143.19万元,人数和金额同比分别增加533%、119.4%。对乡科级单位党政主要负责人落实"三重一大""四个不直管"和"一把手末位表态"等制度情况开展监督检查,对存在问题的相关单位提出了整改要求。加强选人用人的监督,对51名拟提拔重用干部的廉政情况进行审核把关。认真落实评先评优对象、村主职干部考录公务员、文明单位创建等廉政情况征求意见工作,对事业单位招聘工作人员进行了有力监督。落实重大项目报告制度,全县各单位报告重大项目92个。推进制度廉洁性评估,对57份规范性文件和重要非规范性文件进行廉洁性评估。

【纪检监察信访举报工作】 坚持快办快结上级交办件、转办件,对上级的信访交办件,集中人员、集中力量,严格时限要求和工作责任。2014年,在规定时间内办结回复,市委批示两件,市纪委共交办、转办11件,县委主要领导批示3件,其中转立案调查两件,及时查办信访件,职责范围内的信访做到应受理尽受理,重点受理对党组织、党员和监察对象违反党纪政纪行为检举控告。2014年,县纪委共受理群众信访举报188件次,直办4起,函询9人,诫勉谈话8人。各乡镇纪委办理交办件、转办件120件。同时,加强督办与协办,对交办件实行限期办结,对将要到期和超期的进行重点督办,确保信访案件的办结率。

【违纪违法案件查处工作】 出台《问题线索集中管理处置暂行办法》,加强线索管理和办理。切实加大案件查办工作力度,确保应查尽查。2014年,全县共立案96起103人,结案95起102人,其中自办案件42起47人,涉及科级干部15人。已结案处分的71人中,开除党籍5人,行政撤职处分1人,行政开除处分3人,移送司法机关处理5人,挽回经济损失1260万元。加强反腐败协调,研究出台《进一步加强查办案件协调配合实施意见》,及时召开反腐败协调领导小组会议,加强与检察、法院、公安、审计等职能部门协同作战、联动办案。2014年,县纪委向司法机关移送案件5起,司法机关向县纪委移送案件1起,均得到及时处理,进一步形成了查办案件的工作合力。注重"抓早抓小",综合运用约谈、函询、曝光等手段预防和处理轻微、苗头性问题。2014年,函询11人,诫勉谈话24人,任前集体廉政谈话5批次38人,对24名乡镇和县直单位主要负责人进行工作谈话,曝光拖欠银行业贷款国家工作人员166人,其中7名副科级干部被集体约谈。

【优化经济发展环境工作】 围绕全县"大力优化经济环境,强力推进项目建设"目标,强化措施,加大治理力度。完善《优化经济环境"十不准"规定》,认真执行《园区(重大项目)周边环境维护责任制度》;牵头制定《工程建设项目联合审批(验收)和"一票制"收费》文件,对同一审批事项涉及两个以上部门的实行联合审批或并联审批,将建设工程项目16项行政事业性(基金)收费和20项服务性收费纳入"一票制"收费的项目,减少了审批和验收环节,杜绝了乱收费、乱摊派和多重收费的现象。开通24小时投诉热线,加强对强行阻工、强揽工程、强买强卖行为的严厉打击。制定《关于对损害经济发展环境行为实行"五个一律"的纪律规定》,对5种损害经济发展环境的行为一律先停职,再查处。出台《关于损害经济发展环境行为的纪律责任追究暂行办法》,对81种损害经济发展环境的行为实行严格的责任追究。2014年,共查处损害经济发展环境典型案件15起,处分相关责任人16人;对4起党员干部行政不作为、乱作为等损害经济发展环境的典型案件给予了相应处理。

【执法监察工作】 认真落实以县委常委、副县长牵头,职能部门为主,县纪委、监察局参与的监督检查机制。开展环保专项治理,强制关停粉煤加工场7家、水钻加工厂1家、炼油厂1家,捣毁3个小炼铅生产加工作坊。对铁山非法采砂行为进行了专项整治,上岸解体22条非法采砂船。加强专项资金监管,开展对燃油补贴资金、土地综合整治专项资金、"特力商城"重建专项资金和水利、农业、交通等专项资金监督检查,收缴违纪资金1661.47万元。进一步优化政务服务,对6名乡镇便民服务中心工作人员进行诫勉谈话,通报批评了45家电子政务落实不力的单位和6名违反工作纪律的窗口工作人员,约谈了32个单位分管负责人。对3个行政执法部门"三乱"(乱收费、乱罚款、乱摊派)问题进行处理。对全县各乡镇落实市县精神和沟渠疏浚工作开展情况进行了督查。强力推进禁违拆违治违工作,组织开展专项整治行动30次,共控建50户,面积10117平方米,查处控建拆违典型案件3起。

【纠风治乱工作】 开展未纳入预算的政府性基金及专项资金管理使用情况抄报监察审计机关备案工作。组织开展教育助学金、高中阶段教育收费监督检查,收缴违规发放助学金60万元,督促清退整改违规收费2369万元。开展纠正损害涉农利益行为专项整治工作督查,组织县财政局对20个乡镇的涉农资金进行全面清查,督促各乡镇和相关部门将所有惠农资金全部纳入财政账户按时、足额、打卡发放,切实维护群众利益。

【干部作风建设】 以群众路线教育实践活动为载体,县纪委牵头组织和深入开展"四风"突出问题专项治理。出台《全县"四风"突出问题专项整治工作实施方案》,确定"34+12+5"项专项整治任务。全县共腾退或调整办公用房面积1392平方米,减少会议20次、文件13个,精减议事协调机构60个,整治党政领导干部企业和社会组织兼职,违规设置"小金库",村级财务和"三资"问题等都取得了较好成效。规范公务用车管理,处置和调剂单位超编车辆两台,登记处置公车27台,纠正和停用公车上私牌两台,公开通报批评50台节日期间违规使用车辆。制定《岳阳县"三公"经费管理暂行办法》,开展"三公"经费专项检查,针对相关部门"三公"经费支出、津补贴发放存在的问题,征收社会保障金653373元,收缴超标准发放津补贴357082元;推进公务卡结算制度,公务卡消费占授权支付比重上升到52.4%,全县压缩"三公"经费826万元,比上年同期减少22.8%。着力整治利用婚丧喜庆事宜借机敛财问题，立案查处违规请客党员干部4人。继续在全县深入开展“三抓”“四评”“六个一点”活动。坚持定期开展作风检查，重点查纠问责“不作为、慢作为、乱作为”三种现象、“索、拿、卡、要”四种行为和“门难进、脸难看、话难听、人难找、事难办”五种不良风气。2014年，开展作风专项督查22次，下发作风通报9期，对开会迟到和无故缺席40余名相关人员进行了通报批评。对党员干部违反作风规定的通报19人，立案查处9人，诫勉谈话2人。查获涉赌人员22人，7名国家工作人员被分别给予党纪政纪处分。实行作风建设“一案双查”，5个单位相关人员违反作风建设，其单位“一把手”被责令写出书面检讨。

【党风廉政宣传教育】 开展“清正在心”主题教育活动和“党纪条规教育年”活动，邀请省市纪委领导、省检察院专家、县委书记为“清正在心”和“党纪条规”教育活动讲课4次，督促各单位“一把手”开展党纪条规教育宣讲；县委书记毛知兵同志带头作“党纪条规”知识讲座，并以《从经济学的角度论防治腐败之对策》为题，从腐败的经济成本角度上了一堂廉政党课。县纪委发放廉政书籍800余份，督促各单位党员领导干部集中观看《规划错了的人生》(顾湘陵贪腐案)等教育片。组织廉政法规知识测试，对58名新任科级干部进行了廉政法规知识测试，并将成绩通报全县。加强廉政警示教育，在发案单位召开案情通报与警示教育大会。加强廉政文化建设，创作廉政大舞台歌曲《天地良心》，开展廉政文化进旅游景区、工业园区和重点工程项目新“三进”活动，全县反腐倡廉氛围进一步浓厚。

【调研信息工作】 紧紧围绕上级重大决策部署以及党风廉政建设和反腐败重点难点工作，切实加强调查研究，认真为领导决策提供参考。2014年，上报综合、调研报告及信息材料80余条(篇)，其中被中纪委采用16篇，被省纪委采用30余篇。《当前政府微博运行面临的困难和可能存在的风险》《基层纪检监察系统“三转”存在的困难及对策建议》《网络反腐五大“副作用”应予关注》《谨防国家工作人利用办证谋取私利》《当前基层执行中央“八项规定”存在的问题》《深化“六个治理”认真贯彻实中央“八项规定”》《公职人员的四种“营利”形式》《谨防“影子腐败”成反腐败短板》《纪检监察干部监督工作面临的问题及建议》等一批调研信息在中纪委《研究之窗》《廉政理论研究》《党风廉政创新平台》以及省纪委《要情专报》《湖南监察》、三湘风纪网上发表。

【干部队伍建设】 严格干部教育管理，健全完善机关学习制度，坚持每月一次集中学习，推行班子成员、各室主任轮流讲课制度，邀请县委讲师团专题辅导3次。组织观看廉政警示教育片，开展“做群众的贴心人”“来纪委为什么、在纪委干什么”专题讨论。加强对纪检干部的业务培训，选送机关干部参加中央纪委和省、市纪委业务培训班，组织举办乡镇纪检干部业务培训班。推进机关制度化信息化建设，将2014年确定为“机关制度执行年”，健全完善公务接待、财务管理、小车管理等42项机关管理制度，统一制定规范43项涉案类常用表格及相关文书，严格按制度办事，按流程办事、办案。全面启动内网办公平台建设，推行无纸化办公，共开展专项工作网上办理154项，做到了所有办文、办会、办事、办案都在网上运行。切实加强内部监督，制定《县纪委常委会议事规则》，健全完善并严格执行议事制度和决策程序。建立回访制度，对委局机关牵头开展的监督检查、查办的重大信访案件和违纪违法案件进行回访。严肃查处纪检监察内部违纪违法行为，调整了1名违反程序办案的乡镇纪委书记，对相关责任人员进行立案查处。

(贺雪峰)

岳阳县人民代表大会常务委员会

【概况】 岳阳县人大常委会设“一办六委”7个正科级工作机构。机关共有工作人员67人，其中正式上班人员29人，退线人员9人，退休人员29人。县十六届人大常委会从2012年年底启届履职，现有常委会组成人员26名，其中主任、副主任6名，委员20名，委员中有9名为兼职。本届人大现有代表252名，编组在岳阳县的省十二届人大代表6名，市七届人大代表55名。2014年，县人大常委会按照宪法和法律赋予的职权，紧紧围绕全县工作大局，扎实开展工作，主要在开展全口径的财政预算管理、审查国民经济和社会发展计划、对“一府两院”开展工作评议、规范常委会议题调查、会议审议等方面开展了一些积极的探索，推动了人大工作逐步规范、完善，为岳阳县经济社会持续健康发展和民主法治建设的征程中发挥了地方权力机关的重要作用。

重要会议

【县十六届人大三次会议】 2014年12月23日至26日，岳阳县第十六届人民代表大会第三次会议在县城岳阳花鼓戏传承剧院召开。会议听取了县人民政府县长张中于所作的政府工作报告、县人大常委会主任汤森林所作的人大常委会工作报告、县人民法院院长杨水平所作的人民法院工作报告、县人民检察院检察长段德平所作的人民检察院工作报告，会议还书面报告了岳阳县2014年国民经济和社会发展计划执行情况及2015年计划(草案)、岳阳县2014年财政预算执行情况及2015年财政预算(草案)。会议以举手表决的形式通过了以上6个报告。会议通报了岳阳县十六届人民代表大会第二次会议议案、建议批评意见办理情况，县人大常委会关于表彰先进人大主席团、优秀人大代表、优秀人大工作者的决定。本次会议共收到议案、代表建议批评意见101条。

【县十六届人大常委会第八次会议】 2014年3月31日，岳阳县第十六届人大常委会第八次会议在县城召开。会议听取和审议了县人民政府关于《中华人民共和国体育法》贯彻实施情况的报告、县人民政府关于贯彻落实《工伤保险条例》工作情况的报告、关于农业综合开发工作情况的报告，听取了关于落实县十六届人大二次会议《创建省级园林县城》决议案实施方案的汇报。

【县十六届人大常委会第九次会议】 2014年5月30日，县十六届人大常委会第九次会议在县城召开。会议表决通过了县人民政府县长张中于提名的人事任命议案，决定任命黄艳娥为岳阳县人民政府副县长。会议还表决通过了县人民法院、县人民检察院相关人事任免的议案。会议听取和审议了全县计划生育社会抚养费征收管理工作情况的报告，听取和审议了全县粮食生产工作情况的报告，听取了县发展和改革局、县科学技术局、县财政局、县商务局、县食品药品监督管理局、县东洞庭湖管理局、县招商局等7个单位关于县十六届人大五次会议工作评议整改情况的报告，并对整改情况进行了满意度测评，县人大常委会对7个单位的整改工作表示满意。

【县第十六届人大常委会第十次会议】 2014年7月28日，岳阳县第十六届人大常委会第十次会议在县城召开。会议听取并审议了关于岳阳县2014年上半年国民经济和社会发展计划执行情况的报告，关于2013年县级财政决算(草案)和2014年上半年县级财政预算执行情况的报告，关于2013年度县级财政预算执行和其他财政收支情况的审计报告，县城控详规划编制及执行情况的报告，法律援助工作情况的报告，听取了《中华人民共和国职业病防治法》(以下简称《职业病防治法》)执法检查审议意见落实情况的报告、新农合和城镇职工、居民医疗保险工作审议意见落实情况的报告。会议还补选了1名岳阳市第七届人大代表。

【县第十六届人大常委会第十一次会议】 2014年9月25日至26日，岳阳县第十六届人大常委会第十一次会议在县城召开。9月25日上午，县人大常委会深入长湖乡东林养殖场、柏祥镇天龙牧业、长湖乡松竹苑养殖场，对全县畜禽规模养殖环境污染治理工作开展了视察。25日下午，常委会会议听取和审议了县人民政府关于全县城乡居民最低生活保障政策执行审议意见落实情况的报告，药品和医疗器械安全监管工作情况的报告，听取了农业专业合作组织建设和土地流转工作审议意见落实情况的报告。26日,县人大常委会对县公安局、县教育局、县质量技术监督局、县物价局、县国土资源局、县环境保护局、县渔政局等7个单位开展了工作评议,并对7个被评议单位开展了满意度测评。

【县第十六届人大常委会第十二次会议】 2014年11月27日,岳阳县第十六届人大常委会第十二次会议在县城召开。会议听取县人民政府关于教育负债和化债资金使用审议意见落实情况的报告。会议表决通过了《关于提请审议将荣湾湖生态新城片区开发建设项目(一期)贷款本息列入财政预算的议案》;关于召开十六届人大三次会议的决定;有关代表辞职的决定。会议还通过了有关人事任免事项,新任命了14名岳阳县人民法院人民陪审员。本次会议还听取并审议了县十六届人大二次会议议案、代表建议办理情况的报告,移民后扶项目资金使用情况的报告;听取了县生态工业园、城市建设、荣湾湖综合治理等重点工程项目推进及资金使用情况的报告,副县长易新岳、王卫兵同志分管工作情况的报告,县人民法院民事审判工作、县人民检察院反贪污贿赂工作情况的报告。

【县十六届人大常委会第十三次会议】 2014年12月17日,县十六届人大常委会第十三次会议在县城召开。会议听取了县人民政府关于2014年财政超收收入安排使用情况的报告;听取了县十六届人大代表大会代表资格审查委员会关于2014年度补选县人大代表的资格审查报告,对新当选的4名县十六届人大代表资格予以确认;会议还讨论了县十六届人民代表大会第三次会议工作讨论征求意见稿。

重大活动

【市人大常委会领导到岳阳县调研群众路线教育实践活动】 2014年4月3日,市人大常委会副主任刘美树一行到岳阳县调研群众路线教育实践活动,并召开座谈会,征求对市人大常委会党组开展群众路线教育实践活动的意见和建议。县人大常委会主任汤森林,副主任周建军、胡海平,以及部分市人大代表、乡镇人大主席参加座谈。

【省人大常委会和省安全生产监督管理局领导到岳阳县调研】 2014年6月18日至19日,省人大常委会法工委主任肖迪明、省安全生产监督管理局副局长罗德龙一行到岳阳县,就《湖南省安全生产条例》实施情况进行评估调研。县人大常委会主任汤森林、副主任许欧蛟、县人民政府副县长刘四清等陪同调研。

【“环保世纪行”活动启动】 2014年7月4日,岳阳县人大常委会“环保世纪行”活动正式启动,当天组织学习了新《环境保护法》,特邀省环保厅法制宣传处处长陈战军授课。全体县人大常委组成人员、乡镇人大主席及分管环保工作负责人、县属规模工业企业负责人、县人大常委会及县环保局机关干部等参加学习。当天下午,该县人大常委会还组织县环保局、园区管委会、乡镇等单位就如何落实新《环保法》、进一步抓好环境保护工作进行了座谈。

【县人大常委会召开党组班子专题民主生活会】 2014年7月31日,县人大常委会召开党组班子专题民主生活会。县人大常委会主任汤森林主持会议,全体党组成员参加。市委督导组副组长徐重林到会指导。会议首先观看了兰考县委常委会班子专题民主生活会的视频。汤森林通报了专题民主生活会前准备情况,并代表党组班子作对照检查发言,全体班子成员各自认领班子问题后,分别作对照发言,开展批评与自我批评。市委督导组副组长徐重林对会议进行了点评。

【省人大常委会副主任徐明华到岳阳县进行调研】 2014年8月15日,省人大常委会副主任徐明华带领调研组,到岳阳县就农村可再生能源工作进行调研。市领导李湘岳、许伟奇、熊炜,县领导毛知兵、张中于、许欧蛟等陪同调研。徐明华一行先后到新墙镇枫树湾生态农业园、新墙镇进塘村、清水村等地,实地察看了园区沼气综合利用工程。通过实地调研,徐明华对该县可再生能源建设情况给予了充分肯定,他希望该县将联户沼气工程大力推广,让更多的老百姓受益。

【省人大常委会执法检查组到岳阳县开展执法检查】 2014年9月12日,省人大常委会执法检查组一行来到岳阳县,就《中华人民共和国大气污染防治法》(以下简称《大气污染防治法》)贯彻实施情况开展执法检查。执法检查组一行先后到达中粮米业、宏康陶瓷等企业车间及富安花园建筑工地,调查企业烟气处理、扬尘处理、环保设施运转等情况。

【县人大常委会对交通建设项目及东洞庭湖渔政管理、渔业生态保护工作开展考察】 2014年10月23日,县人大常委会对S208岳阳县杨林乡至张谷英公路(梅城线)、岳阳港岳阳县港区鹿角作业区2000吨级(兼顾3000吨级)码头工程(鹿角码头)两处交通建设项目及东洞庭湖渔政管理、渔业生态保护工作开展了考察。县人大常委会主任汤森林、副主任许欧蛟、袁文、张艳生、周建军、胡海平等领导及全体常委会成员参加考察活动。

重要决定

2014年4月15日,经过会前认真调查,会上认真审议,县十六届人大常委会第八次会议决定批准县人民政府2014年国民经济和社会发展计划、2014年财政预算方案。

2014年4月15日,县十六届人大常委会第八次会议决定,2014年度县人大常委会将对县教育局、县公安局、县国土资源局、县环境保护局、县物价局、县质量技术监督局、县渔政监督管理局等县人民政府七个工作部门开展工作评议;听取县人民政府副县长易新岳同志、王卫兵同志分管工作汇报;听取县人民法院副院长肖志军同志分管的民事审判工作汇报;听取县人民检察院副检察长缪星火同志分管的反贪污贿赂工作汇报。

2014年5月30日,县十六届人大常委会第九次会议决定任命黄艳娥为岳阳县人民政府副县长。

2014年7月28日,县十六届人大常委会第十次会议决定,通过县人民政府《关于2013年县级财政决算(草案)和2014年上半年财政预算执行情况的报告》,通过县人民政府《关于2013年度县级财政预算执行及其他财政收支情况的审计报告》,批准岳阳县2013年县级财政决算。

2014年11月27日,县十六届人大常委会第十二次会议审议了县人民政府《关于提请审议将荣湾湖生态新城片区开发建设项目(一期)贷款本息列入财政预算的议案》。本次会议决定,同意县人民政府将荣湾湖生态新城片区开发建设项目(一期)贷款本息列入财政预算。

(刘　亮)

岳阳县人民政府

重要会议

【岳阳县创建省级园林县城工作会议】 2月7日,岳阳县召开创建省级园林县城工作会议。会议决定,进一步巩固全国文明县城和国家卫生县城创建成果,加快岳阳县园林绿化建设步伐,改善生态环境,提升城市品位,启动创建省级园林县城工作;力争2015年县城园林绿化各项基础指标达到省级园林县城标准,成功创建省级园林县城。

【2014年县委经济工作会议】 2月16日,县委经济工作会议暨全县三级干部大会召开。县长张中于安排部署了2014年经济工作,要求把思想统一到县委、县政府的决策部署上来,立足全省全面建成小康社会先进行列、全国文明县城、省级园林县城等8个创建,突出项目建设、统筹城乡、环境保护3个重点;把力量凝聚到狠抓落实上来,强化责任、强化执行、强化考核;把干劲运用到大干当前上来,切实抓好农业农村工作、财税工作、人口计生工作、控建拆违工作及安全稳定工作。

【县委农村工作会议】 3月10日,县委农村工作会议召开。会议回顾总结了2013年全县农业农村工作，研究部署了当前及今后一个时期的“三农”工作。县长张中于要求，一要以项目建设为支撑。认真研究国家政策,准确把握国家政策支持的方面和领域,全力争取农业项目；加快项目实施和预算执行,切实提高监管水平,确保项目、资金及干部安全。二要以粮食生产为重点。确保种植面积,坚决守住耕地红线,层层落实粮食生产责任制,坚决遏制抛荒,鼓励支持“压单扩双”,努力扩大粮食产能。三要以品牌创建为抓手。优化创建项目，加大创建力度,延伸产业链条。四要以环境整治为根本。切实抓好农村环境整治、铁山水资源保护及禽畜养殖污染治理。五要以农业保安为基础。切实做好森林防火、动物防疫、防汛抗旱及强农惠农政策的落实、农民减负、扶贫帮困等工作。加强项目建设,努力地开创岳阳县“三农”工作新局面。

【全县农村秋冬生产工作会议】 10月10日，全县农村秋冬生产工作会议召开。会议安排部署全县秋冬农业生产、兴修水利、造林绿化、森林防火和动物疫病防控等工作。县长张中于强调,一要突出重点,深入推进沟渠疏浚、农业品牌创建、农村环境整治、农村安全稳定及农村困难群体的保障等重点工作;二要强化保障,确保各项秋冬生产工作在资金、技术及质量等方面的保障;三要落实责任,从加强督查、强化考核、加大投入、确保质量等方面把惠农政策落实好。

【沟渠疏浚工作会】 10月24日，全县沟渠疏浚工作会议在县委党校召开。会议要求力争通过两年的努力，清淤整治农村渠道5695千米,清淤土方702万立方米,将全县农田灌溉水有效利用系数提高到0.58以上,实现“旱能灌、涝能排”的目标,彻底解决好全县小型农田水利建设“最后一千米”的问题。

重要文件

《岳阳县人民政府关于核定公布第四批县级文物保护单位的通知》(岳县政发〔2014〕4号)。岳阳县第四批县级文物保护单位共95处,其中古遗址36处,古墓葬17处,古建筑18处,近现代代表性建筑24处。

《岳阳县人民政府关于全面推进预算绩效管理的实施意见》(岳县政发〔2014〕6号)。主要内容是:(一)加强绩效目标管理。各预算部门在编制下一年度预算时，要编制预算绩效计划，向县财政部门报送绩效目标。财政部门要对预算部门报送绩效目标的可行性、合理性、科学性进行审核。财政预算经县人民代表大会审查批准后，财政部门要在部门预算批复中同时批复绩效目标。(二)开展绩效运行跟踪监控管理。财政部门定期对部门的绩效目标运行情况进行跟踪管理和监督检查，掌握绩效目标进展、资金支出进度、项目实施情况等,促进绩效目标的顺利实现。(三)实施绩效评价。一是开展绩效自评和财政再评价,二是实施重点评价,三是健全联动评价。(四)运用绩效评价结果。建立绩效评价结果反馈应用机制，建立健全绩效评价结果与预算安排有机结合机制，建立健全绩效报告机制，绩效评价结果公开机制,绩效问责机制。

《岳阳县人民政府关于印发〈岳阳县殡葬管理实施细则〉的通知》(岳县政发〔2014〕12号)。主要内容分总则、丧事活动管理、公墓建设和管理、惠民殡葬、奖励和处罚和附则六章。其中惠民殡葬中规定,县城建成区内的纯居民(公职人员除外）在县殡仪馆办理丧事活动,可以享受下列优惠:一是在县建成区范围内免除殡葬专用车遗体接运费，丧属自行运送遗体到县殡仪馆的不予补偿费用;二是免除吊唁厅5日使用费,水晶棺5日存放费；三是免除1间住宿房5日的住宿费。

《岳阳县人民政府关于公布取消、承接、调整、合并的行政审批事项和保留的行政许可事项目录的决定》(岳县政发〔2014〕16号)。主要内容为：经2014年10月23日县人民政府第十次常务会议讨论通过，现决定取消行政许可事项22项、承接行政许可和政务服务事项31项(其中行政许可事项26项，政务服务事项5项)、调整行政审批事项28项，110项行政许可事项合并成41项,新增行政许可事项7项。清理后，县本级保留行政许可事项共196项(含新增7项、承接上级下放的26项、110项合并成41项)。

重要活动

【启动村党组织和村委会换届选举工作】 1月2日，岳阳县召开村党组织和第九次村民委员会换届选举工作会。换届选举原则上在3月15日前完成。此次换届选举坚持村党组织带头人“三有三带”(有理想信念和奉献精神,能带给希望；有经济头脑和致富本领,能带领发展;有良好品行和公道之心,能带来和谐)标准,切实培养选拔一大批守信念、讲奉献、有本领、重品行的带头人。并力争使每村有1名30岁左右的干部,确保村民委员会中至少有一名女性。

【岳阳县与中南大学护理学院签订合作框架协议】 1月3日,县政府与中南大学护理学院合作框架协议签约仪式在县委党校举行。此次中南大学护理学院与岳阳县的合作主要包括普训、轮训、调训、学历教育、深造进修、共同研发等方面,协议期限为五年。

【举行“德行荣城”第二届道德模范颁奖晚会】 1月21日晚,岳阳县“德行荣城”移动倾情第二届道德模范颁奖晚会在县城天鹅影剧院举行。通过评选委员会初评、终评，组委会审定、媒体公示等程序,最终评选出岳阳县第二届道德模范10人,道德模范提名奖2人。

【县中医院迁址城南路】 1月26日，岳阳县中医院正式搬迁至县城城南路。新建中医院建筑面积20088平方米,设计开放病床300张，开放骨伤等12个护理单元，具备“一站式”全程服务的体检中心和专业化的治未病中心，康复医学中心设有康复病房、针灸推拿病房、传统疗法中心、现代康复治疗中心等,硬件设施及科室设置已达到国家二级甲等医院标准。

【岳阳县与华融湘江银行合作签约】 5月21日,华融湘江银行岳阳分行与县人民政府成功举行合作协议签约仪式，在岳阳县设立分支机构。此次合作协议的成功签约，是华融湘江银行支持全县经济社会发展的战略决策，也是深化政银合作,推进经济、金融共赢发展的重大举措，标志着全县金融布局向着更加完善、更趋成熟的方向发展，必将进一步提高全县金融创新能力和服务水平，对全县经济社会跨越发展起到积极的推动作用。

【全市农村土地承包经营权抵押贷款在岳阳县首发】 10月21日，岳阳县举行全市农村土地承包经营权抵押贷款首发仪式,何科义等22户融资需求户通过土地承包经营权作抵押，共获得2460万元的信贷支持，成为全市创新开展农村土地承包经营权抵押贷款试点工作的第一批受益者。

【荣获全国文明城市提名】 2月28日，在全国精神文明建设工作表彰暨学雷锋志愿服务大会上，县委书记毛知兵领取了全国文明城市提名城市荣誉证书。

县政府办公室工作

【概况】 2014年，县政府办紧扣全县发展大局和中心工作,以“信念坚定、为民服务、勤政务实、敢于担当、清正廉洁”为理念,充分发挥综合协调、督办落实、参政设谋作用，较好地完成了各项工作任务。推进制度创新。研究出台《县政府工作细则》《政府领导活动周安排》《县长碰头会制度》《办公室主任工作交流汇报制》《办公室“开门办公”制度》等。推行能级管理制度，充分调动班子成员的工作积极性，营造团结和谐共事的良好氛围。加强上下协调。与县委办、人大办、政协办配合默契，搞好县政府领导成员之间的协调，加强同乡镇及县直部门办公室的协调,确保上下配合、政令畅通。加强民宗工作,积极推进人防建设与经济社会融合发展。强化精细管理。严格执行收支两条线，规范各种非生产性开支的使用，有效地控制接待费等经费支出增长幅度。重点抓好机关建筑、水、电、电信网络、院落绿化等维修与改造,配套完善监控设备,实行全天候巡逻值班，杜绝政府大院违法事件的发生。加强驾驶员的职业道德教育和车辆检测维修,全年没有出现任何事故和差错。突出能力建设。共组织全办干部职工开展集中学习活动12次,开展了形式多样的业务知识学习活动,不断提升工作能力。坚持高标准、严要求、重规范、求精细的理念，极力求规范，确保零失误；

全力讲精细,确保零差错; 坚持严要求,做到零容忍,切实增强“窗口”观念,自觉做到“六个多一点”,不断提升服务能力。紧紧抓住廉政建设这个重点,严格执行党风廉政建设和反腐败的各项规定,认真落实党风廉政建设责任制,努力将党风廉政建设和反腐败的各项要求严格落到实处,不断提升防腐拒变能力。

【文秘工作】 坚持“零失误、零差错、零缺陷”的目标,牢固树立精品意识和效率意识,不断提高办文办会质量和接待服务水平。2014年,共组织大小会议300多次,下发会议通知800多次,接转领导批示件及群众来信200余件,收发各类文件、电报传真500多件,起草、审核、印发县政府、县政府办各类文件480多件,接待群众来访700多人次。

【督查工作】 紧紧围绕县政府的重大决策和重要部署,不断创新督查工作思路、改进督查方式,拓展督查视野,有计划、有重点、有针对性地开展各项督促检查和反馈工作,较好地发挥了督查工作服务中心、服务大局、推动工作落实的作用。全年共组织开展较大规模的督查活动60余次,制发《情况汇报》9期,下发督查通报9期,办理市政府下达督办事项8件、县领导批转重要请示报告100余件、批办省长信箱信访件44件次、市长信箱信访件169件次。

【法治工作】 严把规范性文件制定审查关,全年共审查政府规范性文件27件、登记部门规范性文件63件、清理规范性文件368件;加强行政执法监管,加强行政执法人员培训及信息化管理,开展行政执法案卷评查和“乱收费、乱罚款、乱摊派”三乱专项整治,有力地规范了行政执法部门行政执法行为。改进行政复议和行政应诉工作,加强行政复议能力建设,畅通行政复议渠道,行政复议案件办结率90%以上,做到了“定纷止争、案结事了”。

【工会工作】 在为老同志提供优质服务方面,政府办主任经常召集老同志座谈,听取他们的工作意见,同时,政府办还积极组织老同志开展各种学习活动和体育活动。妇女工作方面,为女职工办理了“双癌”保险,组织全办干部职工到县人民医院进行了健康体检。

（陈恢鹏）

经济研究工作

【概况】 县人民政府经济研究中心成立于2011年4月,内设综合室、调研室、信息室3个股室,共有工作人员6人。中心成立以来,紧紧围绕县委、县政府的工作思路和工作重点,不断加强全县经济社会发展情况调查研究,充分发挥参政设谋作用,为全县经济社会发展提出了切实可行的思路和举措。

【综合工作】 围绕全县经济社会发展的重点工作部署、相关政策贯彻和重大工程事项等热点、难点问题,全力服务县域经济社会发展。2014年共为领导撰写各类讲话材料165篇、综合材料43篇、汇报材料71篇,总字数达300多万字。同时,编印《政府通报》6期、《调查与研究》3期（每期印发200份),发表领导署名文章8篇,客观、科学推介了岳阳县的工作。

【调研工作】 围绕全县经济形势、校车安全管理、美丽乡村建设、畜禽污染治理、征地拆迁等民生热点问题,深入基层、深入群众,采取召开座谈会、实地走访等形式开展专题调研5次,撰写专题调查报告5篇,为领导把握实情、科学决策提供了较好的信息服务。

【信息工作】 结合全县工作中心,把握阶段工作重点,围绕县政府领导的关注点、基层群众的聚焦点、上级机关的兴奋点,及时收集、报送信息,为领导科学决策提供准确、快捷、具有参考价值的信息服务。2014年向省、市报送信息132条,及时宣传了岳阳县工作动态和典型经验。

（陈恢鹏）

民政工作

【概况】 民政局机关内设12个股(室),即办公室、计划财务股、人事股、法规股(加挂行政审批办公室牌子)、监察室、工会、社会救济股（加挂社会捐助接收工作牌子)、优抚股(加挂岳阳县双拥工作牌子)、社会事务和基层政权股(加挂县区划地名工作办公室)、退伍安置办(加挂军队离退休干部管理办公室牌子)、民间组织管理股、老龄工作委员会办公室;下辖10个二级机构,即社会救助局、殡葬管理所、福利院、光荣院、婚姻登记中心、社会福利有奖募捐委员会办公室、救助管理站、军队离退休干部休养管理所(加挂退伍军人接待站牌子)、老区经济开发促进会办公室、慈善总会办公室。局系统在职干部职工134人。

【城乡低保】 2014年,岳阳县民政局认真开展了城乡低保专项整治“阳光行动”,明确了乡镇人民政府的审核主体责任,重点检查了民主评议情况,动态管理机制落实情况和低保审核审批程序,重点整治了城乡低保“保人不保户”“拼户保”等问题,全面清理了群众反映强烈的“关系保”“人情保”等问题,共清退不符合条件的城市低保对象1128户1759人,清退不符合条件的农村低保对象315户597人。同时,根据全县城市低保缺口大、农村低保略有节余的实际状况,对城乡低保的保障面进行了调整,城市低保对象由年初的5742户9774人下降到4856户8475人,人均补差达到250元/月;农村低保人数由原有11850户20847人增加到12203户21865人,人均补差达到120元/月。通过城乡低保专项整治工作,确保了城乡低保在“阳光”下运行,实现了“应退尽退、动态管理”目标。

【“五保”供养】 岳阳县民政局对全县五保供养对象以见面照相的形式进行了年审,核定全县共有分散五保供养对象4680人,集中供养对象1137人,分散供养标准达到2650元/年,集中供养标准均达到4704元/年,供养水平较上一年均有大幅度提升。

【医疗救助】 2014年,岳阳县下发《关于进一步做好临时生活救助和医疗救助工作的通知》,将临时生活、医疗救助审批权下移到乡镇,县救助局负责复核和资金的打卡发放;完善了重特大疾病救助、“一站式”结算制度。全年医疗救助共计救助2380人次,发放救助金476.2万元;一站结算救助4320人次,发放救助金266万元;临时救助各类对象4630人次,发放救助金139万元。

【优抚安置】 2014年,岳阳县民政局对优抚对象固定经费全部实行打卡发放,全年共发放义务兵优待金650.9万元,发放退役士兵一次性经济补贴253.4万元。积极为重点优抚对象解“三难”,给予160名伤残军人特殊生活困难救助,救助金额达12万元;给予1020名特殊困难的农村优抚对象临时救助,救助金额达69万元,确保了优抚对象的补助经费及时足额发放到位,有效维护了优抚对象合法权益。在做好政策性安置的同时,坚持以市场为导向、以就业为目的,抓好退役士兵培训就业工作。在培训学校选定、培训科目设置、用人单位互动、就业学员支助和回访等方面积极探索、改革创新,先后培训、就业退役士兵384名,引导79名退役士兵成功创业,有力促进了岳阳县经济发展与社会和谐稳定。退役士兵培训工作经验被《中国社会报》头版头条予以报道,并作为全国唯一的县级民政部门,参加了在江苏省扬州市召开的全国退役士兵培训工作推进会,在会上作典型经验发言。

【惠民殡葬】 2014年,岳阳县民政局完成了公墓山管理的公司化运作。针对县城区搭棚治丧、违规放炮等严重问题,先后投入503万元,对殡管所进行了全面升级改造,并出台了《岳阳县殡葬管理实施细则》,全力推进惠民殡葬,免除县城区范围内殡葬专用车遗体接运费、吊唁厅5日使用费、水晶棺五日存放费和1间房5日的住宿费。同时,设立自办厨房,丧属可自办伙食。通过让利于民的办法,切实减轻了群众经济负担,加快推进了县殡葬改革,深受群众好评。

【婚姻登记】 全年依法办理结婚登记6014对,离婚登记1700对,补领登记1092对,开具婚姻状况证明2254份。办证合格率达100%,并推进婚姻登记全国联网工作,实现了婚姻登记信息化管理。

【孤儿管理】 全年共申报审批孤儿555人,发放机构孤儿资金60万元,发放散居孤儿生活费46.8

万元。规范福利院孤残儿童集中带养，充分发挥福利院工作人员的人力资源作用，减少每位孤儿的带养费用5000元,全年节省资金10万元。全年共办理收养登记7例,合格率为100%。

【慈善管理】 开展“慈善天天捐”和“爱心改变命运”活动,2014年募集资金75万元,救助困难人士130人;募集物资46万元,全部发放到福利院和敬老院，营造了扶贫济困、互帮互助的良好氛围。

【基层建设】 2014年6月，全县20个乡镇558个村，按要求全部完成了换届选举工作，保持了村级班子的相对稳定。同时,认真指导了村委公开和民主管理工作，对村务公开的内容、时间、形式都进行了明确规定，推进了基层民主政治建设和党风廉政建设,保障了农民群众的知情权、参与权和监督权，消除了一些不安定因素,巩固了基层党组织建设,依法自治率达到94%。

【民间组织】 积极培育发展农村专业经济协会。2014年登记成立了62家社会组织(其中社会团体27家,民办非企业单位35家)。对全县150多家社会组织进行了年检，注销1家社会组织，参检率90%,年检合格率93%;建立了4个示范点，考察了4名社会组织预备党员的转正事宜，发展新党员3名，加强了对各类社会组织活动的支持和服务。

(朱建国 蒋 伟)

移民工作

【概况】 岳阳县移民局于2004年3月成立,属于正科级行政事业单位,现有干部、职工15人,主要工作职能是落实国务院关于大中型水库移民的后期扶持政策，负责全县移民的管理，维护库区和移民安置区社会稳定，促进移民经济发展。

2014年，岳阳县移民局坚持“服务大局促跨越、情系移民谋发展”的工作思路,以全面落实移民政策为先导，以推进移民产业为抓手,以完善基础设施为保障,以帮助移民增收为重点，以实现和谐发展为目标,努力改善民生,大力维护移民合法权益，加强项目资金管理，确保了库区和移民安置区社会大局稳定，促进了库区和安置区经济发展。

【移民村发展】 2014年，县移民局加大集中财力办大事的力度,全年总投资过千万元。重点推进了“四桥(月田镇余家桥、毛田芭蕉桥、甘田骆凤桥、筻口漆市桥)五路(梅城线公路,中洲宝青路,铁山库区不通村公路村小港村4.4千米,南庙村4.6千米村道,月田国庆、双江、张谷英长坪、一心村等10村进山公路)一管网(毛田镇芭蕉、水圳、南冲等村解决4000人安全饮水的管网建设)”建设,同时安排1000万元用于全县秀美乡村和毛田大桥建设。

【移民资金管理】 移民资金是专项资金，也是惠农资金，政策性强,要求严,县移民局在移民资金的使用和管理上，着力移民资金的规范管理，健全了一系列移民资金使用和管理制度，做到了移民资金在制度的框架内运行。2014年,建立和制定了《移民资金管理制度》《财务会计制度》《计划项目管理制度》《资金拨付审批制度》《资金结算报账制度》《移民人口动态管理制度》《岳阳县移民资金内部审计制度》等相关制度。基本做到了“资金跟着项目走,项目跟着计划走,计划跟着规划走”,移民资金使用和管理得到逐步规范。

【开展移民资金使用和管理自查自纠工作】 在省移民局召开移民资金使用和管理专项整改自查自纠活动以后，县移民局按照省局实施方案,认真梳理,一项一项抓整改,一项一项抓落实。2014年12月5日在县党校召开自查自纠工作动员会，并多次召开乡镇和相关部门参加的移民资金自查自纠的督战会。移民后扶项目资金管理使用严格按有关要求执行到位；移民直补资金改半年发放为按季度发放到位;库区粮实行了打卡发放到户;健全了县、乡项目台账管理使用按有关要求执行到位。

【移民就业创业】 2014年，全县开展移民农业技术培训移民实用技术培训8期835人,在高科、新科、农机校、各驾校等学校开展就业技能、职业教育培训4期260人，移民干部培训1期26人,同时向省送训1期4人，全年累计培训14期,市定点校13人,共计完成移民培训1138人,占全年任务的133%。

【移民后扶政策宣传】 2014年,县移民局进一步加大移民后扶政策宣传力度,一是精心编制了《大中型水库移民读本》,翻印了2万册,下乡到各乡镇,分发到每户移民家中,让每个移民了解公民素质培养、移民政策法规、移民培训相关政策,让每位移民从中受益,确保移民权益得到保障。二是翻印了2000册《移民资金管理应知应会》手册,下发到各乡镇党委书记、乡镇长、移民主管、财政所长、经管站长手中,让这些移民干部了解掌握移民资金管理相关知识,用好管好移民资金,充分发挥移民资金的效益。

(何军生)

信访工作

【概况】 岳阳县信访局共有干部职工11人,其中男9人,女2人;干部10人,职工1人。内设办公室、接访室、办信室、督查室、联席办、社会矛盾调处中心、人民来访接待中心。2014年,全县受理来信来访3286人次,初信初访交办率100%,办结率100%,没有发生造成恶劣影响的重大群体性事件,上访总量持平(批次持平、人次略有下降),赴省、到市集访上升比例较大。其中,来访2932人次,来信135件次,网上信访件219件次。赴省上访51批125人次,上访批次上升41.6%,上访人次上升115%。到市集访28批568人次,上访批次上升154%,上访人次上升143%。

【县乡书记大接访活动】 继续开展"县乡书记大接访"活动,坚持每周一有一名县级领导在人民来访接待中心(县信访局)坐班接访,特护期间每天有一名县级领导在人民来访接访中心坐班接访。1—12月份,共有县级领导187人次接访436批1535人次。各乡镇、县直各单位每个工作日坚持有一名班子成员坐班接访。

【信访事项督查督办制度】 2014年,开展对接待群众不热情、处理问题不及时、化解进度不依时、群众满意度不高等有关信访事项进行了一次全面督查,有力地推动了少数单位提高思想认识,积极整改。在督查过程中对一些特殊群体重点牵头人员、经常赴京到省、市、县的老上访户及一些缠访闹访户,要求各单位积极做好稳控和思想化解工作,起到了很好的作用。如公田镇的王景秀、长湖乡的皮定兰、鹿角镇的胡桂娥等信访事项,得到了有效化解与稳控。

【积案攻坚活动】 2014年,市信访局交办岳阳县化解信访积案16起。县信访局根据各相关单位上报矛盾排查及接处访等情况,向相关单位下发要求化解信访积案18起,已全部化解,并全部录入全国信访内网,超额完成了上级交办的年初目标任务。同时,县信访局牵头召开信访老难案件协调会41次,绝大部分问题都得到了较好地解决。

【开展部门联合接访活动】 县涉法涉诉联合活动接访每周二在接访中心举行,由县委政法委牵头,公、检、法、司班子成员轮流参与,在县人民来访接待中心坐班联合接访,专门接待涉法涉诉信访问题,收到了很好的效果。共接访64批156人次,解决问题21个。

【重大疑难信访问题化解】 市联席办交办岳阳县5个挂销信访事项,县联席办召集人专题进行了安排部署,并下发《关于做好省、市交办件信访事项化解工作的通知》。省委督查组,市委督查室分别于当年8月、9月份进行专项督查,并对县委、县政府高度重视及有效化解积案进行肯定。5个挂销信访事项已全部销号。

(刘大勇)

政务服务工作

【概况】 2011年4月1日,岳阳县政务公开中心更名为岳阳县人民政府政务服务中心,属行政支持类正科级事业单位,归口县政府办管理,中心内设办公室、业务管理室、监督室、电子政务室、门户网管理股、财务室6个股室,现有管理人员13名,是集信息公开、咨询投诉、行政审批、收费和公共服务、管理、协调和效能监察为一体的"开放式、一站式"政务服务机构。有29个服务窗口,进驻35个县级部门和机构,窗口工作人员共计120人，设定集中受(办)理的行政审批和公共服务事项共385项。办事大厅配备了商务中心、银行、休息区、电子信息屏、指示标志、行政服务指南、书写文具等多项便民服务设施；设置了政府信息公开查阅点，办事者可以方便地浏览政府门户网站，查询相关办事信息、办事窗口、办事须知和办事流程，随时查询到申办事项的办理状态。2014年，县政务服务中心坚持以服务发展、服务公众为宗旨，以“便民、高效、公正、透明”为原则，按照“一站式服务、一窗式受理、一次性告知、一条龙审批、一单式收费”的要求，负责全县重大投资项目、招商引资项目的行政审批事务全程代理和行政许可集中办理服务；监督管理公共资源配置与交易行为；依据有关法律法规和政策，为投资者、企业和公众办理行政审批事项、证照和批件，以及提供公众其他需要的公共服务事项；负责对全县推行政务公开、政务信息公开、政务服务工作的督查、指导和目标管理，提供政务咨询，受理政务投诉。2014年，岳阳县政务服务中心被市委、市政府评为政务公开政务服务工作优秀单位、“12345”公众服务热线优秀单位、全市优秀政府门户网站，被县委、县政府评为2014年重点工程考核优质服务单位。

【开展窗口工作人员每天“十问”活动】　3月份，县政务服务中心结合党的群众路线教育实践活动，以文件下发了活动通知，要求窗口每位工作人员围绕仪容仪表、服务态度、办事效率、服务技能、工作作风、廉洁自律等方面，努力做到每天“十问”。通过开展活动，全面提高窗口工作人员履行职责的本领和水平，营造政务服务中心浓厚的服务氛围。窗口工作人员“每日十问”的做法，在新浪、红网、搜狐等十多家著名电子媒体上进行了报道。

【健全组织体系】　8月26日，县政务服务中心机关党支部成立，同时选举产生了岳阳县政务服务中心党支部第一届委员会。2015年1月4日，岳阳县政务服务中心工会成立，按照《中华人民共和国工会法》(以下简称《工会法》)和《工会选举办法》的有关规定和程序，选举产生了中心第一届工会主席、经审委员及女工委员。通过健全组织体系，丰富了管理手段。县政务服务中心党团组织逐步正常开展活动，以组织建设带动队伍建设，不断增强中心凝聚力和战斗力。

【完善公共资源交易服务平台】　2014年，岳阳县公共资源交易平台按照“能进则进、应进全进”的原则，新增了国有资产拍卖、集体公共资源流转进场交易，全县交易活动得到了进一步规范，同时加大了硬件建设力度，增设了第二评标室、监管人休息室、招投标文件档案室等硬件场所，岳阳县交易平台已初步形成统一开放、平等竞争、运行有序的市场环境。

【完成全县电子政务外网第二、三期建设】　2014年3月，岳阳县电子政务外网第二、三期工程正式启动，通过采购网络、安全、视频等软硬件设备，完成对各县直单位、乡镇及驻县单位外网系统的接入工作，7月份工程收尾，共接入106家单位。岳阳县政务外网实现了“横向到边、纵向到底”的格局，为网上业务系统提供了运行载体，为全县电子政务和城市管理信息化应用提供平台保障。

【全县乡镇便民中心大厅监察视频运行工作】　在政务外网二、三期计划中，岳阳县将乡镇便民服务中心大厅安装效能监察视频设备一并纳入政务外网系统，7月份安装调试后，正式启用，各乡镇在线视频信息将直接传送到政务服务中心数据机房，管理终端只需输入分配的地址即可实时察看乡镇便民服务中心运行情况。同时，县政务服务中心还对全县工作人员上班时间的上网行为进行了进一步规范，对与工作无关的网站、软件进行了全面屏蔽，全县办公网络由政务服务中心统一管理出口，财政预算统一负担出口链路费用。

【“中国·岳阳县”网站荣获2014年度中国政务网站优秀奖】　2014年优秀政务平台推荐及综合影响力评估结果出炉，在全国2861个县市区中，共50个县市区级政府网站入围2014年度中国政务网站领先奖和优秀奖，岳阳县政府门户网荣居第32名，获2014年度中国政务网站优秀奖，是全省123个县市区中仅8位获奖中的一个，评估结果被上千家网站同步发布。

【组织评选全县窗口服务系统“最美窗口服务之星”活动】 根据县文明委 “2014全县最美人物”系列评选活动要求,中心牵头组织的“最美窗口服务之星”评选活动,通过层层筛选，专家评委团评审,从全县1000多名窗口服务人员中共评选出代表岳阳县各行业窗口单位“最美窗口服务之星”10人。

（李翊 张谦）

住房公积金管理工作

【概况】 岳阳县住房公积金管理部的前身为岳阳县房改办，隶属岳阳县房产局，局长兼房改办主任。1997年成立岳阳县住房公积金管理中心，两块牌子，一套人马,2003年划归县政府办管理,2006年12月,机构按照上级政府要求调整上收到岳阳市住房公积金管理中心，全称为岳阳市住房公积金管理中心岳阳县管理部,是不以营利为目的正科级事业单位。现有正、副主任各1名,工作人员7名,管理部下设综合股、贷款股、归集执法股。管理部的主要职责是,依照国务院《住房公积金管理条例》的相关规定,负责全县干部职工住房公积金的开户、缴存、支取、转移、委托贷款及结息转本工作,坚持“房委会决策、住房公积金管理中心运作、银行专户存储、财政监督”的原则管理全县住房公积金。在市住房公积金中心的关心支持下，解决专门资金,购置和装修了办公场地,宽敞明亮优雅的办公环境,早九晚五的工作制,极大地方便和解决了全县干部职工前来办理各项业务。

岳阳县管理部自上收以来,积极开展文明创建等一系列活动,2010—2014年先后获得了湖南省、市“巾帼文明岗”、岳阳市“文明单位”、岳阳市“文明窗口”单位、岳阳市住房公积金管理中心“先进管理部”“先进基层党组织”等荣誉称号。

【政策宣传】 把住房公积金政策宣传延伸到楼盘销售现场，是岳阳县住房公积金管理部的一项重要工作措施。2014年1月16日、18日，岳阳县管理部组织工作人员到县内新开发楼盘“欣荣明珠”和“明欣佳园”销售现场宣传住房公积金政策。在这次为期两天的宣传现场，工作人员向前来买房的客户主动、热情、耐心、详细地解释了住房公积金贷款的条件、贷款额度、期限、利率等贷款政策以及办理贷款的业务流程，通过一系列宣传活动，全年共发放住房公积金贷款7200万元。5月15日，岳阳县住房公积金管理部邀请岳阳县电视台对非公企业建制跟踪进行了为期5天的滚动播放,播放后,全县范围内的住房公积金条例、政策、法规的认知度和社会影响力得到明显提升。

【文明创建】 岳阳县住房公积金管理部一直把文明创建和业务管理工作相结合，认真做到以为民办实事为目的，以建设优质服务窗口为标准，不断提升管理服务水平，从各个方面切实抓好文明建设,提升单位的文明形象。4月14日，岳阳县委下发《关于表彰2013年全省、市、县文明单位、文明村镇、文明窗口单位的通报》,岳阳县住房公积金管理部荣获岳阳市市级“文明单位”。

【落实惠民政策】 4月24日,岳阳县委、县政府把住房公积金制度作为重要的惠民政策落到实处，加大了住房公积金财政预算比例。2014年,全县财政收支计划中确认，县财政按工资的10%进行预算,由2013年的528万元提高到2014年的1270.3万元,直接翻了一倍,切实的维护干部职工权益。

【开展“道德讲堂”活动】 为进一步深化精神文明创建活动，围绕住房公积金长远发展,7月22日,岳阳县住房公积金管理部开展了“道德讲堂”活动。活动共有“唱歌曲、看短片、学模范、问自己、谈感悟”五个流程,管理部全体工作人员集体学唱《歌声与微笑》,观看感动中国十大人物（胡忠／谢晓君夫妇),聆听四川省凉山彝族自治州坚守在平凡岗位王顺友的感人故事。通过此次活动,工作人员树立了正确的人生观、价值观。

（丁晨）

安全生产监督管理工作

【概况】 岳阳县安全生产监督管

理局(以下简称县安监局)前身是县安全办,归口政府办管理,属正科级行政单位。2004年3月,岳阳县安全生产监督管理局挂牌正式成立,加挂岳阳县安全生产委员会办公室牌子,是综合管理全县安全生产的县人民政府工作部门。设有办公室、安全监督管理股、安全生产监察执法队3个股室。主要工作职责是:负责县政府安全生产委员会的日常工作,代表县政府综合监管、指导、协调全县安全生产工作,组织安全生产大检查和专项督查,组织协调重特大事故应急救援工作,指导协调安全生产行政执法工作,拟订安全生产发展规划,监督管理县属工矿商贸企业安全生产工作,承担作业场所职业卫生监督检查、烟花爆竹、危险化学品、煤矿及非煤矿山的安全行政许可和安全监管,新建、改建、扩建工程项目可行性研究及“三同时”审查。2007年8月,全国行政事业单位机构改革期间,按照上级要求,县安监局由正科级事业单位变更为正科级行政单位。2011年3月,县委编办下发通知,将县安全生产监察执法队人员调整为9人。同年7月20日,县委办、县政府办下发《关于印发〈岳阳县安全生产监督管理局主要职责内设机构和人员编制规定〉的通知》,增加使用有毒物品作业场所卫生安全许可证等职业卫生安全许可证的核发与管理工作,及组织查处职业危害事故和违法违规行为的职责。内设机构调整为4个,分别为办公室(加挂行政审批办公室、法规股)、非煤矿山和危险化学品监管股、烟花爆竹监管股、综合协调股,二级机构为安全生产监察执法队。编制为23人,其中行政编制12人,参公事业编制11人。

2014年,全县深入贯彻落实“科学发展、安全发展”理念和省委、省政府“两个规定”,以防范遏制较大以上事故为目标,以安全生产大检查为重点,积极探索、努力实践,奋发求为,确保了全县安全生产形势持续稳定好转。事故四项指标均在市政府控制指标之内,未发生一起较大以上生产安全事故。

【安全宣传教育】 在县电视台创建“祝你平安”栏目,以人民群众喜闻乐见的形式,宣传安全生产知识、法律、法规,曝光违法案例,全年共举办42期;在县《红网手机报》和《巴陵通讯》设立“安全生产”栏目,报道全县安全生产工作情况,定期向领导干部和企业负责人发送安全生产信息,曝光安全生产违法行为。在京珠高速至县城连接线两侧,创建和完善了全长16千米的安全文化长廊。月田、长湖、新墙、甘田、毛田等乡镇因地制宜,在主要进出道路两侧张贴标语、建立宣传栏、悬挂宣传横幅,形成了长约8千米的宣传走廊,营造了良好宣传氛围,得到了各级领导和全县广大人民群众的高度评价和肯定。6月26日上午,县安委会举办了一场大型的城市燃气用户泄露应急救援演练,县委书记毛知兵、市安监局局长毛绍武出席了演练活动,各安委会成员单位、各乡镇分管领导和安监站长,城关镇各居委会代表现场观摩了应急演练。

【安监业务培训】 县安委会举办1期乡镇安全监管业务培训班,培训乡镇安全监管人员64人;依托县职教中心,举办3期特种作业人员培训班,培训特种作业人员1400人;举办两期企业安全管理人员培训班,培训企业安全管理人员420人;开展企业员工全员培训,培训人员36000余人;开展学生安全教育,在校学生71145人普遍受到教育;开展社会培训教育,全县各乡镇对全县40多万城镇居民、农民进行了安全培训。

【安全生产隐患大排查】 7月23日,县安委会印发了《关于开展安全生产隐患大排查、大整治的通知》,部署了在全县开展12个重要行业领域的安全生产隐患大排查、大整治工作。行动开展以来,全县县级领导带队检查34次,各乡镇、各安委会成员单位主要负责人带队检查160次,共出动执法人员1680人次,对14家烟花爆竹生产企业、2家烟花爆竹批发公司、15家非煤矿山、42家危险化学品生产经营单位、24个在建工程项目、3个旅游景区、31个渡口(31条渡船)、1094台特种设备、63家二级消防安全重点单位、359台校车进行了全面排查,共排查各类安全隐患1460处,整治1460处,下达执法文书1920份,立案29起。

【"打非治违"工作】 把"打非治违"和"六打六治"专项行动作为安全生产工作的重头戏和首要任务去抓落实，对县域内的非法违法行为进行了强力的打击，取得了较好的成效。2014年，共组织集中行动196次，出动执法人员5890余人次，对3家非法经营单位实施了强制关停，对22家存在违法行为的生产经营单位实施了停产停业整顿，行政拘留8人，刑事拘留4人。

【安全机制体制建设】 一是完善督查机制。对安全生产工作，县纪委、县委督查室、县政府督查室高度重视，密切协作。2014年，两办督查室开展了1次为期4天的暗访，1次为期4天的督查，并下发了督查通报。在烟花爆竹高温停产期和全省烟花爆竹停产整顿期间，县纪委常委亲自参加每次督查工作，提高了安全生产督查工作的权威。二是完善部门联动机制。在"打非治违"和专项整治工作中，各职能部门遇到的难题，县安委办积极协调，县公安局认真配合。凡是移交公安部门处理的案件，都做到了顶格处理，并实施了强制措施，有力保障了职能部门的执法行动顺利推进。三是完善事前问责制。9月28日，县农机局、县砂管局被省安委会通报批评。10月10日，副县长兼公安局长刘四清会同县纪委常委李林勇、县干部问责办主任黄兵对县农机局、县砂管局主要负责人和分管负责人实施了约谈，并下发了约谈会议纪要，县纪委对上述两个单位进行立案调查，对相关责任人实施了警告处分，并通报全县。

（毛小雄）

东洞庭湖
河道采砂管理工作

【概况】 岳阳县东洞庭湖河道采砂管理局成立于2013年12月，是岳阳县东洞庭湖河道采砂的综合管理机构。负责组织制定采区规划和有偿出让工作，协调相关职能部门严厉打击采区和禁采区的违法违规行为，调处各种矛盾纠纷，监督受让人的生产经营行为，以及上级机关授予的其他事项。机关内设综合股、财计股、采砂管理一股、采砂管理二股、砂政股、安监股6个股室，现有干部职工41人。

东洞庭湖面积1328平方千米，是洞庭湖的主体湖，属资源型湖泊，砂卵石储量十分丰富，且具有质量好、品种多、硬度大、杂质少、棱角多、结构力强、采运方便等优点，广泛用于建筑、工业和堤垸防汛，畅销长江流域各省市。为合理开发和有效保护砂石资源，岳阳县东洞庭湖河道采砂管理局秉承"科学、平安、有序、可持续发展"的管理理念，紧扣"清廉"二字，切实转变干部作风；紧扣"服务"二字，着力为企业排忧解难；紧扣"平安"二字，确保河道砂石采运安全，努力把东洞庭湖建设成为县域经济发展的"窗口形象之地，财源增长之地，发展希望之地"。

【规范河道采砂秩序】 根据省、市关于河道采砂规范化管理的要求，结合岳阳县实际，创建"分头设站、统一开票、全程监管、联合稽查"的管理模式，确保了岳阳县河道采砂管理和谐、稳定、有序发展。一是落实市考核方案，加强砂石有效监管。把落实《岳阳市河道采砂管理目标考核工作方案》作为全年工作的重点，做到了五个结合：把砂石现场监管与日常监督相结合，全力杜绝无证开采，超范围、超时段、超量配载等行为；把控量开采与控船数开采相结合，全力杜绝超船数、超功率、超量开采等现象发生；把签单发航与票据管理相结合，全力杜绝不开票、虚开票、用自制票、用过期票等违规行为；把旁站管理与安全生产管理相结合，全力确保水上交通安全，坚决遏制安全事故发生；把北斗定位系统监管与联合执法相结合，全力杜绝违法违规采砂行为。二是落实安全生产责任，确保河道采砂安全稳定。在安全生产管理上，成立了安全生产领导小组，配备了专职安全生产员，层层签订了安全生产责任状，落实了企业安全生产主体责任。在安全生产检查上，做到全覆盖、零容忍、严执法、重实效，对不符合安全生产要求的采、运砂船只，提出了整改意见和整改措施。全年组织安全生产检查6次，下达限期停采整改通知书2份。在安全生产培训上，全年共组织机关干部职工及灏东公司相关负责人进行了6次业务培训，所有培训内容均由市、县砂管部门相关负责人和专业技术人员授课。在安全生产宣传上，召开安全生产专题会议和主办培训班20余次，发放安全生产宣传资料1000余份，张贴安全生产标语200余条。三是落实部门联合执法，严厉打击违法违规采砂行为。2014年对无证、超船数、越界等违规开采行为，下达了责令停止生产的通知书20多份，没收非法所得30多万元，收取灏东公司违约金240余万元，立案1起，移交公安机关行政拘留1人。同时，还开展了“打非治违”和“治超”等专项行动，专项行动达到了预期效果。

【矛盾化解工作】 东洞庭湖河道采砂点多线长面广，与渔业、苇业、湿地等相互交织，矛盾纠纷多，管理难度大。2014年，县砂管局共调处涉砂矛盾纠纷180余起，接待来访群众420余次，达3万余人。积极化解船舶选择矛盾。岳阳县东洞庭湖水域原有采砂船只79艘，且多为链斗船和功率较小的吸砂泵，灏东公司自主选择38艘采砂船只后，县砂管局强力清退了余下41艘采砂船，确保了采砂船选择到位。稳妥调处渔砂、苇砂矛盾。陡砂坡和金盆港采区内，有芦苇面积2533.33公顷，涉及老板5人，有渔民500余户，1600余人，渔船1000余条。在采砂生产中，经常发生采砂船损坏渔民捕捞工具，破坏捕捞埠头，损毁苇山、苇洲等矛盾纠纷事件，通过耐心细致的调处化解工作，合计补偿苇洲750万元，渔砂38万元，有效化解了渔砂、苇砂矛盾。主动应对网络舆情。河道采砂利益大，涉及群体广，在网络舆情方面，有意散布一些与河道采砂管理事实相悖的言论。2014年包括“10·1”水上安全事故在内的所有社会网络舆情事件，无一起发酵升级。

（李　川）

民族宗教工作

【概况】 2011年7月，岳阳县人民政府民族宗教事务局正式挂牌成立，由县人民政府直接管理。其前身为岳阳县民族宗教事务办公室，于1995年4月成立，归口县委统战部管理。县民族宗教局成立后，认真贯彻落实市县民族宗教工作各项会议精神，切实抓好民族宗教政策法规的宣传贯彻和落实，依法加强民族宗教事务的管理，到目前为止，未发生影响较大的民族与宗教矛盾问题，较好地维护了民族宗教领域的和谐稳定。岳阳县的大云山祖师殿于2012年被省宗教局评为全省“和谐寺观”。

【宗教政策法规宣传】 2014年的民族宗教工作在县委、县政府的正确领导下，全面开展和落实法律法规宣传，印发《宗教事务条例》《宗教活动场所财务管理办法》等宣传资料。7月24日，对乡镇主管领导、宗教干部和场所负责人进行了培训学习，并邀请专业人员授课。对各宗教场所财务管理存在的问题采取了严格要求，制定规范财务管理制度，并明确要求各宗教场所定期向公众、信众公开财务信息，实行财务透明。

【宗教教职人员的备案和基础信息采集工作】 2014年，全县的宗教活动场所为84个（佛教34个、道教26个、基督教23个、天主教1个）。以备案教职人员73人（佛教29人、道教13人、基督教30人、天主教2人）。并严格按照国家宗教局基础信息采集系统【2013版】进行收集、更新、校正和录入。

【建立健全宗教团体】 针对多年来道教场所和教职人员管理较为松散这一现象，在2013年成立佛教协会的基础上，2014年6月25日在县城召开了道教协会成立暨道教协会第一次代表会议，选举产生了会长、副会长。

【寺庙建设】 2014年，县民族宗教局针对全县宗教场所年久失修等问题，通过场所出具报告，乡镇同意，报市级民宗部门审核批准的方式。批准了两处场所重建和4处活动场所改建。

至2015年1月，县民族宗教局已经完成黄沙街杨泗庙和甘田乡飞云台的建设，并对公众开放。批准了弘法禅寺、杨林西湖庙、马元教会教堂和铜鼓山金华寺的改建。

【宗教界人士参与献爱心活动】 2014年5月27日，县佛教协会在步仙乡东岳小学开展了爱心活动，12月7日在步仙乡凤凰中学开展了“送温暖、献爱心”捐赠活动，两次捐赠价值达7万余元。此行动弘扬了传统文化，得到了社会各界的好评。

（赵　文）

荣湾湖建设开发工作

【概况】 岳阳县荣湾湖建设开发服务中心，为正科级纯公益类事业单位，直属县人民政府。核定全额拨款事业编制13名，设置有办公室、规划建设股、项目开发股、财务室、政策法规股五个内设机构及岳阳县荣湾湖管理所一个二级机构，在编人数18人。2012年1月1日正式挂牌成立。

荣湾湖位于岳阳县城西北方向，紧邻城区，为岳阳县城的北大门，是在城南河出口拦坝修建的一座兼有灌溉、防洪和养殖功能的小(1)型水库，水库集雨面积21.3平方千米，正常蓄水位30.5米，正常库容309.6万平方米，正常蓄水面积105.07公顷。荣湾湖综合治理工程本着“生态、休闲、文化”的设计理念，将对荣湾湖进行生态、防洪、景观改造，用5年至8年的时间将荣湾湖打造成集城市公园、水上公园、森林公园于一体的县城新亮点，并建成面积7平方千米的新荣城。2011年，苏州园林设计院编制了荣湾湖修建性详细规划，该规划方案把公园分五个功能区：城市广场景观区、商业水街景观区、湿地公园景观区、城市森林公园景观区、滨水健身体育休闲景观区。该项目总投资约15亿元，主要工程有：环湖快速通道、桥梁、城市广场、排涝泵站、岸线、给排水、绿化亮化等工程。

【岳阳市项目建设流动现场会与会人员参观城南河项目建设】 2014年12月9日，市委书记卿渐伟带领全市项目建设流动现场会的与会人员，深入城南河综合治理项目现场参观考察项目建设情况。县领导毛知兵、张中于、汤小娥、汤森林、彭西罗、李勇、余泽世、刘曙光、彭浪英一同参加。漫步在城南河堤畔，卿渐伟对岳阳县着力提高城市品位，营造宜居环境的做法表示充分肯定。

【城南河综合治理工程】 城南河综合治理工程是县委、县政府提升城市品位，创建全国文明县城、创建省级园林城市的重要举措。该工程位于城南河中游段，坝址上游流域面积13.2平方千米，干流平均坡降5‰，干流长8.12千米。该工程于2014年9月26日开工建设，总投资1.2亿元，分两部分实施：一是河道治理工程，主要工程项目有拦水坝及其附属建筑物、岸坡护砌、库区土方开挖等。二是园林景观工程，主要工程项目有广场铺装、园林绿化、给排水、服务设施、亮化和市政道路工程。

【荣湾湖道路建设】 兴无路、滨水东路广场段属于荣湾湖快速通道，丰和路是连接滨水东路与富荣西路的城市道路，该三项工程配套建设有雨、污水管道及交通工程等，都已于2014年竣工。

（程　敬）

政协岳阳县委员会

【概况】 政协岳阳县第十二届委员会设有20个乡镇政协联络办，8个县直联络组。县十二届政协有政协委员217名，分属19个界别。县政协常委会有主席1名，副主席5名，其中驻会副主席两名，兼职副主席3名，有政协常委33名。

县政协机关设有“一办四委”，即：办公室，文史提案委员会、法制群团联络委员会、文教卫体委员会、经济科技委员会。2014年，政协机关共有在职干部职工21人(其中干部18人，职工3人)，退休人员15人。在职干部职工中，妇女干部4人，中共党员20人。

【政协岳阳县第十二届委员会第三次会议】 2014年12月22日至25日，中国人民政治协商会议岳阳县第十二届委员会第三次会议在县城荣家湾召开。县政协主席彭西罗代表县政协第十二届常委会在大会上作了题为《策应发展新常态，共襄法治新蓝图，协力“一二三四”战略谱写中国梦岳阳县篇章》的县政协十二届二次会议以来的工作报告，党组副书记、副主席陈明在会上作了提案工作报告。会议审议通过了《大力优化经济环境，切实破解发展难题》和《推进殡葬改革势在必行》两个建言及政治决议；对政协麻塘镇联络办等10个先进政协联络办

(组),侯兆恩等35名优秀政协委员,方小平委员《关于加大对农村公路路政执法经费保障力度的建议》等10件优秀提案,进行了表彰。县委书记毛知兵在会议开幕式上作了重要讲话。

县委常委、县人大主任、县政协主席、县政府副县长、县武装部部长、县政协副主席和县人民法院院长、县人民检察院检察长,县政协前任主席,驻县的市政协委员,全体县政协委员,乡镇党委书记,县直及驻县单位"一把手"参加会议。

【政协岳阳县第十二届委员会常务委员会第9—14次会议】 2014年5月19日,政协岳阳县第十二届委员会常务委员会第九次会议在县住建局建管站会议室召开。会议专题考察、评议县城城市建设管理工作,并于会前组织县政协常委现场考察了县城污水处理厂、城北临街小游园建设、县城中心幼儿园建设等县城范围内的重大城建项目。

2014年8月26日,政协岳阳县第十二届委员会常务委员会第十次会议在县政协会议室召开。会议专题考察、评议县政协十二届二次会议关于《加快职业教育发展势在必行》《推进品牌建设,提质现代农业》建言落实情况。会上,政协常委们听取了县人民政府副县长易新岳就《推进品牌建设,提质现代农业》建言、县教育局负责人就《加快职业教育发展势在必行》建言落实情况的报告,并进行了大会评议。常委们围绕岳阳县职业教育发展现状等方面的工作提出了针对性的意见与建议。县政协主席彭西罗在会上作了重要讲话,对县政府落实《推进品牌建设,提质现代农业》建言方面的工作给予了充分肯定,并就后段的工作提出了建设性的建议。

2014年11月27日,政协岳阳县第十二届委员会常务委员会第十一次会议在县政协会议室召开。专题研究、部署县政协十二届三次会议筹备工作,并集体审议了县政协常委会工作报告(草案)、提案工作报告(草案)以及关于大会改革的有关事项。

2014年12月22日下午(县政协十二届三次会议期间),政协岳阳县第十二届委员会常务委员会第十二次(扩大)会议在万福来宾馆召开。会议通报、审议了县政协十二届三次会议议程和日程安排、"京剧票友会"活动安排,通报了县政协2014年度先进政协联络办(组)、优秀政协委员和优秀提案表彰情况。

2014年12月24日晚上(县政协十二届三次会议期间),政协岳阳县第十二届委员会常务委员会第十三次(扩大)会议在万福来宾馆召开。会议主要有三项议程,即:听取委员分组讨论情况与协商讨论情况汇报;县委县政府领导就委员讨论情况讲话;审议通过政治决议(草案)。县委副书记汤小娥、县委常委、常务副县长李勇、县政府办主任杨前进应邀参加会议。

2015年4月3日,政协岳阳县第十二届委员会常务委员会第十四次会议在县政协会议室召开。会议共有五项议程,协商2015年全县财政预算编制(草案),审议《政协岳阳县委员会2015年工作要点》,通报《政协岳阳县委员会关于推行建言调研课题优选机制的办法》,通报《关于调整民主监督单位和成立委派民主监督小组的意见》,通报《人大建议、政协提案办理工作考核记分办法》。

【提案工作】 县政协十二届二次会议以来,全体政协委员牢牢把握团结和民主两大主题,服务县委"一二三四"发展战略,紧扣县政府工作重心,着眼群众最关心、最现实的问题,着眼解决"最后一千米"的问题,通过提案等方式建言献策,提出了许多有价值的意见和建议,为推进县域经济社会更好更快发展做出了积极贡献。

2014年,委员共提交提案97件,经提案委员会审查立案96件。其中财政金融、城建交通、市政环保、农林水畜、电力通讯、园区建设等方面52件,占立案总数的54%;科技教育、文化体育、医药卫生等方面21件,占22%;政法、社会保障、民政及其他方面23件,占24%;有1件提案因不符合立案标准,未予立案。总体来看,提案紧扣岳阳县加快发展和改善民生的主题,重点突出,特色鲜明,内容丰富,质量稳步提高,具有较强的针对性和操作性,体现了委员们坚持围绕中心、服务大局、认真履行职责的高度政治责任感和使命感。

县委、县政府高度重视提案工作，大力支持政协通过提案履行职能。各承办单位从推动科学发展、社会和谐的高度，把办理政协提案与践行党的群众路线、转变工作作风、推进民主决策紧密结合，进一步加强与委员的沟通，认真采纳提案建议，推动解决实际问题，使委员的履职成果得以切实体现。许多单位的主要负责人亲自部署提案工作，参与提案办理，一些提案，如关于打击地霸、路霸、优化项目施工环境，遏制耕地抛荒保障粮食生产安全，启动中洲湖饮水安全设施建设，完善乡村环境整治考核办法，失地农民养老保险和库区移民危房改造等提案，都得到比较认真的办理。截至2014年9月底，96件提案已全部办理交接完毕，占立案总数的100%，其中，所提问题得到解决或采纳的38件，占立案总数的40%；列入规划逐步解决或采纳的53件，占立案总数的56%，因法律、政策等原因及现实状况，目前不能解决的4件，占立案总数的4%。

2014年，岳阳县提案工作围绕加快经济发展建睿智之言、围绕重点热点问题谋前瞻之计、围绕民生改善和社会事业发展献务实之策，取得了较好成效。同时，通过一年的实践，也暴露出一些不容忽视的问题：一是参与提案撰写的委员还不广泛，提案的整体质量还有待进一步提高。二是少数承办单位对提案的办理工作还不够重视，见面率不高。仍存在部分承办单位办理提案不与委员协商，办后不与委员见面的情况，特别是个别承办单位对委员提出的提案建议，不仅交由本没有办理职能的二级机构办理和答复，还要求该委员今后不要再提这方面的提案。三是县政协督办提案的力度和手段还有待于进一步加强和完善，为委员服务的水平还有待进一步提高，这些问题亟须加以改进和完善。

【调查研究】 按照县委书记毛知兵2014年年初全县负责干部大会上关于交办“三难”问题调研课题的要求，结合政协自身年度工作安排，2014年，县政协与各专门委员会重点围绕“破解征地拆迁难、用地难，融资难，优化经济发展环境和殡葬改革”等四大课题开展调研。通过三个多月的内调外学与科学论证，向县委提交了《破解征地拆迁和用地难题要有更新的思路》《加快破解融资难题，提振县域经济活力》的调研材料，引起了县委县政府的高度重视，其提出的“保障民生、坚持阳光操作、完善失地保障制度、加强征拆管理和把握工作主动权”等建议，得到了县委破解经济发展难题专题务虚会的肯定和认可。《破解征地拆迁和用地难题要有更新的思路》被市政协评为全市年度调研报告一等奖；《加快破解融资难题，提振县域经济活力》调研成果被省、市相关调研课题综合采用。《大力优化经济环境，切实破解发展难题》《推进殡葬改革势在必行》被纳入县政协十二届三次会议大会建言课题。

2014年，广大政协委员紧扣县委“一二三四”发展战略与大力优化经济环境，强力推进项目建设的总体思路，围绕农村饮用水安全、铁山库区特殊群体建房、农村五保户等弱势群体救助与保护、校车安全与管理、城市建设与管理、科技园创建、城乡一体化、农村文化产业与阵地建设、农村留守儿童教育成长、食品药品安全、沟渠疏浚、交通安全、新社区管理、集镇建设、山区道路安全、改革农村红白喜事、突发事件中过激行为处置、乡村黄赌毒治理、发挥毗邻市区乡镇区位优势发展高新技术产业等事关一线民生与县域经济社会健康发展的课题，广泛开展调查研究，积极收集、反映社情民意信息。其提交的《解决铁山库区特殊群体建房问题迫在眉睫》《农村校车补贴政策亟须尽快落地》和《关于建立杆线报警急救定位系统的建议》等信息，被市政协《社情民意》全文采用。

【考察评议】 为更好地推进政协考察评议工作，更好地履行政协职能，2014年，县政协结合市政协“五个一”活动要求，继续在全体政协委员中开展了以“撰写一篇高质量的调研报告，提交一份高质量的提案，反映一条高质量的社情民意”为主要内容的“三个一”主题履职活动；在各专委会中开展了以“组织一次有代表性的对口协商、报送一篇高质量调研报告、撰写一份优质提案、组织一次重要的委员活动”为主要内容的“四个一”主题履职活动；在政协机关和全体政协委员中开展了以“建言优化发展环境，提升议政出谋水平；建功项目建设，提升参政出力成效”为主要内容的“两建两提”主题活动；以“比履职为民树公信，比参政务实树业绩，比自律清廉树口碑”为主要内容的“三比三树”主题活动。

一年来，县政协组织县政协常委与部分县政协委员围绕县政协十二届二次会议关于农业品牌创建、职业教育发展等两个建言的落实情况、城市建设管理、铁山水资源保护、新墙河抗战纪念碑选址荣湾湖、十大城建项目和梅城公路建设等工作进行专题考察评议。各专门委员会组织相关政协委员围绕东洞庭湖生态保护、重点提案督办、阳光招生、检察开放日、第一个国家宪法日暨公众开放日、中小河流治理、新农村建设示范村环境提质改造、农业技术推广、猪场污染治理、看病难、铁山库区集镇污水处理工程等课题，进行考察或评议，提出的建设性意见和建议得到了相关领导和部门的重视与采纳。各乡镇、县直联络办(组)分别围绕农村环境卫生整治、校车安全、食品安全、辖区内的重大民生实事项目、幼儿园管理等课题和乡镇国土、林业、卫生、邮政、电信等部门工作，单独或会同本辖区的人大代表开展视察评议，提出了具体的意见和建议。

【重要决议】 中国人民政治协商会议岳阳县第十二届委员会第三次会议，于2014年12月22日至25日在县城荣家湾举行。会议期间，委员们以高度的政治责任感和使命感，充分发扬团结民主精神，共商全县稳增长、调结构、促转型、惠民生大计，同谋新时期政协工作良策。会议圆满完成了各项议程，是一次解放思想、求真务实、民主和谐、开拓创新、团结鼓劲的大会。

会议听取和审议了县政协主席彭西罗所作的县政协十二届二次会议以来的《常委会工作报告》、县政协副主席陈明所作的县政协十二届二次会议以来的《提案工作报告》，并进行了《大力优化经济环境，切实破解发展难题》和《推进殡葬改革势在必行》的大会建言，中共岳阳县委书记毛知兵发表重要讲话，对县政协一年来的工作给予高度评价，对今后的政协工作提出了更新、更高、更明确的要求，对人民政协和广大委员寄予了殷切期望。

会议认为，2014年县政协十二届常委会在中共岳阳县委的坚强领导下，高举团结和民主两大旗帜，服从县委“一二三四”发展战略，进一步彰显协商议政在决策环节中的资政地位，进一步增强民主监督的社会公信力，进一步发挥政协委员主体作用，进一步推进政协工作的“三化”建设，为全县政治、经济、文化、社会和生态文明建设做出了积极贡献。全县政协事业呈现党委重视、政府支持、政协主动、各方配合的生动局面。

会议听取和讨论了县长张中于所作的《政府工作报告》，讨论了《岳阳县2014年国民经济和社会发展计划执行情况及2015年计划(草案)报告》和《关于岳阳县2014年财政预算执行情况和2015年财政预算草案的报告》，并提出了一些建设性意见和建议。

会议认为，过去一年，面对宏观经济下行的环境，县委、县政府认真落实中央和省、市的决策部署，紧扣科学发展主题和转型升级主线，逆势进取，化危为机，遵循“大力优化经济环境，强力推进项目建设”的总体思路，攻坚克难，在全面建成小康社会新征程中迈出了坚实步伐，在项目建设等领域实现了突破，在创建国家文明县城等领域打造了亮点，在重点工程建设、重大民生实事、作风建设、民主法治等领域提升了水平，保持了经济社会发展的良好态势。

会议强调，2015年是全面落实“十二五”规划的最后一年，是全面建成小康社会的关键之年，是努力谱写中国梦岳阳县篇章的奋进之年。在新的一年里，要紧紧围绕党的十八大和十八届三中、四中全会精神，贯彻“科学决策、求真务实，牢记宗旨、执政为民，团结奋斗、不辱使命”的执政和发展理念，积极实施融入“一区一带”、打造“两城两景”、发展“三园三区”、着力“四抓四促”的战略部署，以创建科技园为载体，提升新型工业化水平；以美丽乡村建设为抓手，统揽“三农”工作全局；以资源整合开发为着力点，加快发展现代服务业；以市县对接融合为路径，大力推进城乡一体化；以水资源保护为重点，加强生态文明建设；以保障和改善民生为目标，不断提升人民群众的幸福指数。县政府及其相关部门要认真研究,采取有效措施,做实做好各项工作。

会议指出,新的一年里,人民政协要肩负起时代使命和神圣责任,坚持党的核心领导,不断增进思想共识,坚定政治方向,明确目标任务。切实贯彻县委关于政协工作的（2014)10号文件精神,以党的十八大和十八届三中、四中全会精神为统领，坚持紧扣改革发展献计出力，坚持发挥人民政协在发展协商民主中的重要作用,坚持广泛凝聚正能量,弘扬主旋律,坚持推进履职能力建设,为助推县域经济社会更好更快发展创造新的业绩。

会议号召，全体政协委员和社会各界人士要更加紧密地团结起来，在中共岳阳县委的坚强领导下，深入贯彻党的十八大和十八届三中、四中全会精神,努力服务县委“一二三四”发展战略,全面推进深化改革、依法治县,为推进全面建成小康社会、谱写中国梦岳阳县篇章做出应有的贡献！本决议于2014年12月25日经政协岳阳县第十二届委员会第三次会议通过。

【重大活动】 1. 2014年8月19日—20日，按照市委市政府的工作部署，市政协铁山水资源保护专题考察组到岳阳县就铁山水资源保护工作进行考察调研。在县政协主席彭西罗的陪同下，考察组一行围绕库区建房、非法采矿等方面的工作,到岳阳县公田镇、毛田镇、月田镇等主要库区乡镇的村组与农户家中进行了现场考察与调研。形成的专题考察报告,客观反映了岳阳县铁山水资源保护工作现状、公正评判了岳阳县县乡党委、政府在市委市政府领导下就铁山水资源保护所作的工作,并就后阶段的铁山水资源保护工作提出了建设性的意见与建议。

2. 2014年9月25日上午，县政协在县农办会议室召开《政协岳阳市委员会关于政治协商、民主监督、参政议政的规定（试行)》专题宣讲报告会,市政协文史和学习委员会主任王志龙应邀作专题宣讲报告。县政协机关全体干部职工,在家的县政协常委,乡镇、县直政协联络办(组)主任（组长)，以及近城区的政协委员共计120余人参加报告会。

（周成方）

国防建设

县人武部工作

【概况】 岳阳县人民武装部全称为中国人民解放军湖南省岳阳县人民武装部，属于中国人民解放军编制序列，正团级单位，下设军事科、政工科、后勤科，编制干部8人、职工3人。县人武部作为全县的军事领导指挥机关，是同级地方党委的军事部，兼同级人民政府的兵役机关，接受上级军事机关和同级地方党委、人民政府的双重领导，主要负责全县的民兵预备役、兵役和动员工作。

2014年，县人武部坚持党的群众路线为指导，严格按照军委主席习近平的一系列重要指示和两级军区、军分区党委全会精神，以军事斗争准备为牵引，结合人武部和全县民兵预备役建设实际，大力加强民兵预备役建设，各项工作扎实推进，多项工作受到上级的肯定和表彰，被省军区评为“先进旅团单位”。

【党委班子建设】 2014年，县人武部按照“讲党性、重品行、作表率”的要求，努力建设“团结和谐、风清气正、坚强有力、奋发有为”的党委班子。加强班子成员能力素质建设。着力提升核心军事能力和非战争军事行动“两个能力”；着力提高政治领导、军事行动、化解危机、依法办事、攻坚克难、应对舆论、参政议政、业务工作“八个能力”，强化集体领导观念。认真学习贯彻《军队党委工作条例》，落实民主集中制和“十六字”原则，完善议事规划，规范决策程序，加强内部团结。2014年7月，人武部机关党支部被省军区评为先进党支部。2013年，先后有两名干部荣立三等功，3人被评为优秀共产党员、3人被评为优秀人武干部。

【思想政治工作】 始终把思想政治工作摆在首位，充分发挥思想政治工作的战斗堡垒作用。深入开展党的群众路线教育实践活动。按照军委主席习近平“标准更高、走在前列”“三个贯穿始终、一个确保”的要求，坚持将教育实践活动各个环节内容落到实处。围绕“能打仗、支援保障打胜仗”目标和纯洁干部职工思想，认真抓了“牢记强军目标、献身强军实践”主题教育、“讲党性、守党规、严党纪”反腐倡廉教育活动和经常性思想教育。教育实践活动中，部党委深入开展动员教育，广泛征求意见建议，部党委组织召开了专题民主生活会，班子成员围绕民主生活会主题，以实事求是和对同志负责的态度，认真开展批评和自我批评，触及思想挖根源，联系实际找措施，真正做到了“红红脸、出出汗”。通过教育实践活动整改，进一步规范了工作管理秩序，为单位的长远发展打下了基础。

【战备训练工作】 围绕军事斗争准备这个中心任务，坚持以军事训练为中心，以提高战斗力为标准，扎实开展战备训练工作。严密组织军事训练：以军事理论学习、课题研究作业、轻武器射击、体能训练等科目为重点，认真开展了首长机关在职训练；两年来共完成了民兵应急分队、工程抢修分队等5期800余人的民兵训练；2014年选派4名新任职武装部长参加省军区集训，取得了优异成绩，2人被评为“先进个人”。扎实开展了民兵整组工作。2014年2月27日，组织召开了全县民兵整组工作会议，县长张中于、常务副县长李勇参加会议，对年度民兵整组工作进行了部署。为统一全县基层武装部阵地建设，部领导积极与乡镇党政主要领导协调，共计投入18万余元统一订购民兵应急器材，确保了全县基层武装部器材室建设全部到位，解决了以往防汛、防火器材匮乏，发生险情，束手无策的局面，阵地建设标准有了很大的提高。2014年4月18日，组织迎接了军分区民兵整组工作专项检查，军分区刘亚兵司令员带队点验了民兵应急连和医疗救护分队，现场察看城关镇、黄沙镇和9634企业武装部阵地建设。加强了安全管理，以武器仓库和涉密载体安全管理为重点，突出预防为主，狠抓从严治军，人武部建设安全稳定。

【征兵工作】 在上级军事机关和县委、县政府的领导下，紧紧围绕确保兵员质量这个核心，搞好宣传发动，狠抓廉洁征兵，严把体检、政审、定兵关。不断创新新形势下征兵措施，确保完成新兵征集任务。2014年，县完成了征集新兵任务，其中高中以上文化程度占72.3%，党团员占92.1%，新兵整体素质进一步提高。

【党管武装工作】 党管武装意识非常强，县、乡两级党委对武装工作非常重视，大力支持国防建设，无论是民兵训练的保障，还是基础设施建设、兵役工作等都予以全力支持。党管武装制度落实好，常委议军、现场办公、军事日活动、"十个纳入"、述职和责任考评等党管武装各项制度均得到有效落实，县委书记毛知兵、县长张中于和联系武装工作的常务副县长李勇多次到人武部现场办公，重大问题得到有效解决，特别是人武部新营院建设，县委县政府给予了大力度支持，保证建设经费及时到位。

【部队正规化建设】 2014年，县人武部坚持依法从严治军的方针，深入开展"条令月""安全宣传教育月""消除安全隐患整治"等活动，认真贯彻落实上级安全工作指示，重点抓好人员车辆、营院管理，严格落实每日值班检查、每月形势分析和各项安全工作制度，战备和工作秩序正规有序。一年来，人武部无案件、无事故、无军警民纠纷、无政治性问题、无严重不良倾向，确保人武部高度稳定和集中统一。

【后勤保障工作】 根据改作风、纠"四风"要求，修改制定了《经费管理规定》《干部职工家属用房管理措施》等规定，严格按规定管钱、管车、管物，坚决抵制公车私用、超规格接待、超标准用房等做法。指导县经济动员和交通战备办公室修订完善"十二五"动员预案，并着重抓好物质、油料等专业保障编组，2014年，县人武部被省军区评为"后勤工作先进单位"。

【参加"湘江—2014"军事演习】 2014年6月23日至7月2日，组织70多名民兵参加省军区组织的"湘江－2014"演习，岳阳县重点在麻塘大堤演练抗洪抢险科目，期间，省军区黄跃进司令员亲临现场指导，对岳阳县的演练科目给予了表扬和肯定。

【组织疏散演习】 2014年11月1日，县人武部、人防办组织城区8所中小学校和3个社区共22000师生和社区居民，参加警报试鸣和疏散演习活动，对全县人防指挥系统、通信系统和应急系统进行全面检验，成功实现防空警报覆盖率、统控率、警报试鸣率100%。

（吴　杰）

人民防空工作

【概况】 岳阳县人民防空办公室是综合管理全县人民防空事业的主管部门，为正科级行政支持类事业单位。核定人员编制6人，现有干部职工6人，其中党员6人，本科学历4人，专科学历2人。内设综合室、工程管理股、指挥通信股3个股室。主要职责为：组织和指导制定城市防空袭方案；监督检查群众防空组织建设、训练；组织管理人民防空通信警报建设；对人民防空工程建设（含结合民用建筑修建防空地下室）实施计划、技术和质量管理；组织开展人民防空宣传教育工作；战时组织开展城市人民防空袭斗争。

【政策支持力度加大】 2014年4月1日，省人民政府出台的《湖南省人民防空工程建设与维护管理规定》和《关于核定人防系统行政事业性收费标准的通知》两个文件正式在全省实施，这是落实执政为民理念和新时期国家有关人防方针政策、深化人防改革的重大举措。它以科学、公平、合理、便于操作的制度设计，进一步规范了人防工程建设和行政审批工作。对于强化工程建设管理，加强廉政建设，转变机关作风，接受社会监督，推动全省人防体系能力建设具有重要意义。进一步明确了防空地下室建设和易地建设费的征收，对促进城市地下空间开发项目兼顾人防需要的落实，对推动经济发展较快乡镇、各类园区和重要经济目标区依法开展人防工作，必将发挥重要作用。

【人防宣传教育】 把人防宣传“五进”作为人防工作的重点，创新思路，强化载体，积极推进。一是强化媒体宣传。开辟县《手机报》人防专栏，在《湖南人防》2014年第2期上发表《推进融合发展实现“两建”共赢》调查报告，建立厚德广场宣传阵地，切实宣传人防法律法规、防空防灾知识和人防建设成就等方面宣传。二是突出活动宣传。以“学雷锋、进社区”活动为契机，投入1万余元，联合县科协等单位，在城区12个社区开展了声势浩大的“人防科普知识进社区”活动。在“11.1”防空警报试鸣演练及疏散活动中，有针对性地开展了警报常识、信号识别等宣传活动。全年共发放宣传资料10000余份，集中宣讲人防知识15场次，接受咨询1400余人次。三是突出阵地宣传。投入3万元，高标准创建了城关镇向阳社区和厚德广场两个人防宣传教育示范基地。四是突出校园宣传。坚持“人防教育从娃娃抓起”，城区每所中小学校都安排一名人防教育兼职教师，定期举办人防教育课。扎实开展城区中小学校《居安思危备战人防》主题科教宣传片观看活动，共有县一中、县二中等8所学校10000余名中小学生观看了人防科教宣传片。县人防办与县委党校联合开展人防教育培训活动，把人防教育纳入党校干部培训的必修课程之一，2014年共授课5次，培训各级干部600人次。

【依法行政工作】 一是严肃规范行政执法行为。以县委、县政府“行政执法规范年”活动为契机，根据工作实际，制定了人防行政审批和行政许可工作流程，出台了县人防办行政执法自由裁量权办法，规范了人防行政审批的所有环节，并制成公示告知单进行现场发放，使人防工作执法执收有据可依，有章可循，切实规范了行政执法工作。积极有效地推进执法档案规范管理，从细小处着手，将档案整理归档编号，做到一案一档，规范管理。二是严密开展执法巡查。坚持每周一次的巡查工作制度，巡查人员深入县城规划区的每个角落进行巡查，填报建筑工程巡查情况登记表，每周汇总。巡查过程中，对服务对象耐心讲解人防法律、法规及相关政策以及人防行政审批的相关流程，共发放《湖南省实施〈中华人民共和国人民防空法〉办法》《湖南省人民防空工程建设与维护管理规定》等相关资料1000余份。由于宣传得力、巡查严密，全县未发生一起违法案件，实现了应报建项目“无遗漏、足额缴、零立案”。三是严格规费征收管理。一是按照“应征不免、应收尽收”的要求，在县政务服务中心设置人防易地建设费征收窗口，纳入“一站式”管理范畴，严格执行收费标准。二是按照“以建为主、以收促建”的要求，加大人防规费征收力度。2014年，全县已报建项目面积225363平方米，其中政策支持类项目20819平方米，已征收易地建设费380多万元。三是按照“专款专贮、专款专用”的要求，所有人防执收全部使用财政部门印制的专用收据，严格执行收支两条线，纳入财政专户存储，确保资金安全。

【指挥体系建设】 一是编制防空袭预案。全面启动新版防空袭方案的编制工作，目前已完成基本方案和行动方案的草案调整工作。二是完善指挥通信系统。明确人民防空警报器管理责任，建立“每月检查、每季维护”制度，警报设备社会化管理率达100%。调整了警报器频率，投入3万元新增警报器1台，至2014年年底，城区范围警报器已经达到7台，另有1家建设单位签订警报设备配套安装合同。三是加强专业人才队伍建设。开展与医疗救护、电力抢修、道路抢修等队伍应急演练。结合县人武部民兵应急分队，建立由双方联合指挥的防灾救灾应急分队。四是组织警报试鸣活动。2014年11月1日，组织城区县一中、街赵社区和巴陵社区共4000师生和群众，参加警报试鸣和疏散演习活动，实现防空警报覆盖率、统控率、警报试鸣率100%。五是加强人防工程管理建设。投入1.2万元，对全县3处早期人防工程进行维修建设，落实人防工程专人管理制度，强化管理责任，加强人防工程安全管理，开展了两次安全生产大检查，建立工程维护管理记录台账，针对检查出的问题，共下达书面整改意见书1份。加快推进人防结建工程，与两家拟建建设项目达到修建协议，面积1万多平方米。

【机关准军事化建设】 建立绩效考核制度。将责任层层落实到股室、到个人，建立每月讲评、通报制度，讲评、通报结果计入年度考核内容；完善机关管理制度，重新编制了《岳阳县人防办机关管理制度汇编》，严格按制度管人管；严格廉洁自律责任制，及时组织学习上级反腐倡廉会议文件精神，切实筑牢拒腐防变防线。落实民主集中制，坚持在大额开支、人事任免、工程招标等问题上集体讨论研究决定，发扬民主，加强党内团结；每月组织一次集体学习，聘请上级领导和党校教师上党课，着力增强干部的党性修养、思想境界和政治素质，全年共举办学习活动5次。优化服务将原来20个工作日的办理时限缩短为12个工作日，今年共为92个项目提供优质服务，服务满意率达100%；在政府门户网站公开行政执法项目名称、法律依据、申请条件、办理程序、办结时限、收费依据和标准、需提交的全部材料和目录、窗口服务和投诉电话等内容，增加执法透明度。

（易江峰）

武装警察工作

【概况】 中国人民武装警察部队岳阳县中队（简称县武警中队）组建于1949年，2006年扩编至38人。主要担负岳阳县看守所外围武装看守勤务和岳阳县其他临时性勤务。

2014年，县武警中队按照《军队基层建设纲要》要求，以强军目标为指引，全面落实军委主席习近平关于国防和军队建设一系列重要指示，中队全面建设取得新进步。2014年，中队班长苏勇在总队组织“优秀四会政治教员”获战士组第一名，荣立三等功，中队在支队法规知识竞赛中获得第三名，在强军战歌合唱比赛中获得第三名。

【组织建设】 2014年，县武警中队围绕健全组织工作的目标，着眼能力建设和先进性要求，狠抓党支部班子自身建设。围绕“提高党支部依法决策”“加强遂行多样化任务能力建设”“破解部队安全发展难题”等8个课题，着力提高中队党支部“三个能力”建设，中队党支部“一线战斗堡垒”作用得到有效发挥。二是靠共同的事业凝心聚力。坚持用“小中队大作为”的共同理想信念统一思想，用“四抓五突出”的工作思路统一思想，切实形成了“想干事、会干事、干好事、好共事”的良好局面。三是靠作风建设促真抓实干。四靠风清气正取信于官兵。中队党支部重拳出击，着力在扭转部队风气上下功夫，“以廉为荣、以贪为耻”的氛围进一步浓厚。

【思想政治建设】 紧紧围绕培养“永远做党和人民忠诚卫士”要求，立足“两个前沿”实际，突出学习中国特色社会主义理论体系，打好拒腐防变主动仗，确保官兵政治信念坚定和思想道德纯洁。着眼官兵思想实际，深入细致地抓好经常性思想教育；扎实开展“牢记强军目标，献身强军实践，永远做党和人民的忠诚卫士”主题教育实践活动，打牢部队思想根基；紧贴中心任务和官兵思想实际，抓好遂行任务中的政治工作；结合支队广泛开展“深知兵、真爱兵、带好兵”活动，大力加强政治环境建设；广泛参与岳阳县警民共建活动，警政警民关系和谐密切。

【军事训练】 2014年，县中队严格按照上级部署，以高标准实现“两个确保”为目标，以经常性执勤和管理为重点，突出整治固定目标执勤和经常性管理中存在的各种安全隐患；贯彻总队《“五小练兵”实施细则》，广泛开展“五小练兵”活动，营造群众性练兵热潮；积极参加市武警支队各项比武科目，加强对擒敌术基本动作、射击和五公里武装越野等课目的训练，官兵体能、军事技能得到进一步提高，确保以执勤为中心的各项任务圆满完成。9月份，在岳阳市支队组织的军事比武中，县中队五公里武装越野、擒敌术基本动作、射击等科目均取得优秀的成绩。

【执勤和处置突发事件】 2014年，县中队着重提高官兵体能、擒敌和处置情况的能力，较好地提高了官兵的执勤能力。一是按照《军事训练与考核大纲》要求，着力抓好基础训练，切实提高了遂行多样化任务能力。二是各类勤务完成出色。充分发挥“三个载体”作用，与目标单位共同集中治理执勤隐患，确保固定勤务万无一失。同时，中队还出色完成了短途武装押解15起，树立了武警良好形象。三是战备工作正规有序。按照“执勤安全有保证、处突反恐有把握、防卫作战有准备”的目标，中队今年认真加大落实战备教育力度，特别是抓好敏感时期的敌社情教育和对《处置突发事件规定》《战备工作规定》的学习，有针对性地进行一些模仿对抗性的训练和方案演练，始终保持良好的战备状态。

【正规化建设与后勤保障】 2014年，中队全面推进正规化建设水平。执勤设施方面，监区球机、探照灯、哨位信息化终端系统等设备一应俱全，“四防一体化”建设全面升级。此外，县武警中队坚持把后勤建设摆在和其他工作同等重要的地位，每月分析形势，查找不足问题，研究解决办法。在后勤人员挑选上，坚持标准，把军政素质过硬、热爱后勤工作、具有一技之长的战士选入后勤队伍。严格后勤人员管理，抓好后勤人员的思想教育和业务培训，努力提高后勤人员的责任心和业务水平。加强了中队营房和系列化营产营具的维护，并对营区进行了绿化亮化，使官兵的生活条件得到很大改善。加强对经费的管理，严格按照规定，对重大经费开支实行“阳光操作”，互相监督。每月公布经费收支情况，向官兵做好解释说明工作。认真落实伙食管理5项制度，按照营养均衡、口味兼顾、花色搭配的原则，努力搞好伙食调剂。严格落实卫生防病工作制度，及时接种疫苗，开展环境卫生整治，突出抓好甲流、口蹄疫、人禽流感，乙肝、肠道传染、血吸虫等重点传染病和食物中毒的防控工作，卫生防病工作实现无食物食物中毒和烈性传染病发生，昼夜发病率控制在1.5%以下。

【拥政爱民】 2014年，县武警中队积极组织官兵与县民政局、供电局、光荣院等单位，开展“警民共建”活动。8月份，县武警中队参加县公安局反恐誓师大会，圆满完成安全警戒任务；9月份，县武警中队参加岳阳县烈士陵园公祭活动，并圆满完成敬献花篮任务。12月份，县武警中队配合县看守所，对关押女犯进行搬迁，并圆满完成押解勤务。

（姚泽民）

公安消防工作

【概况】 岳阳县公安消防大队是一支担负着全县火灾扑救和各类灾害事故抢险救援及消防监督管理工作的正规化、专业化部队。是公安机关的职能部门之一，也是各级政府对消防工作的行政管理部门，是担负消防安全保卫任务的武装力量。大队共有官兵42人，其中干部8人，战士30人，合同制消防员和文职雇员4人。大队现有消防执勤车5辆，其中泡沫水罐车两辆、抢险救援车1辆、举高喷射消防车1辆、云梯消防车1辆，行政车两辆。

2014年，岳阳县消防大队在县委、政府和县公安局的领导下，全体官兵凝心聚力、和谐奋进、乘势而上，积极打造一支攻无不克、战无不胜的岳阳县消防铁军，并加大消防监督检查的力度，大力消除火灾隐患，全力确保辖区火灾形势持续平稳和部队内部高度稳定，圆满完成了以防火和灭火救援工作为中心的各项工作。

【党委班子建设】 2014年，大队以提高班子领导能力为根本，努力完善领导干部能力提升机制，将各级班子建成政治坚定、团结协作、精干高效、勤勉清廉的坚强领导集体。一是带过硬队伍。大队以提升官兵能力素质为关键，全面推进理论武装、能力培训和知识更新，深化队伍纪律和作风建设，增强党员队伍模范表率作用，努力促进官兵综合素质和履职能力显著提升。二是争人民满意。大队以人民群众满意为第一标准，从人民不满意的地方改起，从人民最期盼的事情做起，忠诚履职，竭诚服务，不断提升群众满意度和美誉度。

【铁军中队建设】 按照“训战一致”的原则，大队紧贴实战推进全员岗位练兵，健全科学的组训、奖励、督导和保障机制，提升灭火救援实战化水平。突出基地化岗位轮训，强化单兵基础训练、班组战术训练，抓好全员、全装、全队的协同合成作战训练，提升基层单位整建制独立作战能力。立足于“灭大火、打大仗、打胜仗”的需要，加强区域性、综合性实战演练，全面检验部队在复杂条件下打赢制胜能力。2014年，大队成功处置各类灾害事故366起，疏散抢救被困群众600余人，挽回经济损失8000余万元，赢得了各级党委政府和社会群众的高度肯定和广泛赞誉。

【消防监督管理】 消防大队以第二次“清剿火患”战役专项行动、消防安全“打非治违”、重大火灾隐患的排查整治、和消防安全专项检查行动为主线，结合辖区实际，联合相关部门，深入开展了消防安全专项整治、高层建筑专项治理、学校安全专项整治、构筑社会消防安全“防火墙”工程等专项治理。2014年共检查单位812家，督促整改火灾隐患或违法行为908处，下发责令改正通知书696份，临时查封3处，受案14起，责令“三停”3家，使一大批火灾隐患得以消除，一些消防违法行为得到处罚，净化了辖区的消防环境，确保全县火灾形式持续平稳。

【党风廉政建设】 消防大队着重建立健全惩治和预防腐败体系长效机制，实现“班子廉政、机关廉勤、干部廉洁、部队风正”的目标。强化纪检审计部门职能，全面加强对消防执法、选人用人、财物管理、作风建设四个重点领域的有效监督，“零容忍”查办违纪违法案件，严厉惩处腐败分子。大队还积极应用廉政风险防控管理系统，建立廉情分析预警和廉政风险防控动态管理机制，进一步提高反腐倡廉建设科学化水平。

【消防宣传工作】 消防宣传工作是提高全面消防安全意识的重要手段，大队采取在高速路张贴标语、悬挂宣传口号、并利用媒体宣传、开培训班、举行盛大的宣传活动等不同方式进行消防宣传。2014年，大队全年共开展消防安全培训人员近2000余人，结合“119”消防宣传月活动等重大宣传活动为契机，共开展大型消防宣传7次，播放宣传广告53条次，悬挂条幅31条，发放资料3000余份。

（李 卓）

法　　治

综　述

【概况】 岳阳县委政法委内设机构4个：办公室、社会治安综合治理室、执法监督室、政工室；正科级行政单位2个分别是岳阳县社会管理综合治理委员会办公室、岳阳县维护社会稳定工作领导小组办公室，2014年5月新增设下属二级事业单位——岳阳县涉法涉诉信访接待服务中心。2014年，县委政法委认真践行实践科学发展观，牢牢把握“发展是第一要务，稳定是第一责任”这一主方向，全力维护社会大局稳定，着力服务县域经济建设，全面落实政法综治工作各项责任和措施，为岳阳县经济社会健康发展和人民群众安居乐业营造了一个和谐的社会环境。是年，全省综治民调考核，岳阳县排名第52位。

【综治稳定工作】 2014年，岳阳县委、县政府把“发展是政绩，稳定也是政绩”的理念贯穿始终。把社会治安综合治理作为“一把手”工程来抓，努力促进社会公平正义，着力保障人民安居乐业。县委政法委始终绷紧一根弦，牢牢守住底线，忠诚履职，为岳阳县经济社会持续健康发展提供了平安、稳定的良好环境和有力保障。

【源头稳控工作】 根据在维稳工作上的经验，结合各类下基层走访活动，依托基层组织，利用相关部门职能，因“群”施策，有困难的开展帮扶，没困难的加强日常联络，巩固感情，落实社会稳定风险评估。全县稳定风险评估工作通过不断探索和完善，逐步建立了重大决策社会稳定风险评估的长效机制，把风险评估作为重大决策出台的前置程序，努力消除因决策失误引发的矛盾纠纷和影响恶劣的案事件。发改、规划、住建等相关职能部门根据各自的职责，出台了相应的部门工作制度。鹿角码头、向红机械棚户区改造、华能岳州电厂等重大项目都按程序进行了社会稳定风险评估，项目建设顺利推进，没有发生群众大规模阻工事件。

【化解矛盾】 落实乡村两级责任。按照“属地管理”的原则，坚持“相信群众、依靠群众、就地解决”，实现了“小事不出村组、大事不出乡镇、矛盾不上交”。2014年，乡村两级共排查、化解各类矛盾纠纷2000多起，全县没有发生一起民转刑案件，化解了约30起群体性上访和族姓械斗。坚持定期联合接访。政法系统自2012年以来，每周二由县委政法委一名副书记带队，政法各家分别派一名班子成员参加，在县信访局开展联合接访，能解决的现场解决，不能解决的限时调查解决或回复，有效减少部分群众投诉无门的现状，提高了涉法涉诉信访案件的办理效率。积极化解涉法涉诉积案。是年，在涉法涉诉历史遗留问题上，逐个进行清理，县财政安排专项经费，共妥善化解各类积案31起，促进了社会和谐。

【妥善处置突发性事件】 突发性事件处置迅速。岳阳县出台了《岳阳县群体性事件处置预案》，明确规定事件发生后，乡镇党政主要负责同志必须第一时间赶赴现场处置，涉及人员多或需要协调的较大案事件，县委、县政府分管领导要带队现场指挥。新开镇中心医院的医闹事件，柏祥伏太村的意外死亡事件，新墙镇、公田镇、鹿角镇等地的交通事故，都及时、有效、稳妥得到化解。全县近年来没有发生一起因处置不当引发的冲击政府机关和越级集访案事件。

【整治“黄、赌、毒和涉恶涉黑”工作】 针对群众反映强烈的“黄、赌、毒和涉恶涉黑”等社会治安问题，县委政法委强力整治，先后组织开展了“打侵财”“禁赌博”“禁毒品”“打假”和“铁拳行动”侦破会战等专项行动。高压打黑。先后侦办了胡某某、刘某某、毛某某及王某等黑恶势力团伙案件，抓获涉恶头目及骨干成员28人，破刑案17起。有效清除黑恶势力的残渣余孽，进一步巩固了打黑除恶成果。重拳治赌。公安部门多次组织开展打击赌博专项行动，重点打击组织者、经营者和保护伞。文广新局针对贩卖码书码报问题，联合城关镇实行每日巡查，发现一处，收缴一处。对参与地下“六合彩”赌博的干部和家属，一律严肃查处。铁腕禁毒。公安部门不定期地对娱乐、宾馆等重点场所开展清查行动。对涉毒重症人员做到应收尽收。年收治中心累计收治117人次。县公安机关先后侦破“5·8”“7·16”两个涉毒大案，缴获毒品27千克，创下了建县以来之最。强力扫黄。针对新墙东街、城关东方路和二致富街等涉黄重点部位，政法系统采取干部干警包门店，昼夜巡逻无缝隙的模式，收到了很好的整治效果。打击侵财犯罪。保持对侵财案件的高压严打态势，结合巡防工作，做到快速反应，露头就打。

【防控工作】 2014年，全县在原有的基础上加大投入，狠抓防控工作。从退伍军人中遴选组建80名退伍军人，由财政提供专项资金保障，在城关地区24小时不间断开展巡逻，提高群众安全感。县公安局巡逻大队联合武警，分三个班次不间断在大街小巷徒步巡逻，提高见警率，提升快速处置突发案事件的能力和水平。城关镇聘请40名退伍军人组织专业巡逻队，通宵达旦在背街小巷进行骑单车的方式巡逻，提醒群众加强防范。各乡镇由公安派出所干警带队，在主要路段和人口相对集中的地方，开展夜间巡逻，有效挤压犯罪空间。是年，县政府投资1200多万元，在城关地区建成了高标准电子防控系统，有效解决了岳阳县技防力量薄弱的被动局势，极大地提升了治安防范和案件侦破水平。

【平安岳阳县建设工作】 2014年，岳阳县成立了以县委书记为组长的平安创建工作领导小组，9月底，召开全体县级领导参加的高规格的平安创建工作大会，出台了《岳阳县平安创建工作实施方案》。在全县范围内开展平安乡镇、平安院落、平安村居、平安单位、平安校园等基层平安创建活动，积小安为大安。县委政法委印制了20万份平安创建工作宣传资料，发放到每一个农户、居民以及门店经营主手中。向群众倡导“平安共建，平安共享”的理念，积极引导群众参与到平安创建活动中来，提升全县平安创建工作水平和群众参与率。在县电视台开辟“平安在线”专栏，在红网《手机报》开辟“平安快报”专栏，及时播报平安创建工作动态和先进典型。县司法局利用法制宣传平台，开展“送戏下乡”活动，把平安创建和法治宣传融入群众喜闻乐见的表演节目中去，提高全县人民群众对平安创建工作的知晓率和支持率。

（徐春霞）

【铁路联防工作】 岳阳县有京广线36.4千米，有武广客运专线32.9千米。京广线横跨黄沙街、城关、麻塘、鹿角四个乡镇，31个村。有专业护路分队一个、队员六名。京广铁路沿线村（居）委会建立护路联防小组31个、义务护路队31个、信息员162人，有学校16所、师生12189人，耕牛76头，行人道口14个，废品收购站点21家，五残人员49人，桥梁4座，交通涵37个，水涵139个。武广客运专线横跨黄沙街、城关、麻塘、新开4个乡镇，28个村。有长铁公安处沿线责任区两个，有专业保安36名、护路志愿者33名。武广客运专线建立村（居）委会护路联防小组28个，信息员219名，有学校6所、师生3638人，重点人口59人，五残人员152人，桥梁17座，隧道3个，公跨铁人行天桥6座，交通涵18个，立交设施6个，通信基站9个，中继站3个，AT分所两个，栅栏工作门9个，牵引变电所1个。2014年，岳阳县铁路护路联防工作者齐心协力、尽职尽责，针对铁路护路联防工作的新情况、新特点，开展了宣传教育，重点整治，矛盾排查，专业巡逻等一系列工作，防范和遏制各类涉铁违法犯罪，化解和处置各项涉铁矛盾，大家为铁路安全尽职尽责，实现了上级制定的 “五杜绝一确保”的工作目标。

【机构组织】 县委、县政府、综治委和沿线镇党委、政府及成员单位高度重视铁路护路联防工作，始终把铁路安全作为促进社会稳定发展、经济发展的一项重要内容来抓，切实加强组织领导、周密安排部署，落实领导责任。县委常委、政法委书记、铁路护路联防工作领导小组组长袁陆保同志多次到铁路沿线调研护路工作，向财政争取护路经费和看望慰问护路队员。副县长、铁路护路工作领导小组副组长王卫兵经常顾问铁路护路工作，帮助解决京广高铁水系遗留问题项目资金20万元，沿线乡镇召开沿线铁路护路工作联席会和拨付铁路护路宣传教育活动经费。县护路办按照综治委的安排，制定了工作要点、工作规划、考评细则，明确了各成员单位任务，同时县综治委将铁路护路联防工作纳入社会治安综合治理目标责任，做到同部署、同落实、同检查、同考核。层层签订责任状，将各项工作指标任务细化、分解落实到单位和责任人，为护路工作指明了方向，沿线各乡镇、村、组落实护路领导机构，做到了有班子、有牌子、有制度、有台账、有日志，护路网络更进一步完善，为铁路护路联防工作提供强有力的组织保障，确保了一线平安。

【宣传教育】 保证铁路运输安全畅通是铁路护路联防工作重中之重，宣传教育是铁路护路联防工作的基础，只有依靠群众、发动群众，提高沿线人民群众和中小学生的爱路护路意识，实现关口前移，才能防患于未然。是年4月，县护路办将按照上级要求，联合县教育局、团县委在全县铁路沿线开展《铁路安全管理条例》宣传月活动，在黄秀中学召开了“珍爱生命远离危险”教育活动。岳阳县电视台跟踪报道采访，节目录制后报经视台播放，取得了明显效果，得到了中央、省、市护路办的通报表扬。

【隐患排查】 为了保证铁路安全，岳阳县护路办按照上级要求对两线进行了安全隐患大排查，及时化解不稳定的因素，形成涉路矛盾、隐患化解工作经常化、制度化和规范化，提前介入、提早动手，对排查出来的矛盾隐患定责任人，限时解决，努力把各类涉铁矛盾隐患解决在基础，化解在萌芽状态。在京广线上，荣家湾铁路派出所和护路队员对私开的栅栏开口23处进行用铁丝加固，保证了人民生命财产安全和铁路运输安全。

【“三网”联防】 高速铁路现代化建设是中国历史新起点，“高铁名片”是中国高铁形象。维护铁路安全畅通，是每个护路队员的神圣使命。如何在新的起点上解决前进中的困难，实现良好的开局，是摆在全体护路人面前的一道崭新课题，破题应有新思路，汨罗派出所黄沙街东警务区形成以物防网（硬件物防网）、专防网（专业队伍巡防网）和民防网（群防群治网）“三网联防”为一体的立体治安防控体系，在新形势下创新发展了专门工作与群众路线相结合的工作基本方针。自筹资金召集沿线村支部书记召开联席会，提高沿线人民群众护路意识和参与意识。

【整合力量】 2014年，沿线各级护路组织在健全规章制度，规范日常管理，提高护路队伍整体素质上下功夫。护路队伍自身能力不断增强，为完成护路联防工作奠定了坚实基础。全县有京广线专业护路队员12名，京广高铁线有保安36名，骨干志愿者33名，有奖义务护路户主8名，村级巡逻队49个，县护路办和铁路派出所为此制定了一套完整的巡线守点制度，24小时不间断巡逻，对重点口子，重点部位，有护路队员重点看守，确保安全落到实处。2014年，全县护路队员、志愿者及沿线群众“一事一奖”40余起，获奖金6000余元。专业护路队员和志愿者、有奖义务护路中心户在宣传活动中担当起宣传教育的主力军，并配合工商局、派出所对沿线废品收购站点的清理整顿，进村入户，宣讲铁路安全知识，签订各种责任状，确保一线平安。

（张 罗）

【执法监督】 2014年，岳阳县政法系统各部门牢固树立“以人为本，信访为民”理念，以“人要回去，事要解决，案结事了，息诉罢访”为目标，认真落实信访便民措施，化解了一大批涉法涉诉信访问题，较好地发挥了涉法涉诉信访工作贴民情、解民难、维民权的工作职能，取得涉法涉诉信访总量下降、无重大群体性涉法涉诉上访事件发生的良好效果。

【完善相关规定和工作机制】 提高执法质量，结合深化司法体制改革，建立健全科学合理、监督有力、规范有序的司法权力运行机制，从制度上保证严格执法、公正司法，使每一起案件处理都做到实体公正、程序公正、规范高效，经得起检验。强化执法监督，加大各个执法环节之间、政法各单位之间的监督力度，确保执法司法权不被滥用，执法办案中的过错、瑕疵得到依法及时纠正。严格责任追究，完善执法司法责任制，严格落实办案质量终身负责制。对于冤假错案，严查执法不公、不廉问题；对于群众诉求不及时受理、不按期办结、有错不纠的，依纪依法追究办案人员和相关领导责任。使广大政法干警敬畏法律、敬畏人民，依法用权、秉公办事。四是深化执法公开，构建开放、动态、透明、便民的阳光执法司法新机制，凡是法律规定应当公开的案件信息，都公开；生效后的裁判文书，应当依法在政法机关的官方网站上公布，让群众看得到，监督得了，提高群众对涉法涉诉信访问题处理的认可度。

【专项整治工作】 为全面贯彻落实党的十八大和十八届三中全会精神，按照县委的工作部署，紧密结合党的群众路线教育实践活动，通过纠正涉法涉诉中损害群众利益的行为，着力维护人民群众的合法权益，着力构建公正廉洁执法的长效机制，着力提升人民群众对政法队伍的满意率，努力维护社会和谐稳定。是年3月至9月，在全县政法系统开展纠正涉法涉诉中损害群众利益行为专项整治行动。通过开展专项整治，共查处了7起损害群众利益的案件，处分了7名政法干警，挽回了250余万元的经济损失，取得了较好的社会效果。在严格规范收费、罚款、涉案款物处置方面，共清理违法违规处理涉案款物案件两起，退还涉案款物20900元。在查处“金钱案、人情案、关系案”问题方面，查处“三案”问题两起，处理违法违纪人员两人，“金钱案”1起，1人被开除公职。

【司法救助工作】 涉法涉诉信访问题中有相当一部分案件是因为当事人由于生活贫困而无钱无力通过诉讼程序解决矛盾，或肇事者逃逸致当事人人身受到侵害、财产遭受损失所遗留下来的，对此，按照国家司法救助制度，结合实际，严格把关，适当救助，全年共对72件案子的当事人实施救助，救助金额199.43万元。将法律援助工作延伸到农村基层一线，让法律援助更贴近人民群众，使困难群众真正享受到法律的公平与正义，有效地预防和减少涉法涉诉重复上访。

（徐春霞）

防范整治邪教工作

【概况】 2014年，县委有关机构认真履行工作职责，认真分析新情况、不断总结新经验、及时化解新问题，高标准完成好反邪教各项工作任务。是年，岳阳县被评为全市反邪教工作先进单位。

【防范控制和打击处理工作】 县委中心组将反邪教工作纳入学习内容，财政投入增幅较大。多次召开专题会议安排部署工作。3月12日，县委政法委组织召开了书记办公会，集体学习了全市反邪教工作会议精神，就如何贯彻落实会议精神和全年的反邪教工作集体进行了研究。3月16日，组织召开全县反邪教工作专题会议，与各单位签订责任状，表彰2013年全县反邪教工作先进集体和先进个人，安排部署全县2014年反邪教工作。认真贯彻落实全国“3·31”电视电话会议精神，为防止“法轮功”邪教人员进行非法活动，下发专门文件，各乡镇和相关单位对重点对象严格落实“三包一”责任措施，积极开展追逃查失工作，安排专人监控，各位包保责任人必须将自己的防控对象盯死看牢，确保不发生任何问题。县委防范办不定期开展暗访督查，全面收集相关信息，及时反馈通报督查情况，督促整改落实。全县没有发生一起“法轮功”邪教人员闹事的非法活动。认真组织开展“百日会战”专项行动。按照省市防范办的统一部署，县委防范办及时与宣传广电部门对接，先后两次分别于7月20日至24日、8月18日至22日，将《识破邪教“全能神”》视频在县电视台进行连续播放，组织乡镇与县直部门干部群众收看。将《“全能神”邪教教主基本情况及组织架构》《“全能神”邪教歪理邪说》等4篇文章一一刊登在岳阳县新闻网上，向全县人民公开“百日会战”举报电话，进一步深入揭批“全能神”等邪教组织，让人民群众认清它的真实面目，实现使人民群众拒绝和远离邪教的目的。9月19日，根据群众举报，公安机关破获一起“全能神”邪教练习案件，捣毁一个“全能神”邪教人员聚会窝点，收缴反宣资料100余份，抓获李某某、周某某、陈某某等3名涉邪人员，全部予以行政拘留，通过摸底排查，在本县新墙镇排查出一名“全能神”邪教人员。

【教育转化工作】 教育转化3人的工作任务全面完成，其中“法轮功”邪教练习人员续某某和王某某两人在市法制培训班进行教育转化，荣某某通过社会力量进行帮教转化。积极开展转化攻坚巩固工作，帮教队伍建设得到加强，教育转化基地设施更加完善。为巩固教育转化工作的成果，县委防范办回访了通过集中办班教育转化的原“法轮功”邪教全体练习人员，落实具体帮扶措施，做好相关稳控工作。对全县原“法轮功”邪教练功站点的负责人进行了调查走访，及时掌握他们的现行状况和动态。

【警示教育工作】 投入78000元在全县安装反邪教宣传固定警示牌60块，先后制作并发放反邪教宣传挂图180套，利用县电视台、网站和手机报对“法轮功”和“全能神”等邪教的相关知识进行广泛宣传。认真开展反邪教警示教育进社区、进学校、进家庭活动，全县各派出所所长担任本辖区内学校的法制副校长，每学期至少上一堂反邪教警示教育课。各校的宣传窗内都有反邪教内容，县二中在开展反邪教警示教育时，组织学生开展反邪教知识竞赛、写学习心得等活动，取得较好的效果。

【涉网斗争工作】 县委防范办主动与宣传、教育、妇联、团委、文联等部门和单位联系，组织人员向“两网”投送稿件，共收集到各类反邪教和文学性稿件多篇，在凯风网和岳麓红枫网分别刊出3篇与4篇。针对本县的涉网有害信息，组织公安人员与信息中涉及的部分当事人接触，并安排人员对涉嫌写作的人员进行监控，起到了较好的警示作用。近阶段，全县的有害信息得到明显控制。

【反宣币整治工作】 县委防范办将《关于抵制“法轮功”反宣币的公告》加印了500份，分别张贴到全县各行政村、银行金融网点、卫生院、超市、小区出入口等场所；充分利用电视台、网站、手机报进行广泛宣传，将《公告》连续多天在县电视台本地新闻结束之后的黄金时段进行播报，县新闻网刊载，向全县人民公开县委防范办和公安的举报电话；主动与各家银行衔接，要求各金融网点及时方便群众兑换。经过广泛宣传发动，反宣币的清缴兑付工作得到了人民群众的响应和支持，全县各银行网点共回收各类反宣币276张，共计金额2016元。其中100元面值钱币6张，50元两张，20元30张，10元62张，5元55张，1元121张。

【邪教人员摸底排查工作】 及时动员部署，2014年6月，中央和省委安排部署对“法轮功”“全能神”等邪教人员摸底排查工作以来，认真贯彻落实全国“7·8”视频会议精神，7月15日，县委防范办组织县反邪教领导小组部分成员单位、各公安派出所，进行了专项工作部署。8月14日，全县摸底排查工作再次召开部署会，会议由县防范和处理邪教领导小组组长、县委常委、政法委书记袁陆保同志主持，副县长兼公安局长刘四清作主题报告，各乡镇综治办主任，公安派出所所长、国保专干和县反邪教领导小组部分成员单位负责人参加，会上下发了《岳阳关于对“法轮功”“全能神”邪教人员人员底数进行摸底排查工作的实施方案》，进行了业务辅导、宣读了督查通报，相关领导对该项工作再次进行部署与强调，各乡镇向县反邪教领导小组递交了责任状。从7月上旬安排部署该项工作以来，各乡镇和有关部门按照中央、省、市委防范办的统一部署，安排专门力量进村入户，结合流动人口调查摸底、群众路线教育等工作，全面细致排查“法轮功”“全能神”及其他邪教人员的基本信息和活动情况。全县各乡镇排查登记的“法轮功”邪教人员共计214名，“全能神”邪教人员10名。

（李　勇）

公安工作

【概况】 岳阳县公安局成立于1984年，现有建制室所队41个，其中基层派出所23个，内设室所队18个。全局共有在编在职民警431人，一线执法勤务机构警力占全局民警总数的80%，全县警民比例数为3:5000。2014年，县公安局以维护全县大局稳定为基本任务，以促进社会公平正义为核心价值追求，以保障人民安居乐业为根本目标，全力开展打击侵财、黑恶、涉毒、涉赌、涉黄“五类犯罪”专项行动和“队伍建设年”活动，出色完成了各项公安保卫工作任务，为县域经济社会发展提供了坚实保障。全县综治民调位居全省52位，公安局被评为全省执法优胜单位，在安全生产、重点工程、计划生育、拆违控建、信访维稳等方面分别被县委、县政府评为先进单位，有50多名民警、10多个单位被省、市、县记功、嘉奖。

【维稳安保工作】 2014年，县公安局立足本职，狠抓信息预警，全力稳控重点人员，严打邪教违法犯罪。全年共收集各类情报信息1358条，预警600余次，及时化解各类矛盾275个；破获“法轮功”“全能神”等邪教案件6起，收缴邪教类非法刊物、光盘522件；圆满完成警保卫任务30多场次；及时有效处置堵路堵门事件39起，确保了全县社会政治大局平稳。

【打击各类违法犯罪】 全年共接警19656起，破刑事案件521起，刑事拘留475人，逮捕直诉539人，查处行政案件1748起，行政拘留1085人，查处各类违法犯罪案件4078起，调处纠纷3845起。强力推进了以打击五类犯罪为重点的“烈火行动”和禁毒“百城会战”行动，成效显著。着力破大案上，全年发生的3起命案全部告破，两个黑恶势力团伙被捣毁，捕判30人；厚德广场持刀抢劫强奸案、冒充民政干部针对农村老人家庭盗窃案等一批群众关注度高的案件及时侦破。查禁黄赌毒上，围绕民调热点问题，严打黄赌毒。逮捕直诉涉赌人员136人，行政拘留148人，捣毁“砣子场”9处，查处关闭赌注较大的麻将馆39家；侦破了两起部督毒品刑事案件，逮捕直诉涉毒人员109人，强戒360人。查封东方路、三致富街、新墙东街涉黄旅馆28家。优化经济环境上，严打强行阻工、强揽工程、强卖强买等“三强”行为，打击处理65人，确保县域重点工程顺利推进。强化交通管理上，全年查处交通事故4934起，其中重大交通事故66起，侦破逃逸事故案件12起。组织客运、货运和校车安全集中整治行动22次。派出所落实了管理道路交通职责，校车安全“零事故”，春运工作安全有序。维护森林安全上，森林公安扎实开展火灾专项行动和“绿箭”专项行动，破获林业刑事案件7起，确保了森林安全、林区秩序。

【基层基础工作】 在服务群众方面，县公安局受理人口信息变更、证照办理申请6万人次，办理二代身份证和出入境证件3.2万个。采集录入流动人口信息、出租房屋信息1.2万条。办理车辆及驾驶人证照1万余个。在基础建设方面，完成了“平安城市建设”第一期、第二期工作任务，接受监控调阅和查询200余次，协助破案50余起。网技工作室建成验收。“两所合一”主体工程年前竣工。县公安局执法办案中心投入使用。在监管工作方面，拘留所、看守所和武警中队认真落实各项值班备勤制度，确保了无安全事故。

【依法履职工作】 围绕公安部执法检查“回头看”、不捕不诉案件评查、执法办案区“四个一律”等专项行动，持续加强法制建设，在接处警、立案、侦查办案、涉案财物、执法办案场所管理使用、窗口服务等七个方面，深入查摆问题、及时纠错。全年共开办培训班 11 场次，整改自清自查问题 1316 个，对 2013 年度不捕不诉案件进行逐案复查，复评无过错案件 13 起，整改瑕疵案件 32 起，问责纠正执法过错案件 4 起。执法考评实现月考评与年终考评有机结合。全年未发生一起因执法过错而提请国家赔偿案件。全年通过执法资格考试达到基本级 22 人、中级 30 人、高级 5 人。

【公安队伍建设】 突出学教活动，积极开展党的群众路线教育实践活动，既完成了规定动作，又有亮点创新，顺利通过县委验收。突出警营文化，组织了相思园户外拓展活动、“人民警察为人民”主题演讲比赛、优秀共产党员和先进党支部评选表彰活动、“八一”节及重阳节座谈会、第六届“平安杯”篮球赛等活动。在各类媒体上发表对外正面宣传 200 余篇次。突出从严整治，开展了“队伍建设年”活动，突出纪律作风建设集中教育整顿、“党纪条规教育年”等专项整治，制定了队伍形象考核办法、室所队长约谈暂行办法、讲评制度、请休假管理规定。全面开展反腐倡廉警示教育，强化纪律作风督查，查处民警违纪违法问题。共有 7 名民警违纪违规被立案查处，给予党内严重警告处分 1 人，党内警告处分 4 人，行政记大过 1 人，行政记过 1 人，因执法过错通报批评 4 人。审计执法违纪违规资金 20 多万元，全年公务接待费同比下降 21.23%。

（潘小龙）

交警工作

【概况】 岳阳县公安局交通警察大队现有在职干警 66 人，其中大专以上文化程度 63 人，占干警总数 95%，高中、中专文化程度 3 人，占干警总数 5%，内设 15 个所队，肩负着全县（20 个乡镇、596 个自然村）的道路交通秩序管理和交通事故处理及机动车、非机动车、驾驶员的管理等工作。2014 年，各项工作稳步、有序开展。在宣传教育、事故处理、规范执勤执法、校车管理、应对舆论监督办理“12345”热线，“五创”工作、党的群众路线教育实践活动等方面，县交警大队强化服务意识，切实加强基层基础工作，提高全体民警规范执法水平，努力开创公安交通管理工作新局面。一年来，共办理交通违法案件 49353 起，接处警 5000 起，重大交通事故 91 起，立刑案 42 起，刑事拘留 26 人，逮捕 18 人，起诉 16 人，取保候审 16 人，行政拘留 33 人，处理涉案群体堵路事件 10 起，侦破逃逸事故 12 起。农村道路交通安全管理工作被市公安局记集体三等功一次，被县政府评为优化经济发展环境先进单位。忠实践行党的群众路线，无一例民警违纪行为，3 名交警被评为省、市交警系统先进个人，22 名交警被县政府、县公安局、交警支队、交警大队评为优岗。

【开展“平安摩托示范乡镇”达标验收工作】 2014 年 5 月 6 日，在县交警大队四楼会议室召开专题会议，部署开展“平安摩托示范乡镇”达标验收工作，各相关责任单位负责人和主管领导参加了会议。作为推动国务院 30 号文件精神贯彻落实的具体举措，“平安摩托示范乡镇”达标创建是农村道路交通安全管理的重要内容，也是群众路线实践活动的具体措施之一。县交警大队要求参与创建省级“平安摩托示范乡镇”的新墙镇、参与创建市级“平安摩托示范乡镇”筻口镇、公田镇等乡镇的责任中队组织力量，对照省、市创建标准，推动“一乡一站”建设，完善工作制度和管理台账，同时要求落实宣传劝导、调查摸底和上门服务等环节，提升摩托车注册登记率、检验率和交强险投保率，确保创建达标。

【处置两起重大交通事故】 2014 年 10 月 11 日 20 时 50 分，谈家旭驾驶湘 F6C108 小车由汨罗市往岳阳市方向行驶，当车行至岳阳县八仙桥桥北路段时，遇任良凤驾驶无牌两轮摩托车（载任贵连、任金凤）由东往西上荣岳西线后向南行驶，因任良凤驾车未让优先车辆先行，谈家旭未确保安全行驶，致使两车相撞，造成任金凤、任良凤当场死亡、任贵连受伤及两车受损的重大交通事故。2014 年 11 月 3 日凌晨 6 时，一辆行驶至 107 国道新开镇马店路段的货车将一位送孙子上幼儿园的老太太当场撞死，发现现场无目击者逃逸。接警后，县交警大队立即组成专案组，一组查勘现场，提取痕迹物证，并走访附近居民住户，另一组调取沿路单位和卡口的电子监控。在案情分析会上，由轮胎刹车印和遗落的碎片，确定肇事车辆为货车；由路面散落物判定肇事车辆拖的货物是砂。经调取电子监控显示，发案前后80分钟时间段内有20余辆货车经过，其中拖砂的货车有4台。随后兵分四路，对这4台货车逐一查证，最终发现湘FG0419货车有重大作案嫌疑。通过调取车辆档案，办案民警于当日下午14时将付某抓获并查扣肇事货车，付某对犯罪事实供认不讳。

【校车安全管理培训工作】 从2014年8月20日开始，岳阳县分公田镇、新墙镇、城关镇三片，每片6—7个乡镇，组织县校车办、县教育局、县交通局、各乡镇、县交警大队、各农村派出所和交警中队负责人，校车驾驶人、各联校校长、幼儿园园长、车主等近800人召开2014年秋季校车安全管理培训会，县人民政府副县长周里出席，政府办副主任侯炼兵主持会议。县教育局相关同志通报上半年校车安全管理工作情况。通过路面39次督查，检查校车391台次，发现13台准驾不符，11台次校车超员，16台次校车无照管人员，集中反映了部分乡镇对校车安全管理不到位、教育培训不到位、考核目标不落实等问题，并提出明确的整改要求和措施。县交警大队大队长刘金林着重通报了今年7月4日在湘潭发生的校车特大事故，从认真把好源头关、增强责任感、强化道路管控、开展专项整治和开展校园交通宣传等方面彰显了交警从严管理校车安全的决心。副县长周里进一步强调校车管理要警钟长鸣，长抓不懈，不要用生命代价敲响警钟，不要用学生性命抢来良知。会后，组织驾驶人交通安全法律法规考试，办理校车相关手续。

（王海波）

检察工作

【概况】 岳阳县人民检察院共有政法专项编制74个，目前在编干警72人，退休老干部13人，其中中共党员72人，具有本科以上学历的干警人数占在编干警人数的90%以上。现有党组班子成员9人，其中正、副检察长6人，设办公室、纪检组、监察室、政治部、工会、检务督察室、行装科、侦查监督科、公诉科、监所检察科、民事行政检察科、控告申诉检察科、职务犯罪预防科、反贪污贿赂局、反渎职侵权局、法警大队、技术科、案件管理办公室、东洞庭湖检察室等19个内设机构。2014年，该院获得了“省级文明单位”“市级先进基层检察院”、全县“好领导班子”“社会管理综合治理优胜单位”“新农村建设优秀帮扶单位”“信访工作优胜单位”等荣誉。

【审查逮捕和起诉】 2014年共批准逮捕188件260人，起诉313件441人，办案准确率达100%。加强羁押必要性的审查，对涉嫌犯罪但无逮捕必要的，决定不批捕105人；对犯罪情节轻微、依照刑法规定不需要判处刑罚的，决定不起诉28人；积极开展轻微刑事案件快审快结工作，共办理适用简易程序案件26件；县检察院与县司法局联合，建立未成年人犯罪案件社会调查协作机制，帮助失足未成年人改过自新，办理附条件不起诉案件3件3人，对犯罪记录予以封存。依法将检察机关管辖范围内信访案件导入司法程序，实现诉、访分离，规范办案流程，完善信访案件退出机制；积极创建“国家级文明接待室”，检察长接待群众来访46次，受理举报线索15件，办理控告、申诉案件3件，先后6次深入云山、相思、毛田、黄沙街等乡镇，开展带信下访、巡访工作，将矛盾化解在基层，问题解决在当地。

【查办和预防职务犯罪】 贯彻中央关于反腐败斗争的决策部署，强化办案措施，加大办案力度，共立案查处职务犯罪案件15件15人，法院已判决11件11人，办案规模较2013年上升44%。查处职务犯罪大要案，按照“侦查一体化”机制，在查处岳阳市商务局原副局长丁某贪贿系列案中，直接立案侦查3件3人，包括岳阳市规划局经济开发区分局原局长方某，以及两名行贿犯罪嫌疑人，为全案的顺利侦破和进一步深挖奠定了坚实的基础。坚决查处发生在群众身边的职务犯罪，查处县中医院原院长张某受贿案，湘运公司原经理刘某、生产科长陈某贪污、受贿案，县交通局原党组成员、总工程师刘某受贿案等一批在县有影响的职务犯罪案件，形成强有力的震慑，坚决查处“不作为、乱作为”渎职犯罪，共立案侦查7件7人，这是县检察院恢复建制以来，当年查办纯渎职案件最多的一年。如新墙镇派出所副所长任某因涉嫌徇私枉法，主动投案自首；县工业局原副局长吴某、资源电力股长欧某滥用职权、受贿案，违规套取180余万元国家专项资金，县检察院建议政府依法收缴，专项用于相关企业的破产改制和下岗职工安置，得到当地群众好评。坚持惩防并举，积极开展个案预防和系统预防，提出检察建议14份，均在网上进行公示；推进社会诚信体系建设，全年共受理行贿档案查询48人次，凡是有行贿犯罪记录的单位和个人均被禁止参与全县范围内工程项目招投标。

【诉讼监督】 共监督侦查机关立案10件10人，监督撤案两件2人，追捕漏犯27人，追诉漏犯8人，追诉漏罪5条，向侦查机关发出书面纠正违法建议13份，均得到纠正，对适用法律条文不当和量刑畸轻的刑事判决和裁定，向审判机关提出抗诉两件2人。加强对民事、行政诉讼活动的监督。对不服法院生效判决、裁定的民事申诉案件，提出再审检察建议1份；办理执行监督案件1件，为申诉人挽回经济损失4万余元。加强刑罚执行和监管活动的监督。监督纠正县看守所和县收治中心违规违法行为14件次；对386名监外服刑人员建立台账，纠正脱管漏管现象，保障刑罚依法正确执行；大力加强社区矫正工作，开展减刑、假释、保外就医专项督查，依法将两名不符合保外就医的监外服刑人员重新收监。

【队伍建设】 扎实开展党的群众路线教育实践活动。召开高标准、高质量的党组专题民主生活会，针对“案本主义”“好人主义”“脱离群众”“八小时外圈子把关不严”等突出问题，深刻开展批评和自我批评，针对查摆出来的问题，制定24项整改清单，明确了责任领导、责任部门和整改时限，建立长效机制并进行公示，确保教育实践活动取得实效。加强班子队伍建设，落实党风廉政责任。始终坚持把抓好党建作为首要任务，在全院开展“一忠两实”谈心谈话活动，加强干警思想政治教育，进一步增强队伍凝聚力；县检察院党组切实担负起党风廉政建设“主体责任”，强化纪检监察部门党风廉政建设“监督责任”，加强检风纪律和日常考勤的督查，制定《党风廉政建设党内报告制度》，坚决杜绝“人情案”“关系案”“金钱案”，确保严格、公正、文明执法。创建学习型检察机关，提升队伍专业化水平。开设“巴陵检察课堂”，举办“公诉沙龙”，提高干警理论素养；开展跟班学习、岗位练兵、业务培训，提升干警业务素质。

（潘青梅）

法院工作

【概况】 县人民法院现有在职干警103人，其中，中共党员68人，审判委员会委员12人，审判员71人，法警23人。机关内设办公室、政治部、监察室、工会、司法技术室、法警大队、刑一庭、刑二庭、民一庭、民二庭、民三庭、行政庭、立案庭、执行局、审监庭、审管办，下设荣家湾、新墙、公田、筻口、东洞庭湖五个法庭。

2014年，县法院认真履行审判职责，保护公民权益，构建美丽新荣城做出了积极贡献。2014年共受理各类案件3432件，办结3380件，同比分别上升8%和16%，法定审限内结案率98.5%。2014年，县法院案件质量继续保持全市法院第一，思想政治、纪检监察、审判管理、司法警务工作等被市中院评为先进单位，党风廉政建设被评为全市先进单位。在全县党政机关评比中，县法院班子建设、党风廉政建设、信访维稳工作、计划生育工作、文明创建工作、新农村建设均获得了先进。

【刑事审判】 2014年共审结各类刑事案件313件，判处被告人441人，其中，判处有期徒刑五年以上的56人。依法从重从快惩处“两抢一盗”、诈骗、故意伤害等严重侵犯群众财产、生命安全的刑事犯罪71件100人，增强了人民群众的安全感。严厉打击非法经营、强迫交易等扰乱市场经济秩序犯罪33件51人，优化了经济发展环境。依法惩处涉黄、赌、毒案件68件115人，净化了社会风气。坚持教育与挽救相结合，对未成年人、老年人、过失犯、初犯、偶犯等，在被告人认罪、悔罪的前提下依法从轻处理，减少社会对抗，共判处拘役42人，缓刑68人，管制48人，为5名符合条件的被告人指定辩护人。加大对赃款的追缴力度，全年退还追缴赃款32万元，举行了一次集中退还追缴赃款活动，为9名农民退还追缴赃款近6万元。

【民商事审判】 2014年共审结各类民事案件1432件。妥善处理民生纠纷，审结离婚、抚养、赡养、继承等婚姻家庭纠纷案件665件，注重依法保护妇女儿童、老人的合法权益，积极倡导夫妻平等、尊老爱幼的道德风尚；认真审理各类损害赔偿纠纷案件276件，切实保护当事人的人身权和财产权；审结劳动争议案件38件，促进了和谐劳动关系的建立；审结买卖、加工承揽等合同纠纷194件，依法调节经济关系，规范市场经济秩序；审结金融案件252件，促进全县金融健康发展；依法审理破产案件3件，其中影响较大的湖南颐通管业有限公司，申报债权7亿余元，维护了社会大局稳定。

【行政审判】 县法院大力推行“诉前疏导、诉中协调、判前通报、判后释明”的行政审判工作模式，通过建议行政机关完善、变更行政决定或者补偿相对人损失等方式，协调化解争议126件，一些敏感案件得到妥善处理；支持环保执法、城市管理、征收社会抚养费等行政执法行为，审查并执结非诉执行案件774件。针对征收社会抚养费案件的特点，开展“社会抚养费集中执行月活动”，执结案件103件，执结标的250万余元。在审理行政诉讼案件的同时，开展司法建议活动，依法对国土、房产、规划等部门，提交《依法行政司法建议书》10份，促进了相关行政单位依法行政。

【执行工作】 县法院转变执行理念，加大执行力度，采取公布“失信者黑名单”、限制高消费等措施，促使被执行人自觉履行义务，解决执行难题。联动强制执行，先后开展“涉金融案件积案”“涉民生案件”“涉国家公职人员清欠”等三项专项活动。2014年执结普通执行案件735件，执结标的8000多万元，保障了当事人的合法权益，维护了法律的尊严，有力地推进社会诚信机制建设。

【司法为民】 县法院制定便民措施二十条，加强立案、信访“文明窗口”建设，从立案审查到受理、收费，实行“一站式”服务。坚持巡回法庭工作制度，将庭审现场搬到村组、社区、企业，在各乡镇设立巡回办案点，法官定期驻点办案，就地审执。根据特殊当事人的需求，设立午间法庭、假日法庭，为外出务工人员提供诉讼便利。2014年，巡回开庭62场，节假日接待当事人318人，调解案件35件。完善民生案件“绿色通道”，做到快立、快审、快执。加大司法救济力度，为145件163名困难当事人减缓免诉讼费62万余元，为25位当事人司法救助35万余元。

【队伍建设】 以廉政责任目标为抓手，以构筑具有审判特色的廉政惩防体系为重点，细化、量化目标，层层抓落实，不断完善廉政建设的责任机制。以廉政教育为切入点，开展遵纪守法专项教育活动，院长带头讲党课，纪检组长讲廉课，带领干警对《廉政准则》《法官行为规范》及《人民法院工作人员处分条例》等廉政规定全方位的解析学习。邀请省、市法院领导以及市、县委党校教授前来授课5次，对干警进行廉政教育。开展“法官宣誓”“道德讲堂”“家属助廉”活动，加强廉政文化长廊建设，逢会必讲廉政，时刻提醒干警自尊自重、自律自爱，做到防微杜渐，警钟长鸣。加强对重点岗位、关键环节的廉政监督，加大执纪力度，以“零容忍”态度对待违纪违规行为，发现一起查处一起，绝不姑息放纵。2014年，县法院实现干警“零违纪”的目标。

（杨　红）

司法行政工作

【概况】 县司法局内设办公室、基层工作股、社区矫正股、法制宣传股、计财股、政工人事股、纪检监察室、综治民调办，下辖县公证处、县法律援助中心、湖南忠民律师事务所、县特殊人群涉毒人员收治中心4个二级机构，对全县20个乡镇司法所行使业务指导权。2014年，县司法局积极践行党的群众路线，发挥法治宣传、法律服务、法律保障、法律援助、社区矫正、综治民调职能，突出加强自身建设，努力夯实基层基础，推动司法行政工作全面发展进步。

【依法治县工作】采取多种有效形式，切实加强领导干部、公务员、青少年、企业经营管理人员和农民5个重点对象的法治宣传教育，确保了重点对象的学法用法活动取得实效。积极组织国家工作人员年度普法考试，2014年有6000多名干部职工参考，参考率达96%、及格率为98%，各级领导干部和广大公职人员的法律知识水平和依法办事能力明显提高。深入开展法治文艺进乡村系列活动，继续推进法治宣传教育系列活动，把文化、文艺和普法教育结合起来，较好地破解了法治宣传群众接受难的工作难题，推进了法治宣传教育工作的深入开展。大力开展“民主法治示范村”“依法办事示范窗口单位”“依法决策示范领导班子”和“法治诚信企业”“法治家园”创建活动，促进了基层民主政治建设良性发展。

【基层基础工作】 以维护稳定为首任，狠抓基层基础建设，乡镇司法所规范化建设卓有成效。加大矛盾纠纷的排查化解严格实行村、居调委会一周一排查，乡镇一月一排查，县司法局一季度一讲评制度，结合实际全面开展了“三调联动化矛盾，息诉息访促平安”专项调解活动，全县于春节、五一劳动节以及国庆节前先后开展了3次矛盾纠纷集中排查活动，集中调处了一批涉及群众利益，事关社会稳定的矛盾纠纷。2014年，全县各级调解组织共排查纠纷隐患1762起，化解各类矛盾纠纷1678起，基本做到了大事不出乡镇、小事不出村组，有力地维护了全县大局稳定。

【社区矫正工作】 2014年，县司法局严格按照《湖南省社区矫正实施办法》和省、市相关文件要求，认真落实“审前调查、矫正衔接、矫正执行、监督管理、考核奖惩、矫正解除”6项流程的具体规定，形成了较为完善的社区矫正工作体系，较好地落实了社区矫正制度。按照人档俱全的要求，共接收矫正对象759人，解矫378人，2014年年底在册人数381人。没有1名社区矫正人员脱管、漏管和重新犯罪。同时，依法规范操作，建立固定有序的审前社会调查制度。严格把握调查程序的规范性、调查内容的真实性和调查评估意见的公正性。2014年，县司法局接受各地人民法院委托，共对170例刑事案件被告人进行审前社会调查评估，建立了完整规范的专门档案。

【特殊人群涉毒人员收治工作】 先后制定完善了《值班制度和处罚细则》《探视物品检查制度》等十多项制度，收治对象的接收、解除收治和日常监管实现规范化。狠抓监管队伍的学习、教育和训练，实行工作人员的准军事化管理，提高了管教队伍处置各类事件和拒腐防变的能力，监管人员逐步向专业化转变。对收治对象，采取“一日一评、一周一小结”的日常监管制度，教育矫治和感化效果初步显现。2014年共收治79人次，至年底在管55人，未出现任何安全责任事故，先后有临湘、汨罗等多个县市区到岳阳县考察了解收治工作的经验和做法。

【法律服务和法律援助】 2014年，县司法局加强对律师事务所的受案、收费、诚信执业和规范化建设等工作的督促检查，法律服务管理工作日渐规范，法律服务行业风气日显优质。全力打造“法律援助为民办实事工程”，降低援助门槛，简化审批程序，提高办案质量，进一步缓解广大困难群众请律师难、打官司难的问题。一是进一步加强法律援助便民服务窗口建设。法律援助便民服务窗口实行一站式办结的工作方式，“零距离”敞开式服务，设置独立的咨询接待室，无障碍通道。还设置专门的私密接待室保护当事人的隐私。为确保法律援助公开透明，窗口将法律援助的申请条件、范围、工作流程以及服务承诺、联系方式印制成服务指南，放置到窗口以及等候区醒目位置，方便群众查询；将案件受理办理及办案人员的补贴发放情况定期在电子屏幕上予以公示，接受群众监督。二是完善了案件审批、办理、督查、补贴制度，实现了法律援助工作的“四统一”，即统一援助案件标准、统一受理法律援助案件、统一指派办案人员、统一监督检查援助案件质量，使全县法律援助工作纳入制度化、规范化的管理轨道。三是扩大援助覆盖面。充分利用法治宣传工作平台大力宣传法律援助工作，扩大了法律援助工作的群众知晓率，全年共办理法援案件220件，参与处理群体性事件6起，参与处理牵涉面较广的重大案件3起，指导基层司法所调解矛盾纠纷69起，参与专项法治宣传16次。

【启动司法所收编管理工作】 2014年11月24日，县委常委会议研究，全县乡镇司法所实行收编管理。11月27日，由县委常委、政法委书记袁陆保、县政府副县长刘四清牵头，召开了县组织、纪委、编制、财政、人社、政法、司法等相关部门组成的收编领导小组成员单位负责人会议，研究收编工作。12月1日，召开全县乡镇司法所收编工作动员大会，对收编工作进行全面动员、部署。随后，由编制、人社、司法三家抽调人员，组成三个工作组，到全县各乡镇认真调查摸底、征求意见、核实情况，澄清底子。12月中旬，召开第二次基层司法所收编工作领导小组成员单位负责人会议，按照省市有关文件规定，核定44名拟收编对象，在各乡镇以及县电视台予以公示，12月底上报市编制、人事、司法行政部门审核。

【城关司法所获评省级模范司法所】 近几年来，城关司法所立足于“叫百姓满意、让政府放心”的工作宗旨，充分发挥基层司法所的职能作用，各项工作始终围着人民群众关注的热点、难点问题转，尽心尽责做好基层司法行政工作。2014年共受理各类民间纠纷95起，成功化解91起，其中涉及医患纠纷、环境污染、劳务纠纷32起。加强了特殊人群的管控。对全镇211名社区戒毒、社区康复人员实行监控帮教，对89名符合社区矫正条件的服刑人员登记建档，跟踪监管其日常生活动态，防止其重新走上犯罪道路，引导他们走上自食其力，依法创业的正途，受到了上级党委、政府和司法行政部门的充分肯定，2014年，城关司法所被省司法厅评为省级模范司法所。

（唐小虎）

群众团体

工会工作

【概况】 岳阳县总工会现有干部职工31人,其中退休干部6人,职业化工会工作者4人，下设办公室、组织部、经济工作部、法律保障部、财务部、女职工部、机关工会共7个部室和工人文化宫、困难职工帮扶中心两个二级机构。管理全县286个基层工会(含区域性、行业性工会组织),工会会员3.16万人。

【组织建设】 基层工会组织建设得到进一步加强，岳阳县总工会把加强基层工会组织建设摆在了工会整体工作的重中之重来抓。2014年,继续巩固建会成果、扩大工会组织覆盖面。按照“存量全覆盖,增量入常态”的要求,本着“县总牵头、由上至下、以点带面”的工作思路，继续开展组建和发展会员工作，新增基层工会40个，发展会员3274人。

继续广泛开展工会规范化建设。为了推动基层工会“转起来、活起来、强起来”,积极开展创建“职工之家”活动,表彰先进职工之家。2014年年初,县总工会向各基层工会下发了《岳阳县总工会关于创建模范“职工之家”实施方案的通知》,指导各基层工会在深入开展创家建家活动中，坚持以履行维护基本职责为主线，把维护职工的经济利益、政治权利和文化需求作为创建活动的基本内容,突出重点,讲求工作实效。

【职工维权】 按照“组织起来,切实维权”的要求,县总工会把维权工作作为工会发挥职能作用的首要任务来抓，深入推进工资集体协商的开展。通过区域、行业、企业签订工资集体协商合同48份，覆盖全县企业206个，覆盖率达95%,企业职工社会福利待遇得到很大提高。

深入推进企业民主管理工作。全面落实厂务公开、职代会建设工作，有效地保护了广大职工群众的民主参与、管理、监督的权利。全县已建工会的31个事业单位、19个国有企业职代会建制率达100%,33个规模以上非公企业职代会建制率达100%。

深入推进职工日常维权工作。大力推行实施《工会维权意见书》和《工会维权建议书》,县总工会法律援助中心继续免费为困难职工提供法律咨询和法律援助，两年来,共为52名职工提供了法律服务，挽回职工切身经济利益60余万元。同时抓好职工的来访来信工作,共处理来电、来信、来访68宗,涉及职工52人次,结案率100%。

【困难帮扶】 2014年，各级工会认真贯彻落实中央和省、市再就业工作会议精神，坚持把扶贫帮困和促进再就业作为服务大局和维护职工合法权益的头等大事来抓，尽其所能为困难职工排忧解难。继续实施送温暖、金秋助学、困难救助、大病救助和职工医疗互助等工会帮扶行动，慰问困难职工1271人,发放慰问金及慰问物品共计65万余元;资助259名困难职工、农民工子女实现了上大学的梦想,发放资助金39万余元；组织开展了对全县单亲困难女职工的募捐慰问活动，帮助困难女职工6人；动员组织各企事业单位、职工参加医疗互助活动，办理职工医疗互助补助6600人，发放补助金33万余元;充分发挥工会“大学校”作用,2014年培训农民电焊工80人,为202名下岗职工提供了就业服务,帮助73名下岗职工实现了重新上岗就业。

【建功立业】 大力宣传、弘扬、传承劳模精神，扎实做好市、县劳模的选树、培养、管理工作，认真落实尊重劳模社会地位、生活保障和长远发展的工作。2013年度、2014年度共推荐评选出省级劳模2名、市级劳模4名、县级劳模10名。

在企业中广泛开展职工劳动竞赛、岗位练兵、技能比武等活动。2014年，县总工会组织举办了岳阳县职工技能会，10个工种开展了比赛，全县有100余家企事业单位的1800多名职工参与各类劳动竞赛，深化了职工人才工程。开展丰富多彩的职工业余文化活动，充分展现职工风采，共建共享发展成果。2014年7月11日晚，由县总工会承办的“欢乐潇湘·幸福岳阳·秀美巴陵”岳阳县大型群众文艺会演暨百姓大舞台企业文化专场演出活动在县厚德广场隆重举行，充分显示了岳阳县企业理念、价值追求和职工风采。开展“维护女职工权益、发挥女职工潜能”活动。在女职工中开展了“芙蓉杯”素质达标竞赛活动和争创“芙蓉标兵岗”“芙蓉百岗明星”活动。打造女职工“芙蓉杯”素质达标竞赛品牌，引领全县女职工开展岗位技能竞赛、女职工工作成果展示竞赛、和谐之家风采大赛，2014年评选出岗位竞技能手、岗位自主创新标兵、和谐家庭各10个。

（刘三洋　刘　青）

团县委工作

【概况】 共青团岳阳县委员会属正科级单位，机关内设3个职能部室：办公室、组宣部和对外联络部。

2014年，共青团岳阳县委员会始终坚持以科学发展观为指导，围绕党的中心任务，努力践行组织青年、引导青年、服务青年和维护青少年合法权益四项职能，带领全县广大团员青年积极进取、干事创业，紧密团结在党的周围。

【服务县城创建】 配合开展创园禁炮工作：2014年4—8月，组织岳阳县城区学校团委开展推进创建省级园林县城及城区禁炮工作志愿服务活动，号召城区学校通过系列活动形式，提升青少年及家长的创园禁炮意识。配合开展文明交通劝导活动：8月，联合岳阳县妇联组织青年和巾帼志愿者76名在县城38个公交站台进行了文明交通劝导工作。配合创文迎检工作：10月，积极配合县城文明创建迎检工作，根据《团省委关于参加文明城市测评的考评标准》要求，认真准备资料，获得好评。

【促进就业创业】 2014年2月，与岳阳县人社局、县妇联在厚德广场举办2014年“春风行动”大型招聘会，为广大青年提供政策咨询、创业帮扶等服务；7月，邀请团市委相关领导向创业青年代表讲解创业相关政策法规，答疑解惑；6—9月，积极动员创业青年参加“第一届湖南省青年创新创业大赛”，来自岳阳县张谷英镇的大学生村干部李铎、“一佳土猪”养殖场创始人赵文在比赛中获得好名次；积极响应上级团组织的号召，努力推进青年创业社会组织建设工作，青年创业协会和农村科技致富带头青年联谊会两个协会已报民政部门审批。

【开展志愿服务活动】 2014年3—4月，组织下属团委和少先大队开展学雷锋志愿服务月活动，涵盖义务助残、义务维修等10余项服务内容；配合岳阳县五创办、文明办开展“环境卫生整治日”志愿服务，组织动员20余名志愿者清扫东方路沿线垃圾桶和公交站台；5月，开展“五四”周活动，深入岳阳县20个乡镇及大云山管理处、张谷英管理处等22个单位，开展调研活动，了解基层阵地建设、团活动开展情况，并上门走访慰问9名特困青少年代表；6—7月，配合开展广场秩序整顿志愿服务活动，先后组织发动21名、80名青年志愿者参加岳阳县荣湾湖广场、厚德广场整治活动，分发资料、维持秩序，确保百姓大舞台等大型群众活动顺利开展；10月，衔接岳阳市学雷锋服务站19名志愿者，前往岳阳县饶村乡开展志愿行动，义诊村民200多人，捐赠衣被20余套。

【完善阵地建设】 2014年，组织号召非公企业建立团组织共17

个，在乡镇新建直属团组织73家、创建专业合作团组织15家；设计完善了团县委官方网站（www.yyxgqt.com），为进一步推广团的经验，传播团的文化提供了载体；在推进基层团组织阵地建设，团员团干信息采录，报送新闻稿件、专项材料等工作方面，严格按照上级团组织要求，保质保量，及时安排专人录入报送。

【加强思想引领】 自2014年5月起，通过榜样选树活动，推报4名优秀青年事迹，其中岳阳县步仙乡胡梦的典型事迹得到上级团组织的重视；5月，组织团干部、青年骨干召开全国共青团网络宣传工作电视电话会议，旨在提高青年团干部的宣传工作能力，引导广大青少年分辨是非善恶，树立正确价值观；6—7月，响应团市委号召，组织开展向岳阳市平江县消防员梁德、鲁松旭烈士学习座谈暨安全知识培训会；9月，动员各学校团委（少先队大队）开展多样活动，学习和践行社会主义核心价值观；11月，组织全体干部召开专题会议，学习领会党的十八届四中全会精神。摒弃负能量：收集统计六类重点青少年群体，通过建立机构、法治教育、心理咨询和实践活动，预防青少年违法犯罪；6月，联合岳阳县公安局禁毒大队、县妇联在岳阳县城东方盛世广场开展禁毒知识宣传活动；9月，继续协办“珍爱生命、拒绝毒品”禁毒进社区大型签名活动。

【扶贫帮困工作】 2014年3月，在岳阳县城关镇大冲小学开展扶贫帮困活动，捐赠图书260余册、文具150余套，慰问3名优秀特困生；4—5月，组织开展希望工程“一元捐”劝募活动，通过各方努力，募集金额位列岳阳市县级行政区第一名；8月，促成岳阳恒帮投资公司爱心人士与岳阳县2名特困生签订爱心助学协议，资助学习及生活费用直至大学毕业；同月，联合岳阳县民政局深入县城12个社区，慰问孤寡困难老人24户，发放大米480斤、菜油240斤；9月，凭借“一元捐”活动的成效，累计向团市委争取到希望工程6个助学项目共88个助学名额，金额共计20.3万元；11月，配合岳阳恒帮投资公司爱心人士对帮扶学生进行回访、赠予寒衣；12月，借助团县委官网、QQ等载体，倡议号召广大团员青年帮扶救助困难青少年及其家庭，如岳阳县舍己救人的英勇少年李浩，范可尼贫血症患者梁正刚等。

（王　芳）

妇联工作

【概况】 县妇联在岗干部6人。2014年，该会坚持以党的十八大精神为指导，围绕岳阳县妇女儿童发展规划，坚持一手抓发展，一手抓维权，全面提高妇女整体素质，全力维护妇女儿童合法权益，动员带领广大妇女为推进妇女工作新跨越而努力奋斗。

【妇女发展】 “双学双比”活动。继续在全县深化开展“清洁家园·巾帼行动”活动，认真组织“三个一”活动，通过与农村妇女进行面对面的宣传，增强了她们的环境卫生意识，激发了她们净化美化家园和争创卫生城镇、卫生农户的热情，营造了良好的氛围。“巾帼建功”活动。在城镇以“巾帼文明示范岗”为载体，发动在职妇女岗位建功，培创了一批“巾帼文明示范岗”，其中岳阳县中医院妇产科、岳阳县委党校教研科被评为市级“巾帼文明岗”；岳阳县国税局纳税服务科被评为国家级“巾帼文明岗”；科伦制药有限公司总经理邹瑰丽同志被评为“全国巾帼建功标兵”，湖南科伦药业也被评为全国女大学生创业创新培训实践基地。“文明创建”活动。积极参与文明县城创建，广泛开展“五好文明家庭”、平安家庭、无毒家庭、好婆婆、好媳妇、好儿女等一系列评选活动，全县90%以上家庭参评，其中筻口镇徐泽海家庭被评为全省“最美家庭”。成立了巾帼志愿者小分队，开展了文明公德宣讲、“净绿”行动、“低碳家庭·时尚生活”宣传等活动。

【妇女维权】 2014年，共接待来信来访28件，办结27件，办结率达97%。另外，县妇联还利用节庆联合县司法局开展了形式多样的维权法律法规宣传，并成功举办了妇女维权法律知识讲座，有效增强了全县广大女干部的法律素养，提高了维权工作能力。一年来县妇联继续与县妇幼保健院合作开展“双癌”免费普查，对全县8000余名农村妇女进行查治,发病妇女95%以上得到了及时治疗,收到了良好的效果。

【服务妇女儿童】 服务妇女就业。2014年,县妇联继续协助县人力资源和社会保障局举办了“春风行动大型招聘会”,通过村级妇代会主任走村入户宣传，以乡镇妇联为单位组织待业青年和返乡农民前往招聘会现场，确保了活动的实效性,据统计,共有500多名妇女当场签订了用工意向协议。提高家庭教育水平。县妇联邀请全国家庭教育大型公益巡讲团路飞老师和“全国模范教师”“全国巾帼建功标兵”、青少年心灵成长导师郭玉良老师举办多场家庭教育知识专题讲座，老师们结合自己多年的从教经验和心理教育知识，运用大量生动的事例给家长们诠释了如何去做一名幸福的家长，与家长们产生了强烈的共鸣。继续实施关爱工程。做好扶贫助学工作，并积极给予留守儿童多方面关爱，组织巾帼志愿者深入留守儿童家庭，一方面发放学龄儿童自我防护方面的宣传资料,并由“爱心妈妈”一对一对留守儿童进行了心理咨询,据统计,共对30余户特困留守儿童家进行了看望慰问，共扶持特困妇女儿童40多名,金额达两万余元。

【基层组织建设】 全县共有20个乡镇妇联、47个县直妇委会、598个村(居)妇代会。在加强队伍建设的同时，县妇联还十分注重女干部队伍素质的提高，通过召开基层组织建设调研座谈会、选派女干部参加各种各样的培训等方式不断提高女干部的综合素质,积极向组织部门推荐女干部,为女干部的发展铺路。

（李曙红）

科协工作

【概况】 岳阳县科学技术协会是党领导下的人民团体，是岳阳县科技工作者的群众组织，是岳阳县科普工作的主要社会力量。全县共有16个乡镇科协组织,13个自然科学学会组织，学会会员4000人,25个农村专业技术协会,其中3个农村专业技术协会,3个农村科普示范基地受到中国科协表彰。2014年,岳阳县科学技术协会立足部门职能,坚持“三服务一加强”的工作原则,按照《中华人民共和国科学技术普及法》的要求，团结和动员全县广大科技工作者,充分发挥学科众多,人才荟萃的资源优势,推广先进技术,开展实用技术培训，搭建学术交流的平台,落实“落实基层科普行动计划”,培植农村科技带头人和科普示范基地，发展农村专业技术协会，搭建社区科普平台。贯彻《全民科学素质行动计划纲要》,面向未成年人、农民、城镇劳动人口，领导干部和公务员开展科学素质教育，组织开展经常性的科普活动和每年“全国科普日”活动，为岳阳县两个文明建设做出了积极贡献。2014年,岳阳县科学技术协会被评为岳阳市科协系统先进集体。

【科技下乡活动】 面向广大农村，面向农民开展科普教育是落实《全民科学素质行动计划纲要》的一项重要内容,2014年1月14日,县科协、县科技局联合组织了10人科普志愿者小分队在月田镇开展科技下乡活动。科普志愿者通过围绕推进农业产业化，依靠科技进步，就良种培育，种养加工，农机操作维修等各种农业实用技术进行宣传培训；围绕节约能源资源,保护生态环境,保障健康生活开展科技宣传；围绕农民致富提供信息咨询。本次活动共展出科普展板48块,推广实用技术2项，印发各类农业技术科普资料5000份,发放科普图书两种共2000册。

【科普惠农兴村计划】 科普惠农兴村计划是中国科协、财政部表彰和奖励为科普做出积极贡献的农村科普组织和个人而实施的惠农兴村计划。为了更好地争取国家以奖代投的资金扶持农村科普组织，根据2014年中国科协、财政部关于科普惠农兴村申报表彰的通知，县科协按照要求迅速落实项目单位,组织项目申报班子,创造条件,细致、完善、高标准做好项目申报书、项目预算报表,一级一级向上申报。2014年,岳阳县嘉林农牧科普示范基地获中国科协、财政部表彰,科普带头人昌建获湖南科协、财政厅表彰，并且获奖励扶持资金共25万。2014年12月，根据省科协和省财政厅的文件精神，县科协又高质量申报了两个协会、一个基地、一个科普带头人等四个项目作为2015年和2016年储备项目，并且这四个项目都已通过公示入选2015年和2016年湖南省"基层科普行动计划"项目库。

【"科普日"活动】 为认真组织开展好岳阳县2014年"全国科普日"活动，县科协制定了岳阳县2014年"科普日"活动方案，确立了活动主题，并于9月6日召开搞好科普日活动的专题会议，对"科普日"活动做出部署和安排。9月18日，县科协根据活动方案的要求，组织县卫生学会、环保学会、青少年辅导员协会的科普志愿者在县城东方圣世广场开展主题为"'保护生态环境·建设美丽岳阳县'2014年岳阳县'全国科普日'"活动，科普志愿者们利用义诊、健康咨询、发放科普图书、资料、低碳生活进家庭图片展览等形式向市民宣传节约能源资源、保护生态环境、保障安全健康科普知识。2014年岳阳县"全国科普日"期间，县农学会，林学会和部分农村专业技术协会也面向农村开展了实用技术培训和科普知识讲座。

【社区科普益民计划】 社区科普益民计划是中国科协、财政部表彰和奖励为科普做出积极贡献的城镇社区组织，城镇居民科普教育是《全民科学素质行动计划纲要》的一项重要内容，是创建国家文明县城的一项重要指标。为切实做好该项工作，县科协整合社区资源，针对社区居民的科普教育活动，向湖南省科协申报科普示范社区，申报"社区科普益民计划"项目，2014年12月城关镇天鹅社区已通过公示入选2015年和2016年湖南省"基层科普行动计划"项目库。社区科普益民计划的实施，加大了社区科普基础设施的投入，整合了社区科普资源，提高社区科普工作水平。

【科普进社区工作】 按照岳阳县志愿服务工作的总体部署，结合创全国文明县城的实际，2014年8月4日，县科协、县人防办、县科技局、县消防大队的科普志愿者们深入县城南、集镇两社区开展科普志愿服务活动，拉开了为期一周的科普志愿服务进社区活动的序幕。从8月4日至8月9日，科普志愿者们共深入县城12个社区，通过发放科普图书、资料、咨询、图片展览等形式向社区居民宣传消防、人防、地震灾害预防、食品安全、低碳生活、生态环保等科普知识，共展出科普图片72块，发放科普图书12种共27000册，科普宣传资料38000份。

（杨鹏飞　徐远山）

工商联工作

【概况】 岳阳县工商联是县委领导下的正科级机构，内设综合办公室1个，与县总商会合署办公。现有公务员8人，其中在职5人，退休3人，大专以上学历的5人，中专学历的有3人，设主席1名，党组书记1名(兼)，副主席两名。至2014年年底，工商联共有企业会员130家，个体工商户会员70户，基层商会4个，规模以上企业会员71家，缔结友好商会6个；第十一届执行委员会共有执委71人，其中兼职副主席、副会长14人，常委36人。

【核心价值观教育和四同创建工作】 为充分发挥工商联在服务科学发展中的重要作用，县工商联深入开展了社会主义核心价值观教育和"四同创建"活动。2014年6月11日，组织广大会员和非公经济人士参加"同心讲堂·理想信念主题教育"活动，听取省社科院教授的专题报告。8月份，省工商联召开"四同创建"调度会后，县工商联迅速部署，制定方案。决定把黄沙街镇黄秀村作为岳阳县"同心乡村"建设示范点，打造一个集新农村建设、农村敬老院、植树造林、公司加农户于一体的现代农村发展亮点。

【组织民企招聘会】 为缓解群众就业压力、解决企业用工难等问题，2014年2月18日，县工商联协助县人社局等单位，在厚德广场举办了"春风行动"大型人力资源招聘会，邀请多家会员企业和帮扶单位参加，帮助会员企业招收员工200多人。

【开展调研走访】 为深入实际调查了解企业发展环境，3、4月份，县工商联组织非公经济界部分人大代表和政协委员，协助县优化办对全县16家企业进行了调研走访，较为详细地掌握了目前企业生产经营及发展环境方面存在的突出问题，收集了一些意见和建议，由县优化办汇总及时向相关部门和领导递交调研报告，为解决问题、制定政策提供了依据。

【筹建异地商会】 11月，县工商联协助县委政府和县招商局，与广东省深圳市的岳阳县籍企业家多次沟通，在120多位乡友企业家的热心参与下，广东深圳岳阳县商会成立大会于11月29日隆重召开，开创了岳阳县异地商会组建的先河，进一步壮大了会员队伍，为全县进一步扩大招商引资开辟了一条亲情通道。

【召开企业座谈会】 12月19日，岳阳县非公有制经济代表人士座谈会暨县工商联第十一届执委会第四次会议在湖南天欣科技股份有限公司隆重召开，县委书记毛知兵，县委常委、宣传部长、统战部长喻飞跃，副县长王卫兵等领导出席会议并作重要讲话。

（姜三平）

文联工作

【概况】 岳阳县文学艺术界联合会（简称县文联）坚持文艺"为人民服务、为社会主义服务"的方向，贯彻"百花齐放、百家争鸣"的方针，认真履行"联络、指导、协调、服务"的职责，团结和带领全县广大文艺工作者，按照"多出精品力作，多出优秀人才"的工作思路，抓好文艺创作和中心工作，开展了一系列的文艺活动。2014年，全县在市级以上发表、展出、演出、播出文艺作品200余件。其中创作出版人物传记、楹联、诗词等文艺专著8部，在市级以上获奖作品65件。

【文艺创作】 彭新华创作的18万字的长篇传记《刘士奇传》，由中国社会科学出版社出版。李桂龙、彭新华创作的29万字的长篇传记《三战三捷——国民党传奇上将杨森》，由湖南人民出版社出版。李桂龙创作的中篇小说《乳房的故事》在《芳草》文学杂志发表。李响球创作的诗词《临江仙·兰州》获中华诗词学会、兰州市政府举办的"黄河之都"诗词大赛优秀奖。周麦秋创作的《大云山赋》刊登在《中华辞赋》杂志上。冯小河创作的歌曲《我是山里人》获湖南省文化厅举办的"中国梦"主题文艺创作优秀作品奖，《洞庭船，洞庭汉》入围全国农民歌手大奖赛选唱歌曲。陈科辉的书法"无欲则刚"作为湖南省唯一的作品，在中央电视台书画频道展播。许晗瑶的油画《绪》、喻鸣波的油画《风景系列》、张琼的水彩画《暮光》分别参加了省、市美展，均获优秀奖。王根良的摄影作品《家园》、吴小平的摄影作品《丰收》、蔡立辉的摄影作品《休渔季节》分别获中国摄影报社举办的"美丽洞庭·生态湿地"艺术摄影大赛二、三等奖；吴小平的摄影作品《揽胜刘备洞》《碧水群山》、蔡立辉的《村戏》《作坊》分别获"湖南省走进张谷英摄影大赛"三等奖、优秀奖。晏军辉、戴高峰、彭双生等人分别出版了《古樟墨联》《杏坛随笔》《杖国友声》等6本诗联（书法）集。戴高峰、周雪梅创作的"楹联写在党旗上"的楹联分别在《光明日报》《人民日报》发表，戴高峰2014年在市级以上的楹联获奖作品共达45副。

【文艺活动】 2014年，文联系统共组织开展文艺活动33次。县诗词协会经多方协调，先后新成立了饶村乡、新开镇、新墙镇诗联书画社，使全县诗联书画社总数已达18个。鹿角镇被中华诗词学会评为"优秀诗词之乡"，与县委宣传部、县文化馆在县二中孔子广场举办了中秋吟诗会。县戏曲协会惠民送戏下乡演出105场；承办"欢乐潇湘·幸福岳阳·秀美巴陵"大型群众文艺演出竞赛活动，在全县各乡镇举行初赛后，举行全县决赛，并向岳阳市推荐了优秀文艺节目参赛。县音乐舞蹈协会编排了群舞《魄力巴陵》，参加了市委宣传部"党的群众路线教育文艺大赛"。县书法协会开展了送书法进月田镇、步仙乡书法讲评与现场表演、与岳阳楼区书协联谊、在城关镇笔会创作等活动，主办了"翰墨流芳艳巴陵"书法展览。县美术协会邀请名家现场指导,组织会员分别在张谷英镇、中洲乡、洞庭湖、月田镇开展写生创作活动;完成了全国文明县城创建迎检长风路200多米长的宣传墙画的创作任务。

【举办书画诗联大赛活动】 2013年12月1日至2014年10月30日,县委宣传部主办、县文联与县隐士文化学会等单位承办了“全国首届隐士寿星文化书画诗联大赛”活动。该次大赛打破了地域界限,共收到各类应征作品2543件,其中海外华人参赛的作品7件,国内包括香港、台湾在内的28个省(市)参赛的书法作品357幅,美术作品131幅,诗词作品654首(阙),楹联作品1394副。此次活动共评出组织奖3名,一等奖3名,二等奖7名,三等奖12名,优秀奖181名。在这次大赛活动中,凡是有价值的参赛作品,都被中国文联出版社收录入《一方水土——全国首届隐士寿星文化书画诗联大赛作品集》,此书已公开出版。

【搭建文艺服务平台】 2014年,县作家协会内刊出版了两期会刊杂志《巴陵文学》;县楹联学会内刊出版了总第九期《巴陵楹联》;县诗词协会分别内刊出版了《巴陵诗词》第23辑、《巴陵诗词选集》第2卷;全县14个乡(镇)诗联社分别内刊出版了一本诗联集。这些内部刊物发表了大量的文艺作者的作品,为县境文艺人才的脱颖而出,搭建了较好的服务平台。

(任福阶)

残联工作

【概况】 岳阳县残联系全额拨款正科级事业单位,归口于县政府办系统。内设机构有办公室、康复股,下设机构为岳阳县残疾人劳动就业服务站。

2014年,县残联切实履行“代表、服务、管理”职能,以加强残疾人社会保障和服务体系建设为重点,解放思想,找准定位,发挥优势,把残联工作融入富民强县主战场,残疾人的面貌发生了根本性变化。社会保障措施更加完善,贫困重度残疾人特殊生活补贴和重度残疾人护理补贴工作全面启动,残疾人新农保、新农合、城乡低保、“五保”供养和大病救助等社会保障政策全面落实。

【劳动就业工作】 深入贯彻《残疾人就业条例》《湖南省按比例安排残疾人就业规定》,坚持集中与分散相结合的就业方针,努力拓宽残疾人劳动就业空间。2014年全县按比例安置残疾人就业242人。进一步建立规范化、常态化的残疾人就业机制。组织残疾人参加小型对口招聘会,联系步步高超市、富雅大酒店等企业,开展对残疾人“一对一,一帮一,点对点”安置帮扶,帮助40多名残疾人实现就业。先后组织近百人次残疾人参加技能培训和创业培训,并取得良好效果。鼓励自主创业,积极扶持农村残疾人发展种养业和家庭生产项目,300余名农村残疾人受益。

【扶残助残工作】 围绕“关心帮助残疾人,实现美好中国梦”活动主题,组织多样化助残活动。开展了“助残一日捐”“青年志愿者行动”“红领巾助残”等群众性助残活动。县乡两级残联及各专门协会分别组织开展走访慰问活动,利用多种形式帮助扶持残疾人。结合“弘扬雷锋精神,建设爱心巴陵暨志愿服务天天行”“学雷锋志愿服务进社区”等主题活动,组织干部职工积极参加助残志愿服务活动,与残疾人共度传统节日,为特困残疾人送去爱心捐款、衣物及日常生活用品。2014年,先后组织各类宣传活动5次,发放大米3吨、食用油200瓶,看望慰问特困残疾人家庭400余户,帮助解决实际困难260件次,累计投入帮扶资金18万余元。

【贫困重度残疾人特殊生活补贴和重度残疾人护理补贴工作】 实施贫困重度残疾人特殊生活补贴和重度残疾人护理补贴是全县在现有低保等普惠政策的基础上,针对重度残疾人实施的特惠政策。2012年,县政府第四十三次常务会研究通过了《岳阳县贫困重度残疾人特殊生活补贴实施办法(试行)》。2014年,县政府第十次常务会议通过了《岳阳县重度残疾人护理补贴制度实施办法》。县残联争取多方重视，加强经费筹措，强化资金保障。成立专门工作班子，深入开展调查摸底，建立工作台账，全面摸清重度残疾人底子，做到应补尽补，确保惠残政策全面落实到位。2014年，全县享受贫困重度残疾人特殊生活补贴残疾人达7000余人次，享受重度残疾人护理补贴残疾人达8000人次。

【康复工作】 扎实完成0—6岁残疾儿童抢救性康复训练实事任务。组织召开动员会，将实事任务分解细化，明确职责分工，制定工作方案。按照“村组申报，乡镇审批，县级把关”工作程序，确定受助对象。全县有23名0—6岁残疾儿童到湘雅博爱康复医院、岳阳市博康康复中心等定点医院免费接受抢救性康复训练。其中，14名儿童接受脑瘫康复训练，4名儿童接受孤独症康复训练，2名儿童植入人工耳蜗，并免费进行一段时期的听力、言语康复训练，3名聋哑儿配发助听器并进行一段时期的听力、言语康复训练。通过康复训练，残疾儿童康复有效率、任务完成率均达100%。

【无障碍设施改造】 以创建全国文明县城为契机，深入推进县城无障碍改造。2014年4月，邀请中、省残联专家对县城的主干道、部分公共服务单位的无障碍设施建设进行专题调研指导。根据专家组调研情况和指导意见，针对各样本点存在的问题，县残联加大督查指导和督促整改，县城道路，医院、宾馆、银行、公共文化场所等窗口服务单位无障碍化改造取得明显效果。如城区公共厕所、主次干道的盲道、缘石坡道等都得到标准化无障碍改造。城区各红绿灯路口都加装了语音提示装置。医疗公用通道、卫生间、病房等都设置了残疾人专用通道、马桶和病床，并在挂号、缴费、检查等各个环节优先照顾残疾人。

（吴雪兵）

综合经济与管理

综　述

【**概况**】 岳阳县发展和改革局（简称县发改局），现有干部职工21人，其中：中共党员19人，大专以上学历18人。机关内设办公室（经济体制综合改革办公室）、法规股（行政审批办公室、招标投标管理办公室、重大项目稽查特派员办公室）、固定资产投资股、环资前期办、工交能源股、农村经济股、社会发展股、科贸服务业股（国民经济动员委员会办公室）。下属事业机构岳阳县经济信息中心和岳阳县节能监察中心。

2014年，县发改局举“项目兴县”大旗，认真履行综合管理职能，扎实工作，开拓进取。一是当好决策参谋，编制了年度经济社会发展计划，对全县经济运行分季度、半年和全年进行监控分析，把握全县经济社会发展走势，确保了全县经济社会又好又快发展。二是加强项目建设，充分发挥项目管理职能，全县项目数量、规模、质量都比往年有较大幅度提高，圆满完成了全市“双百工程”“百日攻坚”行动目标任务。全年完成固定资产投资204亿元，同比增长10.9%；全年共受理许可事项130个，项目总投资30.3亿元，其中招标核准87个，总投资8.3亿元；政府投资审批16个，总投资6.3亿元；企业核准3个，总投资7.5亿元；企业备案24个，总投资8.2亿元；固定资产投资项目节能评估和审查43个，总投资22亿元。对资料齐全、符合产业政策的项目，随到随办，行政审批效率提速达到80%以上。

【**争取国家重点项目投入**】 县发改局始终把项目建设放在工作首位，紧紧抓住政策机遇，主动研判信息，扎实开发项目，疏通报批渠道，千方百计争取资金。同时，明确争资目标，通过分季度督查、年度考核，加强对全县争取国家重点投入项目的监管。全县争取国家和省市各类资金13亿多元，同比增长12.3%。积极做好保障性安居工程、资源环境、农林水、社会事业等方面的中央预算内投资的申报和资金争取工作，特别是通过创造性的工作，成功争取保障性住房小区外配套基础设施项目，已批复中央补助资金2300万元，直接形成县本级可用财力1600多万元；县人民医院门诊楼项目已批复中央补助资金1950万元；新增粮食产能田间工程项目已批复中央补助资金2160万元，为县域经济发展做出了突出贡献。

【**项目储备**】 围绕长江经济带和洞庭湖生态经济区建设等重大机遇，加强政策研究，准确判断国家投资政策走向，提升项目争取的预见性与针对性，有针对性开发筛选论证项目，围绕产业升级、基础设施等领域，及时补充调整一批符合当前政策、投资方向的大项目、好项目，提高项目储备质量，不断充实完善全县重大项目库。按照符合国家产业政策、符合行业规划、符合投资导向的原则，围绕资源、产业优势，出台了《2014年岳阳县重大建设项目》，确定亿元以上重大项目59个，总投资55.1亿元，其中城建项目12个，产业项目15个，民生项目20个，生态环保项目12个。

【**项目监管**】 按照重点项目重点管理、重点支持、重点保障的思路，采取实地察看、提交报表等形式，及时了解项目进展情况，对于进展缓慢的项目，主动帮助解决存在的问题和困难，督促项目单位调动一切力量，抢工期、赶进度，加快推进项目建设进程；坚持重点项目分类调度、“月调度”推进机制，集中推动解决了一批影响项目建设的突出问题，有效的推进了项目建设进度。严格执行《国家重大建设项目稽查办法》，加大对重点项目和国家投资项目的稽查力度，积极配合省、市发改委对岳阳县开展的项目稽查工作，营造优良的项目建设环境。

（尹昊东）

物价管理

【概况】 岳阳县物价局系县政府工作局，全局有干部职工51人，内设5个股室，即办公室、综合法规股、价格股、收费股、基金办；下设3个直属机构，即县价格监督检查局、价格认证中心、价格成本调查队。主要负责全县行政区域内的商品（服务）价格、行政事业性收费管理及监督检查、价格调节基金征收管理、价格认证及价格成本调查监审等工作。

2014年，县物价局坚持“保增长、保民生、保稳定”，全县价格工作走上了更高的台阶。在全面完成县委、县政府和上级主管部门确定的年度工作目标任务的基础上，成本调查工作被评为全国2012—2014年度先进单位，价格调研、价调基金征收、价格法治工作进入全省、全市先进行列。民生投入方面，充分履行中洲无公害蔬菜基地品牌创建责任单位职责，2014年向省、市价格主管部门争取下拨价格调节基金496.1万元，主要用于补贴弱势群体生活，扶持“菜篮子”工程建设和基础设施建设。县物价局共撰写论文和调查报告14篇，其中《关于养猪业如何步入良性发展轨道的探讨》《农资购买明显减少粮食生产形势堪忧》等6篇调研报告被全国各级各地100多家媒体采用。

【价费项目审批】 编印《岳阳县物价局规范价费监管权力运行制度汇编》一书，坚决依法行政。2014年，共办理《收费许可证》67个，《服务价格登记证》125个，涉及165个收费单位。取消项目21个，降标项目21个，从源头上把住了收费政策关。整理印制了《岳阳县行政事业性和经营服务性收费项目标准汇编》一书，向社会全面公开，广泛宣传价费政策信息，让社会各界全面了解掌握相关政策，积极自觉维权，并且参与监督，有效地遏制各类乱收费行为。

【价费管理】 严格按照《岳阳县价格调节基金管理办法》增强政府抵御市场风险能力。2014年，价调基金征收入库总额达到500万元。为有效控制商品房价过快上涨，县物价局继续实行对新建商品房预售价格实行备案管理，并严格执行“一套一标价”明码标价制度，全县多层住宅备案均价2970元/平方米，小高层住宅备案均价3600元/平方米，全县现行备案均价处于全市较低水平。这一做法，得到了省市物价部门充分肯定和兄弟县市的借鉴。县物价局首创引入东方油气网站数据，有效提升县城液化气最高限价管理水平，适时主动发文调整最高限价，增强了人民群众满意度。

【价格监督】 县物价局切实履行价格监管职能，对水、电、气、票、房和教育、医疗等重要民生领域的价格，实行跟踪督查、有求必应、严肃处理，决不含糊。对县城某商品房开发公司重复收取业主天然气入户费这一违法行为，县物价局派员先后3次上门做工作，说服企业，将多收的40余万元全部退给200多户业主。2014年，县物价局开展了对教育、医疗、国土、房产、交通等部门行业民生价格监督检查，共查处各类违价案件26起，查获违价金额200余万元，清退40余万元，收缴财政160万元。

【价格服务】 县物价局主动做好价格法治、价格成本调研和价格监测工作。对全县十大类54个品规涉及民生等重要商品价格实施跟踪监测分析，每月编发一期《价格监测简报》，报县领导和省、市、县有关部门，并在县价格网上发布。2014年，价格认证中心共办理鉴定案件511件，鉴定金额约7000万元，没有一件提出复议。主动做好价格窗口工作，将八类价费审批、监管事项和一类公共服务事项统一交窗口办理，实行“一条龙服务、一站式办结”，更好地规范了行政程序，提升了管价治价水平。2014年，高效快速办结价费事项182件。

（欧安意）

招 商

【概况】 县招商局为正科级行政支持类事业单位。负责全县招商管理工作，归口政府办系统。内设办公室（加挂贸易促进办公室）、招商联络股、财计股、统计考评股（加挂项目建设协调办公室）、项目库建设股5个股室。现有干部职工14人，其中局长1人、党组书记1人、副局长2人。

2014年，岳阳县招商局认真落实项目兴县战略，强力推进招商引资和项目建设，取得了较好成效。全县共引进项目48个，内联引资总额、到位内资总额均超额完成市定任务。特别是亿元以上项目引进取得新的突破。全年新引进亿洲五金家居建材城、华能风电、旺磁电子科技、普爱生物科技等亿元以上项目8个；新签约项目9个。

【桥头场商业综合开发项目签约】 2014年6月3日，桥头场商业综合开发项目签约落户，总投资1.5亿元，占地5.83公顷，项目由福建滨江房地产开发有限公司投资建设，该项目对加快县城建设，提升县城品质具有重要意义。

【华能风电项目落户】 2014年6月，总投资8亿元的华能风电项目签约落户岳阳县，拟在麻塘镇、新开镇相关区域投资开发及运营风力发电项目，该项目充分利用县域丰富的风能资源，促进岳阳县经济快速发展。

【普爱生物科技项目签约】 2014年6月，总投资1.2亿元的普爱生物科技项目签约落户岳阳县，该项目主要涉及生物饲料研发与生产、安全食品上餐桌工程等。项目选址岳阳台湾农民创业园核心区，占地3.73公顷，建设期约10个月，2015年正式投产后年税收将达到1000万以上。

【洞庭水乡食品加工项目签约】 2014年7月11日，总投资1.2亿元的洞庭水乡食品加工项目签约落户岳阳县，该项目选址岳阳县中洲乡原中洲中学校址，占地4公顷，主要从事农产品收购、加工、销售一体化食品加工，该项目有利于岳阳县发展移民产业，安排移民就业。

【旺磁电子科技项目签约】 2014年7月24日，旺磁电子科技项目签约落户，项目选址岳阳县生态工业园，该项目投资1.1亿元，占地2.35公顷，项目竣工达产后每年税收将达到400万元以上。

【靖园食品项目签约】 2014年11月12日，投资1.1亿元的靖园食品项目签约落户岳阳县，该项目选址岳阳台湾农民创业园核心区，主营海水鱼、淡水鱼、豆制品加工等，正式投产后将实现年纳税200万元以上。

【亿洲五金家居建材项目举行签约】 2014年11月15日，亿洲五金家居建材项目举行签约仪式，正式落户岳阳县。亿洲五金家居建材项目由湖南亿丰置业发展有限公司投资建设，选址岳阳县城新区，长风南路和荣新西路东南角，主要经营家居建材、五金汽配等，总投资8亿元，年实现税收4000万元。

【复合电磁线生产项目签约】 2014年11月26日，投资1.1亿元的复合电磁线生产项目签约落户岳阳县，选址县生态工业园，占地面积4.67公顷，该项目竣工达产后第一个生产年度实现税收200万元以上，第二年以后每年实现税收400万元以上。

（梁 科）

国土资源管理

【概况】 岳阳县国土资源局内设20个股室，下辖9个二级机构和13个乡镇国土资源中心所。共有干部职工285人，在职人员中大专以上学历139人，中专（高中）学历138人，中共党员217人。

2014年，岳阳县国土资源局紧紧围绕全县促进“三量齐升”，努力实现全面建成小康社会的总体部署，尽职尽责保护国土资源，节约集约利用国土资源，尽心尽力维护群众权益，国土资源保障和管理服务水平全面提升，完成50个土地综合开发整治项目工程建设任务（总投资7342.93万元，建设总规模2593.33公顷）、新增储备土地153.07公顷、出让国有建设用地使用权30宗，总成交价款4.3亿元，等等。县国土资源局为全县社会经济发展做出了积极贡献，荣获全市国土资源系统绩效考核先进单位。

【耕地保护】 围绕"保障发展、保护资源"的工作思路，不断提升保护资源能力，竭力坚守耕地保护红线。一是强化宣传引导。以"4·22"世界地球日、"6·25"全国土地日、"12·4"法治宣传日为契机，充分利用各种宣传媒体，全方位、深层次对国土资源政策法规进行宣传教育活动。业务培训500余人次，发放宣传资料20000余份，在全县各行政村张贴了《农民建房十不准》，使耕地保护基本国策家喻户晓，全民耕地保护意识明显增强。二是强化责任分工。逐级分解、层层强化耕地保护责任，耕地保护网络进一步健全；严格夯实新一轮基本农田划定工作，坚决守住红线；耕地保护责任目标量化到乡镇，实行"一把手"负总责；发动村、组干部积极参与耕地保护巡查，明确巡查职责，设立举报电话，让破坏资源行为在第一时间得到查处，形成了齐抓共管，同心协力保护耕地的良好局面。三是严格占补平衡。对所有占用耕地的非农建设项目实行"占一补一"，做到了占优补优、占水田补水田，使补充耕地项目与建设占用耕地项目逐一挂钩，确保占补平衡有余，完成占补平衡补充耕地面积274.47公顷，并经省、市验收确认。四是严格执法监管。将城关、新墙、新开、麻塘等重点区域，特别是工业园区内的用地行为监管作为重中之重，加大监管和查处力度。积极联合公安、住建、规划等县直单位及相关镇、村，在全县几大园区先后开展了一系列联合执法行动，有力打击了违法用地者的嚣张气焰，有效遏制了违法用地的不良势头。共立案查处土地违法案件18起，涉及土地面积5.73公顷，拆除违法建筑面积3000余平方米。

【矿产资源保护】 岳阳县矿产资源丰富，境内已发现22个主要矿种。矿产资源为县域经济发展提供了坚强的要素保障，为整顿规范矿产资源开采秩序，县国土资源局主要抓了以下工作。一是强化矿权审批。根据全县矿产整治工作会议提出的"科学规划、合理利用、分类指导、联合审批、有序开采、依法打击"的要求，严格审批把关。二是强化价款征缴。完善采矿权年检，组织对25家矿山企业进行了2014年度年检年审，实地检查率达到了100%。建立完善矿业权有形市场，严格执行公开透明的矿权招拍挂有偿出让和转让交易制度，征收采矿权价款201.775万元。三是强化执法监管。成立国土公安值班室，专门配属了两名干警加入执法队伍，增强了执法威慑力。加强对新开、公田、相思、黄沙、长湖等涉矿重点乡镇的日常巡查，做到及时发现，及时处理，让盗采者无机可乘，巡查累计达600余人次。在加强巡查监督的同时，对发现的违法采矿行为进行严厉打击，累计制止违法行为43次，扣压盗采矿产品机械、运输车辆共计53台次，罚没款收入19万余元。

【土地储备】 为盘活土地市场，提升土地利用效益，破解储备土地资金保障难、后续管理跟进难等难题，县国土资源局创新工作模式，凝聚战力，破除阻力，土地储备工作实现了逆境突围。根据全县土地利用总体规划，城市建设规划以及产业结构调整和土地供求关系的实际情况，结合"十二五"规划要求，按照"突出县城提质扩容建设用地，保障三大园区建设用地，兼顾集镇和重点项目用地，优先收储闲置低效利用的国有存量土地"的原则，科学制定了储备土地计划，将城关、新开、麻塘、公田、筻口列入重点收储乡镇，重点做好长风路樟水潭三角地块、荣鹿路北侧地块、麻塘镇原种场部附近地块新增土地及原中医院、永盛纺织厂等存量土地收储工作。二是努力完善储备土地手续。协调发改、规划、环保、林业等部门，做好项目包装，以批次用地方式组织呈报资料，2014年报批储备土地20公顷，进一步充实了储备土地库存，保障了商住经营性用地需求。三是加大土地收储力度。创新土地收储方式,采取“协议收储”方式,先与被收储单位或个人签订收储协议,待土地成功出让后,再拨付收储款项,解决了储备资金保障难题,2014年入库新增储备土地153.07公顷。

【土地出让】 为完成经营性储备土地出让收入4个亿的艰巨任务,县国土资源局规范操作程序,严格按照《招标、拍卖、挂牌出让国有土地使用权规范》,着力推进土地招拍挂出让,及时将每宗土地的面积、用途、土地使用条件、成交价款及出让结果等信息,在中国土地市场网及县电视台等新闻媒体公开发布,杜绝不规范行为,实现土地收益最大化。以桥头扬地块、长丰路与城南路交叉口地块、麻塘镇庭村D2地块等为主攻目标,组织专门力量,坚持“大招商,招大商”,成功引进福建滨江房地产开发有限公司等实力雄厚企业投资开发。2014年,县国土资源局共办理国有建设用地使用权招拍挂出让30宗,面积80.2公顷,总成交价款4.3亿元,为县域经济发展提供强大财力支撑。

【项目建设】 为改善农村基础设施,促进农业生产发展,县国土资源局坚持项目争取、项目实施两不误。一是努力争取项目。抓住国家加强高标准基本农田建设机遇,认真组织项目申报资料,科学选定项目实施区域,与省、市沟通,累计争取农村土地综合开发整理项目18个,总规模1496.82公顷,总投资5739.65万元。二是狠抓项目质量。在项目实施上严格项目招投标制,聘请项目区地有声望的、群众信任的群众代表参与工程监督,提留工程施工费用的10%作为质量保证金,对不合格工程坚决拆除返工,着力打造精品工程,共实施项目共68个,总投资1.3081亿元,总建设规模4090.15公顷。完成了环洞庭湖基本农田重大建设工程2013年度子项目等50个项目的工程建设,总投资7342.93万元,建设总规模2593.33公顷,新增耕地366.52公顷。项目的成功实施,改善了基础设施,提升了耕地质量,增加了农业产出,新增耕地每年为群众增加农业产出2000余万元。

【地质灾害防治】 2014年,查明全县地质灾害隐患点49处,其中省级点7处,市级点6处,县级点36处。随着恶劣极端天气的增加,地质灾害发生的几率逐渐增多,为保障人民群众生命财产安全,县国土资源局“三举措”做好地质灾害防治工作。一是完善制度建设。不断完善地质灾害速报、地质灾害隐患监测、地质灾害汛期值班、汛期巡查等相关制度;完善群测群防、群专结合、防治为主的预警体系;做到汛前排查、汛中检查、汛后核查到位,用制度促成地质灾害防治工作任务的落实。二是强化宣传引导。充分利用“4·22”世界地球日、“5·12”防灾减灾日等节日开展宣传活动,张贴标语3000余条,发放宣传材料20000多份,让地质灾害防治知识走入千家万户;组织全县群测群防员及各乡镇国土所长进行了一轮地质灾害防治知识培训,在毛田镇、月田镇、甘田乡、张谷英镇进行了4次地质灾害应急演练。三是狠抓责任落实。全县49个地质灾害隐患点建立监测网络,防治责任具体落实到人。争取省市投入110万元应急配套资金,对23处险情进行了应急治理,彻底消除隐患点5处,减少灾情17处。

【征地拆迁】 围绕全县为民办实事、重大建设等项目,采取有力措施推进征地拆迁工作。一是探索征拆工作新思路。县国土资源局经反复调查研究讨论,起草了《岳阳县集体土地征收与房屋拆迁补偿安置办法》,并在全社会广泛征求意见,力促《办法》的出台,助推全县征地拆迁工作走上正轨。二是规范实施征地拆迁。在征地拆迁工作中,采取政策拆迁、依法拆迁、和谐拆迁的工作措施,深入到拆迁农户家中宣传政策、沟通思想、征求意见,做到了重大问题及时反映,细小问题灵活处理,把矛盾和拆迁户不良情绪化解在萌芽状态,没有发生因群众利益受损引起的群体上访事件,确保全县重点项目的顺利推进。完成了大云山景区、昆山至星沙500千伏输电线路等七个项目的数据采集工作,征收土地17.87公顷,拆除房屋26栋5176平方米。三是认真开展专项整治。以深入开展党的群众路线教育实践活动为契机,全面开展了坚决纠正征地拆迁中损害群众利益行为专项整治活动,坚决整治乡镇干部在征地拆迁工作中办事不公、优亲厚友的行为,严肃查处不依法安置、补偿款不按标准及时足额发放的问题。查处不按标准及时足额发放征地拆迁补偿款问题4个,查处相关责任人4人。

【卫片执法检查】 2014年,土地矿产卫片执法检查工作下发岳阳县新增建设用地疑似违法用地(W)图斑134个,总面积72.33公顷,其中耕地面积14.1公顷。为了优质高效完成该项工作,确保岳阳县不列入问责单位,县国土资源局高度重视,严密组织,严格按照工作部署,扎实有效地开展了2014年土地矿产卫片执法检查工作。一是制定方案。按照上级要求,结合全县实际,科学制定了工作实施方案,以保证卫片执法检查工作有条不紊地进行。二是组建专业队伍。在国土资源系统内选调精干力量,组建了卫片执法检查工作专门班子,对各人员的工作职责、工作内容及工作要求以文件的形式予以明确。并将工作具体分解到相关股室、各二级机构及乡镇国土资源中心所,明确各自责任,做到经费落实、人员落实、任务落实,统筹安排、分工协作。选派技术骨干参加业务培训,以提高工作人员的工作水平和能力。三是落实整改。对所有下发数据均进行了实地查勘,并逐宗进行比对,确保数据的真实性、合法性和有效性。每周召开一次专题检查督办会,看进展、解难题,确保工作稳步推进。经过不懈努力,列入卫片执法检查的14宗违法用地和4宗违法采矿案件均已按要求整改到位。经核算,岳阳县违法占用耕地面积占新增建设用地占用耕地面积的比例为9.97%。低于国土资源部规定的约谈、问责比例。

(陈普新 袁文水)

审计工作

【概况】 县审计局共有干部职工29人,其中干部28人,职工1人,在职人员中具有大学学历12人,大专学历14人,具有注册会计师职称4人,审计师6人,会计师6人,全局设办公室、法制股、经责审计股、行政事业审计股、经贸审计股、财政金融审计股、固定资产投资审计一股、二股、事业单位法定代表人离任审计股9个股室。

2014年,县审计局坚持“依法审计、服务大局、围绕中心、突出重点、求真务实”的工作方针,紧紧围绕全县经济建设中心和社会发展大局开展工作,共完成审计项目73个,查出有问题资金13939万元,依法处理处罚上缴财政和归还原渠道资金773万元。为维护财政秩序、强化财经纪律、推进依法行政,发挥了积极作用。

【财政预算执行审计】 县审计局依照审计法及其实施条例规定以及县人大、县政府要求,认真贯彻实施财政预算执行审计监督制度,重点对县财政部门组织本级预算执行情况、财政预算外资金收支管理及部门预算执行等情况进行审计,较好地反映了财政资金筹集、分配、使用和运行的基本情况和存在的突出问题,并根据审计结果代表县政府向县人大常委会作了年度县级财政预算执行和其他财政收支情况的审计报告,提出审计建议5条,有力地推动了财政预算规范化管理,优化支出结构,提高了财政效益。

【固定资产投资审计】 县审计局把政府投资审计作为服务经济发展的重要平台,通过强化政府投资项目的审计监督,促进加强建设项目管理,节约政府投资,提高投资效益。对全县国有投资项目审批、资金来源、建设规模、投资总额、工程决算等情况进行审计监督,不断加大跟踪审计力度,在协助建设单位完善合同条款,监督施工过程中的造价控制,严格结算审核,节约建设资金等方面发挥了重要作用。2014年,县审计局共完成政府投资审计项目53个,送审金额3.47亿元,核减工程造价2623.5万元,切实节约了财政资金,提高了投资效益。

【经济责任审计】 2014年,县审计局受县委组织部的委托,共完成领导干部经济责任审计项目16个,其中离任审计6个,任期审计10个,为组织评价干部提供了量化的参考依据。通过经济责任审计,促进了领导干部执行财经法规的自觉意识和责任意识,提高领导干部的民主决策能力和当家理财的水平。同时,也为组织和纪检监察机关提供较为翔实的情况，使审计结果切实变成干部任用、奖惩等全面考核的依据,也为逐步完善干部考核、评价打下坚实的基础。经济责任审计对领导干部的经济责任作出了客观公正的评价，有效地促进了领导干部依法依规、廉洁从政。

【人大工作评议审计】 2014年，县审计局按照人大要求对县国土局、县渔政局、县公安局、县物价局、县环保局、县教育局等6个单位进行了人大工作评议审计。审计报告客观真实地反映了这6个单位的运行情况和工作成效,指出存在的问题，并提出切实可行的建议，为人大代表掌握各单位工作情况、行使人大监督权提供了依据。

【民生资金审计】 县审计局历来都把涉及农民切身利益的事项作为审计重点，加大对民生资金的审计力度,2014年对教育、社会保障、就业、医疗卫生、住房保障等五个方面共41550万元的惠民涉农资金进行了审计，同时还先后开展了审计署的2013年保障性住房建设审计、省审计厅组织的2012—2013年生猪专项资金审计,配合国务院“稳增长促改革调结构惠民生”政策措施落实情况开展专项审计,使政府各项惠农政策和资金的使用得到有力监督。

（彭　棋）

统计工作

【概况】 岳阳县统计局，为县人民政府工作部门。全局共有在职干部职工26人，其中党员21人。机关内设办公室、法规股、综合统计股3个股室，下属事业机构岳阳县统计局调查队、岳阳县普查中心、岳阳县民意调查中心。

2014年，全县统计系统围绕全面深化改革和推进现代服务型统计建设的总体要求,忠诚履职，各项工作取得了新的成绩，县统计局被评为全县党政绩效评估考核优胜单位，被省普查领导小组评为全省第三次全国经济普查工作先进单位。

【小康社会进程监测评估】 2014年以小康监测为统领,根据《关于分类指导加快推进全面建成小康社会的意见》,县统计局将小康社会进程监测评估作为考评工作的重中之重。将县域经济考核、新型工业化考核、政府绩效考核等考核考评项目与小康监测评估对接、整合,积极配合县小康办加强对全县小康进程监测，全面收集数据,进行动态分析、预警。同时,会同县小康办认真做好小康目标任务分解到乡镇的考核方案,健全完善全县小康指标考核评价实施细则。2014年,全县六大主要经济指标考核,除固定资产投资外,其他指标均排在全市前列。

【统计产品开发】 2014年，县统计局密切跟踪监测宏观经济形势,加强对月度、季度主要指标的跟踪,每个季度编印一期《统计信息》，关注经济运行中的重点、热点问题,加强事前预测、事中预警、事后分析。并在统计网站、岳阳县政府门户网、新闻媒体等发布统计信息，并及时更新,满足社会公众的需求。组织编写了《2014年岳阳县统计年鉴》,发布了岳阳县2013年国民经济和社会发展统计公报,编纂了四期《统计分析与参考》,其中《2013年岳阳县全面建成小康社会发展报告》《2014年固定资产投资现状分析》《岳阳县2014年上半年经济运行分析》等文章受到了主要领导的好评,也引起了主要领导的高度重视,及时准确为领导提供了决策依据。特别是《2014年固定资产投资现状分析》一文,引起了县委政府主要领导和相关部门高度重视,为实现全县固定资产投资理性回归发挥了很好的作用。同时,充分运用民意调查中心这个科学的调查方式,为政府服务,为社会公众服务。先后完成卫生系统事业单位工作满意度民意测评、事业单位法人履职评估民意调查、全县党政绩效评估民意调查和民意测评工作任务。

【统计基层基础建设】 2014年12月9日,县政府办出台《岳阳县人民政府办公室关于进一步加强统计基层基础工作的通知》,要求县直各机关部门都配备主管领导和专职统计员。全县20个乡镇均成立了统计工作领导小组，由乡镇长任组长，各乡镇都配备了统计主管和专职统计员，城关、新墙、筻口等重要乡镇还配备了两名专职统计员。县统计局通过招聘和选调等方式新增了两名优秀业务干部，充实了机关业务骨干力量。同时抽派干部到省市参加统计业务轮训，组织全县统计员集中业务培训等方式加大培训力度，提高了广大统计员的整体素质。投入资金16万元，建起了较高标准的联网直报指挥调度中心和视频会议室，至年底主体工程基本完成。

【重大民生实事统计监测】 出台省市实事重大项目监测评估认定函，会同政府督查室对有实事项目的单位进行半年度和年度检查评估，2014年，全县共争取省市实事项目29个，资金2.9亿，均顺利通过了省市实事检查验收。扎实做好粮食大县抽样调查和畜禽监测统计工作，2014年共争取粮食、生猪、油菜、棉花等各种涉农补贴7000余万元。为认真贯彻落实县委政府关于大力发展粮食生产的文件精神，县统计局会同农口部门深入到全县20个粮食监测点实地督查，现场测产，顺利通过了省市国家调查队各项检查验收，2014年，岳阳县粮食生产再度荣获全国粮食生产先进县。县统计局认真做好城乡住户一体化调查工作，每个月都下到调查点进行业务指导，要求每个记账户不重不漏，日记月累，真实反映城乡居民的生活状况、收入状况。

【创建国家文明县城指数测评工作】 在创建国家文明县城文明指数测评工作中，县统计局干部全力以赴，积极参与，会同县五创办和文明办进社区，进单位，进街道，宣传文明创建，督促单位按要求做好检查验收。对口接待省文明创建测评检查组，做好联络协调工作，岳阳县在创建国家文明县城文明指数测评竞争县市中排名靠前，为创建国家文明县城打下了坚实基础。

（任小元）

质量技术监督

【概况】 岳阳县质量技术监督局现有在职干部职工52人。内设办公室、食品安全监管股、特种设备监察股、标准质量股、政工人事股、计量股、产品质量监督股、稽查大队、产品质量监督及计量检定测试所9个股、所、队。

2014年，全局上下按照市局，县委、县政府一系列决策部署，围绕年初确定的工作思路和目标，以“发展质监事业，服务经济社会”为主题，从“三新”“三民”“三安”“三建”入手，各项工作取得了一定的成效。

【推进新型工业化建设】 努力推进岳阳县新型工业化进程，2014年品牌建设实现重大突破，湖南科伦医药有限公司和湖南天欣科技有限公司囊获岳阳市第二届市长质量奖。味冠天下食品、勇军面业面条获湖南省名牌产品称号。

【推进新农村建设】 2014年，岳阳县知恩养生养老服务中心获省级农业标准化示范区称号，同时为保护县地域特色产品，县质监局正推动芭蕉扇业申报国家地理标志保护产品。

【推进新型城镇化建设】 加大对“三园六区”等重点工程的监管力度，组织开展重点工程专项执法检查3次，确保了重点工程成为民生放心工程，提升了新型城镇化保障力。同时充分发挥了技术标准作用，引导企业以先进标准提升传统产业，指导企业从原材料、工艺控制、检验检测、质量管理、节能减排等方面建立技术标准体系，助推了新型城镇化建设。推进自主创新、加速公共检测服务平台建设，提高企业核心竞争力，增强了城镇的聚集效应和规模经济效应，提高了城镇的产业聚集能力、就业创造能力和人口吸纳能力。

【服务民生工作】 组织开展了走访企业现场办公活动，为企业送服务上门，工作组先后深入建材工业园的陶瓷企业、南方水泥有限公司和生态园的双A甲酚醛树脂等企业开展调研活动，帮助企业解决技术难题，帮企业协调矛盾纠纷，开展了志愿服务活动。在辖区内广泛开展计量服务专项活动，对所有集贸市场的公平秤实行免费检定和维修，对社区或家庭个人使用的血压计实行免费检定和维修，进一步加大了计量惠民力度;开展了打假维权行动。通过“12365”、质监网站等平台，了解群众诉求，聆听群众呼声，全年受理群众投诉16起，处理16起。此外，组织开展各类专项整治8次，查处假冒伪劣产品货值70万元，为消费者挽回经济损失20多万元。

【食品安全监管】 2014年，组织开展肉制品、食用槟榔、地沟油和“一非两超”添加剂等13项专项整治行动，组织开展食品安全应急宣传，组织企业开展食品安全知识培训，督促食品企业从业人员387人参加体检并取得健康证，监督全县113家食品生产、加工企业依法依规经营。

【特种设备安全监管】 县质监局致力于特种设备“打非治违”，突出开展液化气站、电梯、“土锅炉”、厂内机动车辆的专项整治。创新工作方法，对97家企业的特种设备实行重点监管，实行一企一档管理，查处了两家非法安装、违规使用特种设备的企业，举办了一期特种作业人员培训班，特种设备努力实现了“两个确保”。

【重要工业产品安全监管】 建立了工业产品分类监管系统，开展质量信用数据库建设试点工作，将违法信息、认证信息、许可证信息统一录入质量信用数据库，进一步增强了企业诚信经营和守法经营意识。一年来，组织开展了294批次产品质量定期监督抽查和定期检验，使企业的生产、销售行为得到了规范。

（蔡　琪）

人力资源和社会保障

【概况】 县人力资源和社会保障局有内设股室15个，分别是办公室、政策法规股、计财股、就业促进和市场管理股、公务员考试录用和职位管理股、军转干部安置股、事业单位管理股、专业技术人员管理股、工资福利股、养老保险股、医疗生育保险股、工伤保险股、社会保险基金监督股、人事股、“三性”用工管理股。下辖医疗保险基金管理服务中心、社会保险事业管理所、劳动就业服务局、劳动和社会保障监察大队、劳动仲裁院、城乡居民社会养老保险管理服务中心、人才交流中心、工伤保险基金管理服务中心、信息网络管理中心等9个二级机构及20个乡镇劳动保障站和18个社区劳动就业保障平台。2014年，县人社局各项工作稳步推进，主要指标全部超额完成年度目标任务，城乡居民养老保险、基层服务平台建设等工作在全省乃至全国都处在前列。

【人事人才工作】 2014年，面向社会考录公务员30人，“三支一扶”志愿者2人，事业单位公开招聘288人(其中教育系统188人、卫生系统82人，其他事业单位18人)，做到了公开、公平、公正，受到了考生和社会各界的好评。县人社局会同县委编办、县财政局对全县“吃空响”情况进行清理整顿，共纠正或处理“吃空响”人员183人，退还或追缴资金10.2万元。全面规范机关事业单位人员调配管理。出台相关文件，将编内人员选调严格按照“计划申报—组织人社部门审核—全县统筹调配”程序进行，将全县干部人事管理推上正规化。军转干部维稳解困方面，严格落实政策，兑现待遇，凡是政策允许的，坚决到位，春节期间对困难企业军转干部进行了全面走访、慰问，对特别困难的县领导亲自上门慰问、看望。健全企业军转干部解困工作长效机制，有力地维护了社会和谐稳定。人事档案管理方面，共入档托管单位达166家，档案数量8685份，接收机关、事业单位的考核、工资审批表、学籍、合同书等归档资料9000余份。人事代理方面，共办理新聘用人员人事代理手续128人，办理公务员管理方面，全面清理“吃空响”人员，由县人社局牵全县事业单位工作人员续聘手续536人。为了拓宽人事代理工作渠道，向全国300余所大学(即有岳阳县生源的)各大院校发送信件和电子邮件，2014年已接收新增大学生档案73份。人才培训方面，对全县2612公务员进行了培训，对新聘人员进行了入门培训。同时对事业单位异动人员转岗培训。工资福利方面，完成全县机关事业单位工作人员考核合格晋升工资级别（薪级、档次）增资审批13400多人次；晋升职务、事业单位岗位设置、事业单位工勤人员考工定级工资审批1865人次。退伍安置、事业招聘人员工资审批300多人次。

【执法维权】 积极推进和完善劳动保障监察"两网化"系统建设。积极开展农民工合同签订、农民工工资支付、清理整顿人力资源市场秩序等专项行动。积极推进全县企业工资集体协商协议工作，逐步建立和完善工资集体协商机制。全面启动农民工工资保障金制度，共收取农民工工资保障金1200余万元，有效地规范了农民工工资支付行为，维护了农民工的合法权益。

【就业服务】 围绕创建省级创业型城市，着力创建工业园创业孵化示范基地，建立创业项目资源库，完善创业政策支持体系，组织开展创业素质培训工作等。围绕促进就业，开展"送岗位、送政策、送技能、送服务、进乡镇、进社区"的"四送两进"活动，开展"春风行动"等专场招聘会进乡镇、入企业。2014年，全县城镇新增就业人员0.6464万人，完成市定目标任务（0.563万人）的114.8%；发放小额担保贷款7000万元，扶持创业项目303个，带动就业人员2173人。城镇登记失业率控制在4%以内，开办了电焊工、机电维修、种植和水电安装等14个专业共19期培训班，实际培训各类人员1472人。通过培训、小额贷款扶持等政策，为一佳土猪，杨林鸽业、黄颡鱼等树立品牌，打开市场。

【社会保障】 医疗保险方面，全县共有机关事业参保单位193个，参保人员13671人，缴费9124万元。城镇居民医疗保险参保81431人，全年城居医保基金收入6046万元。生育保险方面，参保20301人，基金征缴367万，支出146万元。养老保险方面，城乡居民养老保险工作被省厅评为"全省城乡居民养老保险经办管理服务示范县"，5月16日，人社部农保司副司长刘从龙率全国16个省市农保行政与经办负责人来麻塘镇参观学习新农保工作，同时，农保司在湖南益阳举办新农保业务培训办，县人社局城乡居保中心苏红辉作典型经验介绍。2014年，全县城乡居民参保42万人，缴纳养老金3171万元，发放10.22万人，发放养老金7079万元；全县机关事业单位参保1.37万人，征缴基金8763万元，支出9041万元；企业职工及灵活就业参保人数2.62万人，征缴基金8000万元，支出21984万元。同时率全市之先对全县行政、事业及企业单位的所有离退休人员，进行了"面对面"的信息采集和"人脸建模"，提升了认证水平，有效防止基金流失。工伤保险方面，参保5.8万人，征缴基金1958万元，发放2117万元。失业保险方面，参保2.47万人，基金征缴565万元，完成市定任务（360万元）的156.9%，发放251万元。同时切实加强基金监管，改进监管手段，确保了基金平稳安全封闭运行。

（李显军　汤炜）

工商行政管理

【概况】 岳阳县工商行政管理局，通过实施市场监督管理和行政执法职能，运用行政和法律手段，对全县市场经营主体及其市场行为进行监督管理，以建立和维护市场经济秩序。全局共有干部职工173人。内设14个机关股室，3个直属分局，10个建制所，4个工商工作组，两个挂靠社团。

2014年，岳阳县工商局充分发挥职能作用，采取多种措施，服务地方经济发展。被岳阳市工商局评为全市工商系统综合先进单位；被县委、政府评为2014年度社会管理综合治理工作优胜单位、人口和计划生育综合治理工作优胜单位、促进县域经济发展工作争创名牌产品工作优秀单位、全面建成小康社会综合绩效良好集体等。1. 积极推进商事登记制度改革，促进市场主体提质增量。进一步加强窗口建设，优化审批服务，降低准入门槛，激发全民创新创业活力。截至2014年年底，全县个体工商户21656户，2014年新增2048户，企业2522家，2014年新增444家。2. 扎实开展消费维权工作，打造安全放心的消费环境。以贯彻新《中华人民共和国消费者权益保护法》(以下简称《消费者权益保护法》)为契机,深入开展维权服务,及时将消费矛盾化解在萌芽状态。2014年共受理消费者电话申(投)诉案件142起,处理142件,接到政府热线转办单64件,处理64件;受理上门申诉、咨询等68件,调解成功率100%。3. 加大实施“商标品牌”战略力度,实现品牌“兴企、兴农、兴县”目标。2014年,新申请注册商标90件,新认定中国驰名商标1件,新申报地理证明商标1件,涉外商标3件,新增著名商标5件。4. 多措并举帮扶企业发展,助推企业实现转型升级。充分发挥工商职能作用,利用动产抵押登记和股权出质登记等方式,帮助企业实现融资贷款6290万元。5. 强化食品安全监管,确保流通领域食品安全。开展元旦、春节、“五一”、中秋、国庆节前后的市场整顿。2014年共查处不符合食品安全标准案件30起。6. 全面整治非融资性担保公司,建立规范的融资市场环境。根据市委、市政府及市工商局文件精神,清理规范了非融资性担保公司34家,发放宣传资料3000多份。

(于丹丹)

【开展春节市场整治行动】 2014年1月23日,岳阳县工商局开展春节市场整治行动,副县长彭碧芳参与执法检查行动。本次行动主要以大型商场超市、集贸市场、家电超市和烟花爆竹经营场所为重点检查对象,以食品、家电、肉类、家禽、烟花爆竹等为重点检查内容。在中心市场检查中,发现家禽类经营户中部分存在松香拔毛现象,执法人员当场没收松香拔毛工具9件;对步步高家电超市中销售已淘汰家用电器行为,执法人员将其现场封存,并下达了《责令改正通知书》。

(于丹丹)

【开展城区文化用品专项检查行动】 2014年3月13日,岳阳县工商局组织城关地区工商所、县局消保股、消委、“12315”等部门开展城区文化用品专项检查行动。本次行动,共检查了新华书店等10余家文化用品经营店,重点检查经营者的经营资格、进货渠道,以及商品质量、是否有假劣商品等。检查中执法人员共发现了36类问题文化用品,案值17000余元,问题文化用品被执法人员就地封存,并责令经营者对经营商品进行全面清理,确保产品质量。此次检查,极大地净化了文化用品消费环境,有效地维护了文化用品市场秩序。

(于丹丹)

【开展“3·15”消费者权益保护宣传活动】 2014年3月15日,岳阳县工商局联合药监局、质监局、烟草局、移动公司等六部门开展了“3·15”消费者权益保护宣传活动。活动通过发放宣传资料,现场咨询、接受投诉处理等活动,进一步宣传消费维权知识,增强消防维权意识。另外,岳阳县工商局还通过执法宣传车的形式在各个乡镇进行了新《消费者权益保护法》的宣传活动,扩大了宣传活动范围,增加了宣传力度,以确保新《消费者权益保护法》更快、更全面的被公众所知晓。

(于丹丹)

【开展打击虚假违法广告专项整治行动】 3月21日,岳阳县工商局组织城关地区工商所开展打击虚假违法广告专项整治行动。本次整治行动的检查对象为城关地区的药品经营店,检查重点是保健食品广告宣传中使用与药品相混淆的用语、直接或间接宣传治疗作用、任意扩大保健功能范围等违法广告。

本次整治行动,共出动执法车辆6台,执法人员20多人,检查了包括“减肥胶囊”在内的保健食品30余种,有效地净化了广告市场环境。

(于丹丹)

【开展农贸市场整治行动】 2014年4月25日,岳阳县工商局召开会议,针对2014年4月24日“岳阳电视问政”节目中市民反映和媒体暴露的集贸市场存在的相关问题,研究部署农贸市场整治方案,明确整治要求和重点,并组织了机关各股室和城关地区工商所共40余人的执法队伍,对岳阳县中心市场、大园岭市场、城南市场、“9634”市场进行重点整治,严查双氧水泡鸡爪和猪耳朵、松香拔毛、熟食使用过期变质添加剂等违法行为。通过集中清查,共收缴松香拔毛工具6件,查处霉变牛脚板90斤,没收染色红米10

斤，关停一家使用过期牛肉添加剂和霉变辣椒粉的熟食店，并对违法经营业主进行了立案调查。

（李华军）

【召开打击整治传销会议】 2014年6月5日上午，岳阳县打击整治传销集中行动暨创建无传销城市工作会议在县工商局召开，县打击传销领导小组组长、县人民政府副县长彭碧芳出席会议并讲话。彭碧芳在会上通报了全县打击传销工作的基本情况。会议要求各成员单位务必高度重视，加大宣传力度，提高老百姓对传销的识别和抵制能力，并对社区、宾馆和出租屋进行拉网式排查，不留死角，一经发现，集中力量从快从严予以打击，确保创建无传销城市工作顺利推进。

（唐伟华）

工信·电力

综　述

【概况】 岳阳县工业和信息化局(原岳阳县工业局)于2011年7月正式设立，另外加挂岳阳县乡镇企业局牌子，为县人民政府工作部门，主要负责全县工业经济运行、电力行政执法、信息化推进及新型墙体材料等工作的管理。全局共有干部职工82名，共设7个职能股室，下辖两个二级机构。2014年，岳阳县始终坚持加速推进新型工业化不动摇，紧紧抓住“转方式、调结构、促升级”的战略主线，着力加快园区建设，致力产业转型升级，大力招商选资，全力开展联手帮扶企业，全县工业经济保持了平稳较大发展。

【工业规模】 2014年，全县新增规模工业企业10家，总数达到156家；完成规模工业总产值477.74亿元，同比增长15.71%；完成规模工业增加值125.68亿元，同比增长13.5%；全县工业累计用电量6.69亿千瓦时，同比增长0.03%。

【项目建设】 2014年，全县大项目建设快速推进。安达耐火材料、椰星饮料、慧璟科技、茂昌医药项目、大力神高梯度磁选机项目已正式投产。四化建高压阀门管件已近竣工；湘佳牧业、牛牛科技及益农坚果3个项目已开工建设。湖南科伦二期100亩项目、健强药业、普爱饲料、五鑫机械制造、旺磁电子元器件等项目即将开工建设。

【招商引资】 2014年，全县新签约引进5000万元以上的工业项目8个，其中，投资1.2亿元的中丹合资普爱生物科技、投资7亿元的华能风电开发、投资1.1亿元的旺磁电子元器件、投资1亿元的电磁线生产、投资1亿元的鱼米之乡洞庭水湘食品及投资1.1亿元的靖园休闲食品等6个工业项目成功签约。另有多个意向性项目正在抓紧洽谈。

【产业拓园】 2014年，生态工业园克服阻工、春季多雨等不利因素，完成了科伦二期100亩土地平整。另外余下11.47公顷土地平整设计、评审、招标等工作已完成，待城关镇完成征拆扫尾工作即可启动工程施工。科技园初步完成了区域内95.6公顷土地的路网规划和设计、土地平整方案设计及道路工程施工图设计，同时完成了首批61.87公顷土地报批资料准备，并正式以“岳阳高新技术产业开发区”的名称成功通过湖南省高新技术开发区的评审。

【科技创新】 目前，全县已有2家企业成功上市，另有多家企业正在进行准备上市新三版。全县有国家级农产品加工示范基地1个、职业技术培训中心1个、省认定企业技术中心1个、省级工程技术研究中心3个、市级工程技术中心两个、产业战略联盟3家；拥有湖南省名牌产品14个、省著名商标32件；国家驰名商标两件，分别是天欣科技的“同喜＋图形”和洞庭春茶的“洞庭春商标”。

【企业服务】 2014年，由县工信局牵头，成功组建了岳阳县中小企业服务中心，为全县中小企业提供融资担保、法律维权、技术咨询、创业辅导、市场策划、管理咨询和人才培训七大服务，目前中心运转良好，获得广大企业一致好评。

【帮扶企业】 2014年，通过引导

企业转型升级、推进项目建设、化解生产要素制约、优化发展环境等一系列具体措施，帮扶取得实际效果。全县共收集企业困难与问题176个，现场解决46个，已“销号”123个，销号率达96%。

【“两心”活动】 为积极配合县“联手帮扶企业”行动，切实解决企业在发展中存在的困难和问题，促进企业增产增效，县工信局在全县重点规模企业中开展“真心实意联企业，尽心竭力解难题”活动，派出25名干部负责联络全县65家帮扶企业，在帮扶部门和企业之间搭起了沟通桥梁。联络员主要是当好“四员”，即当好政府的参谋员，帮扶的联络员，产品的宣传员，企业的指导员。

【信息化工作】 县工信局组织编写的《数字巴陵建设“十三五”规划》正在紧张有序地进行，至2014年年底，该项工作已完成了前期调研、部门对接、数据论证、规划组稿等工作，2015年一季度可完成编写工作。同时，县工信局进一步强化财政性资金建设信息工程项目管理，目前该项工作进展顺利，效果良好。

重点企业简介

湖南科伦制药有限公司

湖南科伦制药有限公司在岳阳有两个生产基地，现有员工3000余人。分公司在岳阳市经济技术开发区，主要生产冻干粉针剂、小容量注射剂等产品。本部在岳阳县生态工业园，主要生产大容量注射剂，现有玻瓶、塑瓶、软袋、可立袋、粉—液双室袋五种包装形式。公司目前有49个品种84个品规进入国家基本药物目录。公司成立了湖南省大输液工程技术研究中心，获得9项国家发明专利、103项实用新型及外观专利。2014年实现销售收入16亿元，实现税收1.15亿元。

公司先后被授予“全省加速推进新型工业化先进企业”“湖南省优秀非公有制企业”“湖南省高新技术企业”“湖南省私营企业100强”“湖南省A级纳税信用单位”“湖南省诚信建设示范单位”“湖南省质量信用A级企业”“湖南省大容量注射剂工程技术研究中心”“湖南省工程实验中心”等称号，“KL牌”大容量注射液连续五年被评为“湖南名牌”，2014年蝉联“国家级守合同重信用”企业，荣获岳阳市第二届市长质量奖。

湖南神斧集团向红机械化工有限责任公司

湖南神斧集团向红机械化工有限责任公司，是国家定点生产和研制开发军用火工品、民用爆炸物品、军用气囊装置、火化工专用设备、汽车安全气囊组件、爆破工程及化工涂料的骨干企业。公司现有职工1262人，其中工程技术人员300多人，资产总额31345万元，拥有半成品加工、药剂制备、雷管自动装填、总装、编码、火工品装配、气囊总装等各类生产线27条，各类科研生产设备（仪器）1400多台（套）。

公司拥有国际、国内先进水平的产品装配生产线8条，省部级科技进步奖15项，授权专利16项。高科技、高质量的产品使公司赢得了市场，产品用户由“十一五”期间的300多家配套厂家扩大到全国26个省市的400多家。

公司先后获得“湖南省名牌产品”“湖南省著名商标”“湖南省厂务公开民主管理先进单位”“中国兵器行业QC小组活动优秀企业”等50多项省、部、国家级荣誉称号，并获多项省部级质量管理奖、QC成果奖。

湖南茂昌医药有限公司

湖南茂昌医药有限公司成立于2013年6月，注册资金2000万元人民币。坐落于岳阳县生态工业园内，占地4公顷，总投资15000万元，其中按新版GSP标准修建的储运中心，总建筑面积24000平方米，是岳阳地区最大的医药物流单体仓库。公司经营范围有中成药、化学原料药及其制剂、生化药品、生物制品、抗生素制剂的销售；Ⅱ类、Ⅲ类医疗器械及包装材料的销售。公司现有高素质业务员100多名，营销网络已遍布湖南省、市各级医疗机构及各市、县级医药批发企业。

公司主要经营品种以四川科伦集团及下属32家药品生产企业生产的产品为主，包括输液、小水针、粉针、冻干粉针、片剂、胶囊、颗粒剂以及口服液等17个剂型共512个品种的各类药品，是科伦药业在湖南省地区的总代理商。拥有输液销售领域中品种最为齐全和包装形式最为完备的强大优势，其中代表我国民族医药工业输液产品最新技术水平的直立式聚丙烯输液袋（又称：可立袋）。2014 年 7 月公司成功通过了新版 GSP 现场认证，并在当年实现了营业额超 7 亿，创税 3000 多万元的优良业绩。

中粮米业（岳阳）有限公司

中粮米业（岳阳）有限公司（以下简称“岳阳米业”）是中粮集团产业布局湖南省，实施与湖南战略合作关系的重要举措。岳阳米业于 2011 年 8 月份正式落地于岳阳县生态工业园，项目总投资 3.1 亿元，占地 15.6 公顷，总仓容 10 万吨，项目于 2013 年 8 月竣工投产，年加工稻谷 30 万吨，生产大米 18 万吨，年产值 7 亿元，现有职工 380 人。

岳阳米业现有 4 条大米生产线，全程采用先进的 PLC 控制，日加工稻谷 1000 吨。主机设备由世界著名的粮机公司德国布勒和日本佐竹生产，还拥有国家专利的低温升碾米机，可以在保证大米精度的同时，降低成品米的碎米含量。同时，车间设有 34 套粉尘收集风网系统，其中：清理车间有 6 套风网，砻谷车间有 10 套风网，碾米车间有 18 套风网，对所有设备及管道进行密闭，每台设备都设有吸风点，风网内为负压，粉尘通过风网进行收集，经旋风器和脉冲布袋除尘器进行二级除尘，除尘效率为 99.9%以上，排放空气质量达到国家一级标准。

岳阳米业致力于打造从田间到餐桌的“全产业链粮油食品企业”，充分利用岳阳当地优质水稻品种，为消费者生产出安全、优质、健康、营养的大米，真正实现中粮米业“建立大米行业领导地位，让福临门品牌成为中高端米市场的第一品牌”的企业愿景。

（谢森桃）

生态工业园

【概况】 岳阳县生态工业园成立于 2003 年，发展始于 2005 年。近年来，县生态工业园通过配套完善基础设施提升园区承载力，大力招商引进实力型、带动型优质项目，倾心服务优化企业发展环境，园区实现了从零起步、从无到有、从弱到强的历史性跨越，已建成为布局合理、功能齐全、环境优美、品位高雅的工业发展平台，壮大为全县经济发展的重要增长极，连续几年被评为岳阳市加速推进新型工业化先进园区，湖南省产业园区发展综合评价名列前茅（2013 年位列纳入省统计范围的 123 家产业园区的第 31 位）。2014 年园区努力化解经济运行中的不利因素，园区主要经济指标逆势攀升，实现了“三量”齐升。

【平台建设】 一是稳步推进了四期扩园土地平整。克服阻工、多雨等不利因素，完成了科伦二期 6.67 公顷土地平整。二是超前启动了五期扩园系统工程。在城关镇开展土地征收工作的同时，园区不等不靠，超前启动了五期扩园系统配套工程。三是配套完善了园区基础设施。全力推进园区总长达 7.5 千米自来水扩容升级 DN500 管网建设；完成了武广高铁西侧箱涵南延工程；完成了园区一、二、三期雨污分流管网建设建设，全面实现了与县污水处理厂对接；完成了四期兴园路道路设计及工程预算；完成了园区污水处理厂选址、测量以及可研报告编制和环境影响评价工作。

【项目建设】 园区始终坚持以项目建设为重点，将“早开工、早建设、早投产、早出效益”作为企业服务及项目建设跟踪督办的出发点和落脚点，抓住重大项目，抓准关键环节，严格按合同加大项目调度及协调力度，全力推进了入园项目建设。2014 年，园区有茂昌医药、大力神磁选机、椰星食品饮料、安达耐火材料、慧璟科技等 5 个项目建成投产；四化建高压阀门管件、旺磁电子元器件等两个项目施工在建；智海复合电磁线、五鑫机械、科伦二期、健强药业等 4 个项目即将开工建设。

【招商引资】 2014 年，县生态工业园着力引进科技含量高、税收贡献大的项目，杜绝资源消耗大、科技含量低的项目入园，宁缺毋滥。通过广泛收集招商引资线索，大力强化线索跟踪，签约落户园区项目 6 个，合同引资 6.1 亿元。大批实力型、带动型项目的签约落户和快速建成投产，进一步扩大了园区主导产业集群优势，增强了园区发展后劲。

【高新区创建】 创建省级高新技术产业开发区，将现有园区打造成推进新型工业化的示范园区，促进园区产业转型升级，是2014年园区中心工作之一。园区不等不靠，科学规划，超前谋划，积极主动开展高新区申报各项工作。在抓好日常工作对接，争取省政府各厅局支持的基础上，园区围绕申报要求全面梳理了高新区申报基础数据，完成了园区总体规划、产业规划、总体环评、土地集约用地评价等“二规二评”编制评审，出台了高新区招商优惠政策，并已全部装订成册。2014年12月26日，生态工业园高新区通过了省科技厅组织的专家评审会，即将获批。

（李　岳）

建材产业管理

【概况】 原岳阳新墙农业工业化园2005年8月经岳阳市人民政府批准成立，它是岳阳市建设现代工业、现代农业、现代旅游业、现代航运物流业四项工程的重要基地，总体规划为工业区、现代农业示范区和农产品物流商贸中心。2006年，为了承接沿海地区陶瓷产业大转移，县委、县政府决定组建建材工业园。2010年5月12日，岳阳县建材产业改造升级管理办公室正式成立。

园区坐落在岳阳县新墙镇和长湖乡境内，选址集中在沿107国道和岳荣新连接线T字形范围，总体规划陶瓷产业及配套产业区7平方千米，着力打造中部建材生产基地。2014年年底，共征用土地280.8公顷，引进企业11家，总投资超19.9亿元，其中陶瓷企业6家，投资16.8亿元，可上38条建筑陶瓷生产线。5家陶瓷企业（天欣、亚泰、百森、宏康、金城）共有19条生产线建成投产，年生产墙地面砖1亿多平方米，年生产总值30亿元，上缴税收2亿多元，解决劳动力就业6500多人。

【协调处置矛盾】 2014年6月，一场特大暴雨，将天欣、宏康陶瓷厂排污渠连接处冲毁，造成天欣陶瓷96米围墙驳岸倒塌，企业800库面积集水直排长湖乡大仙村月塘水库，导致月塘水库严重淤塞，4公顷水库受灾。县建材工业园区当即组织企业第一时间进行现场协调处置，对围墙外地段园区负责抢修恢复，并将原渠拉直，重修检查井，安排天欣陶瓷公司负责恢复围墙，确保月塘水库下方农田灌溉不受影响，群众对处理结果非常满意。

【基础设施建设】 新墙镇北起新墙电力所，南至长湖段百森公司，共计里程3.9千米，安装9.5米单臂路灯163盏。2014年，由于国道车流量较大、事故多发，共计撞毁路灯13盏。另外，由于国道两侧居民建房、天然气管道施工开挖导致路线损坏严重，其中1号变压器西边路线多处损坏，导致1200多米线路不能送电，东边240米线路损坏。为了保障园区企业员工上下班途中和附近群众交通安全，县建材工业园区协调县公用事业公司进行抢修，全部修复完毕并通过验收，解决了员工和群众的出行安全，缓解了交通安全事故压力。

【岳阳县人大常委会到园区企业调研】 2014年7月1日，县人大常委会调研组一行10人，就《中华人民共和国职业病防治法》在园区就企业贯彻实施情况进行调研。调研组听取了建材办党组书记、主任李爱民的情况汇报，建材办、安监局和企业负责人参加了座谈会。

（蒋仕正）

台湾农民创业园

【概况】 湖南岳阳台湾农民创业园于2009年11月经农业部、国台办批准正式落户岳阳县，是湖南省唯一一家台湾农民创业园。其职责为通过引进台湾农业技术、资金与台资企业，培育和孵化龙头农业产业集团，并与岳阳县农业资源、劳动力、应用技术、农产品运销等有机结合，大力发展现代科技农业和推进农业产业化经营。园区总体规划按核心区，示范区，辐射区三大板块设置。核心区位于黄沙街镇坪中村，发展备用地约1.03平方千米，是进行台湾先进农业技术研究、农业科技成果转化、人才培训、培养新的经济增长点的核心基地，也是技术、人才、资金、信息、中介、物流和龙头企业的密集区；示范区面积200平方千米，是核心区孵化新产业的试验和推广基地，重点发展特色水果、有机蔬菜、园林花卉、畜禽水产、农产品加工、休闲观光等现代科技农业产业；辐射区为岳阳县及周边地区，主要是通过核心区龙头企业带动、示范区推广基地示范生产和联动功能，带动岳阳县及周边地区甚至湖南省的农业产业结构调整和全面升级。

至2014年年底，园区已筹措资金近2.2亿元，按照"科学规划、整体推进、创新机制、细化责任、全力支持"的要求完成了园区双向1600米及兴旺、和谐、统一主干道路硬化工程和12300平方米入口广场工程建设，园区新建万吨自来水厂工程、排污系统工程、3.5万伏变电站及相关配套通信设施建设项目相继施工。共引进企业6家，投资总额11.45亿元。荣获"综合治理先进单位""计划生育先进单位""信访工作先进单位"。

【项目入园工作】 2014年，争取了国家农业部及省农业厅来台创园调研，并争取国家农业部葡萄改造项目资金100万元。

【加大兄弟园区交流合作】 2014年，台创园与云南的"石林"、重庆的"北碚"、武汉的"黄陂"台创园互动，学习借鉴他们好的作法、经验，建立合作关系，共享政策、招商、建设等信息，并撰写了专题考察报告供县委、县政府决策参考。

【基础设施建设】 2014年，园区约62公顷土地的土方平整已经完成，园区二期土方平整工程已经开工，园区二期道路和谐、统一、兴旺路工程建设已完工，万伏高压线路已架设至园区中心地带；日供1万吨自来水厂已经进入设备安装阶段。污水处理工程已完成整体设计，园区监控系统建成投入使用，园区绿化工程得到加强巩固。

【招商工作】 2014年，台创园共引进企业两家，投资总额2.3亿元。湖南普爱生物饲料有限公司24万吨生物饲料加工、销售。投资规模：本项目总投资1.2亿元人民币。签约时间：2014年5月20日。岳阳靖园食品有限公司投资项目：海水鱼、淡水鱼、豆制品加工等。投资规模：本项目投资1.1亿元人民币。签约时间：2014年11月12日。

（赵文霞）

电　信

【概况】 2014年，县电信分公司以省市电信工作会为指南，以全业务经营、管理、服务为主要内容，围绕收入主线，确保平台增长，全力拓展市场空间。开展了"岁末年初营销活动""激情六月"等一系列的营销竞赛活动，不断探索适合企业经营发展的方法和策略，全面实施精确化营销，全体员工始终坚持一切围绕发展，一切支持发展，一切服务发展，上下一心，迎难而进，团结拼搏，在激烈的市场竞赛中，经营被动局面逐渐好转，各项工作稳步推进。2014年，累计完成收入4811.14万元(国际口径)，达到年计划的100.05%，同比增幅为6.53%；其中移动收入同比增幅为16.81%，全年收入为2443.12万元。移动计费用户数同比净增8868户，增长10.75%，宽带计费用户数同比净增2581户，增长5.95%。

【协同营销】 2014年，县电信分公司将社会渠道工作重点由建点逐渐向支撑现有网点转移，特别是将重心落在扩大专营厅销售半径上。在农村，全面启动支局营销工作，根据各网店的地理位置分布情况，组建了一支常态化的营销团队，每个支局团队由三部分人员组成：业务支撑人员、专营店营销人员、外来协同人员（村书记、电工、卫生员等）。在城区，将城区营销与专营厅合为一体，特别是在小区光网营销上收获颇丰。

【支撑平台】 建立社会渠道易信群，销售服务部、渠道分部有专人对口支撑，能及时解决发展中遇到的各类问题及分享成功经验，同时，客户服务部每月按时收集各网点情况反馈，对重要问题、热点问题、难点问题及时提交办公会讨论，确保社会渠道发展有条不紊。

【重点政企突破】 充分利用营销政策的灵活性，对政企单位建立一户一案，领导亲自带队，以点带面，各个击破。结合光纤加C发展集团单位20多个，其中中医院发展用户180户，法院发展用户200多户；策反他网政企单位如交通局、人社局等单位10个；建立了两所标杆学校，月田中心学校和长湖中心小学。

【农村主推光网营销】 农村主要通过光网合作，引入民营资本进行农村光纤业务的全面发展，并带来的新一波的发展趋势；在大众、金光村的成功营销，发展189档高值套餐206户，平台收入均增长在万元以上；并针对农村区域主推399红包结合智能机型，在岁末年初、返乡之际，为县公司移动用户份额夯实了基础。

【成立宽带合作团队】 由销售服务部牵头，大力推进宽带合作工程。2014年，已竣工的光网村达到12个，正在建设中的7个，待建的达到51个，新建端口1440个，新增129档及以上移动用户820户，新增宽带用户600户，收入增长达92万元。

【加强日常网络维护】 2014年，岳阳县分公司通过优化人员结构、合理配置资源、理顺工作流程、加大考核力度等手段，维护服务质量改观显著，客户感知明显提高。2014年，累计发生VIP客户障碍425起，均得到了有效及时处理，障碍处理及时率100%，政企支撑工作得到公司内外一致好评。设备维护与建设及时到位，全面打造精品宽带网络与移动网络。对中心机房的网络进行了优化及改造。将汇聚交换机T64G扩容上行端口两个，下行板1块，新增园区交换机两台，对全县具备资源的OLT进行了版本升级，加快了接入网光网改造速度，加强了网络流量监控及分析，对农村地区实现8M覆盖，对中心城区和发达乡镇实现20M覆盖，网络主要采取FTTH、光进铜退加VDSL方式。

【移动网络】 按照基站分等级维护的要求加强对代维公司日常维护工作考核力度，坚持基站巡检制度。按市公司要求，完成了91个基站维护的移交及资源清查工作。维护班在做好基站障碍查修工作的同时，还对线路频繁瞬断、设备告警等亚健康基站进行了修复，对基站电源电池质量差的蓄电池进行了更换，对信号覆盖深度不够，掉话率高的基站进行了优化，确保了在网基站的健康运营。全年共处理各种基站障碍402台次。

【设备障碍处理工作】 2014年因雷击高温等累计发生设备障碍，数据专业达802次；交换专业故障203次、传输专业故障192次，计算机专业故障180次，电源专业油机故障达54次，油机大修的模块局有荆州、中洲、毛田、长湖、老街等。更换了启动电池有长湖、月田、熊市、十步、新开等模块机房；更换蓄电池组基站有12处，空调故障达101次，更换压缩机两台，公田机房。对荆州、新墙、“9634”、麻塘开关电源进行了整治维修。全年做到无重大通信事故发生，保证了安全生产。

【宽带网络建设】 做好宽带扩容与宽带提速。密切关注宽带网络运行情况，通过分析与比对，分别将长湖、筻口、五垅、城北、新墙四义、桃源、孟城普通宽带设备替换为高带宽(VDSL)设备共计1520线；全县各乡镇ONU宽带共扩容1480线，开通宽带下移点2个，为配合FTTH工程的开展新增OLT设备PON口240个，全年新建应急接入光缆点98处，新建光缆62.35皮长公里，为了更好地解决企事业单位、住宅小区、工厂通信需求，大力做好政企客户和普通客户网络支撑工作。主要通过FTTH薄覆盖方式，少数情况通过FTTB方式解决用户通信需求，2014年，新建FTTH端口约11000个。宽带网络能力进一步加强。

【大客户业务开通与城区通信建设工作】 2014年，按政企客户中心要求，完成了公安系统平安城市全球眼92个点的设备开通工作；开通了林业系统极速通20条；开通了公安局、中医院、政务中心等高带宽及光网互联共63

户；完成毛田、月田、县建行、工商所MSTP电路25条；完成城关生活小区21个及16个乡镇的FTTH设备开通工作，为前端的业务发展提供了强有力的支撑。

【安全生产】 一是完善目标管理办法和各项规章制度。为加强管理，分公司进一步修改和完善了安全保卫，安全生产目标管理考核细则，对安全保卫、安全生产工作。主要涉及的消防安全、计算机信息安全、要害安全、资金安全、线路安全，稳定工作、基础工作以及劳动保护、车辆安全都提出了明确的要求，使每位员工都知晓本职范围的安全责任，做到职责明确，有章可循。二是抓重点工作、保通信畅通。消防安全是安保工作的重点，为了加强机房的安全，先后对通信机房、生产办公场所更新了消防灭火器，加强了重点要害部位的火灾扑救能力。

同时组织力量整治部分模块局存在的机房地线老化、发电室内油箱管漏油，线路“三线”分设的隐患，封堵了机房孔洞，杜绝鼠害和火源，全年未发生消防安全和通信中断事故。三是对全县通信管道全面巡查，检查人、手孔盖板损坏情况，管道里淤泥、杂物堵塞情况。及时更换损坏盖板、清理淤泥杂物，防止安全事故发生和管孔堵塞。四是加大电缆防盗力度，尽可能将电缆防盗报警器连至最远端，要求大家积极参与电缆防盗活动，电缆被盗次数相比去年明显下降。在整改杆线安全隐患方面，整改跨路高度不够的线路423处，同时组织三线交越保护整治，有效降低了线路安全事故的发生。

（廖金桂）

移动通讯

【概况】 岳阳县移动公司成立于1999年7月17日，主要负责岳阳县移动通信网的规划、建设、运营管理和客户服务，公司下辖3个管理部室、4个生产中心，现有员工86人。移动在网客户达23.5万户，2G基站237个、3G基站87个、4G基站312个，网络覆盖率在城关地区达100%，乡镇达99%。

岳阳县移动不断追求客户“十分满意”，以诚信实践承诺，连续两年荣获湖南省消费维权先进单位；财税工作连创新高，多次评为纳税先进单位；深入开展争先创优工作，先后荣获国家模范职工小家、湖南省文明单位、湖南省文明窗口、湖南省工人先锋号、湖南移动业务发展优胜单位等荣誉称号。

【市场经营】 岳阳县移动一直瞄准“争创世界一流通信企业”的发展战略目标，努力引领技术进步，提升网络、服务与业务领先优势。2014年，岳阳县移动TD—LTE制式的4G正式投入商用，标志着正式进入移动互联网时代，推出了全新的品牌——“和”（“and!和”），“和”品牌将“全球通”“动感地带”“神州行”三大品牌融为一体，代表着2G、3G、4G网络以及固网在技术、业务层面的融合，陆续推出了和沟通、和生活、和娱乐、和家庭、和商务等多种移动新业务、新功能，4G套餐资费、流量套餐更优惠；开展“10项服务10分满意”服务承诺活动，提高客户满意度；推广集团客户信息化服务，电子政务、警务通、车务通、物联网、集团专线等集团产品为岳阳县移动客户提供专家级的移动通信服务，促进了县域经济和社会和谐发展。

【网络建设】 坚持网络领先、质量取胜的长期发展战略，积极开展网络建设优化工作，全年共建设4G基站200多个。建立和完善“网络质量客户响应机制”和“通信基站零退服运维机制”，为广大客户架起一座沟通的桥梁，为实现集团单位信息化，打造“数字巴陵”，提供畅通、可靠、先进、安全的信息平台。

【综合管理】 岳阳县移动紧紧围绕“忠诚、担当、求是、图强”主题，着力打造班组文化建设，深入开展创先争优工作，组织摄影比赛、员工运动会、演讲比赛等活动。营业客服中心主任李喜艺同志被集团公司授予“优秀班组长”荣誉称号；加强作风建设，组织党员，认真开展批评和自我批评，征求对领导班子的意见建议。公司班子成员对集团公司存在的思想作风、工作作风、学风、领导作风和生活作风等方面进行剖析，并提出整改措施和目标，提交支部委员会议审议；深入开展反腐倡廉活动，认真落实“三重一大”决策制度，提高民主决策水平，推进制度体系的规范和完善；组织班子成员、部室中心负责人签署《廉洁从业协议》，加大预防腐败工作力度；组建志愿者活动队，开展无偿献血、五创劝导、关爱留守儿童等志愿活动；积极参加公益活动，开展双联帮困和新农村建设，推进了农村信息化建设。

（李 穆）

联 通

【概况】 中国联通岳阳县分公司成立于2000年10月，是中国联通在岳阳县区域的分支机构，隶属于中国联合网络通信集团有限公司岳阳市分公司，是负责岳阳县区域移动通信网和固定通信网的规划、建设、运营的国有控股境外上市公司。公司下辖综合、市场、客服、集团、固网、建设维护6个部室和6个乡镇办事处。主要经营：固定通信业务，移动通信业务，国内、国际通信设施服务业务，卫星国际专线业务、数据通信业务、网络接入业务和各类电信增值业务，与通信信息业务相关的系统集成业务等。2014年，岳阳县分公司收入近4000万元，被评为“消费者信得过单位”和岳阳市纳税大户。

【4G功能建设】 2014年5月份工业和信息化部给中国联通颁发4G牌照以来，岳阳县联通在原有基站的基础上陆续开通4G功能，主要街道、重点商业场所、人口密集区已经覆盖，平均下载速率为65M/s以上，上传为10M/s。下一步将会进一步加强4G基站的扩容工程建设，让全县人民体验到4G网络所带来的方便与快捷。

【提升宽带速率】 2014年，岳阳县分公司为协助县委县政府加快城乡信息化建设，大力发展城乡光纤到户接入方式。宽带速率从2012年的2M全部提升为8M，极大地丰富了人民群众的精神生活，提高了人民群众的生活品质。

（付志强）

电 力

【概况】 国网湖南省电力公司岳阳县供电分公司是国家电网系统内的一个县级供电企业，隶属于国网湖南省电力公司岳阳供电分公司，以建设和运营电网为核心业务，承担着为县域经济社会发展提供安全、经济、清洁、可持续的电力供应的基本使命。内设综合管理部、发展建设部、乡镇供电所管理部、电力调度控制分中心、运维检修部〔检修(建设)工区〕、营销部(客户服务中心)6个部室；下辖新墙、黄沙、柏祥、筻口、鹿角、公田、饶村、毛田8个乡镇供电所。

2014年，公司固定资产原值5.79亿元，全县最高用电负荷16.3万千瓦。全县现有文里220千伏变电站1座，主变两台/容量36万千伏安；荣家湾、双港、葵花、公田、付家冲等5座110千伏变电站，主变7台/容量22.75万千伏安；麻塘、新开、筻口、步仙、中洲、黄沙、毛田、月田、饶村、狮山等10座35千伏变电站，主变21台/总容量95150千伏安。110千伏线路12条/202.55千米；35千伏线路15条/104.36千米；10千伏线路91条/2045千米，县城及农村配电网变压器2057台/总容量302935千伏安。建成新农村电气化村209个，电气化乡镇8个。

2014年，国网岳阳县供电公司全力服务县域经济社会发展，各项工作取得了新的成绩。实现连续安全生产4958天。主要经济指标全面完成年度目标，售电量完成8.04亿千瓦时，同比增长1.83%。35千伏筻口变扩建项目投产，35千伏杨林变新建项目开工；完成127个农网升级改造单项工程，通过新农村电气化县建设考评验收。加强电网规划与全县重点项目对接，为工业园区提供了高效的配套电力保障。整顿农村特殊电价，全县8个优惠用电行政村已有6个行政村签订同网同价协议，4个行政村已按国家目录电价收取电费。创新服务方式，开通“95598”供电服务微信平台。加快服务布点，建成县城十分钟缴费圈和村村有缴费点。按照方便客户的原则，恢复设立毛田供电所。

2014年,国网岳阳县供电公司被县委、县政府授予“安全生产先进单位”“争取国家重点投入先进单位”“重点工程建设优质服务先进单位”“社会管理综合治理工作先进集体”等荣誉称号,保持了湖南省“文明单位”和湖南省电力公司“一流县供电企业”荣誉称号。

【营销管理】 2014年,国网岳阳县供电公司营销工作认真贯彻落实国网公司和省、市公司各项决策部署,以提升服务质量和经营效益为目标,努力夯实管理基础,防控营销服务风险,突出抓好“降损增效、服务协同、集抄改造”三大重点;统筹兼顾“量、价、费、损、服务”五项指标;强力推进“城乡一体、电费回收、工作质量、台区经理、缴费网点、特殊电价、反违章、业扩报装、系统应用、团队建设”十项工作,完善现代营销管理手段,营销经营指标全面完成,营销服务水平持续进步。全年完成售电量80364万千瓦时,同比增长1.83%。年度千分制评价排名市公司第一,被市公司评定为2014年度营销管理先进集体、年度农电绩效考核一等奖,新墙供电所成功创建省公司无违章供电所、饶村供电所被评为市公司“十佳供电所”。

【岳阳县建成湖南省新农村电气化县】 2007年以来,岳阳县供电公司认真贯彻国家电网公司“新农村、新电力、新服务”的农电发展战略,开展新农村电气化建设。2011年,岳阳县被纳入电气化县验收计划后,省电力公司在农网改造升级的项目和资金上对岳阳县给予重点倾斜,从而加快了建设进度。到2013年,岳阳县已有筻口、新墙、麻塘、鹿角4个乡镇、140个行政村达标。2014年圆满完成了中洲乡、新开镇、黄沙街镇、长湖乡4个电气化乡(镇)和69个电气化村的建设任务。先后投入建设资金6.5亿元。2014年12月23日,顺利通过了由省经信委牵头组织的新农村电气化县考评验收,岳阳县获得了“湖南省新农村电气化县”称号。

到2014年年底,岳阳县电网已经形成了以1座220千伏变电站为枢纽,5座110千伏变电站,10座35千伏变电站为骨架的坚强主干网络。配网方面,全县已有8个乡镇达到电气化乡标准,新墙镇清水村等209个行政村达到电气化村标准,为社会主义新农村建设提供了可靠电力支持。

【开展反违章工作】 2014年,国网岳阳县供电公司深入推进“无违章企业”建设,打好安全生产、营销服务反习惯性违章的持久战和攻坚战,对严重违章行为坚持“四不放过”,坚决杜绝省公司界定的安全生产和营销服务严重违章行为。进一步整合营销、农电稽查力量资源,建立了反违章稽查网络,推行“日自查、时提醒、周互助、月稽查”反违章防控体系。开展无违章班组及无违章供电所创建,定期开展现场指导。新墙供电所成功创建“省公司无违章供电所”。组织开展对乡镇供电所营销服务现场问诊稽查与常态化反违章检查。公司稽查共处理并回复系统稽查工单102份,查处各类违章25起(其中一般违章19起、严重违章6起),班组自查一般违章137起,处罚172人次,罚金23260元,内部下岗4人,开除留用3人,解除劳动合同2人。同时,加强安全生产工作管控,加大打击违章力度,稽查现场245次,处罚32人次,处罚金额21900元。

【优惠用电整治工作】 岳阳县原小水电供电区优惠用电问题共涉及公田镇饶港村、彭昌村(前门、塅内、金龙、珍珠四个组),杨林乡兰田村,云山乡永兴村、云塅村,步仙乡岳坊村,毛田镇港堤村(新屋、老屋两个组)、白水村等5个乡镇8个村。2014年,县委、县政府高度重视优惠用电整治工作,决定把它作为优化经济发展环境的大事来抓,把它作为确保政令畅通、政府依法履职的大事来抓。在县政府的统一领导下,通过依法整治,充分协商,各方努力,到2014年12月底,全县8个优惠用电行政村已有6个行政村签订同网同价协议,4个行政村已按目录电价收取电费。

【岳阳县首个家庭光伏发电项目正式投运】 2014年7月22日,岳阳县首个家庭分布式光伏发电项目正式投运并向国家电网输送电能。该项目为小型家庭太阳能光伏发电项目,由月田镇柏树村麻石组村民杨来军建设，投资约4万元，使用寿命25年左右，装机容量5千瓦，日发电量约40千瓦时，并网电压为220伏，发电自用余电上网。6月下旬，接到客户的报装申请后，岳阳县供电公司本着践行国网公司“四个服务”的宗旨，按照“一口对外”及“欢迎、支持、服务”的原则，开辟“绿色通道”，精简并网手续，为客户提供“便捷高效”的上网服务，在较短的时间里完成了实地勘查、方案设计、安装调试、装表接电、验收送电等工作，在服务分布式电源并网上迈出了新的步伐。

到2014年年底，岳阳县家庭分布式光伏发电项目已达4家，装机容量共计23千瓦。

（魏政楚）

农林水

总 类

【概况】 岳阳县人民政府农村工作办公室(简称县农办),与中共岳阳县委农村工作部一个机构、两块牌子,列为县委机构系列。县农办作为全县农业农村工作综合协调部门,牵头管理农口系统7个正科级单位,下辖县扶贫开发领导小组办公室、县生态能源管理局和县农业广播电视学校等3个副科级二级单位,机关内设办公室、新农村建设指导办、县域经济与科教开发办和人事股等4个股室。机关(含县扶贫办)现有干部职工23人,其中在岗20人。

2014年,全县各涉农部门围绕发展抓项目、突出重点抓创新、保障民生抓安全、构建和谐抓队伍,克服自然灾害频发、养殖业突发疫情、市场价格波动等多重不利因素的影响和冲击,坚持科学调度,及时化解风险,有效弥补灾害损失,保持了农业农村发展总体向好、稳中有进的良好态势。

农业生产保持总体平稳。2014年粮食总产59.1万吨,实现“十一连增”,被评为全国粮食生产先进县;规模化种植发展迅猛,全县有11户种粮33.33公顷以上;特别是杨林幼雄水稻种植专业合作社,流转土地240多公顷,拥有农机18台(套),粮食生产全过程农业机械操作,实现了“人不下田、谷不落地”。2014年出栏生猪156万头,蔬菜、茶叶、水果、油料、畜禽水产品等主要农产品产量稳定。无公害蔬菜、优质葡萄、鸽业、土鸡、黄颡鱼、红薯粉等农业品牌创建初见成效,“洞庭春”茶注册商标被国家工商行政管理总局认定为中国驰名商标,8000公顷优质稻基地成为全国绿色食品原料标准化生产示范基地,湖南清渠农业发展有限公司争取了“全国水产养殖示范场”牌子,新增湖南省著名商标5件,新创湖南省现代农业特色产业示范园两个。主要动植物良种覆盖率达到95%以上,机耕率达到94%,水稻机收率达到80%,农业科技支撑力明显增强。

涉农项目建设扎实推进。加快城乡统筹示范区建设,在S201、岳兴公路两侧实行“退二进三”(缩小第二产业、发展第三产业)。深入开展新农村建设,启动45个村人居环境整治和美丽村庄建设,对新墙、麻塘两个乡镇实施人居环境整治整镇推进工程,在78个村推行农村垃圾分类减量试点,推进硬化村庄行动,硬化公路164千米,推进“点亮村庄”行动,全县140个村配套了路灯,被评为全省社会主义新农村建设先进县。实施项目攻坚行动,疏浚沟渠2280千米,完成16座重点小〔2〕型、31座一般小〔2〕型水库除险加固,中洲泵站更新改造、小型水电站增效扩容、农村饮水安全、中小河流治理综合整治等项目加快建设。开展生猪养殖粪污专项治理,建成清洁养殖示范点9个,完成标准化规模场建设点12个。实施新墙枫树湾提质改造工程,成功承办全省农村能源工作现场会。造林绿化增量提质,荣获全省中央财政森林抚育补贴工作先进县和全省生态公益林保护建设为民办实事工作先进单位。建立水稻育插秧机械化示范基地6个,红春、毅丰、中安三家农机合作社被评为现代农机合作社。

农村改革稳步推进。柏祥镇农村土地承包经营权确权登记颁证试点工作成效显著,试点经验在全省推介。率全市之先开展农村土地承包经营权抵押贷款试点,24户农户获得2483万信贷支持。麻塘镇集体土地经营权公开拍卖开创全省先河。新型农村经营主体加快发展，新增农民合作社75家，总数达到245家，新墙优质葡萄、全民家禽养殖、芭蕉扇业、民心蔬菜、盛源林业5家专业合作社被评为国家农民合作示范社。

农民生活条件持续改善。乡村环境整治深入推进，2014年被评为全市农村环境整治先进县。新增农村饮水安全人数4.2万人，农村户用沼气池总量达6万口，森林覆盖率达到38%，铁山库区“两保并重”（保水质、保民生）得到加强，新墙河砂石资源有序开采。农村低保、新农合、新农保覆盖率持续扩面，救灾救助力度持续加大，完成了4.25万贫困人口和58个贫困村的识别、建档立卡工作。农民人均纯收入达到11456元，同比增长13%。

【新农村建设】 以“二十字”方针为总揽，坚持城乡统筹发展，同步推进重点区域建设与大面新农村建设，2014年，岳阳县被评为全省新农村建设先进县。麻塘镇北湖村全省为民办实事新农村建设“三改同步（环境改造、生态改造、民居改造）”打造了亮点工程，成为省、市工作的标杆。参与全市“美丽系列”创建，2014年，新墙镇被评为岳阳市“美丽乡镇”，麻塘镇和兴村、饶村乡伍相村、甘田乡戴家村被评为岳阳市“美丽村庄”。建立健全帮扶机制，强化县级领导联示范村现场办公会制度、部门帮扶季度工作调度会制度，由20名县级领导联点、81个县直单位帮扶、76名干部驻村指导，对3个片、45个村实行部门资金帮扶、项目倾斜配套、产业对口扶持等，落实示范创建帮扶资金430万元，整合倾斜项目102个、资金4600万元。

【乡村环境整治】 按照“四清三基两统一化”的总体目标和“全面铺开、突出重点、培植亮点”的工作思路，打好乡村环境整治攻坚战、持久战，2014年，岳阳县被评为全市农村环境整治先进县。环境整治工作做到了“四化”：一是宣传教育常态化。采取“一本书、一堂课、一台戏、一个专栏、一份提示、一次影展”等宣传形式，提升群众卫生意识，实现“要我整治”向“我要整治”逐步转变。二是垃圾处理科学化。启动78个村垃圾分类减量试点工作，打造了饶村伍相、甘田戴家、新墙清水、麻塘和兴、黄沙街双义等农村垃圾减量处理样板村。三是经费投入多元化。采取“财政拨、项目调、乡村投、群众筹、社会助”分级投入办法，确保每村（居委会）环境卫生整治经费不低于3万元/年。县财政预算安排资金1200万元，按平均每村（居委会）1万元的标准安排保洁经费，对乡村新建环保型垃圾焚烧炉继续给予补助，对垃圾分类减量试点村以奖代投3—5万元/村。乡镇投入集镇环境卫生整治资金50万元以上，投入到村整治资金超过了1万元/村。村配套、组筹资、户分担筹措环境卫生整治资金3000万元以上，均用于环境卫生日常管护。四是考核评比制度化。采取“一月一督查一通报、一季一考核一讲评”，实行“一套班子、一个标准、一查到底”，确保考核结果客观公正。对季度排名前后3名的乡镇分别奖罚3万元、2万元和1万元，对季度排名前后1名的农林场分别奖罚0.5万元，对季度40个清洁村和40个最差村分别由乡镇奖罚2000元；对年度排名第一、第二、第三名的乡镇分别奖励10万元、8万元和5万元，对排名第一的农林场奖励3万元，年评选100个清洁村奖励0.5万元/村，评选1000户文明卫生户奖励500元/户。

【农业品牌创建】 县政府出台《关于深入推进农业品牌创建工作的实施意见》（岳县政发〔2014〕7号）文件，实行“一个产业、一名领导、一个部门、一套班子、一个规划、一抓到底”的运作模式。2014年创国家级品牌7个、省级品牌12个、市级品牌8个，3个产品获得“无公害产品认证”，两个产品获得“2014中国中部农业博览会金奖”。其中，国营黄沙街茶叶示范场“洞庭春DONG TING CHUN及图”商标获评中国驰名商标，新墙优质葡萄专业合作社、全民家禽养殖专业合作社、芭蕉扇业专业合作社、民心蔬菜专业合作社被评为国家农民合作社示范社；岳阳县8000公顷水稻被评为全国绿色食品原料标准化生产示范基地；湖南清渠农业发展有限公司养殖基地被评为全国水产健康养殖示范场。在市委、市政府对岳阳县“全面建成小康社会综合绩效考核”中，岳阳县农业品牌创建工作获得加分28分。

【农村扶贫开发】 组织开展贫困人口和贫困村识别工作，识别贫困人口4.25万、贫困村58个。采取“政府引导、部门帮扶、整合项目、群众自筹”的方式，投入扶贫村财政扶贫资金1327万元，整合交通、国土、水利、电力、发改、农业、移民和后盾单位项目资金近3000万元，为贫困村办了大量实事、好事。开展扶贫技能培训，按照县情及农民群众的要求，印制《楠竹栽植技术》《油茶种植技术》《淡水鱼养殖技术》《酥枣种植技术》等实用技术资料15000多份，进行免费发放。

【农村生态能源建设】 全县累计兴建户用沼气池6万口，入户率达30%，建设大型沼气工程7处，建成柏祥镇周庆村沼气示范点、柏祥镇光明村高效生物质节能灶示范点、筻口镇新安村和新开镇杨华村太阳能热水器示范点。投入360万元左右，依托枫树湾畜牧有限公司开展千户管道沼气示范创建工作，利用太阳能空气能增温保温系统将1200米沼气工程由常温发酵提升为中温发酵，发展管道沼气，向新墙镇进塘、寺塘、周邓等村1000余户居民有偿供气。搞好沼气服务体系建设，依托能旺沼气合作社，推行沼气服务“1+5”工作模式(引导农村沼气用户自愿入会，每年交费30元，享受五项优惠政策)，发动建池户5000余户入会。加快科技应用，与武汉四方公司合作，利用筻口镇新安村覆膜软体中温发酵沼气池，建设全省第一个沼气使用远程监控平台，实现足不出户可详细了解沼气浓度、温度、沼气产量等数据。

【铁山水资源保护】 铁山水资源保护是岳阳市“双百万工程(一百万人安全饮水、一百万亩农田灌溉)”，列为全县重大民生实事，以“四二七”方案为总体要求，按照“三个结合（长远与当前、‘堵’与‘疏’、保护水源与保障民生)”的工作思路，推进铁山库区水环境综合治理。编制《铁山水资源保护规划（草案)》，划定水库水位线93.38米以内为一级保护区，距水库水岸线200米内为二级保护区，其他集水面积为准保护区。全面加强库区生产生活控制管理，完成铁山库区居民住房现状、户籍人口、养殖业、采矿业、竹木加工企业等调查摸底，关停库区竹木加工企业3家和采石加工企业22家，关闭养殖场所7个，关停库区内营业宾馆及农家乐3家，制止拟建房1343户，控制新开基建房102户，停建在建房32户，强制拆除铁山大坝下游筑堤所建砖厂。2014年12月1日，市委市政府出台了《关于进一步加强铁山饮用水水源保护与保障改善民生的意见》，通过划分水源保护区、实施污染整治、严格用地管理、加强库区民生保障等一系列措施，确保城乡饮用水安全，库区民生得到进一步改善。

（邓　虎）

水　务

【概况】 县水务局主管全县水行政工作，担负着防汛抗旱、水利工程建设与管理、水行政执法、水资源与河道管理、城市供水等职能工作。机关由办公室、财务股、政工股、水利建设与管理股、水利法规股、规划计划股、项目办和老干办等8个行政股室和纪检监察室组成。局辖防汛办、水利水电质量监督站、水利建设项目管理中心、水政监察大队、水利经济管理站、水资源中心、水质检测中心、水土保持局、铁山渠道管理所(防汛抗旱服务队)、新墙水库管理所(新墙原水公司)、中洲垸修防会(中洲电排站)、岳坊水库管理所、大坳水库管理所、云段水库管理所、设备防腐厂、巴陵水利水电建筑工程有限公司、水利水电勘测设计院、洞庭供水有限公司、天泽监理公司等21个二级机构和20个乡镇水利管理站，其中防汛办、水土保持局、铁山渠道管理所、新墙水库管理所为副科级二级事业单位。

【立项争资工作】 充分发挥规划计划在项目建设的前瞻性和龙头作用，为水务建设未来发展打下了坚实基础。2014年共落实项目资金1.801亿元，其中：中小河流治理综合整治项目3764万元、小水电增效扩容项目744万元、小型病险水库除险加固项目770万元、中洲泵站更新改造项目1465.67万元、安全饮水项目10798.83万元、小型农田水利建设“百千万”工程340万、水土流失治理工程129万元。另外，还组织完成了岳阳县小农水工程五年规划项目的调查、规划编制及申报工作；完成了岳阳县治涝规划项目现场调查、基础资料的收集整理与上报工作，完成了毛田河、小港河2条河流综合治理初步设计评审，为2015年争资立项储备了资源。

【水利建设】 一是小型水库除险加固工程。完成了2013年开工建设的16座重点小〔2〕型水库、31座一般小〔2〕型水库建设任务；启动了11座小型水库除险加固任务。二是中小河流治理项目。完成了2013年开工建设的毛田河杨林乡段、毛田河饶港段、新墙河新墙镇河段治理工程，启动了大洞河、黄沙河两条河流治理。三是中洲泵站更新改造项目。完成了2013年开工建设的麻塘、六门闸、苏堤老泵站等三处泵站，并在汛期前已投入使用，启动了北套站拆除重建工程。四是小水电增效扩容项目。启动了大坳、岳坊等13座小型水电站进行增效扩容改造。五是农村饮水安全工程。2014年共实施了3批计划，解决农村饮水不安全人数为22.14万人，计划总投资为10798.83万元，兴建集中水工程29处。六是农田水利基础工程。改扩建骨干山塘138座，维修改造机埠11处，清淤衬砌渠道50千米。努力开展小农水项目，完成工程项目45处：山塘清淤、整修与加固23处；小型堰坝改造、整修及加固1处；小型排水泵站2处；小渠道清淤、整修19处共11.63千米。全面推进沟渠疏浚工程项目，全县范围内清淤整治农村渠道2849.5千米，清淤土方351万立方米。

【防汛抗旱工作】 2014年，水务局严格执行24小时防汛值班。密切关注天气变化，认真收集整理水雨情、及时上报防汛抗旱报表、发布水雨情信息，共发布水雨情信息45000多条次，下达防汛抗旱指令21道。3月份，派出6个组对全县所有水利工程和重要河道进行了全面排查，对新发险工和河道水事违法行为全部进行了登记造册，分类落实了防汛安全检查意见并督促各乡镇处险到位，落实任务，强化职责，确保全县水利工程安全度汛。成功举办防汛抗旱会商会、防汛抗旱工作大会和防汛知识培训会。

【依法治水工作】 投入20多万元通过以电视、电子屏和网页等新闻媒体为平台和印制水法律法规和政策宣传册、户外大型广告牌等方式进行宣传。组织河道巡查340次，下达《责令停止水事违法行为通知书》70份，立案4起已全部办结，接待来电来访200余件，现场调解水事纠纷130余起。积极参与铁山库区禁采行动，在2014年9月前将原有船只全部拖离上岸。农村水源保护进行了全面摸底，制作了水源保护“四禁”警示牌，督促各乡镇签订解除水库承包养殖合同承诺书，对全县27座小〔1〕型水库及作为饮用水源的小〔2〕型水库的水质进行了取样监测，农村水源保护工作在全市排名第一。28件县人大代表和政协委员建议、提案圆满办结，代表委员满意率达98%。

【农田水利基础设施建设】 积极实施百千万工程，改扩建骨干山塘138座，维修改造机埠11处，清淤衬砌渠道50千米。努力开展小农水项目，完成工程项目45处：山塘清淤、整修与加固23处；小型堰坝改造、整修及加固1处；小型排水泵站两处；小渠道清淤、整修19处共11.63千米。全面推进沟渠疏浚工程项目，全县范围内清淤整治农村渠道2849.5千米，清淤土方351万立方米，由于领导重视措施得力，该项工作在全市名列前茅，得到了市委市政府领导肯定。

【农村饮水安全推进工作】 水务局把解决农村饮水安全问题作为重要政治任务，举全局之力加快推进，建立分片包干和定期督导机制，督促各乡镇业主单位加快前期工作、计划下达、资金拨付和施工进度，总体进展顺利，推动较快。全年共实施3批计划，共解决不安全饮水人口22.59万人，其中2013年下达的计划，项目总投资2050.03万元，工程涉及8个乡镇40个村场10所学校，兴建供水工程7处，工程于11月底已基本完工；2014年下达的两批计划，第一批共实施16处工程项目，第二批计划为纯湖区人口项目，实施县二水厂管网续建、黄沙水厂、筻口水厂及杨林水厂共4处工程。2014年在实施饮水安全项目上，创造了项目开建以来工程量最大、完成单项工程最多的一年。

【全县沟渠疏浚工作】 为打通农田灌溉的“最后一千米”，县委政府在2014年、2015年县财政每年安排不少于1000万元沟渠疏浚专项工作经费，计划2014—2015年两年时间，清淤整治农村渠道5695千米，清淤土方702万立方米。力争通过两年努力将全县农田灌溉水有效利用系数提高到0.58以上，实现“旱能灌、涝能排”目标，彻底解决好岳阳县小型农田水利建设“最后一千米”的问题。岳阳县水务局作为主要责任部门迅速抽调10多名精干力量，组建了由局长亲自挂帅的工作班子，通过5加2，白加黑的连续奋战，全面完成了2014年度沟渠疏浚工作任务。全县范围内清淤整治农村渠道2849.5千米，清淤土方351万方。

【文明创建工作】 在文明创建中投入大手笔，投资百万元。对机关食堂进行了更新改造，成功创建“文明食堂”；结合省级园林单位创建对院内绿化重新规划，院内绿化率达到40%；新建了乒乓球室、完善了篮球场、羽毛球场地，购置了音响及各种球类、棋类等活动器材，干职的业余生活丰富；新建了图书室，陈列图书数千余册，为干部职工提供了一个良好的休闲阅读场所；兴建了水务局局域网站，水务工作成绩迅速推介。结合“我们的节日”主题活动，先后开展了系统拔河比赛、球类竞技等多项大型赛事活动；志愿者活动形成了长效机制，机关及局直单位干职百分百注册为志愿者，水务志愿服务队先后开展义务献血、防汛抗旱、文明劝导、环境卫生整治、关爱农民工、关爱残疾人等志愿活动二十余次；道德讲堂分别以“奉献”“诚信”“和睦”“友善”为主题开办了四期；“文明家庭”“文明职工”评选活动如火如荼，系统共评选29户“文明家庭”和31名“文明职工”，2014年被评为市级文明单位。

（袁　波　李凌志）

种植业

【概况】 县农业局是主管全县农业和农村经济发展的县人民政府组阁局，内设办公室、人事股（科技教育股）、计财股、政策法规股（行政审批办公室）、农产品质量安全监管股（绿色食品管理办公室）、粮油股、农业产业化与市场信息股等7个股室，下设经济作物站、蔬菜管理办公室、植保植检站、土壤肥料工作站、农业技术推广站、农产品质量安全检验检测站、种子管理站、农业行政执法大队、原种场、农业种子技术推广站、黄沙街茶叶示范场（未列编）等11个二级机构，共有干部职工258人，其中在职干部职工160人，退休干部职工98人。2014年，县农业局全面贯彻落实科学发展观，突出粮食生产，创新技术服务，加强农产品质量管理，狠抓农业招商引资，较好地完成了各项工作任务，有力地推进了全县农业又好又快发展。

2014年，岳阳县农业局以粮食生产为重点，突出农业品牌创建，强化技术服务，各项工作取得了可喜的成绩。

一、粮食生产被评为“全国粮食生产先进县”。全县完成粮食播种面积92246.67公顷，比去年增加5220公顷，总产59.14万吨，比去年增加4.37万吨，实现连续10年增产。在继2008年被评为“全省粮食生产先进县”，2009年被评为“全国粮食生产先进县”，2010年、2011年被评为“全省粮食生产标兵县”，2012年被评为“全国粮食生产先进县”，2013被评为“全省粮食生产标兵县”后，再次被评为“全国粮食生产先进县”，荣获7连冠。

二、特色产业不断壮大。一是品牌创建成效显著。黄沙街茶叶示范场生产的“洞庭春”名优茶已申报“中国驰名商标”。岳阳县邓谷红薯合作社成功注册“铁山源”商标，被评为市级示范性专业合作社。二是经作产业稳定发展。全县经作面积发展到17753.33公顷，总产值7.73亿元，其中新墙高档葡萄示范园面积发展到300公顷，2014年产葡萄7800吨，产值达6300万元。三是蔬菜生产蓬勃发展。全县完成蔬菜种植面积20333.33公顷，产值达5.2亿元。以岳阳县民通蔬菜生产基地为龙头，开展2014年蔬菜标准化创建项目活动，发展露地蔬菜74.67公顷，产值达1.5亿元。

三、农技服务有声有色。一是开展早稻集中育秧。完成早稻集中育秧秧田面积1294.4公顷，比去年增加513.33公顷，抛栽大田面积24949.27公顷，比去年增加8944.67公顷。二是开展农作物病虫害专业化统防统治。实施病虫害专业化统防统治面积16733.33公顷，其中联合田园牧歌服务公司，在筻口整村连片实施专业化统防统治和绿色防控6666.67公顷。三是推广测土配方施肥技术。完成测土配方施肥技术113333.33公顷，推广专用配方肥2.1万吨，平均每公顷节本增收450元以上。

四、农产品质量安全水平稳步提升。一是加强农业行政执法。在全县范围内开展种子、农药、肥料等专项执法检查活动，立案查处了5件案件，查获假冒伪劣等违法农资1100千克，有效地打击了不法经营分子，维护了农业生产安全。二是加强农产品质量安全例行监测。采取定点抽查和专项检查相结合的方式，共检测蔬菜、水果样品6500个，其中超标样品150个，超标率2.31%，远低于全省5%的目标控制线。三是开展农业标准化生产。全县无公害产品企业发展到6家，认证产品数27个；绿色食品企业发展到6家，认证产品数13个。同时，经中国绿色食品发展中心重新认定全国绿色食品原料(水稻)标准化基地8000公顷。

五、发展后劲明显增强。一是农业产业化进程不断加快。成功申报省级农业产业化龙头企业1家，成功申报市级农业产业化龙头企业6家，全县省级龙头企业达到6家，市级龙头企业发展到20家。二是项目建设卓有成效。2014年共争取国家投入项目4个，共争取国家投入3660万元，招商引进企业2家，到位资金1000万元，有效地拓展了岳阳县农业发展的后劲和空间。

【岳阳县被评为全国粮食生产先进县】 2014年，面临种粮比较效益低、弃耕务工人员多、“双改单”压力增大等负面因素，岳阳县委、县政府不畏艰难，直面压力，自加动力，激活行政、项目、科技等生产要素，以早稻集中育秧、高产示范创建、新型主体培育等为抓手，力推粮食生产再跃新台阶。全县粮食播种面积92533.33公顷，比上年增加400公顷；其中早稻面积3666.67公顷，晚稻面积41266.67公顷，中稻面积800公顷，优质旱粮13720公顷。其中春玉米4866.67公顷，比上年增加200公顷；被评为“全国粮食生产先进县”。

【种粮大户发展迅速】 2014年，全县种粮2公顷以上的大户有1756户，共流转耕地6726.67公顷，其中20公顷以下的大户1743户，占99.2%；培育粮食种植合作社30个。杨林乡张坪村种粮大户方幼雄2014年种粮246.67公顷，产粮3620吨，被评为全县种粮标兵。

【水稻高产创建成效显著】 2014年，岳阳县根据农业部和省农业委员会有关水稻高产创建的工作要求，在县域中部的长湖、杨林、新墙、筻口、柏祥、中洲、鹿角等7个乡镇，实施“整万千百”工程，构建了一个整体规模在1333.33公顷以上的高产创建示范大样板。通过测产验收，长湖乡整建制双季稻平均单产早稻7237.5千克、晚稻7837.5千克，分别比非示范区增产1222.5千克和450千克；杨林乡双季稻万亩示范片平均单产早稻7726.5千克、晚稻8122.5千克，分别比非示范区增产1704千克和735千克；筻口镇双季稻万亩示范片平均单产早稻7689千克、晚稻8160千克，分别比非示范区增产1623千克和780千克；新墙镇早稻万亩示范片平均单产为7249.5千克，比非示范区增产1131千克；柏祥镇晚稻示范片平均单产8292千克，比非示范区增产900千克。

【岳阳县玉米又获丰收】 2014年，继续在中洲乡开展万亩玉米高产创建示范，涉及农户2612户，示范面积684公顷，以临奥1号品种为主，采取玉米间套种、宽窄行、一穴单株、合理密植等技术措施，平均单产每公顷达7809千克，比大面单产高2050.5千克。通过示范带动，全县玉米种植面积发展到4933.33公顷，比去年增加333.33公顷，其中6公顷以上大户有16户，总产达5万吨。

【"洞庭春"茶获评中国驰名商标】 黄沙街茶叶示范场多年来一直致力于品牌创建工作，发展绿色食品、生态茶园，制定完善的质量保证体系，保障食品安全。2014年，该场总人口2400多人，其中：从业人员1000余人，专业技术人员80人（高级农艺师2名，初、中级职称60人），同时聘请了省内大专院校和科研单位高级专家为常年技术顾问，是一个从茶苗繁育、茶树栽培、产品加工，到成品销售的产、工、销一条龙的综合开发型企业，现有优质茶园面积333.33多公顷，拥有名优绿茶、黄茶、工夫红茶、黑毛茶等四条初精致加工生产线。主导产品"洞庭春"系列有：洞庭春银针、洞庭春茶王、洞庭春帝王、洞庭春黄金饼，洞庭春黄金砖、洞庭春红茶等。2014年，经国家商评委对"洞庭春"品牌的历史、现状、规模、行业排名、经济效益、产品质量、客户评价、广告力度及打假维权等诸方面综合评估，确认"洞庭春"为中国驰名商标。

【民心蔬菜合作社获评国家级示范社】 岳阳县民心蔬菜合作社采取"统一提供农资、统一生产标准、统一产品检测、统一品牌销售"的运行机制，设立农资供应、技术信息和销售服务点，免费提供技术资料，定期举办技术培训班，并组织社员到周边先进蔬菜生产基地考察学习；制定绿色蔬菜生产操作规程，开展蔬菜标准化生产，实现了与岳阳、长沙、武汉、海南、广东等地的"农超对接"。合作社社员有210户，蔬菜种植面积达566.67公顷，年产蔬菜3.2万多吨，销售额3000万元以上，2014年获评国家级示范合作社。

【农作物测土配方施肥达到80%】 2014年，县农业局继续深化测土配方施肥推广力度，利用墙体标语、宣传资料、测土配方信息上墙等形式开展技术宣传；采用技术培训、现场观摩和印发农作物科学施肥手册等方式进行技术指导；进行多作物肥料试验示范和土壤养分测试，全面建立县域主要农作物科学施肥体系和测土配方施肥服务平台；加大配方肥推广力度，逐步普及配方肥料。2014年，全县主要农作物应用测土配方施肥面积108000公顷、占总播种面积的80.6%，亩节肥1.08千克、亩增产27.5千克，总节肥1750吨、总增产44550吨。

【专业化统防统治与绿色防控融合推进项目顺利验收】 2014年，岳阳县依托项目支撑，大力发展农作物病虫害专业化统防统治服务组织，以宣传培训为基础，提高绿色防控和科学防控的认识，引导社会广泛参与；以责任落实为核心，强化行政推动，做到整村连片推进；以高产创建为平台，落实关键技术、强化技术服务，确保示范推广整体效果；以专业服务为抓手，强化机制创新，努力提升服务品质，保障农户收入持续稳定增长，稳定提高农户参与专业化统防统治和绿色防控的积极性，为专业化统防统治和绿色防控融合发展奠定了良好基础。全县实现水稻病虫害专业化统防统治近16800公顷，与田园牧歌联合成功实施了筻口镇3333.33公顷水稻病虫害专业化统防统治与绿色防控融合推进示范推广工作，按照设定的多项验收评比指标顺利通过省植保站验收和绩效评估，并根据淘汰机制再次确定为下一年度项目重点县。

【种植业农产品持续质量安全】 2014年，岳阳县农业局制定了《2014年农产品质量安全例行监测及监督抽查工作方案》，重点进行了蔬菜、水果农药残留的检验检测，在全县设有20多个农残速测室，各速测室将农残检测情况及时公开，并将农残超标的蔬菜、水果样品进行销毁。全年共抽检蔬菜、水果样品6460个，超标样品146个，超标率2.26%，低于全省农药残留目标控制线。

【提子葡萄产业园被授予湖南省现代农业特色产业园】 岳阳县新墙优质葡萄专业合作社。有成员248户，核心区面积373.33公顷，采取"六统一"（统一提供种苗，统一供应生产资料，统一技术标准，统一检验检测，统一品牌包装，统一组织销售）的运作模式。通过合作社的示范带动，提子葡萄产业发展迅速，2014年全县提子葡萄面积发展到733.33公顷，年产量有16500吨，年产值达1.65亿元，被授予湖南省现代农业特色示范园。

（李世和）

林 业

【概况】 2014年，县林业局按照生态文明建设的总要求，牢牢把握“健康森林、美丽湿地、绿色通道、秀美村庄”四大主题建设，贯彻落实群众路线活动精神，坚持深化改革，创新驱动，积极推进岳阳县林业发展。圆满完成了各项工作任务，全县森林覆盖率30.46%，楠竹总立竹株数3539.6万株，活立木总蓄积280.5406万立方米，比2013年度增加3.85%。2014年获得市林业局综合目标考核一等奖。其中，生态公益林为民办实事和中央财政森林抚育补贴项目被评为省级先进单位。

【生态建设】 2014年，全县造林3533.33公顷，圆满完成造林任务。其中项目造林1826.67公顷，争取中幼林抚育、森林抚育、血防项目、世行贷款项目，楠竹丰产项目等重大项目，共计争取国家投入4000万元。其中森林抚育项目被评为全省先进单位。扎实开展种苗生产，育苗示范基地，2014年产苗500万株，为全县造林提供了充足苗木，种苗生产被评为全市先进。“3·12”义务植树当日超过2万株，开展“绿色通道”和“秀美村庄”三年行动。完成了全县558个村庄和县级以上公路的摸底调查，在每个乡镇建立了至少一个示范建设村，其中，麻塘北湖村被评为秀美村庄市级示范村，绿色通道建设被市林业局评为先进单位。

【资源管护】 做好“四个认真”：一是认真落实公益林管护三个100%，即公益林面积到位100%，公益林资金到位100%，公益林队伍建设到位100%。二是认真开展森林病虫害防治和野生动植物保护，以科技推广为平台，开展松梢螟监测，防治和技术推广；开展2次野生动物市场清理整顿，收缴和销毁野生动物50余只，放生野生动物5只。三是认真开展森林防火工作。切实开展“三大一落实”活动，组建了50人的专业扑火队，更新了扑火器具，配备了运兵车，消防车，组织开展了“森林防火空地一体宣传活动”，森林防火督查常规化，通报经常化。四是认真开展林业专项执法行动。先后三次深入库区开展木材加工业漆清理和整治，开展对宝塔湖、平桥河乱采乱挖的专项整治，严格规范采脂，使一度疯狂的“采脂潮”得到遏制，林业行政执法获市级先进。

【林业产业】 随着林业的不断发展，2014年全县林业总产值达6.7亿元。较2013年增长0.7亿元，增幅11.6%。杨林、柏祥、相思等以森林资源为依托，大力发展林下经济，打造了一批附加值较高，品牌较响的林下产品，杨林已成为省市林下经济示范基地。随着社会发展从城市转向农村，社会投入由企业转向农村，林权交易、林地流转、林业信贷、森林保险均创历史新高。龙头企业数量突破。2014年，通过县林业局积极申报，岳阳县盛源林业合作社成功晋级湖南省林业产业化龙头企业行列。打破了岳阳县林业企业省级龙头企业唯有芭蕉扇业一家的尴尬局面。县林业局依托项目，将张谷英镇零散楠竹基地统一起来，建立10666.67公顷楠竹生产基地，规划53.33公顷楠竹生产示范基地，转粗放型管理为精细化管理，2014年岳阳县成功晋升为省级楠竹大县。森林休闲迅速崛起，随着人们生活的富裕，人们对休闲的质量要求更高，大云山、相思等依托天然的环境，大力开发生态旅游，观光休闲，一批以森林休闲为主的农闲山庄在全县各地迅速崛起。

【湿地发展】 一是湿地项目硕果累累。宝塔湖湿地恢复和保护项目已经全面开展，新墙河国家级湿地公园规划已经出台，前期工作已经就绪；东洞庭湖湿地生态补偿已经破冰，三个项目投入1500多万元，为全省唯一一县。二是湿地机构逐步完善，针对新墙河国家级湿地公园项目任务重，时间长，建立了专门的管理机构，设立了湿地宣教中心和监测中心。三是湿地管理逐步规范。湿地宣传、湿地监测、湿地保护等已经列入湿地的常规工作。

【基础建设】 县林业局把基础建设作为“惠民生、促发展”的一项重要工作来抓,2014 年局机关和基层面貌焕然一新。主要表现在三个方面:一是基层站所条件大为改善,中洲、云山林业站改建、城关林业站获得新建站的国家补贴,饶村林业站进行搬迁改良。基层电脑覆盖率 100%,内外网全部畅通,基层网络全部实现光纤改造。二是机关业务大楼投入使用。县林业局积极争取森林防火项目、湿地项目,新建业务用房,现已经投入使用,配套设施也在不断完善。三是林业硬件设施全面优化。配备了森林防火运兵车和运水车,每个乡镇配备了高压泵,引进两台太阳能虫情测报灯,设立两个火灾监测仪,林业网与政府网实现对接,无纸化办公进一步落实,信息平台和数据平台进一步优化,工作效率和服务水平进一步提升。

（杨超志）

畜牧水产业

【概况】 岳阳县畜牧水产局是县人民政府主管畜牧业、水产业的职能部门。负责全县养殖业生产规划、计划制定,争取、落实好养殖政策、项目和资金,积极推动畜牧水产生产发展和现代化进程,大力推广新技术、新品种;依法履行相关法律法规规定的义务,加强行业管理和执法监督,实行强制免疫和检疫,确保畜禽水产品质量安全和养殖业生产健康发展。

畜牧水产局下设办公室、监察室、财计股、人事股、畜牧股、水产股、兽医药政股、饲料办等 8 个内设机构和县动物卫生监督所、县动物疫病预防控制中心、县渔政监督管理站、县养殖技术推广站、县畜禽水产品质量安全检验检测中心、县畜禽良种繁殖场等 6 个二级机构及归口管理单位——国营中洲渔场。共有干部职工 143 人,其中干部 64 人,职工 79 人;有专业技术人员 46 人。畜牧水产局近几年来分别荣获全省“畜牧生产先进县”“生猪品改先进县”“项目管理先进县”“渔业工作先进县”“水域滩涂信息采集先进县”“动物防疫工作先进县”“畜禽水产品质量安全监管示范县”等,2013 年、2014 年连续两年被市畜牧水产局评为养殖业目标管理考核红旗单位。

【养殖生产】 2014 年,全县生猪出栏 156 万头,出栏牛 3.2 万头,出栏羊 7.1 万头,家禽出笼 541.5 万羽,畜牧业产值达 16 亿元。年底生猪存栏 82.1 万头,其中能繁母猪 7.95 万头,牛存栏 8.01 万头,羊 6.41 万只,家禽存笼 474.2 万羽。全县利用养殖水面 12066.67 公顷,名特优水产品专养和套养面积 7000 公顷,投放各类苗种 7200 万尾,其中名特优新 4200 万尾,完成水产品总产量 49594 吨。

【转型升级工作】 县畜牧水产局发布《岳阳县畜禽养殖业发展规划(2015—2020)》和《岳阳县规模养殖场暂行管理办法》,确定了畜禽养殖业“总量控制、资源节约、安全可靠、生态友好”的发展原则和发展方向,规划了畜禽养殖业标准化养殖体系、疫病防控体系、产品质量安全保障体系、养殖污染防治体系及养殖技术推广服务体系的建设完善任务,明确了岳阳县养殖生产区域布局及“禁养区、限养区、适养区”三区的区域划分,规范了规模养殖场的建设和生产管理要求,以进一步推动岳阳县畜禽养殖业转型升级,提高动物疫病防控水平,保障畜禽产品质量安全,有效地防治畜禽规模养殖污染,促进岳阳县畜禽养殖业健康可持续发展。

【标准化养殖】 2014 年,县畜牧水产局对 12 家生猪标准化规模养殖场(小区)建设项目按照畜禽良种化、养殖设施化、生产规范化、粪污无害化的“五化”标准进行标准化,为岳阳县生猪标准化生产树立了样板。申报的湘佳农牧常山养鸡场创建省级养殖示范场通过了省、市专家验收,将为岳阳县家禽标准化养殖起到良好的示范引导作用。同时,做好养殖服务工作。上门指导养殖场搞好养殖用地的规划和设计、栏舍的布局、品种引进等技术 30 多次,解答养殖技术问题 100 多人次。举办生猪人工授精技术、草食动物养殖、生猪规模养殖、养鸽技术等各类培训班,培训人员 600 多人次。

【良种繁育】 全面开展生猪人工授精和肉牛冷配。改良品种，实现畜禽良种化，提高养殖效益。2014年，全县确定5个省级标准的种公猪站，精液配送服务网点实现全覆盖，有效地保障了全县母猪饲养户就近购买优质、优价的种猪精液共计18万瓶；肉牛冷配由县品改站统一购进冻精，在全县设立21个乡（镇）级品改点，形成了以县品改总站为中心，覆盖全县20个乡镇的品改网络。通过杂交改良，初生牛犊平均重达到了20多斤，生长速度与本地牛相比，日增重提高30%。

【惠农政策管理】 养殖项目和惠农政策，按照项目管理要求和岳阳县的项目资金管理办法规范运转，做到公平、公正、公开，建立惠农资金转账和项目专账，由财政部门和银信部门通过惠农一卡通直接打卡到户，同时邀请监察、财政、发改等职能部门进行全程监督。

【养殖污染防治】 坚持走可持续发展之路大力推进养殖业生态养殖是发展养殖业工作的重中之重。一是大力宣传法律法规和先进生态养殖模式，积极地协助环保部门制定养殖业污染防治规划。二是发挥惠农政策的引导，开展养殖污染治理示范，全面完成全县10家规模猪场的粪污专项治理，重点实行干清粪，雨污分流，沼气处理系统建设，实现循环综合生态养殖。

【养殖业保险】 积极推进养殖业保险工作，2014年，全县共计投保能繁母猪34254头，育肥猪282984头，肉鸡1587533羽，肉鸭31680羽，肉鹅4120羽，甲鱼17.26公顷，降低了养殖户的养殖风险，提高了养殖户的生产积极性，确保了政府的惠农政策落到实处。

【品牌创建】 推动鸽业品牌创建，一是在禽流感等大环境压力之下，大力稳定养殖户思想，确保养殖基数稳定；二是扶持龙头企业，争取项目扶持资金鼓励湖南全民鸽业、柏祥思源鸽业合作社发展，鼓励开展标准化养殖，开展农产品加工，形成品牌效应，湖南全民鸽业被省农业产业化办公室认定为“农业产业化省级龙头企业”“颐神源”鸽蛋商标升级为湖南省著名商标，并荣获2014中国中部[湖南]国际农博会金奖荣誉证书，11月底CCTV—7“农业科技苑”栏目组现场录制了以湖南全民鸽业为主要内容的专题片；三是提升鸽业养殖科技水平，促成鸽业养殖龙头企业与湖南农大等院校科研机构合作开展肉鸽品系改良、雌雄识别、标准化养殖、双母配对、富硒鸽蛋鸽肉等技术研究。加快黄颡鱼品牌创建，2014年县政府将黄颡鱼纳入全县农业品牌创建。岳阳县在国营中洲渔场实施黄颡鱼原种场建设项目，该项目建成后黄颡鱼苗年繁殖能力达到1.5亿尾，培育黄颡鱼种苗1000万尾，可解决岳阳县及周边区域黄颡鱼养殖种苗供应问题。全县以湖南清渠农业发展有限公司和岳阳县绿源渔业公司为龙头企业，发展黄颡鱼专养面积100公顷，养殖黄颡鱼产量达1800吨。湖南清渠农业发展有限公司在麻塘北湖生产基地养殖新品种“黄颡鱼全雄1号”25.333公顷，养殖产量达400吨，申报了“锦鳞”牌商标，在岳阳、长沙设立直销点，将黄颡鱼出口到韩国。县绿源渔业公司采取公司+农户的合作方式，发展黄颡鱼专养60公顷，重点为养殖户提供黄颡鱼种苗供应、饲料供应、技术服务、市场信息、产品销售等服务，并申请注册“律源”商标，2014年繁殖黄颡鱼鱼苗1.5亿尾。

【兽药、饲料监管】 一是加大宣传力度，举办畜禽水产品质量安全知识专题宣传活动，发放宣传手册、资料1000多份；二是加大培训力度，2014年举办畜禽水产品质量安全培训班、动物防疫执法培训班、兽药从业人员及执业兽医（助理兽医师）培训班3次，共计培训人员250余人。三是开展专项整治行动，开展兽药及兽药残留专项整治，对全县43家兽药经营企业进行了全面清查，将问题兽药全部清缴；开展饲料专项整治，对6家饲料生产企业进行年审备案，并重新换发了生产许可证。四是开展质量安全监管抽样检查，主要检测药物残留，检测结果无异常。

（吴　翔）

农业机械化

【概况】 县农业机械管理局负责主管全县农机化工作,2014年有在职干部职工75人,退休干部职工50人。内设办公室、财计股、人事股、监管股、科教股、纪检监察室、工会等7个股室。下设农机安全监理所、农机技术推广站、农业机械化学校、农机公司、农机综合服务中心等5个二级机构。2014年,全机农机总动力达到75万千瓦,农业机械原值达到4.5亿元,全县水稻机械化收割面积63200公顷,机收率达到80%,机耕面积74666.67公顷,机耕率达到94%。

【农机购置补贴工作】 2014年,为执行好农机购置补贴工作,县农机局组织乡镇农机购置补贴系统操作员和经销商开展了专题培训;将补贴人员名单及所购机型、补贴金额等购机情况详细公示到村;接受群众的监督;各乡镇建立农机补贴规范化档案,做到有据可查;要求各经销一律亮证经营,公开价格承诺和质量保证;为申请补贴的农户开展补贴一站式服务。共实施补贴资金1500万元,补贴各类农机具4047万台,受益农户2490万家,拉动农民购机投资3000多万元。

【水稻育插秧机械化工作】 一是示范引领,为大力推广水稻育插秧机械化技术,县农机局采取一系列措施完成省下达的任务。在杨林、长湖等6个乡镇建立水稻育插秧机械化示范区,辐射周边,带动全县。二是政策扶持,对农民购买插秧机除优先保障购置插秧机享受补贴政策;对农民新购置插秧机,免费赠送机插育秧软盘。三是形成合力。组织农机、农艺专家和技术人员共同开展以水稻机械化育插秧技术、插秧机操作维护技术为重要内容的技术和技能培训,农业部门在品种选择、育秧技术和大田培管等方面加强技术指导,农机部门开展育插秧机械的选型推荐、质量监督、技术推广、人员培训和维修工作,做到了农业、农机部门充分发挥各自技术优势,协同推进。四是技术指导。聘请技术专家和技术指导员26名,充分发挥他们技术指导和宣传的作用,辅导农民和机手应用育插秧机械化技术,提高技术指导的针对性、覆盖面,调查掌握工作进展情况,及时帮助解决工作中的困难、问题。全年共推广插秧机92台,机插面积13333.33公顷。

【发展现代农机合作组织工作】 将发展农机专业合作社摆在农机化工作的突出位置,思想上高度重视,工作上重点倾斜,资金上专项安排,2014年新发展农机专业合作社6个。红春、毅丰、长安3家农机专业合作社被评为省级现代农机专业合作社,享受政策优惠。全县入社社员户数118户,土地流转面积达638公顷、作业服务面积达9333.33公顷,年经营总收入1100多万元。农机合作社已逐步成为县域农机化跨越发展的主角、服务经营的主体、新农村建设的主力,一批有技术、懂经营、会管理的新型农民成为致富创业和新农村建设的带头人。

【农机安全生产工作】 监管体系不断健全,农机安全生产工作列入全县安全生产目标管理考核体系,乡镇对农机安全生产的监管责任进一步强化,形成"政府负责,农机主抓,部门协作,社会参与"的农机安全生产管理格局;监理程序不断规范,严把上户关、检验关、驾驶员考试关,实行异地交叉监考,驾驶员的安全意识和安全技能明显改善;开展外挂车辆和超标准上户拖拉机专项清理,农机安全隐患得到有效遏制。示范创建不断深入,成功创建柏祥镇1个省级平安农机示范乡镇,桂林、明淑、蒋渭、付义、俄咀等5个市级平安农机示范村。安全保障不断夯实,努力扩大农机互助保险覆盖面和参保率,全年投保车辆608台,参保金额达8万多元,理赔农民保险金约5万元,减少了农民损失,深受农机户的欢迎。全县新注册拖拉机2540台、收割机919台;办理各类农机驾驶证262个,拖拉机检验1120台,实现了农机安全生产死亡零事故的目标。

【农机普查试点工作】 2014年岳阳县是全省农机普查试点县。承担农机普查工作任务的鹿角、公田、长湖三个乡镇的农机普查工作人员克服时间紧,任务重、气温高等困难,深入到村、到户做好普查登记,数据采集汇总工作。八月底如期如质完成了普查工作任务,整个普查工作做到了“镇不漏村、村不漏户、户不漏机、机不漏项”。全面查清了在册各类农机具使用现状、存量及分布情况、农机驾驶人员从事农机生产情况,农机维修服务情况、机耕道建设情况等。

【农机队伍建设】 2014年,县农机局结合党的群众路线教育实践活动,不断加强干部队伍的作风建设,服务水平显著提高。一是农机供应常态化,主动协调各农机经销商提前备足先进适用的农机具,满足农民农业生产需求,做到随用即有,送货上门,全年共引进新机具4000余台。二是农机培训技能化,采取集中授课、印发资料、送教上门、以会代训、现场传授等方式,扎实开展不同季节、不同需求、不同层次的专业培训,提高规范驾驶水平与操作技能。特别对水稻收获、育插秧等新技术新机具实行专题培训,有效地提升服务水平。三是农机维修专业化,关键农时开通24小时热线电话,联合各农机生产和经销企业组建流动服务队,专车专人,随叫随到,落实售后“三包”承诺,做到用前有培训有检修、用中有指导有抢修、用后有保养有回访,确保农机具高性能运作、高效率作业。实现人停机不停,连续作业有保证,全年共维修各类农业机械1000多台。

（张细军）

农村经营管理

【概况】 岳阳县农村经营管理局系承担行政职能的正科级事业单位,主要承担农经“三大管理、三项指导”职能,即农村土地承包、农民负担监督和农村集体“三资”管理;农业产业化经营、农民专业合作社建设、农业社会化服务体系建设指导和农村集体经济审计、农村经济统计等工作。内设股室5个,分别为办公室、农村财务管理股、农村集体经济审计股、农村土地承包管理股、农民专业合作组织指导股;加挂县农民权益维护和农民负担监督管理领导小组办公室牌子;设正股级二级机构1个,即岳阳县农村土地承包经营权流转服务中心。2014年,全县农村土地承包经营权确权颁证“整乡推进”试点经验在全省推介;率先在全省开展了农村土地承包经营权抵押贷款试点,争取农贷资金2483万元;农民专业合作社强势发展,新墙葡萄等4家合作社获得了农业部等九部委颁发的“国家农民合作社示范社”荣誉称号;全县村集体经济组织发展规划全面完成。惠农减负和农村经营管理工作被评为省、市先进单位。

（周六一）

【开展农村土地承包经营权抵押贷款试点】 2014年,岳阳县被人民银行长沙中心支行、省农办确定为全省农村土地承包经营权抵押贷款试点10个县之一,为确保此项工作有序开展,先后制定了《岳阳县农村土地承包经营权抵押贷款试点工作实施方案》《岳阳县农村土地承包经营权抵押贷款办法(试行)》以及《岳阳县农村耕地承包承包营权流转管理办法》等文件,并率全省之先成立了岳阳县农村土地承包经营权流转服务中心,构筑了县、乡、村“三位一体”的农村土地流转服务体系,为开展好全县农村土地承包经营权抵押贷款试点、土地流转法律政策咨询、流转信息发布、流转价格评估、合同签订指导、矛盾纠纷协调等服务打下了坚实基础。6月27日,岳阳县农村土地承包经营权抵押贷款试点正式启动,10月21日,岳阳市农村土地承包经营权抵押贷款在岳阳县首发。何科义等22名融资需求户通过土地承包经营权作抵押,共获得2460万元的信贷支持,成为全市创新开展农村土地承包经营权抵押贷款试点工作的第一批受益者,湖南卫视等多家新闻媒体进行了详细报道。

（杨勇平）

【开展农村土地承包经营权确权登记试点】 岳阳县自2013年被确定为农村土地承包经营权确权登记试点县以来,结合本县实际出台了《岳阳县农村土地承包经营权登记试点工作实施方案》,依法依规,积极探索,确保了试点工作任务的圆满完成,至2014年12

月已完成了柏墙镇6个村农户土地调查摸底和清查核实工作，妥善解决了承包地块面积不准、四至不清、空间位置不明、登记簿不健全等问题，实现承包地块、面积、合同、证书四到户，完成农户土地承包经营权变更和注销登记。

（胡　林）

【农民专业合作社示范社创建】 2014年，为促进全县农民合作社持续健康发展，县农村经营管理局按照“加快培育一批、着力规范一批、努力提升一批”的思路，以“农民合作社规范建设年”“农业品牌创建”“建设国家、省、市示范合作社”等活动为契机，加强指导服务，引导规范发展，创建了一大批国家、省、市农民专业合作社示范社。新墙葡萄、全民家禽、民心蔬菜、芭蕉扇业等4家合作社被评为“国家农民专业合作社示范社”，好运来生态养鸡合作社被评为省委省政府为民办实事农民专业合作社省级示范社，邓谷红薯、大成土鸡等两家合作社被评为市级示范社。通过各级合作社示范创建，全县农民专业合作社发展迅速，截至2014年12月底，全县累计发展农民专业合作社240家。合作社注册资金达2.37亿元，入社农户2.6万户，辐射带动农户2.8万户。运行质量明显提升，全县农民专业合作社先后注册农产品商标23个、取得无公害农产品认证18个、绿色食品认证15个、湖南省著名商标3个。民心蔬菜、盛源林业、全民家禽、新墙葡萄、洞庭春茶叶等5家合作社成了“湖南省农业标准示范区”。一佳土猪、腾飞生猪等17家合作社相继在市、县闹市区开设了“合作社农产品直销店”，有8个农民专业合作社开辟自己的销售网站，有效地推动了全县农业转型升级，促进了农民增产增收。（孙朝阳）

【推进“新墙葡萄”农业品牌创建】 按照县政府安排，岳阳县农村经营管理局连续两年联系新墙葡萄合作社农业品牌创建工作，为此，县经管局成立了专门班子，全力支持，真心帮扶，取得了较好成效。新墙葡萄合作社真正成了“民办、民管、民受益”的规范合作社，2014年，该合作社有成员248户，初步形成了“统一管理、统一技术、统一农资、统一品牌、统一包装”的工作模式。新墙葡萄合作社先后申报成了“国家农民合作社示范社”“湖南省农业标准化示范区”“湖南省现代农业特色产业园省级示范园”。商标被评为“湖南省著名商标”。2014年，新墙葡萄合作社开展了“休闲旅游”采摘节活动，为当地农户带来了可观的经济效益。（孙朝阳）

【开展纠正损害涉农利益行为专项整治工作】 2014年，岳阳县农民权益维护和农民负担监督管理领导小组办公室先后制定了《岳阳县关于开展坚决纠正损害涉农利益行为专项整治工作实施方案》《专项整治工作计划》《岳阳县进一步规范涉农收费行为专项整治工作方案》等多个专项整治文件。7月10日至9月25日，抽调干部组成8个督查组对全县各乡镇、村、县直部门进行了两次专项督查，全县自查督查面达到100%。整个活动中，县人民政府共下发督办令40份，县群众路线教育实践活动领导小组下发督办函20份，县农民维权监管办下发整改通知书69份；清退违规收费314万元，追缴违纪资金120万元，整改惠农项目专款未专用资金54万元。（吴永红）

【开展清理整顿村级财务和“三资”问题专项整治行动】 2014年，结合全县第九届村委会换届选举，制定下发了《岳阳县村级财务清查和村级组织成员任期经济责任审计工作方案》《岳阳县村（居）级财务专项整治行动方案》和《村（居）集体经济组织资金资产资源管理专项整治实施方案》。继续开展五年轮审调账审计，开展专项审计督查指导3次，召开专题清查审计汇报工作会4次，全面审计了40个重点村，并督促全县所有村全部进行了财务清理，指导20个乡镇在各自辖区内重点清查了两个村；重点审计了中洲乡仁义村、黄沙街镇群乐村、公田镇马元村等重点村、信访村的财务问题，解决了矛盾纠纷。在整个村级财务专项整治行动中，共清理整顿565个村，查处案件8起，查处违法违纪村干部10人，涉案金额165万元，确保了第八届村支两委换届选举工作顺利进行，确保农村社会的稳定。

（刘志红）

【制定村级集体经济发展规划】 按照省委、省政府湘发〔2014〕6号文件《关于加快发展村级集体经济的意见》“深化改革、创新机制、拓宽路子、规范管理、因村制宜、分类指导”的要求，岳阳县农村经营管理局进一步解放思想，创新思路，以扶持村级集体物业经济项目为重点，适当兼顾其他发展项目，探索村级集体经济发展新路子、管理新机制，9月23日，县经管局联合县农办召开了全县村级集体经济发展工作布置会，对《意见》进行了宣传贯彻，对具体业务进行了培训学习，对制定发展规划提出了具体要求。10月份，县经管局对全县村集体经济基本情况、经营性收入来源及数量开展了一次调查摸底，两次工作督查，截至2014年年底，全县20个乡镇均详细制定了各村的经济发展规划，共601份。制定了岳阳县村级集体经济5年发展规划书（2015—2020年）。

（蒋 霞）

东洞庭湖管理

总 类

【概况】 2000年5月，岳阳市人民政府本着“尊重历史，面对现实，有利发展，有利稳定，权属与管理相结合”的原则，以〔2000〕16号文件市长办公会议纪要形式进一步明确岳阳县对东洞庭湖实施有效管理。同年8月，岳阳县东管局正式成立，负责监督协调渔政局、苇业公司两个正科级事业单位和水警大队等9个部门。机关内设办公室、政工人事股、执法监督室、产业发展办、纪检监察室等5个股室和计生站等二级机构，局机关现有工作人员52人，退休人员7人。系统共有干部职工2590人，在岗人员289人，有来自9省56县渔民4223人，湖上常居人口3万人，年过境人口达10万余人次。

东管局作为市政府授权岳阳县对东洞庭湖实施统一管理的综合性管理机构，2014年，在县委政府的坚强领导下，把推进“生态、美丽、幸福”东洞庭湖建设作为保护和发展东洞庭湖的战略目标，全局上下干部职工紧紧围绕“保护生态环境，建设经济强局”这一指导思想，不断创新工作思路，千方百计做好“和、保、钱、媒、廉”五字文章，努力开创了东洞庭湖区域新的好局面。

【强化春季禁渔管理】 2014年3月9日，县东管局召开了春季禁渔工作部署会，明确3月10日至6月30日为东洞庭湖春季禁渔期，按照“船进港，网入库、人上岸、市场无湖鱼”的工作目标，积极协调涉湖乡镇、县直职能部门，实行整体联动，落实各项措施抓春禁，先后出动宣传车（船）16台（艘）次，印发张贴政府通告1500份，赠送保护江豚画册2000份，开通官方微博，发送渔民手机报信息1.8万条。全年共开展专项行动16次，出动执法人员1180人次，投入专项整治资金138万元，并落实无缝隙全天候巡湖巡查制度，实现了巡查人员、巡查水域、巡查线路、巡查时间、巡查情况、巡查日志“六到位”，建立了横向到边，纵向到底的巡查网格。2014年东洞庭湖禁渔效果是历年来最好的一年，鱼类资源种类、数量、个体大小，都大幅增加，得到了市、县党委政府和有关部门的高度肯定。

【严厉打击非法捕捞】 2014年5月，县东管局组织力量拆除华容注滋河口加固矮围4处6500米，11月又对麻塘外湖3处矮围依法予以强制拆除，落实了对已拆矮围常态化监管，目前矮围没有新增1处。开展常态化清剿“迷魂阵”行动，共拔（砍）竹篙8700根，毁残留网围1.2万米，清除残留“迷魂阵”186杠1.5万米，办理电捕鱼刑事（治安）拘留案件46起，没收电捕设备49台（套），没收电捕鱼船11条；办理渔业案件126起，其中刑事拘留24起，治安拘留32起。目前，螺蛳捕捞已杜绝，滚钩、拦河缯、网围捕捞已全面取缔，底拖网正全力整治。到目前为止共开展专项行动16次，出动执法人员1180人次，投入专项整治资金138万元，捕捞秩序得到了根本性好转。

【加强湖区生物资源保护】 2014年，县东管局共投放“四大家鱼”春片、夏花1000万尾，共计60余万元，举办了水生生物人工增殖放流，有效地增殖了洞庭湖的渔业资源。在江豚核心区和缓冲区，落实了江豚保护巡查“五到位”，确保了每天两次巡航巡查到位，建立了江豚救护有奖举报制。

2014年1月和7月成功救护了搁浅江豚1头、中华鲟2头,《中国渔业报》《湖南日报》等媒体对此分别进行了报道。目前江豚数量在逐步回升。广泛组织开展“关爱自然,保护湿地”行动,同时把“关爱自然,保护湿地行动”和“爱鸟周”活动紧紧结合起来,把宣传爱鸟、护鸟工作开展到社会、村组、学校、餐馆、家庭。县东管局还与苇业公司一同致力于保护湿地候鸟。在北洲、飘尾的东洞庭湖湿地核心保护区域,通过大量宣教工作的开展,东洞庭湖的保护湿地候鸟方面工作成效较为显著,2014年3月,县东管局牵头组织涉湖各单位,组成藜蒿采摘期安全生产领导小组,实行24小时值班制,完善值班日志、值班巡逻,确保了洲滩生态资源安全,确保无一起安全事故。2014年,湿地保护部门顺利实施了宝塔湖湿地保护项目建设,积极申报了新墙河国家湿地公园湿地保护恢复项目和国家湿地保护奖励试点项目。4月,中央财政把东洞庭湖自然保护区纳入2014年湿地生态补偿试点范围,为确保岳阳县成为主要项目县,县东管局开展了一系列有效工作:一是开展了项目申报的方案编制工作。根据财政部和国家林业局开展湿地生态补偿试点的有关文件精神,结合县域实际情况,编制了《岳阳县湿地生态补偿试点方案》,为项目前期申报提供了可靠依据。二是积极与省、市林业部门对接汇报,争取把岳阳县纳入项目试点重点县,争取试点资金最大额度。

【处置涉砂矛盾纠纷】 县东管局积极协调配合砂管局履行好职能,派出两名工作人员长驻涉砂机构参与管理工作。召开化解涉砂矛盾协调会2次,极力为企业营造良好的发展环境。组织人员协调蒙华铁路、岳杭高速水体施工工程,争取渔业生态修复补偿资金。并先后调处鹿角等捕捞场所各类渔砂矛盾48余起,维护渔民的生产生活秩序和砂石公司的正常生产。依法严厉打击三角线水域非法承包,君山壕坝拦网捕鱼,督促取消非法承包,有效地维护了岳阳县的合法权益和湖区的公平正义。采砂船只在采砂作业过程中,有时会出现越界开采,对芦苇基地造成了不同程度的损伤,县东管局积极协调芦苇生产方和砂石公司的矛盾,确保了芦苇安全生产和采砂秩序的稳定。

【湖区秩序维护】 2014年成功调解包括上访户黎双保房屋前山体滑坡、刘其钢因工死亡事件,新洲自力垸土地承包上收,老港场熊文联因车祸致残要求赔偿等在内的纠纷10多件,成功率达到100%。2014年9月,县东管局成功安抚和平息市二中学生罗某某不幸溺水身亡事件,得到了市、县两级政府的一致肯定。2014年,县东管局对辖区内重点信访、重点人员,严加关注,经常摸排,准确掌握情况,对重点对象实行有效措施,实现了“零上访”的工作目标;重点整治无证无照的水上挖沙船、加油船、打捞船、修配船、运输船,排除了重大安全隐患4处。

【民生服务工作】 全面落实惠渔政策。2014年,做好了674户2403人专业捕捞渔民“三证合一”换发证工作。全程引导渔民转产转业,通过职业培训、就业推介,企业现场招聘,已落实34名渔民成功实现转产转业。积极开展“党员进社区,竞赛当‘五员’”活动,深入基层开展社救优抚、救灾救助和送温暖活动,走访慰问残疾人困难户、困难党员、低保户30多户。同时,积极为职工的就业牵线搭桥,2014年9月组织有就业意向的社区居民参加招聘会。城镇新增就业385人,下岗失业人员再就业270人,新增农村劳动力转移就业26人。切实加强东洞庭湖水上渔船民血防工作,发放宣传资料14000份,防护药膏3400份。在控急期间,以手机短信形式发送血防知识,查病14373人次,化疗28015人次,确保全年无一例急性血吸虫病病例。加快对月山、老港的危旧房改造,通过自筹、公司投入、上级项目资金三结合方式对危旧房进行加固维修,切实解决好月山居民安居乐业问题。县东管局规划了月山城郊公园建设,公园建成既可提升月山社区的品位,又可为月山区域的市民提供休闲好去处。

（彭　芳）

芦苇生产经营管理

【概况】 湖南洞庭苇业有限责任

公司，公司注册资金6800万元，现有干部职工2237人。公司内设办公室、财务科、业务科、政工科、计生办五个科室，下辖老港、飘尾、北洲、新洲、南洲5个分公司以及月山管理区、芦科所、北洲基地办共8个单位。苇业公司党委下辖1个总支6个支部。苇业公司管理湖洲面积为80000公顷，其中有芦面积14666.67公顷，湖洲洲滩面积35133.33公顷，芦苇年产量达10万吨。

2014年，苇业公司紧紧围绕县委、县政府的中心工作明确了工作目标：抓住创收节支；突出安全、稳定两个重点；围绕社区和谐查改各类矛盾、围绕湿地保护争取上级重视、围绕苇业发展守住湖区基地。并具体落实健全工作制度、强化队伍建设、改进工作作风、硬化奖惩措施等工作措施。积极开展党的群众路线教育实践活动，进一步解放思想，凝聚力量，攻坚克难，自始至终坚决维护县域经济的发展大局，顶着巨大的工作压力，以牺牲公司的局部利益，为洞庭湖湿地保护、砂石资源顺利开采，做了大量的工作，为县域经济发展与社会稳定做出了重大贡献。

【护青保苗工作】 洞庭湖湖区芦笋的生长期在2月至4月上旬。在此期间，巨大的经济利润驱使上千人涌入柴山，肆意扳苇笋、采藜蒿、扯芹菜、挖鳝鱼，严重破坏了芦苇的生长环境，造成了大面积减产。为了保护湖洲资源，保护湖区生态，切实抓好春季芦笋、藜蒿采摘期间的安全生产管理，确保2014年芦苇增产增收，东洞庭湖管委会、苇业公司、水上派出所等部门执法人员采取值班巡查、定点蹲守等方法，加大重点区域巡查力度，严厉查处乱扳芦笋、乱采藜蒿违禁行为。开展了为期15天的春季护青保苗专项整治行动。在新洲场六五站苇区，执法人员当场抓获扳芦笋打藜蒿26人，查获采摘不久的新鲜芦笋近700千克。根据《岳阳县人民政府关于切实保护东洞庭湖资源的通告》相关规定，对违禁采摘人员予以劝阻，并当面进行了批评教育。

【保护湿地候鸟工作】 3月初，由于降水充沛，洞庭湖水位上涨，淹没了大雁的栖息地，导致333.33公顷芦苇苗遭大雁啃食。给各芦苇承包单位带来了一定的经济损失。公司一方面积极向上级湿地部门汇报工作，争取生态补偿资金；另一方面反复做芦苇承包单位的思想工作。苇农与承包商表示不会采取过激行动伤害大雁。2014年3月22日，红网岳阳站报道了《东洞庭湖5000亩芦苇春苗遭大雁疯狂啄食》的新闻。湖南卫视、中央新闻频道作了《大面积芦苇春苗大雁光顾损失大，苇农克制不伤雁》的专题报道。苇业公司通过广泛开展宣教，在保护湿地候鸟方面得到相关管理部门的一致好评。

【湖洲基础设施改造升级工程】 近年来，由于自然灾害、芦苇市场低迷、苇田排水沟渠淤塞、地下水位升高和承包老板对芦苇生产投入减少等诸多因素，导致芦苇产量减少，芦苇质量下滑。为了从根本上解决这个问题，苇业公司计划三年投入建设资金500万元，采取以奖代投方式，苇业公司与承包老板共同出力，加大湖洲基础设施建设，促进芦苇稳产高产，改善芦苇品质。2014年年底，动用机械10余部，开挖纵横沟渠179条，累计开沟长达100多千米，挖掘土方20多万立方米，铺设涵管436个。

【依法依规处理苇砂矛盾】 2014年4月初，大部分砂石开采作业船舶离开砂石开采区，在老港芦苇下游片区越界进行砂石开采，至11月底，共计越界开采面积约266.67公顷，每年直接损失230万元，各种矛盾不断凸显。一方面，苇业公司干部职工认为无休止的毁损芦苇基地，极大损害到苇民利益，干部职工生存毫无保障。另一方面，因砂石开采，大面积芦苇基地毁损，所造成的芦砂矛盾给芦苇承包户带来生产及管理上的诸多不利因素，有的芦苇承包老板提出要求终止承包合同。苇业公司党委一班人以县域经济发展大局为重，以牺牲公司的局部利益，针对不同的群体和对象，动之以情，晓之以理，增强全体干部职工对政府及公司依法依规处理苇砂矛盾的信心，确保无越级上访等严重影响社会稳定的事件发生。

【强制拆除违法建筑】 为严厉打击全县规划区域内违法抢建、乱建房屋的行为，根据县委、县政府《关于进一步加强禁违拆违治违工作的意见》文件精神，10月15日，县东管局牵头组织县规划、国土、城管、公安等部门执法人员和东管局、苇业公司工作人员近200人，强制拆除苇业公司所辖月山社区内的违法建筑，严厉打击私搭乱建行为。共拆除位于辖区东洲、北洲、南洲三个居民区内的5处违法建筑共130多平方米，群众拍手称快。

【改善和促进芦苇安全生产】 10月21日，苇业公司全面部署芦苇安全生产暨抢收工作，县东洞庭湖管理局、县安监局、县水警大队负责人和全体芦苇承包业主、苇业公司干部职工近百人参加了会议。苇业公司就今冬明春的芦苇抢收工作，要求思想上要更加重视，措施上要更加到位，要求上要更加严格。坚持"安全第一，预防为主，综合治理"的方针，全面加强企业安全生产管理，健全规章制度，夯实安全生产基础，坚持依法依规生产经营，切实加强安全生产监管，强化安全生产主体责任落实和责任追究，促进苇业公司安全生产形势更加稳定，确保全年无重大安全生产事故的发生。

（李新兵）

渔政管理

【概况】 岳阳县渔政监督管理局负责东洞庭湖渔政执法和监督，辖东洞庭湖面积1328平方千米，占洞庭湖面积的49%，占岳阳县版图面积的41%，地理位置独特，渔业资源十分丰富，有8目23科125种。机关内设办公室、法规股、安全股、财计股、政工股，下设城陵矶、鹿角、北洲、红旗湖4个站和1个执法监察大队，有渔政执法人员98人，有渔政船4艘，公务船2艘，冲锋舟5条。东洞庭湖有专副业渔民近万人，渔船2227艘，其中专业渔民674户2403人。

2014年，县渔政局以"严格执法，保护资源"为抓手，健全机制，转变作风，强力推进"洞庭风雷"，严厉打击非法捕捞，切实加强春季禁渔管理，积极实施人工增殖放流，加强江豚巡查救护，全面落实惠渔政策，努力改善民生福祉，切实保护洞庭渔业生态，东洞庭湖的捕捞秩序实现了根本性好转，2014年，县渔政局获省畜牧水产局综合先进单位，获市红旗先进单位，获县人大常委会工作评议第一名。

【继续推进"洞庭风雷"行动】 2014年，县渔政局共投入"洞庭风雷"行动专项整治经费230万元，开展专项行动48次，出动执法人员2860人次，执法船386艘次，办理渔业案件165起，其中刑事拘留30人，治安拘留72人，查处违法捕捞工具153件，取缔其他违禁渔具109件，查处"三无"船舶56条，查处涉水工程案件2起，清理残留网围1.5万米，清除残留"迷魂阵"216杠1.8万米，矮围、网围全部清除，"迷魂阵"全部取缔，电捕鱼有效遏制，螺蛳捕捞已杜绝，拖网正全力整治，东洞庭湖捕捞秩序实现根本性好转。

【春季禁渔成效显著】 2014年3月10日至6月30日，开展为期4个月的春季禁渔。3月9日，县渔政局召开了有渔民代表、涉湖乡镇、县直职能部门近300人参加的春禁工作部署会，落实了春禁各项措施，加大了宣传力度，实现部门单位整体联动抓春禁，加强了常态化的值班驻守巡查，加大了违禁捕捞打击力度，春禁效果是历年来最好的一年，鱼类资源种类、数量、个体大小都有明显上升。

【人工增殖放流】 2014年4月18日，县渔政局在东洞庭湖鹿角码头水域，组织县直有关部门，涉湖乡镇，渔民代表，学生代表，社会志愿者参加。投入60万元，采用4个人工槽投放"四大家鱼"春片、夏花1000万尾，有效地增殖了洞庭湖的渔业资源。

【惠渔政策全面落实】 2014年，县渔政局已落实专业捕捞渔民674户2403人的"三证合一"换发证工作。春季禁渔补助按100元/月/人，柴油补贴按5500元/年/户进行足额打卡发放，解决困难渔民救助资金近10万元，调处渔砂矛盾152起，挽回渔民损失80万元，制作了渔民便民服务卡1000张，协助县直职能部门举办渔民就业招聘会两场次，培训渔民96人次，提高了渔政服务渔民的水平。

【江豚巡查救护工作】 2014年在江豚核心区和缓冲区，落实了江豚保护巡查“五到位”，鹿角、城陵矶确保每天两次巡航巡查到位，建立了江豚救护有奖举报制，开通举报电话，1月、7月成功救护搁浅江豚1头，中华鲟两头，《中国渔业报》《湖南日报》等媒体分别进行了报道，目前江豚数量在逐步回升。

【矮围拆除工作】 2014年5月，投入30万元组织水陆挖机两台套，拆除华容注滋河口加固矮围4处6500米，12月投入40万元，组织强有力量，依靠麻塘镇政府的支持，租用水陆挖机3台套，拆除麻塘外湖3处矮围6000米，捣毁水泥闸口两处，目前岳阳县所辖东洞庭湖矮围全部拆除，并落实责任，进行常态化监管。

【鹿角渔政站建设】 鹿角渔政站于1992年建站，辖东洞庭湖44666.67公顷水域，现有执法人员9人，有50吨级渔政船，公务执法船，冲锋舟各一艘。渔政执法任务重，执法条件简陋，由过去湖上建站到岸上租站。2014年，县渔政局投入105万元，新建占地0.33公顷，建筑面积1300平方米，有二层办公楼一栋，平房一栋，办公室18间和运动场等办公场所，设施基本配套，有力地改善了渔政执法条件。

【渔政保障工作】 2014年，县渔政局投入近200万元，4月新置了一艘50吨级渔政船，5月新置了一艘执法公务船和5条冲锋舟，6月执法人员全部新置了救生衣，各站（队）新置了执法摄像影视仪和安全设备等，8月组织全体渔政人员进行了一次健康体检，为每位工作人员办理了意外保险和自行车卡，并组织渔政培训两次和参加篮球比赛和准军事化训练，有力地保障了渔政执法。

（陈三星）

旅　游

旅游工作

【概况】 岳阳县旅游局成立于2009年4月，担负着全县旅游行业行政工作。机关内暂设办公室、行业管理股、市场开发股3个职能股室，全局共有在编干部9人。在县委、县政府的领导下，县旅游局紧紧围绕“旅游强县”目标，全体机关干部精诚团结、相互合作、艰苦创业，采取一系列有效措施，为推进岳阳县旅游业发展做出了较大的贡献。2014年累计接待境内外游客248万人次，实现旅游总收入20亿元。

【开展“走进张谷英”摄影大赛活动】 摄影大赛自2013年3月启动以来，吸引了省内外3000多位摄影爱好者参加，共收到作品5000多幅，以张谷英景区、大云山国家森林公园、相思山景区、刘备洞景区、铁山水库风景区为拍摄重点，大赛邀请摄影专家组成评委会，经过初评、复评、终评，共评选出79幅获奖作品（金奖2幅、银奖2幅、铜奖5幅、优秀奖70幅）。通过摄影展示和媒体宣传，全方位展现岳阳县旅游资源和旅游文化风貌。

【“探秘张谷英　畅游第一村”旅游营销活动】 为了做响旅游品牌，做旺旅游人气，强化旅游形象宣传推介，拓展传统和新兴的客源市场，由岳阳县旅游局主办，湖南宝中旅游、张谷英景区协办的“探秘张谷英　畅游第一村”大型旅游营销活动于2014年4月19日上午在岳阳县张谷英景区正式启动。首批参加活动的有：40台旅游大巴、2000多名游客，省、市、县三级10多家主流新闻媒体记者。客源涵盖湖南境内的长沙、株洲、湘潭、常德、岳阳；湖北境内的荆州、随州、武汉等区域。此次大型旅游营销活动是岳阳县旅游局立足长株潭市场，开拓以武汉为中心的华中市场，培育和完善假日旅游市场的系列营销活动之一。

【省旅游局旅游风情小镇考察组到岳阳县调研】 2014年7月23日，由省旅游局组织的旅游风情小镇创建考察组到岳阳县张谷英镇调研。考察组在张谷英镇及张谷英古村进行了实地考察。对古村的上新屋、当大门、王家塅三栋主体建筑详细了解了其历史文化背景、独特的设计理念、民俗风情。此次调研活动将为以后创建省风情小镇试点单位打好基础。

【相思山景区创AAA通过评定验收】 相思山景区从2013年启动创建以来，在县旅游局积极指导下，按照AAA级景区标准，投入400多万元完成水云轩等休闲体验旅游项目，投入150多万元完善景区道路、新建景区安全警示牌、改造御竹楼、别墅木屋、旅游公厕与游客中心。依托张谷英景区，精心打造张谷英、相思山两日游线，并通过夏令营、微信营销等方式不断拓展湖北通城等周边客源市场，取得了社会效益与经济效益的双丰收。2014年12月12日，省旅游局A级景区评定组组长王玲等专家一行到相思山景区，对该景区创建国家AAA级景区工作进行评定验收。评定组专家先后现场检查了水云轩、御竹楼、别墅区、景区标识系统，查阅了创建资料。在随后召开的座谈会上，评定组组长王玲做出验收反馈意见，原则上通过相思山创建AAA级景区的验收评定。

【张谷英景区等景点入选岳阳市十大金牌系列】 为加快发展旅游业，建设特色旅游品牌，全面提升旅游市场的核心竞争力，县旅游局加强与省、市旅游局对接，积极推荐岳阳县特色旅游景区参加2014年度“岳阳十大金牌景区”“湖南最美乡村”系列评选活动。经过综合测评，县域张谷英景区、大云山景区荣膺全市十大金牌景区，张谷英村被评为湖南最美乡村、中国特色景观旅游名村。

（李小雄）

张谷英管理处

【概况】 张谷英管理处成立于2006年3月，属纯公益类正科级事业单位，主职享受副处级待遇，隶属县人民政府，归口宣传系统。主要负责张谷英古建筑群内文物法律、法规的宣传、贯彻；负责张谷英古建筑群内文物普查、登记、建档、保护工作；负责编制张谷英古建筑群维修方案、保护规划并组织实施；负责编制张谷英民俗文化村旅游发展规划并组织实施；负责争取文物保护、旅游开发建设项目并组织实施；负责主持张谷英民俗文化村重大项目招标、招商；负责张谷英民俗文化村旅游开发策划、市场营销及旅游环境治理。编制人数为8人，内设办公室、财务室、市场开发股3个股室，下设张谷英村民俗博物馆，正股级事业单位，现有馆藏民俗文物280件(套)，馆舍面积270平方米。

张谷英管理处积极推进景区文物保护和旅游开发工作，大力争取各类项目资金，不断完善基础设施和旅游配套设施。2014年，投入资金900万元，实施了张谷英古建筑群抢救性文物维修工程，对古建筑群因洪灾损失重点部位进行维修，已完成畔溪走廊维修，启动了青云楼、西头岸维修；投入资金130万元，实施了古建筑群电路网线改造；启动了张谷英景区居民安置点项目；计划投入资金1780万元，规划征地4.41公顷，解决景区居民20年建房用地，安置居民300户。2014年，张谷英村被国家住建部、国家旅游局评为中国特色景观旅游名村。国家文物局批复了《张谷英村古建筑群第四期修缮工程勘察设计方案》。

【景区美誉度大力提升】 2014年，张谷英管理处加大宣传力度，景区的知名度和美誉度进一步提升。6月17日，湖南经视《经视观察》之“家风”栏目，以“孝字当头”为主题，重点报道了张谷英村孝友家风；9月26日，中央电视台中文国际频道“走进中国”栏目组一行来到张谷英村录制百集纪录片《记住乡愁》(张谷英篇)，纪录片以《和睦有道》为主题，以张谷英村传统村落为载体，以张氏大家族和睦融合的生活故事为依托，以乡愁为感情基础，以古村优秀的传统“和”文化为核心，树立张谷英古村落的发展脉络，深入挖掘和阐述张谷英所代表的中国优秀传统文化的时代价值，将张谷英文化推向全国乃至全世界；10月17日，湖南卫视金鹰卡通频道“童趣大调查”栏目，以“古村探秘”为主题，重点报道了景区特色景观景点。

【启动省级风景名胜区申报工作】 2014年9月30日，省文物局下拨张谷英村古建筑群消防系统二期工程757万元，启动对景区内强弱电杆线入地、消防自动报警装置、自来水及消防栓水源、应急照明系统、消防站等建设项目。第一期工程项目已实施完成。2014年9月，针对张谷英村古建筑群内电力线路老化，县财政投入资金130万元，启动了古建筑群内电路网线改造，实行强弱电分开，将室外线入地，室内线套管，居民用电实行集抄集控，降低古建筑内用电火灾隐患。为进一步提高景区知名度，2014年3月张谷英景区申报了省级风景名胜区，通过编制《资源调查评估报告》，申报相关资料，省市专家现场考察，2014年9月通过市级初审，12月顺利通过省级专家评审。

【推动文物保护工作】 2014年6月，国家文物局批复了《张谷英村古建筑群第四期修缮工程勘察设计方案》。2014年7月连续三次强降雨，给景区古建筑造成了不同程度损坏，通过积极向省文物局和县委、县政府主要领导汇报，争取上级重视，按县防汛指挥部指令要求，启动了古建筑群抢救性维修工程，投入项目资金900万元。目前，已完成畔溪走廊、青云楼维修，目前抓紧西头岸维修。2014年7月，张谷英村被住房城乡建设部、文化部、国家文物局、财政部公布为2014年第一批列入中央财政支持范围的中国传统村落名单，已到位第一批补助资金300万元。为做好传统村落的保护，完成了张谷英古建筑群周边环境整治和文物展示利用方案的规划编制，为今后争取国家文物局第二批中国传统村落项目资金打下了坚实基础。

【配套基础设施建设】 针对景区规划范围内居民宅基地供需失衡这一突出矛盾，计划投入资金1780万元，在仿古街新开辟了居民安置点，征地4.41公顷，可解决景区居民20年建房用地，可安置300户，已完成测绘、规划等前期工作；水环境综合治理扫尾工程，已进入抓紧供水管网铺设阶段；同时，对景区主要道路实施“白改黑”，人行道板铺设青石板，景区道路通行能力进一步改善。

（荣光明　刘岳琼）

大云山国家森林公园

【概况】 岳阳县大云山国家森林公园原为大云山国有林场，1996年8月由原国家森林部批准成立，属县直正科行政事业单位，林场与公园两块牌子，一套人马合署办公。2009年12月被评为国家AAA级景区。

大云山国家森林公园现辖地8310.3公顷，其中原林场1239公顷，公园托管周边云山、毛田、相思三个乡镇林地7071.3公顷。公园核心景区面积340公顷，划为祖师殿景区、真君殿景区和场部生活服务区三大块，共有48处景观景点。公园现有8处县级文物保护单位，1处国家级文物保护单位（三战三捷摩崖石刻）。现有总人口2840人，下辖1个公益林场，2个分场，4个行政自然村。经过多年的旅游开发，旅游基础设施初具规模，旅游发展前景广阔，年接待旅游人数达23万人次。公园已建成以宗教朝拜和生态旅游为龙头的旅游格局，是集森林休闲、观光避暑、宗教文化为一体的旅游胜地。

【景区旅游开发项目建设】 2014年，湖南中海投资有限公司加快公园基础建设力度，在原有的大云山凌云宾馆进行改扩建，投入资金2300多万元，新修了宾馆二号楼及宾馆三层停车场，计划在2015年9月正式营业。重新修改了祖师殿和宗教文化广场的规划设计，祖师殿改扩建和宗教文化广场建设待规划设计审批通过，即可开工。2014年7月观音殿财神殿主体工程及装修已竣工。因开发进度和开发需要，重点放在凌云宾馆的建设，慈云甘露寺重新作了规划设计，待规划设计审批通过后正式开工。完成西入口及配套设施规划设计等前期工作。完成大云山祖师殿改扩建的规划设计，待国家民宗部门审批通过即可动工。

【林业项目】 以培育森林资源、开发森林景观为目标，科学安排，精心组织，完成植树补苗造林800次，完成中幼林抚育266.67公顷，造林成活率达95%以上，圆满完成了春季植树造林任务。完成了21.33公顷珍稀树种基地抚育。新造林地抚育6.53公顷。新修防火林带4.5千米。全面实行封山育林，大力培植生态资源，防止水土流失。

【基础设施建设】 机关至祖师殿6.2千米公路是大云山国家森林公园发展壮大的主要道路，2014年，公园投入资金20万多元，对这一路段公路进行了维护，对有的地方水冲沙压造成空洞的地段进行了加固处理，确保了景区旅客的旅游安全。管理处在全园从抓道路交通、环境卫生、村容村貌“三项治理”入手，大力加强环境整治。年初预算时拿出环境卫生专项经费10万元。采取管理处干部联分场、组，分场负责人包路，定时间、定任务、定标准、定路段的包干责任制，聘请专职卫生员，清扫垃圾。对分场屋场村组和景区道路、景点、公园集镇周边环境卫生进行全面专项整治。公园财政拿出15万元，在公园21个生产组，公园集镇，景区各宗教场所修建了垃圾池，公园环境大为改观。

【森林防火工作】 加大宣传力度,成立专门机构,协调周边乡镇关系,签订联防协议。加大打击惩治力度,在森林管护中,杜绝野外用火,加强值班制度,干部分组划片,联村联点,责任到人。加大巡查力度,层层签订责任状,2014 年公园管理处与农户签订防火责任状 400 多份,发放防火宣传资料 500 份。5 月份,公园财政拿出 10 万元经费,在公园与相邻乡镇的易发火患的山界处新修防火林带 4.5 千米。10 月份公园财政拿出 25 万元经费,在公园与临湘市下属乡镇相接垠的山界处新挖一条 15 米宽的防火林带,以杜绝山火发生。

【编制“三战三捷”国家级文物保护单位保护规划】 大云山“三战三捷”摩崖石刻,由国民党第九战区副司令第二十七集团军司令杨森为纪念长沙三次会战取得抗战胜利而题刻。2013 年 5 月 3 日,国务院正式公布为第七批全国重点文物保护单位。2014 年 3 月请国家文物局下属单位文研院设计编制保护规划,国家文物局已下批复。公园管理处聘请国家文物局文研所的专家编写了“三战三捷”保护规划,6 月份国家文物局发文(《文物保函【2014】2001 号文》)同意大云山国家森林公园三战三捷摩崖石刻保护工程立项,2015 年年初将启动项目建设。

(谢移兵)

贸　易

总　类

【概况】 岳阳县商务局机关有在职人员16人，退休人员45人，班子成员7人。设办公室、法规股、服务业发展股、贸易管理股、市场管理股、人事股6个股室。二级机构有岳阳县商务行政执法大队，为正股级行政支持类事业单位，核定全额拨款事业编制11名，其中队长1名，副队长1名；岳阳县定点屠宰管理办公室，为行政支持类事业单位，核定差额拨款事业编制12名，其中主任1名；岳阳县市场建设管理中心，为副科级准公益类事业单位，核定经费自理事业编制64名，其中主任1名，副主任3名。

2014年，县商务局突出以项目建设为中心，抓好创建全国文明县城、创建全省金融安全区，完成三产业发展、民生实事、外资引进三大目标任务，提升社会管理、行政执法、作风廉政建设、队伍建设的四大工作水平，全县商务和开放型经济工作进一步发展，2014年，岳阳县被市政府授予“岳阳市金融安全区创建工作达标单位”，全县完成社会消费品零售总额75.4亿元，同比增长13.2%；全年合同利用外资1200万美元，完成外贸进出口466万美元，完成外派劳务516人；屠宰应税生猪20040头，征收各项税费858070元；成功组织企业参加岳阳市第十三届银企洽谈会，签约项目54个，签约金额9.5亿元，比2013年增长2亿元。

【组织企业参加银企洽谈会】 3月11日，县商务局金融办组织全县54家企业、7家银行参加全市第十三届银企洽谈会，成功促成银行与企业签约资金9.5亿元，在2013年签约7.6亿元的基础上增长28%。

【华融湘江银行岳阳县支行正式签约】 5月21日上午，华融湘江银行岳阳分行与县人民政府在县委党校成功举行合作协议签约仪式，在岳阳县设立分支机构。出席此次活动的有县委书记毛知兵，县委副书记、县长张中于，县委常委、常务副县长李勇，华融湘江银行岳阳分行行长殷六荣等行领导，县直相关单位负责人。华融湘江银行股份有限公司是经中国银监会批准，由中国华融资产管理股份有限公司注资并控股，依法合并设立的股份制商业银行。此次合作协议的成功签约，是华融湘江银行支持岳阳县经济社会发展的战略决策，也是岳阳县深化政银合作，推进经济、金融共赢发展的重大举措，标志着全县金融布局向着更加完善、更趋成熟的方向发展，将进一步提高县金融创新能力和服务水平，对经济社会跨越发展起到积极的推动作用。

【市政府金融办到岳阳县调研】 7月15日，市政府金融办相关负责人带领企业上市科一行来岳阳县就利尔康生物有限公司上市工作开展调研。调研组一行现场查看了生产流程和污水处理过程，并听取了其上市筹备筹备工作汇报。调研组对企业上市前期工作给予了充分肯定，同时要求企业尊重客观规律，做实做强，依法依规上报。市金融办表示将全力支持利尔康企业上市工作。

【助力创建全国文明县城工作】 8月19日，县商务局组织全体机关干职、二级机构正、副职召开创建全国文明县城工作动员部署会，会上组织学习了《岳阳县创建全国文明县城工作责任追究和奖励办法》,出台了《岳阳县商务局创建全国文明县城工作责任分解、责任追究和奖励办法》。会议规定,由商务局负责的中心市场、超市宾馆、保险单位窗口等“创文”任务进行明确分工,落实到组到人,突出重点,一切以“创文”为工作重心,严肃工作纪律,从现在起到此项工作结束,任何人不得无故请假,周末不放假,会上市场中心主要负责人作了表态发言。

【开展肉及肉制品安全专项检查】 按照省、市政府工作部署,岳阳县商务局开展为期三个月肉及肉制品安全专项大检查。8月初,县商务局制定《岳阳县城关地区肉食市场(定点屠宰)集中整治行动方案》,组织精干力量开展执法行动,在城关地区依法查扣涉嫌未经定点、未加盖检疫检验合格印章的生猪产品269斤。9月23日凌晨3点,商务局执法人员会同畜牧动检执法人员对岳阳县新墙镇生猪屠宰点、新开镇生猪定点屠宰点的现场屠宰秩序、检疫检验、卫生情况进行执法检查。在检查过程中主要发现各屠宰点存在卫生处理不及时、生猪产品未悬挂散热处理、台账不完善等问题。执法人员对两个屠宰点提出了严格要求,要求对存在的问题及时整改落实到位,确保为消费者提供经检疫检验合格的生猪产品。

【全县存款余额稳中有增】 截至2014年10月底,全县金融机构各项存款余额1010840万元,比年初增加131584万元,同比增长15.1%,存款规模突破100亿元大关。近三年来,全县存款增幅高于全市平均水平3.4个百分点,标志着县域经济得到了快速发展,人民收入水平稳步提高,金融业健康发展。

(龚苗苗)

粮食贸易

【概况】 岳阳县粮食局下设国有控股粮食企业9个,其中省级农业产业化龙头企业1个(洞庭湖米业公司),省级储备粮代储库一个(岳阳县荣家湾粮库),农村粮食购销公司7个。全系统共有干部职工277人,其中双置换后的返聘人员177人,行政机关事业人员100人,离退休人员785人。全县共有粮食仓容13.4万吨,其中有效粮食仓容12.7万吨,常年粮食收购量在8万吨,常年粮食储存量7万吨,常年粮食购销量在10万吨以上。内设有6个行政股室和5个非独立核算的事业单位,6个行政股室是:办公室、联合工会、人教股、财基股、调控股、购销股;5个非独立核算的事业机构是:机关后勤服务中心、军粮供应管理中心、粮食储备科、岳阳县粮校、粮政执法大队。

【改造“危仓老库”】 “危仓老库”维修改造工作系全市实事项目,县粮食局根据全省危仓老库维修改造电视电话会议精神和湖南省财政厅、湖南省粮食局《关于拨付2013年粮食危仓老库维修改造资金的通知》文件要求,着力改善全县仓储设施条件,提升仓储功能,增加有效仓容,满足收储需要。制定了《岳阳县2014年危仓老库维修改造项目实施方案》,组织对荣家湾粮库0P8—0P11共4个仓廒以及4个一线收纳库点14个仓廒(公田兰田点、柏祥本点、柏祥关王点、筻口本点)共计18个仓廒实施大修,共计投资370多万元。共维修仓库55栋,仓容5.5万吨,其中大修4万吨,一般维修1.2万吨,功能提升0.3万吨,为确保全县储藏粮食安全打下了坚实基础。

【粮食储备工作】 为确保全县库存粮食安全,县粮食局坚持“防治并举”的储粮原则,精心制定各项储粮措施。在仓储管理中,严格按照制度办事,每个储粮仓廒都建立了“四牌、五簿”,确保安全储粮日常管理工作到位。2014年,全县库存粮食8.8万吨(其中国家储备粮5.2万吨,省级储备粮1.3万吨,省级调节储备粮0.7万吨,市场1.2万吨,县级储备粮0.4万吨)。所有库存粮食,都确保储存品质。

【粮食收购工作】 2014年,全县粮食种植面积77000公顷,粮食总产量为52.5万吨,预计全县粮农有20万吨余粮待出售。预案启动前,早稻市场粮价115—120元/100斤、中晚稻市场粮价120—125元/100斤。为了保护广大农民种粮的积极性，岳阳县粮食局及时做好2014年早籼稻和中晚稻最低收购价格执行预案的启动工作，全县先后启动7个粮食收储网点为最低价粮食收储点（早稻启动最低收购价收储网点3个，中晚稻启动最低收购价收储网点4个），按照预案要求，早籼稻的收购价为135元/100斤、中晚稻的收购价为138元/100斤。截至到12月20日，全县已收购最低收购价早籼稻谷3.6万吨、中晚稻4.5万吨，为全县粮农增收2000万元以上。

【搞活粮食销售】 2014年，为完成年初确定的粮食销售目标，县粮食局多渠道开展粮食销售活动，采取引导社会粮食经营者参与粮食销售的办法，深入开展湖南粮油健康生态行活动。邀请全国主流网络媒体、湖南粮油主要销区省级媒体、省内主要媒体集中走访落户岳阳县的中粮米业（岳阳）有限公司，充分展示全县粮油产业发展实力和形象。同时实行网上竞拍活动，提供信息，搞活经营，两年里，全系统网上竞拍粮食（原粮）12批次，共计销售粮食10.5万吨。既缓解了全县仓储压力，又及时轮换了代储粮食，缓解了全县“卖粮难”现象。

【粮食执法工作】 为进一步规范全县粮食流通市场，严格市场准入制度，切实维护粮食生产者、消费者和经营者合法权益，2014年1月起，县粮食局牵头，抽调专业人员，加强了全县粮食收购市场监管工作。到11月底，共检查104家粮食加工企业，对违规违纪的8家企业给予警告，10家企业给予责令整改等处理。同时组织人员对全县粮食经营者入市资格进行全面清查，对符合条件的及时给以换证，对不符合条件的予以取消粮食收购资格。对新办理粮食收购许可的企业，进行认真审核审查，严格按程序办理。7月下旬对全县粮食流通市场进行了全面检查，共出动100多人次，检查无证经营粮食3户，未按国家粮食质量标准收购粮食4户，查处粮食4万千克，罚款0.8万元，有效地净化了全县粮食收购市场，打击了不法粮商，切实维护了全县粮农利益。

（肖　平）

供销合作

【概况】 岳阳县供销合作联社下辖月田、公田、渭洞、步仙、新墙、黄沙、鹿角、筻口8个基层供销社，组建了和田超市实业有限公司、汇鑫油脂责任有限公司、新农业生产资料有限公司、锦绣阳光大酒店4个股份制企业和1个农资配送中心、4个农民专业合作社（玉浪种棉专业合作社、朝源食用菌种植专业合作社、黄沙街洞庭春茶叶专业合作社、杨林蔬菜种植专业合作社）。内设办公室、人事股、财务计统股、业务指导股、储保股、信访室、纪监室、老干办8个职能股室，1个联合工会和1个新农村服务网络物中心。2014年全县供销社实现商品销售总额5.18亿元，商品纯购进5.14亿元，新增农资放心超市15个，固定资产新增180万元；县供销联社被评为全市供销合作社综合业绩一类单位。

【网络建设】 县供销社全力推进新农村现代流通服务网络工程建设，即“新网工程”，以此为平台，大力提升和改善农村消费环境，供销社网络建设呈现出速度快、网点广、效益好的发展态势。一是以岳阳新三湘农资有限公司为依托，在全县范围内建成了18个杜绝假肥、假药，统一挂牌、统一标识、统一管理、统一配送、统一价格、统一进货渠道的高标准“农资放心超市”和1个具体有专业配送车辆、人员及仓储设施的“农资配送中心”。二是根据全县农村地形分布特点和农资供应网点的设置情况，在全县范围内建立了146个自营店，120个加盟店，实现了80%以上的网络覆盖率。特别是农忙季节在20个乡镇配备临时供应点。三是开展农资打假活动，县供销社联合工商、质监、农业等部门在全县开展了农资打假联合行动，让农民购上放心肥药。先严把进货渠道关，杜绝“三无”产品流入市场，每个门店都建立了售后服务台账。充分利用宣传单、宣传册、宣传车、电视广告等载体做好产品宣传和营销促销工作，共印发宣传资料两万余份，大大提高了农民识假能力，为农业增产、农民增收尽到了职责。

【项目建设】 县供销社把项目建设作为一项重要工作来抓，全社形成“人人争项目、个个议项目、事事为项目”的氛围。一是项目申报经验逐步积累。2014年成功申报了玉浪种棉专业合作社优质棉种植基地改扩建示范项目和朝源食用菌专业合作社种植基地改扩建示范项目。二是项目带动能力明显增强。利用项目建设的优势，带动种植基地区域农户2180户，带动农资销售1000多吨，为企业创效和农民增收打下了坚实基础。三是项目特色明显。岳阳县洞庭春茶叶专业合作社基地建设项目已成功入选项目库。岳阳县杨林幼雄水稻专业合作社，入社农户300多户，基地建设面积180公顷，遍及筻口、杨林、甘田、柏祥等乡镇，同时投资300多万元建成了大米加工、烘干等生产线，大、中、小现代农业化机械俱全，是全市唯一一家产、加、销水稻专业合作社，项目的规划、设计工作已入供销社的笼子。

【基层建设】 2014年，县供销社成立专门班子，就基层供销社目前存在的主要问题进行了深入调研。10月28日，县长张中于带领相关部门负责人到供销社调研，并召开县长办公会议，全力支持供销社破解改革发展难题，并就土地确权、土地处置、资产开发、职工低保、养老保险等方面形成了办公会议纪要。2014年年底，全县供销系统拥有基层社8个，各类专业合作社7个，两家专业合作社被评全国示范社，1家评为省级示范社，新增9个供销惠农服务社。

（涂正望）

烟草业

【概况】 岳阳县烟草专卖局（分公司）成立于1986年9月，现共有干部职工73人，其中在岗50人，离退休人员23人；大专学历16人，本科学历26人，研究生2人；党员44人（其中离退休党员13人）；专业技术人员17人。辖办公室、综合股、纪检监察/安全保卫室、市场服务分部（配送工作2014年11月划归市公司管理）、专卖股、内管派驻组6个内设股室，现管理和服务卷烟零售经营户2845户。2014年，共销售卷烟30137箱，实现销售收入7.85亿元，单箱均价26059元，实现税利2.14亿元；查处各类涉烟违法案件187起，其中假烟案件27起，查获各类违法卷烟272万支，案值109.6万元，刑拘并逮捕7人。破获“11·6”利用互联网售假与利用未成年人售假国标网络案，实现岳阳市互联网案件零突破；破获真品卷烟非法流通网络案3起，真品卷烟非法流通的被动局面得到有效遏制。

【获评“全国文明单位”】 建局以来，岳阳县烟草专卖局（分公司）始终坚持以文明创建总揽全局，坚持“两手抓、两手都要硬”的战略方针，坚持围绕中心、服务大局，以培育和践行社会主义核心价值观为根本，一以贯之，细处着手，同创同建，广泛开展文明创建活动，着力优化市场服务，营造公平法治市场环境，提升干部职工文明素养，彰显反哺社会责任，连续多年被评为“党风廉政建设先进单位”，30年来实现领导无违纪、职工无犯罪，企业文明形象和员工文明素质进一步提升。2014年，县烟草局开展12期道德讲堂，组织15场次学雷锋志愿服务活动，向社会捐赠近50万元，文明风尚蔚然成风；广泛开展诚信建设活动，倡导干部职工谋诚信事，做诚信人，将卷烟零售客户诚信经营纳入“红黑榜”，建设诚信守法、规范有序的企业；扎实推进“省级园林单位”创建，实施路面、下水管网改造、文化墙改造和亮化、绿化等工程，进一步改善院内环境；承办全市系统“美丽劳动、飞扬青春”五四先锋论坛，广泛开展各类文体兴趣活动等，营造“快乐工作，幸福生活”氛围。11月20日，组织承办全市系统文明创建工作推进会，推广该局创建经验。12月20日，湖南省文明办受中央文明办委托，考核验收该局“全国文明单位”创建工作。2015年2月28日，该局（分公司）正式被评为“全国文明单位”，是湖南省烟草获评该荣誉的两家县级单位之一，是岳阳地区唯一一家县级单位。

【“2014.11.06”利用互联网售假与利用未成年人售假国标网络案】 2014年11月6日，岳阳县烟草专卖局执法部门会同岳阳县公安局治安大队破获一起利用未成年人在互联网上销售假冒卷烟案。2014年7月份、8月份，岳阳县烟草专卖局专卖执法人员陆续接群众举报，在县城关、新墙等地区有一伙未成年人沿街逐店零星兜售假冒芙蓉王等品种卷烟，市场反应较为强烈。经过3个多月侦查摸排，初步锁定犯罪嫌疑对象，掌握团伙活动规律、轨迹及团伙成员特征。犯罪团伙成员年纪较小，但大多沉迷网络、精通互联网操作，且具有较强的反侦察意识，使用QQ和手机交叉联系，频繁更换手机号码、银行交易账户，多批次小批量购进，通过不同物流货运站收货并安排他人取货，分散销售，具有典型的互联网犯罪特征。该案销售网络层次达4级，互联网结构达6级，涉案地区跨湖南、湖北、江西、福建等8省市，涉案金额200余万元，涉案对象12人，已刑拘并逮捕3人，被岳阳市烟草局、公安局列为岳阳互联网销售假冒伪劣烟草制品第一案。

【真品卷烟非法流通治理】 2014年，岳阳县烟草专卖局(分公司)严格贯彻落实省、市局工作会议精神，铁腕整治真品卷烟非法流通，确保辖区市场规范有序。先后出台《治理真品卷烟非法流通实施方案》《责任追究实施细则》，组织机关人员联点挂片和“大走访、大调查”，明确职责，提高认识。召开83场专项宣讲会，与2825户零售客户签订《规范经营守法承诺书》，发放《卷烟销售规范经营告知书》《烟草专卖法律手册》等宣传资料，约谈销售大户和重点户，提高零售客户规范经营意识。调整优化全部25条卷烟配送线路，发展协议供货户26户，规范自身经营行为。2014年，破获真品卷烟非法流通网络案3起，刑拘并逮捕4人；查获3万元以上的真烟案9起，岳阳县真品卷烟非法流通被动局面得到有效遏制。

【荣获纳税信用A级单位】 2014年12月，岳阳县烟草专卖局(分公司)被湖南省国税局、省地税局共同评为2012—2013年度“纳税信用A级单位”，是继2012年获该称号后再次获得此项殊荣。近年来，县烟草专卖局(分公司)围绕行业“卷烟上水平”战略任务，围绕税利总额“保八争十超万亿”目标，在谋划“三大课题”、提升“五个形象”进程中，千方百计调整结构，增收节支，保证税利，实现企业持续稳定发展；积极履行社会责任，坚持依法纳税、诚信纳税，主动报效国家、回馈社会，连续8年被县委、县政府评为“纳税上台阶优秀企业”，充分展示责任企业良好形象。2013年—2014年，县烟草局累计为国家和地方财政增收近2亿元。

(刘　魁

盐　业

【概况】 岳阳县盐务管理局和岳阳县盐业股份公司是职能分开、机构分设、两块牌子、一套人马合署办公的垂直管理单位，隶属湖南省盐务管理局和湖南省盐业股份有限公司。盐务管理局是省政府授权的盐业行政主管部门，负责全县盐业市场监管工作，盐业股份公司是国有独资企业，负责全县范围内的工、农、渔、牧用盐和“雪天”牌商标食用加碘盐批发，同时公司致力于不断研发高端食盐产品，研发加入微量元素的海藻碘盐、低钠盐、绿色精制低钠盐、竹盐等各类高端盐，形成高、中、低产品结构，满足不同层次的社会需求。公司下设综合股、盐政稽查大队、市场营销股三个职能股室，实行人、财、物、产、供、销六统一的经营管理体制，全省盐业实行统一运作、资源统一配置、市场统一监管，生产与销售相互衔接，经营与管理互为支撑，按照“布局合理、辐射到位、方便群众、便于管理”的原则，全面实行食盐配送制度。

2014年，岳阳县盐务管理局(岳阳县盐业股份公司)进一步解放思想，采取积极措施，深化经营体制改革，围绕集团公司“抓改革、促转型、细管理、上水平、争一流”工作方针为总体战略目标，扎实做好各项工作，全力履行食盐专营责任，保障合格碘盐供应，推进岳阳县盐业良性发展。全年共购进各类盐3600吨，销售各类盐3000吨，其中销售小包盐2000吨，高端盐销售800吨，工、农、渔、牧盐1000吨，实现利税230万元，全县碘盐合格率99%。

【盐业市场秩序整治】 2014年，县盐务管理局坚持抓盐政促市场，抓服务促销售，加大对食用合格碘盐防治碘缺乏病的宣传，提高消费者食用合格碘盐的自觉性，确保全县人民吃上合格的加碘食盐。利用“3·15”消费者权益日和“5·15”碘缺乏病防治日，协同卫生、食安委等部门采取现场设点咨询，发放宣传资料、张贴宣传图、悬挂横幅、利用电子显示屏、车辆广播等手段开展了声势浩大的宣传活动。开展了“三送一访”和评选食盐放心示范店的活动，与食品药品监督管理局将盐业法规，政策传递到边远山村，乡村学校，对餐饮、学校食堂多次进行抽样检查，农村碘盐合格率达到99%以上；组织盐政执法人员，深入农村村组，查看农户盐罐食用的情况，教老百姓如何辨别真假食用盐，利用测碘剂检查辨别食用盐是否合格，提醒引导消费者购买合格的小包食盐，保证全县生产、生活用盐的有序供应。

【增收节支】 岳阳县盐业公司按照省、市要求，深入开展“挖潜增效”“拧毛巾、降成本”活动，全方位打响抓管理缩开支、减费用增效益的攻坚战，实行预算管理，将任务指标分解，层层签订责任状，实行绩效挂钩，对标管理，民主决策，民主理财，将生产经营状况，费用支出情况，民主评议干部情况等内容定期张榜公布，激发员工主人翁责任感，参与企业经营管理，加强财务核算监督，严控各项可控费用支出，扩大高端营养盐销售，拓展非盐商品经营，培育新的经济增长点。

（黎　曙）

石油业

【概况】 中国石化销售有限公司湖南岳阳县石油分公司是中国石化销售有限公司驻岳阳县销售企业。公司主要经销成品油、易捷便利店、IC卡服务等业务。公司下辖有13座加油站、5艘加油船、10座易捷便利店、6个IC卡充值网点、1个业务发卡开票窗口。公司在岗员工69人，离退休人员8人，公司以“建设一流区域能源销售企业”为发展目标，制定了资源、市场一体化、国际化、差异化、绿色低碳的发展战略，明确了市场化运营、专业化发展、差异化竞争、一体化管理、集团化管控、规范化治理的发展模式。

2014年，国际油价“断崖式”下滑，创下5年来新低，国际油价遭遇“11连跌”，加之经济增长明显放缓，消费需求不足，资源供过于求，市场竞争异常激烈。面对复杂的形式和繁重的任务，我们团结一心，攻坚克难，锐意改革，开拓奋进，取得了新进步，实现了新发展。成品油销售12万吨，非油销售额580万元，IC卡日均沉淀资金600万元，实现销售收入11.5亿元，上缴国家税费1380万元，荣获“湖南省纳税信用A级单位”“湖南省计量信得过单位”“岳阳县纳税先进企业”“岳阳县绩效考核优秀单位”等一系列荣誉称号。

【县域经济新增长】 2014年，县石油公司坚持主导市场，精心组织营销，用情维系客户，用心开拓市场，完成国家税收1380万元，同比增长128万元，为县域经济的发展实现了新增长。一是零售上同比增量1300吨，组织大型油非互动8次，开展加油卡进社区活动5次，积极推广网上营业厅，努力将加油卡打造成通讯、保险、金融等行业优选营销礼品。二是直分销同比增量2800吨，加大公交作业、社会站点、县域和水上市场开拓力度，组织开展“送油下乡服务”“油非互动积分兑奖”等专项营销，加强客户走访维护。新增客户26家，新增销量1300吨，重点客户稳定率保持在80%以上。三是加强资源组织调运，统筹优化物流运行，克服长炼全面检修、危化品运输集中整治等影响，保障了市场平稳供应。

【环保质量】 2014年，县石油公司狠抓油品质量，认真兑现承诺，切实做到安全环保。一是油品质量再升级。4月份执行了国Ⅳ车用柴油置换国Ⅲ车用柴油。置换后的国Ⅳ标准柴油硫含量降低，大幅度减少了PM2.5细微颗粒物和其他污染物的排放，有利于减少汽车尾气排放和防治雾霾天气，是保障民众身体健康的重要举措。在具体置换工作中：按照库存周转从慢到快、销售从小到大和距离从远及近的方式进行置换;优先边远、销量小、周转慢的加油站，随后依次安排高速、国道、省道、城区站置换;置换三次以上的油品进行逐罐送检、化验，合格出具报告会开始置换；更换标识、标牌严格遵循“三同时”原则；标识标牌更换完毕后张贴公告。二是加油站安装油气回收装置。按照新环保法要求,对辖区内三座加油站安装了油气回收装置，减少了油气对人的伤害及环境的污染。三是加大了尾气处理液的投放。根据上级指示,所有加油站配备了充足的尾气处理液，按照标准进行了免费灌装，有力地减少尾气排放对环境的污染。

【安全管理】 2014年抓实从严管理,确保安全平稳。扎实开展“从严管理年”活动,细化完善岗位职责,梳理健全规章制度,积极宣贯“五个问责”办法和《职工违纪违规行为处分规定》,全员从严管理意识增强、执行力进一步提升。明确岗位HSE职责,严格落实“党政同责、一岗双责、有岗必有责”,全员HSE意识进一步增强；认真开展“安全隐患整改年”活动,规范项目实施管理，投入20万元,完成了89项安全隐患和“碧水蓝天”隐患整改。推行“持双证”“双监管”制度,成立安全督查小组,切实加强了承包商和项目现场监管。落实安全劳动保护,员工职业健康体检率达100%。扎实推进三年油品降耗计划，控源头、抓运输、强考核，加强各环节损耗管理,零售体积损耗率同比下降1.2个千分点。严格执行进货验收制度,采取“四不两直”方式开展数质量检查,强化油品质量管理,确保了“质优量足”。大力开展“加油站综合服务提升年”活动，推广“可视定置化”管理,建成1座样板站。全力打假维权,清理取缔假冒侵权站(船、车)两项。ERP应用保持销售企业先进水平，液位仪深化试点项目取得了阶段性成果，信息对经营管理的支持作用日益显著。

【推进改革工作】 2014年积极推进改革,增强动力活力。一是资产重组改革响应总部改革重组的决策，主管领导亲自布置、主动协调,广大干部员工加班加点,连续作战,克服了时间紧、任务重、程序多、协调难等问题,先后取得了营业执照变更,重组后税务登记、税款缴纳等多项政策支持，按时保质完成了法律尽职调查、资产审计评估、长投股东变更、证照变更登记等工作。权证规范克服证照缺失或瑕疵多、遗留问题时间长、造成原因复杂、政策规定不明等困难，采取逐日通报、重点攻关、政企联动、资金保障等措施,全力高效抓落实。规范土地17宗、房产42宗、股权1项,土地证和房产证规范率达到100%。二是用工机制改革,实行竞争性选拔,公开竞聘上岗。建立健全以效益为中心，以提高人工成本投入产出为目标的绩效考核体系，推进“内部挖潜、优化整合、精简用工”,严格实行“三定”,抓实甘田、公田、荣家湾加油站的第四轮委托管理,推进食堂、维修、保安员的业务外包。2014年用工总量控制在69人,比2013年年底净减5人,外包3人,托管1人,加油站单站用工5人，同比减少0.5人。同时通过统筹调整加油站营业时间,优化加油站岗位设置,健全加油站考勤制度,实行一人多岗,一岗多能，加油站所有人员都参与加油排班工作，有效地提高了工时利用率。

【非油新业务拓展】 2014年加快非油品业务拓展,实现快速增长。大力推进专业化运营和规范化管理,继续打造精品店、标准店,门店销售能力进一步提升；规范要货流程,扩大要货规模,提高门店品种数量,发展基础进一步夯实；强化营销组织,推进节庆营销、主题营销常态化、多样化、专业化,带动营业额增长超过30万元。特别是四季度上级追加任务后,全司上下化压力为动力，加大专项考核奖励,开展全员销售竞赛,广大一线员工主动“提篮销售”、积极送货上门，千方百计促进了营业额快速增长，实现年货任务38万元,名列全省第八名。同时,努力开拓增值服务项目,定点长宏、天鹅便利店，全年实现增值服务额超100万元，为非油的发展注入了新活力。

(殷卫东)

建设·环保

建 设

【概况】 岳阳县住房和城乡建设局现有干部职工521人，其中党员262人，本科学历43人，专科学历147人，中专学历37人；高级职称1人，中级职称80人，初级职称30人。内设办公室、计财股、政策法规股、城市建设管理股、村镇建设管理股、建设工程招标投标管理办公室、人事股、城建档案馆、燃气管理办公室、总工办、建设行政执法大队、风景园林办公室等12个股室。下辖城管监察大队、建筑管理站、市容环境卫生管理所、建设工程质量监督站、公用工程建设管理所、厚德广场管理中心、建设规划勘测设计院、建筑总公司、监理公司、建筑设计公司等10个二级机构。主要负责全县城市建设、城市管理、建筑业、村镇建设、市政公用事业、燃气、建设工程招标投标等工作。

【城乡建设】 2014年，县住建局完成城建投入1.23亿元。实施城建项目72个，涵括的内容由以前单一的基础设施配套扩展到园林绿化、景观亮化、“白改黑”、路灯节能等各个领域。城市综合管理投入持续加大，投入比重连年递增，城管、环卫近两年的财政预算基本实现了连年翻番。规划水平提高。完成县城绿地系统规划、城区景观亮化规划、绿色照明规划等7个专项规划，其中绿地系统规划由北京林业大学设计，景观亮化规划由上海罗曼公司设计，编制标准达到国内先进水平。城市扩容加快。荣湾湖公园建成面向市民开放，城南河风光带基本建成，城市综合体开工建设，城区主干道拉通2.3千米，建成区面积扩大到12平方千米。城市功能增强。完成东方路、兴荣路等6条道路升级改造，城区“白改黑”道路总数达到12条。文胜南路竣工通车，配套6条街道路灯，配套交通隔离护栏3条，改造9条下水道，LED路灯节能改造顺利实施。配套建设垃圾站公厕2座，城区垃圾站公厕总数达到38座。园林创建提速。建成城北路、城东路、富荣中路3个小游园，完成14条裸街、20条街道缺损苗木补植和4条街道绿化带升级改造，成功创建19家省级和21家市级园林式单位，县城区新增绿量10.86万平方米。第一批33个景观亮化项目和主街行道树全面实现亮化。

【城市管理】 在城市管理的全过程，始终融入“巡查细心、处事公心、纠违耐心，解难真心”的“四心”管理理念，县城管大队弃车从步，推行步行监察、现场管理、现场解难；县住建局长期开展负责干部“看城管、管城管”活动，现场发现、现场劝导、现场解决问题；大力推行错时管理、交叉管理，成立城管夜勤中队，始终坚持中午、晚间、休息日轮流值守，杜绝了管理上的真空。

【环境卫生】 严格执行环卫工人普扫—清扫组长普查—专业队伍洗街—专门机构督查—班子成员包街（“五位一体”管理模式），并专门成立了20人的机动组，每天骑自行车监管卫生质量，捡拾零散垃圾。全面推行住建局班子成员每月上街清扫示范带动、环卫所班子成员每周轮流上街督查卫生、环卫所干部职工每日上街捡拾垃圾。全面推行上门收集垃圾，门店垃圾实行袋装化管理。全面推行角落工程，将清扫保洁、卫生管理的触角延伸到每条偏街僻巷和居民小区，基本实现城区卫生同城同标准。

【实事项目】 县城生活垃圾基本实现无害化处理，垃圾无害化日处理能力达150吨，处理率达到100%。生活垃圾收转运站已建成两个。麻塘老垃圾场封场建设已完成可研、环评、初步设计评审和发改立项。5条城区污水管网基本铺设到位，城市污水实现雨污分流，污水处理厂日处理能力达到1.8万吨，污水处理率达到85%。

【建筑市场】 严抓建筑工程质量安全监管，建筑市场秩序更加规范。全年完成房建、市政招标项目57个，中标金额达4.9亿元，同比增长10%；完成工程交易项目66宗，成交金额5.1亿元，同比增长12%；办理施工许可证发放62个，工程项目报建率100%；建立项目监督管理台账81个，质安监管覆盖率100%，备案项目工程合格率100%；新增二级房建施工企业2家和园林绿化资质企业1家，企业升二级资质企业两家，办理企业增项8个，全县三级以上施工企业达到16家；获批省标化工地6个，市标化工地9个，连续8年未发生一起大小质量安全事故。

【城区禁炮】 将城区禁炮工作纳入全县绩效评估体系，进一步增强了部门单位禁炮责任感。成立城区禁炮公安值班室，安排30人负责专职禁炮，城区18个居委会落实40名禁炮信息员，通过提前上门做工作，2014年共取消放炮计划256次，查处违禁放炮78起，处罚到位62起，劝导和制止城区办理丧事放炮72起，城区违禁放炮基本控制。

【危房改造工作】 2014年，全县分配到农村危房改造任务指标1700户，渔民上岸任务指标为47户，其中整体推进项目500户。截至2014年年底，全县农村危房改造1700户已全部开工，开工率达100%，竣工率达97%。全县五保户、低保户、残疾户等优先户占全县总任务数超45%。渔民上岸自建31户，购置16户，开工率达100%，竣工率达100%。

【园林绿化】 深入开展省级园林县城创建，2014年县城区新增绿量10.86万平方米。一是公园游园增绿。荣湾湖综合治理工程、城南河风光带顺利推进，荣湾湖公园面向市民开放。建成3个小游园，受到了老百姓的欢迎。二是道路绿化增绿。按照“一街一品”的总体要求，加大城区缺损苗木补植力度，对城区14条裸街、20条街道缺损的行道树进行栽补植，对无绿化带的街道增设绿化带，对4条街道绿化进行升级改造，并增设绿化护栏，城区道路绿化率达到100%。三是园林单位增绿。坚持增绿量、高品质，突出植物造景，引导立体绿化，2014年成功创建19家省级园林式单位和21家市级园林式单位。

（肖　朋）

房地产管理

【概况】 岳阳县房地产管理局现有干部职工159人，设有办公室、人事股、财经股、市场监管股（开发办）、物业办、住房保障股、政策法规股7个内设机构，产权市场所、维修资金管理中心、征收办（安鉴办）、监察大队、测绘中心、档案馆、住房保障中心、房改办、白蚁所、公田房管所、新墙房管所、筻口房管所、新开（麻塘）房管所、柏祥房管所14个二级机构，主要负责全县房地产开发管理、维修资金管理、房地产市场管理、国有土地上房屋征收与补偿管理、物业管理、白蚁防治管理、住房保障管理等工作。2014年，县房产局以规范整顿房地产市场秩序为抓手，以保民生为重点，以增税源为目标，全力推进商品房开发和城镇保障性安居工程建设，严厉打击违规开发和小产权房开发，岳阳县房地产市场日益规范，保障性住房建设稳步推进，房地产税收成倍增长，取得了较好成效。完成经济收入618.2万元，协征房地产税收5521万元。2014年被省白蚁行业协会评为“白蚁防治工作先进单位”；产权市场所成功创建市级文明窗口单位。

【住房保障工作】 住房保障工作是扩大内需、重民生、保稳定、促和谐的一项重要工作，是党和政府关注民生的一项重要惠民工程，是省、市政府考核县委、县政府的一项实事考核项目。突出项目建设。2014年目标任务为1483套（新建公租房628套，城市棚改855户）通过抓进度、保质量，新建的12个公租房项目和1个城市棚户改造已全面竣工，并顺利通过省、市检查验收，交付使用后可解决5500多人的住房困难问题。争取国家资金7123万元。加大结转项目进度督促力度，2011年的惠民廉租房项目和2012年的毛田、云山廉租房项目，通过与项目单位协调劳动住建部依法处理，县政府领导重视，项目进度明显加快，惠民廉租房附属工程已启动，已完成清表、场地平整等工程，毛田、云山已竣工验收并入住。阳光操作廉租房货币补贴和实物配租分配，实行三级会审，两次公示制度，全面接受社会监督，做到公开、公平、公正。制定了《2014廉住房租赁补贴发放实施方案》和《关于开展廉住房入住对象清查工作通知》，2014年发放廉租房住房补贴1723户，发放资金160.50万元；依法查处转租、转借34户，并全部整改到位，确保民生项目真正惠及于民。

【房地产行业管理】 2014年，县房产局突出精细管理要求，大力提升政务形象，实行阳光下运行公权，依法突出职能，推进基础工作，进一步提升房地产工作水平、规范房屋登记行为，推行一站式服务，公开办事程序，公开收费标准，公开服务承诺，提高登记效率，制定了《商品房预告登记办理程序》和《依法处理县城规划区内房屋权属登记发证历史遗留问题实施方案（试行）》等行业管理文件，同时健全乡镇发证制度，做到“三个统一”即：统一收件标准、统一审查发证、统一登记台账。2014年共计办理初始登记、产权交易、产权抵押等各项业务2899件，发证面积126万平方米；鉴定房屋99宗，开展了老楼、危楼排查工作；完成白蚁防治面积51万平方米，灭治20处；启动了老中医院等三处征收工作；办理房地产行政执法案件21起。

【房地产开发建设】 县房地产管理局严格规范市场秩序，开展房地产市场秩序专项整治，打击违法违规行为，促进了房地产业稳中有进，稳中有序发展。2014年，岳阳县房地产开发共完成投资5亿元，与2013年同期相比增长了21.5%，商品房开工项目12个，开工面积66.95万平方米，竣工面积10.26万平方米；发放预售许可证41个，批准预售面积10.26万平方米。富安商业广场、欣荣明珠、融湾首府项目已成为岳阳县项目建设新高度，城市建设新亮点。

【完善房地产税收一体化平台建设】 2010年房地产税收一体化办证系统自开始运用以来，按照“一体化运作、一窗式服务、一站式办公”的服务模式运行，为广大群众提供了高效、方便的各类涉房办证服务。特别是地产税收一体化办证系统的开通在协征房地产税收方面起到了很好的监管控制作用。为了进一步完善系统，做好新增开通项目测绘、电子档案扫、商品房网上备案信息等功能的基础工作。2014年投入150多万元完成了城区内室外项目测绘和房屋调查1.96万栋、电子绘图3万份、清理档案5.4万册；投资35万元添置了交换机、服务器等设备，进一步完善了房地产税收一体化办证信息基础平台建设，为保证房地产档案不出库，全面实现信息化管理打下了坚实基础。

【维修资金征缴工作】 2013年11月，县房地产管理局成立了维修资金管理中心，出台了《岳阳县物业专项维修资金管理办法》，进一步完善了岳阳县房地产行业的各项管理工作。2014年县房产局正式全面启动了维修资金征缴工作，相继开展了10个小区的物业专项维修资金征缴，已征缴697户，共归集维修资金687万元。

【理顺机构设置和管理体制】 2014年，县房地产管理局对原有的部分机构进行了合并、拆分，将原产权所、交易所、评估所合并成产权市场所；原法规、监察和白蚁、物业进行了拆分；人事、档案升级。同时按照责权利相统一的原则，实行能级管理、简政放权，使二级机构享有充分自主权；制定了《2014年经济目标任务及财务管理方案》和《岳阳县房地产管理局乡镇房管所管理办法》，做到定目标、控支出、重奖罚，使二级机构真正成为独立核算的责任主体，收到了“重心下移、责任落实、职能转变、效能提升”的效果。推进中层岗位交流，建立灵活高效的用人机制，将内设的7个股室和隶属的14个二级机构负责人全部进行了岗位交流。

（冯　兵）

规划工作

【概况】　岳阳县规划局为县人民政府正科级直属事业单位。内设办公室（加挂信息中心）、用地管理股、工程管理股、乡镇管理股、综合业务股、法规股、监督检查股等7个职能股室，下设县规划监察大队1个二级机构。主要职责是负责全县的城乡规划管理工作。2014年，县规划局以党的群众路线教育实践活动为契机，转变作风，务实为民，努力推进城乡规划健康有序发展，规划管理水平进一步提升，城乡规划编制进一步加快，禁违拆违治违进一步强化，圆满完成年度各项工作目标任务，被评为县全面建设小康社会综合绩效评估优秀单位。

【城乡规划管理】　县规划局从理顺审批流程，把关每个审批环节入手，充分发挥规划的引领、协调、统筹和管控作用，有力地提升全县城乡规划的管理水平。对各乡镇、特别是纳入市规划区范围的麻塘、新开私人建房，业务人员现场踏勘、合理规划、严格审批，全年核发《乡村建设规划许可证》1020份，核发洞庭明珠、荣湾首府、华中科技、骆驼饲料等建设工程规划许可证257份，核发牛牛科技发展有限公司、科兴防水材料、四化建高压阀门管件有限公司等建设用地规划许可证303份，依法依程完成“311”、新开化工机械厂、柏祥卫生院、毛田卫生院、公田养护所、贺坪路与青山路交叉口东南角、麻塘原派出所等7块地块的用地性质调整。强化依法公示与监管，公示各类批前规划方案近400次，公示率达到100%，并对城关、鹿角及三大园区的项目实行批后公示。建立信息查询系统，完成城关镇8919户、新开镇1645户、麻塘镇7718户、鹿角镇4850户的住房信息录入工作，私人建房信息查询系统建成运行。

【城乡规划编制】　2014年，县规划局以探索全县城乡统筹发展新模式为重点，加快推进规划体系的完善。一是完成了186平方千米的县城乡统筹发展示范区总体规划的编制，该规划委托中国城市规划设计研究院编制，涵盖麻塘镇镇域和新开镇镇域。二是对荣湾湖周边区域控详规划方案进行了完善优化，对县城中心城区控详规划进行了多轮部门联合审查并组织了专家评审会。三是除县城城关镇外，全县其余的19个乡镇均完成了乡镇总体规划和村镇布局规划的编制，全县乡镇规划编制实现了全覆盖。在乡镇规划编制的基础上，按照村镇建设用地相对集中、撤并零星散户的原则，积极引导村民建房向居民点集中。全年共编制完成居民点规划26个，其中铁山库区9个、新墙镇2个、黄沙街镇2个、新开镇1个、麻塘镇7个、相思乡1个、杨林乡2个、张谷英镇2个。

【禁违拆违治违】　在禁违拆违治违工作上，县规划局坚持宣传再升温，坚持多方面、多角度宣传禁违拆违治违工作，先后出动宣传车120余台次，制作控建宣传牌100多个。坚持巡控再加强，对县城实行分片包干巡查，对乡镇及“六区”的禁违拆违治违工作不定期监督，努力降低违法建设发生率。全县共开展拆违行动200余次（其中大型拆违行动36次），拆除违法建设187户，面积42562平方米（其中市控区拆49户，面积5964平方米），确保了荣湾湖周边、县储备土地、重点工程红线范围内等重点区域未新增一砖一瓦。

【禁违拆违治违工作讲评暨城乡规划编制会】　2014年8月1日，全县禁违拆违治违工作讲评暨城乡规划编制会在麻塘镇政府召开。各乡镇书记、分管城建副职、城建办主任及相关部门负责人参加会议，县委常委、副县长刘小良出席会议并讲话。会议对2014年上半年的禁违拆违治违工作作了讲评，对镇（乡）域村镇布局规划进行了部署安排，明确了任务和要求。刘小良强调，在禁违上要克服松懈心理，加大巡查禁违、依法拆违、从严治违、疏导化违力度，在规划编制上要提高认识、把握基本要求，强化工作措施，全力做好禁违和规划编制工作，为县域经济发展做出积极贡献。

【中规院汇报岳阳县城乡统筹示范区规划方案】 2014年11月20日，中国规划设计研究院设计团队在县党校小会议室就岳阳县城乡统筹示范区规划作中期汇报。县领导张中于、汤小娥、汤森林、彭西罗、李勇、刘小良、余泽世参加汇报会。设计团队主要从区域定位、产业规划、道路交通规划、基础设施、公共服务设施等方面作了汇报。与会领导及相关部门负责人对该规划方案予以了肯定，同时要求设计方在道路交通规划上与市县总体规划相对接。

【亿丰时代广场荣湾外滩规划评审】 2014年11月28日，县政府办在规划局召开亿丰时代广场和荣湾外滩规划评审会。亿丰时代广场是由湖南亿丰置业投资的城市综合体，共分为两期，总用地面积84276.21平方米，总建筑面积110000平方米，总层数12层。荣湾外滩作为一个大型房地产开发项目，由1栋多层和12栋32层的高层组成，总用地面积66860.95平方米，总建筑面积283844.62平方米。评审会由县政府办副主任刘亮甫主持，欧阳政伟、周智勇、刘理珩等市县专家及县发改局、国土局、住建局、规划局、环保局、消防大队、人防办、城关镇、荣湾湖管委会等相关单位参加会议。会议原则通过两个项目的规划方案，并就方案的进一步完善优化提出了意见。

（李　凤）

环境保护

【概况】 岳阳县环保局成立于1988年，是县人民政府组成部门，依照《中华人民共和国环境保护法》规定，行使对全县环境保护工作实施统一监督管理的职责。内设7个职能股（室）：办公室、污染管理股、环境影响评价股、法制宣传股、人事股、规划财务股、信息中心。辖6个二级机构：岳阳县环境监察大队（副科级）、岳阳县环境应急中心（副科级）、岳阳县环境信息中心、岳阳县环境监测站、岳阳县东洞庭湖环境管理所、岳阳县铁山环境管理所，其中环境监察大队和县环境应急中心合署办公。

【加强排污企业监管】 2014年对全县52家重点、规模排污企业更加有效地实行“三位一体”管理模式，对重点企业开展以企业自查和环保人员复查相结合的摸底排查，完善企业档案，根据企业的违法情节进行整治。按照上级环保部门的统一安排部署，相继开展了污染隐患大排查，饮用水源地安全监察，危险废物规范化管理等专项行动。全年共出动环境执法人员2530余人次数，对百余家企业进行了现场检查，共检查出环境问题44个，其中严重环境问题2个，较大环境问题15个，一般环境问题27个，强制捣毁3个小炼铅生产加工作坊；督促存在污染隐患的22家企业完成了整改，7家企业完成了环保设施竣工验收，1家企业办理了环评手续，全年共审核下达限期改正通知书139余份，下达行政处罚事先告知书53份、处罚决定书47份，申请法院强制执行书26家。

【部门联动办刑案】 会同公安部门、检察院联合执法，解决了往年执法监管中出现的部门断层，加强了执法力度，大大提高了工作效率。对企业环境监管中发现的违法行为，除下发限期整改通知书和进行行政处罚外，2014年，县环保局破获一起环境刑事违法案件，捣毁了长湖乡一家国家明令禁止的非法炼铅企业，公安部门已经立案，检察院已经报批，这一新突破保障了周边的环境安全和人民群众的健康，彰显了环保部门执法力度的新跨越。

【加大环保投入】 组织国家环科院和省环科院专家编制了《铁山水库生态环境保护实施方案》，力争铁山水库生态环境保护计划得到国家支持，同时编制大量项目信息录入国家项目库，作为项目储备资源。2014年，县环保局先后争取农村环境综合整治整县推进项目，资金5000万元，铁山水库区危房改建项目污水处理工程，资金200万元，公田镇铀矿、张谷英金矿区历史遗留重金属废渣安全处置工程,资金900万元,成功争取环保项目资金6100万元,较2013年的3000万元增加一倍。项目实施从设计、招标、进度、质量等方面实行了严格把关,确保项目顺利推进。新开矿区遗留矿渣重金属污染治理工程和三个问题村环境整治项目已全部完工,并顺利通过省级验收,这些项目的实施,不但完善了岳阳县环保基础设施,而且较好地改善了人民群众的生活环境质量。

【环境监测】 县政府加大环境监测能力建设力度,下拨145万元建设空气自动监测站,添置气相色谱仪、分光光度计等近30台监测设备,提高了对全县水质、空气质量、噪声污染等的监测能力。对107家企业进行了245批次污染源监督性监测,并通过监测发现75家企业超标排污;对县城空气、新墙河、新墙水库、东洞庭湖丰利水厂取水区、中洲乡费家湖和张谷英镇桐木水库按国家技术规范和要求进行了常规监测,并按上级要求新增了张谷英村、清水村、朱仑村等3个农村环境质量监测点;完成纠纷监测7次,各类委托监测项目63个。同比2013年监测工作量增加15%以上。

【行政审批】 成立建设项目环评审查领导小组,对所有引进项目进行现场察看,集体会审,确保项目符合国家法律法规规定和产业政策,因选址不当等原因否决项目16个。坚决执行建设项目环境影响评价分类分级管理相关规定,组成专家组对环评文件进行审查,对项目依法进行环评,严把项目审批关,共审批(含预审)建设项目95个,其中环评报告书5个,报告表32个,登记表58个。在排污许可证发放工作方面,制定了排污许可证发放规程程序,加强排污许可证发放的监督管理,确保依法依规发放,全年共发放正式排污许可证13个。

【规范“三同时”验收】 党组出台了“三同时”验收细则,从前期立项,办理环评手续到“三同时”的监管,再到最后的项目验收,全程严格按细则进行。新上项目必须进行环保“三同时”验收,未经验收的,一律不准投产;同时,与监察执法部门紧密合作,对投产后有违法排污行为的企业加强执法监管,保证环境安全。全年完成环保“三同时”验收项目21个。

(谢　峰)

交通·邮政

交 通

【概况】 岳阳县交通运输局主要负责全县公路水路交通基础设施的建设和管理，公路水路运输行业管理和交通战备工作。内设办公室、人事股、财务审计股、规划基建股、运输管理股、安全监督股、政策法规股、纪检监察室、工会等9个股室，下辖县道路运输管理所、县港口航务管理所、县农村公路管理所、县农村公路路政执法大队、县交通工程质量和安全监督管理站、县城市公共交通管理所、县汽车运输总公司等7个二级机构，共有干部职工894人。

2014年，岳阳县交通运输局高举项目大旗，加快交通基础设施建设，推进行业管理创新，提升服务保障水平，实现了交通运输条件的持续改善。投资1.47亿元、全长17.369千米的S208杨林至张谷英二级公路（梅城线）项目，实现全线通车。投资1.4亿元、2000吨级（兼顾3000吨）鹿角码头项目，完成投资9768万元。岳望高速项目，征拆任务基本完成，工程已开工建设。投资2300万元的三港咀、杨柳渡改桥项目，完成了桩基工程和半数系梁工程。投资750万元的张谷英三级客运站项目，全面竣工。完成通畅工程建设268千米，农村公路危桥改造26座，安保工程60千米，县乡道维修工程80千米。

【S208杨林至张谷英公路建设】 杨林至张谷英公路是省道S208（临湘江南—长沙黄花）的一段，是连接全国重点文物保护单位、国家历史文化名村张谷英的主要通道，是岳阳县“七纵五横”交通主骨架的主要构成部分。起于岳阳县杨林乡S312由北往南2.5千米处，途经杨林（王安、鲁丑、姑桥、马塝）、饶村（江南、大峰、双石、清水）、张谷英（兰陵、寺湾、张谷英、刘家、四维）等3个乡镇13个村，全长17.369千米。全线设计采用二级公路技术标准建设，路基宽12米，路面宽10.5米，沥青砼路面，设计速度60千米/小时，总投资1.47亿元。2013年8月工程开工，2014年11月全线竣工通车。

【三港咀、杨柳渡改桥】 三港咀、杨柳渡改桥横跨新墙河、游港河，连通筻口、新开、新墙三个乡镇10余万群众，预算总投资2900万元。三港咀渡改桥全长1208.886米，其中主桥181.16米，接线1027.726米，预算总投资1140万元；杨柳渡改桥全长1229.99米，其中主桥231.16米，接线998.83米，预算投资1760万元。2014年11月26日工程开工。

【张谷英三级客运站建设】 张谷英客运站是张谷英景区交通基础设施配套工程，是岳阳县乡镇首个三级客运站，总用地面积10433.20平方米，总建筑面积3880.9平方米，其中车站建筑面积2482.71平方米，综合楼面积1398.19平方米，设计场内停车位91个，发车位10个，概算总投资736.8万元。2013年7月开工，2014年10月竣工。

【治理车辆超限超载】 按照省政府统一部署，岳阳县自2014年9月1日至2015年12月31日开展治理车辆超限超载集中整治，2016年1月1日起实现常态化治理。县政府成立治理车辆超限超载工作领导小组，张中于县长任组长，王卫兵、刘四清副县长任副组长，县交通运输局、县公安局、县公路局、县交警大队等17个部门主要负责人为成员。领导小组办公室设县交通运输局，县政府办副主任续涛任主任。通过加强宣传引导、源头管理和路面执法等措施，形成了县乡联动、综合治理的治超高压态势，全县车辆超限超载运输得到有效遏制。

（刘　辉）

公　路

【概况】 县公路局担负着境内13条省、县道计302千米公路的建设、管理、养护任务。局机关内设办公室、政工股、财务审计股、机安股、总工室、综治法制办7个股室。下辖路政大队(副科级单位)、路桥公司和四个养护作业单位。

2014年，县公路局共完成公路路面挖补7460平方米，黑面13540平方米，恢复水毁28处，处治破碎板6300平方米，全年好路率67.2%，超市定3个百分点。完成公路大修21.31千米，中修1.4千米，危桥改造7座，总投资4000万元。完成103.6千米干线公路和64座桥梁基础数据调查。先后获得“2013—2014年度全省公路系统文明建设先进单位”“2014年度全县党风廉政建设先进单位”“2014年度全县安全生产工作优胜单位”“2014年度全市公路系统目标绩效考核先进单位”“2014年全市公路系统雨季公路养护竞赛优胜单位”荣誉称号。所辖杨林公路站荣获交通部文明示范窗口单位。

【大渡线大修工程】 大渡线编号为X041，大修改造工程从16公里至柏祥刘明里三岔路口，即K0+000—K8+960，全长8.96千米，其中白羊集镇200米，柏祥集镇2000米，路基宽7米，路面宽6米，原路面修建于2003年通乡公路改造时期，结构为2.5厘米的沥青拌和料表处+20厘米水稳沙砾，因路面使用超设计年限及受超载车辆影响，路面大面积损坏。2014年4月3日，县长张中于主持召开县长办公会议，明确由县公路管理局担任大修项目施工业主，大修工程分两段同步实施，分别为K0+000—K6+000，K6+000—K8+960，实施方案先对原路面软点翻浆、沉陷等病害进行挖补换填处治，路面采用20厘米水稳+26厘米水泥混凝土面板，集镇街道采用挖除原水泥混凝土面板，铺1层10厘米级配碎石垫层+1层20厘米水稳+26厘米水泥混凝土路面，新增、更换、疏通横向涵洞20道/200米，总投资1475万元。自2014年6月13日开工建设，2014年9月15日完成主体工程并正式通车。

【杨白线大修工程】 杨白线编号为X043，大修工程从公田河西坪至福胜村，即K0+000—K6+650，全长6.65千米，其中公田河西坪集镇段长650米，长安街段长750米，除河西坪集镇段路基宽12米，路面宽10米外，其他路段路基宽7米，路面宽6米，原路面修建于2003年通乡公路改造时期，由于路面已超设计年限使用和车辆超载的影响，路面大面积破坏，严重影响行车安全，须通过大修进行路况恢复和提升。大修采用18厘米5%水稳底基层+18厘米5%水稳基层+4厘米沥青混凝土下面层+3厘米沥青混凝土上面层。大修工程于2014年8月8日开工建设，2014年10月5日全面竣工通车，总投资964万元。

【八仙大桥老桥第二期危桥改造工程】 岳荣新一期公路上的八仙大桥(老桥)始建于1990年，全长391.8米，桥面宽12米，2013年1月经检测被评定为四类危桥后，县公路局于2013年11月4日动工，历时一个月完成了第一期改造，主要是对桥梁基础进行加固。第二基改造于2014年4月15日开始，7月18日正式通车，主要工作任务是更换伸缩缝、20跨桥梁支座更换和对5片受损梁进行加固，共投资712万元。

【杜家坳铁路桥危桥改造工程】 岳荣新线杜家坳桥，桩号为K97+775，桥梁全长75.06米，桥梁宽24米，共3跨，桥梁结构为20米+25米+20米预应力混凝土Ⅰ型组合桥梁，跨径总长65米，其中第二跨下跨京广铁路。老桥建于2005年，该桥自通车以来，桥梁结构没进行过全面维修，随着材料的老化和结构损伤的累积，已出现明显的病害，加上近年来公路交通运输的飞速发展，车流密度和超载车辆的不断增加，桥梁病害严重,存在安全隐患。在2014年桥梁检测中,被长沙联智桥隧检测中心评定为四类危桥,经县政府批准同意,由岳阳县公路局负责对杜家坳桥实施危桥改造,主要作业内容为支座更换、桥台加固、伸缩缝处理。总投资100万元,2014年10月8日开工建设,2014年12月10完成全部改造任务并竣工通车。

(易四现)

邮 政

【概况】 2014年,岳阳县邮政局共设两个职能部室(即综合办公室和市场经营部),3个专业部室(即大客户部、代理金融部、中心营业部),全县共设有城关两个储蓄所、1个城关支局、12个农村支局(所)和4个邮政代办所,对外邮政服务窗口18个,金融代理网点14个,拥有固定财产近3200万元。

2014年,在市邮政公司党委和地方政府的正确领导下,全年完成业务收入3600.29万元,同比增长376.45万元,增幅为11.68%,储蓄余额规模近15亿元,净增2.4亿元。新增集邮(135万元)、电子邮政(183万元)两大收入过百万元。

【代理金融业务】 邮政业务净增创历史新高。2014年,通过优化业务结构,以项目为抓手,以客户为中心,创新发展模式,加大金融投入,配合市公司"亿元工程"建设,积极营造"进位赶超"竞赛氛围,努力做大余额规模。一季度"开门红"净增突破两个亿元,增幅全省排第一。截至12月31日,全县邮储净增2.4亿元,同比增幅20.45%,居全市第一。通过开展网点"创高减低"活动,增强网点自我发展能力,全县代理储蓄网点点均净增余额达1544万元,点均余额突破1亿元大关,达到1.07亿元。新增亿元网点两个,9000万元以上的网点两个,6000万元以上的7个。渠道服务能力有效提升,黄沙街、筻口、张谷英、麻塘进行了改造升级,新增ATM机6台、存取款一体机两台,全县14个网点实现24小时金融服务,服务能力得到进一步增强。

【集邮专业】 按市局"打造千万收入俱乐部"的战略目标要求,继续完善"新邮预订+主题销售+定向开发+企业形象年册"模式,2014年实现业务收入135万元,完成计划的121.4%。

【电子邮政专业】 大力发展短信业务,实施短信"一把手"工程。注重效益,突出重点,调整机制,奖勤罚惰,打造"个人短信万元户",积极开展"绿卡短信十佳明星"竞赛活动,2014年新增绿卡短信用户4.3万余户,创历史新高,成功扣费率过76.8%,实现短信收入183万元。

【渠道建设与管控】 通过加强资源整合,强化管控、建设升级、覆盖扩面、叠加提速、品牌宣传,全力推进"便民服务"工程。加快空白乡镇建成网点的投入使用的步伐。全年新增便民服务站15个,全县便民服务站达到58个,助农取款点63个,遍布了全县部分行政村。助农取款服务的提供很大程度上方便了广大百姓,特别是偏远山区的百姓,实现了百姓家门口的"银行"。全县共有14个有效网点接入电商平台并产生交易。新开办代开国税、代收电费等新业务。2014年全县代办业务累计实现收入81.81万元,同比增长50.88%。通过加快发展,增加了服务站人员的收入,促进了服务站的稳定。所有社区服务站实现了代收资金额度管理,有效地化解了资金安全风险,促进了规范发展,实现了个人得利、邮政受惠、百姓满意、政府支持的目标。

【规范管理】 按照"深化科学管理"的要求,树立"一体化、精细化管理"理念,健全各项管理制度,强化制度执行,提高了企业管理水平。一是加强财务管控。完善财务报账、欠费、损益核算等财务管理制度,调整企业绩效考核办法,从制度上强化了发展的效益导向。提高了财务管理的规范化、科学化水平。狠抓欠费和存货管理,营收欠费明显下降,控制在市公司规定的范围以内。二是加强人力资源管理。推动薪酬福利制度改革,通过实行薪酬集中发放,开展薪酬调档调标和企业年金试行工作,一线员工每月增加薪酬500余元,员工年平均收入逐年增长。优化作业组织,落实双定标准,通过激励机制将更多的后勤支撑及管理人员引向了市场一线、营销一线。启动并完成了市公司人力资源盘活的阶段性任务：用工总量减员 4 人，圆满完成了市公司 2014 年减员任务，劳务派遣用工进一步规范和压缩，劳务派遣用工由原来的占比 60%以上下降到 38%以下。三是加强安全生产管理。以“打基础、抓关键、筑牢安全第一线”升级达标活动为主线，以季度主题活动为载体，安全生产管理进一步前移支局，保证特护时期的万无一失，保证了全年安全生产形势的平稳常态；完成了农村网点、中心机房灭火设备更新，极大提高了技防水平。四是网点建设进一步加快，围绕“亿元走廊”建设和网点“创高减低”等工作，加快网点改造建设，完成了筻口、张谷英、黄沙邮储网点升级改造和麻塘网点的搬迁改造工作，全县 6 个空白乡镇补建任务已全面完成并正式投入运行。五是投递网络改造持续推进，加快县局投递分拣生产现场改造及投递员之家建设。落实跟段检查和农村投递检查频次，加强了平常函件报刊投递质量管理。加大对商函、第三方订阅报刊等项目的投递质量管控力度，确保了项目运作效果。

（刘四清）

财政·税务

财　政

【概况】 县财政局内设办公室(信息中心)、综合规划股、预算股、国库股(财源建设办公室)、行政政法股、教科文股、经济建设股、农业股、社会保障股、企业股(金融债务股)、对外经济贸易股、农村综合改革办公室、会计股、财政监督检查股(对外称岳阳县财政监督检查局)、财计股、人事股、法规股、绩效评价中心等18个股室;同时下辖县非税收入征收管理局、县乡镇财政管理局、县农村综合开发办公室、县财政国库集中支付局等4个副科级行政支持类事业单位及县政府采购中心、县政府采购管理办公室、县国有资产管理办公室(县控购管理办公室)、县财政投资评审管理中心、县东洞庭湖财政所等5个正股级二级机构。

2014年,在全省财政管理绩效考核中,岳阳县财政供养人员控制排名全省第一位,财政管理水平排名全省第二位,财政收入质量排名全省第22位,重点支出保障排名全省第47位,综合排名全省第二位。社保、新闻宣传、资产管理、金融债务、农业综合开发、乡镇财务管理等多项工作获得全省先进。县财政局被评为2014年度全市财政目标综合考核先进单位。

【财政收入实现新突破】 2014年,面对国内外经济增速放缓、政策性减税、支柱财源减收等诸多不利因素影响,全县财税部门紧紧围绕年初确定的各项目标任务,大力挖掘增收潜力,优化支出结构,深化财政改革,强化财政监管力度,全县财政收入实现新突破。2014年,全县完成财政总收入8亿元,同比增长13%,其中:地方公共财政预算收入45199万元,增长18%;上划中央和省级收入34801万元,增长6.8%。财政收入分征收部门完成情况是:国税部门完成34093万元,增长8%;地税部门完成31667万元,增长4%;财政部门完成14240万元,增长52%。财政收入分级次完成情况是:县本级完成70748万元,增长14.18%;乡镇级完成9252万元,下降40.74%。财政收入质量不断提高,税收收入占财政收入的80.68%,收入质量在全市六县(市)中排名第一。

【财政总体实力增强】 加强与省市财政部门对接,争取上级转移支付24亿元,其中新增财力性转移支付9925万元,同比增长20%。充分发挥财政职能,配合各部门向上争取国家重点投入项目84个,落实资金7.3亿元。资源性收入中土地出让完成收入3.2亿元,砂石资源出让收入达到4.278亿元,财政总体实力增强。全年公共财政总支出完成28亿元,增长12.8%。其中民生支出19.5亿元,占财政支出比重为73%,加大了对教育、农业、社保、医疗卫生等民生项目的投入力度,落实了各项惠农政策,让人民群众共享改革发展成果。

【服务县域经济】 县财政局全力支持园区建设。2014年累计调拨资金7780万元用于园区基础设施建设,提高园区平台承载能力。园区已成为全县经济社会发展的引擎和增长极,园区重点税源企业税收占全县税收总额的70%。全力助推中小企业发展。政府贴息争取银行周转金贷款6500万元,缓解中小企业融资困难。积极落实“营改增”为核心的减税政策，减轻企业负担。协助企业争取科技攻关、成果转换、技改等补助资金3034万元，支持企业科技创新，提高企业竞争力。投入11000万元，用于城市建设和“两城同创”，完成县城6条主街道白改黑以及5条背街小巷硬化，按照省级园林县城标准对县城道路、公共绿地进行绿化和改造；投入9500万元，加快推进荣湾湖征拆及综合治理、城南河风光带建设，县城范围逐步扩大，城市品位不断提升。

【加大三农投入】 2014年，全县农林水事务共支出52876万元，其中，通过“一卡通”及时拨付各项涉农资金10060万元，生态公益林补偿资金1242万元；拨付“一事一议”财政奖补项目资金1866万元，安排村级组织运转经费3667万元；投入资金2236万元用于实施农业综合开发，安排1000万元用于沟渠疏浚；争取农村饮水安全工程资金4826万元，安排小型农田水利工程建设及河流治理资金4506万元；争取农业保险资金1832万元，用于完善农业保险体系，促进农业发展、农民增收。

【优先教育发展】 2014年，全县教育支出48581万元。拨付14500万元发放教师绩效工资，确保教师绩效工资达到人均2.2万元，另外对相思乡、毛田镇等7个半偏远乡镇780名农村中小学教师发放山区教师岗位津贴207万元，启动民办教师补助金发放；安排1298万元支持高中学校实行“阳光招生”，拨付义务教育学校公用经费4128万元；安排4000万元用于化解义务教育学校债务、消除“大班额”和改造学校危房，投入2700万元建设县中心幼儿园，争取农村义务教育薄弱学校改造及教师周转宿舍建设资金2420万元，进一步夯实教育发展基础。

【完善社保体系】 2014年，全县社会保障和就业共支出46220万元。拨付城乡救助资金8506万元、优抚资金3559万元、其他民政专项资金904万元，发放新农保和城镇居民养老保险资金36870万元，社会再就业资金1920万元。连续10年提高企业退休人员基础养老金，城镇新增就业5630人，农村劳动力新增转移就业4900人，争取资金7750万元用于保障性住房建设，社会保障水平不断提升。

【提高医疗水平】 2014年，全县医疗卫生共支出37997万元，拨付新农合、城镇居民医保、基本公共卫生服务补助资金30909万元。新农合与城镇居民医疗保险补贴标准由280元/人提高到320元/人，基本公共卫生服务人均补助标准由30元/人提高到35元/人。

【加快交通建设】 2014年，全县共投入交通建设资金14545亿元，完成S208杨林至张谷英段、大凤线大屋湾至柏祥段、鹿白线公田长安至毛田福胜段升级改造，八仙大桥、杜家坳铁路跨线桥大修及26座农村危桥改造和80千米通畅工程顺利完成。

【注重生态保护】 2014年，岳阳县入围全省首批农村环境连片综合整治重点县，争取项目资金5000万元。全年投入农村环境整治资金2000万元，拨付铁山水资源保护资金2760万元，安排垃圾无害化处理、污水处理费1600万元，安排殡葬改革及禁炮经费700万元，全县生态环境明显改善，城乡环境更加秀美宜居。

【实行全口径预算管理】 2014年，将上级固定的转移支付收入全部纳入年初预算，做实预算计划，对砂石等国有资产经营收入，土地出让收入、社会保障等基金收入编制详细的预算方案，相关收支细化到具体项目。坚持以公开为常态，将财政总预算、所有一级部门预算、97项重大民生专项资金、三公经费预算全部公开，接受社会监督。

【完善预算绩效管理改革】 对各预算部门50万元以上单项项目资金纳入预算绩效目标管理，加强项目资金跟踪总效，实行全程监管。2014年，县财政局对基本公共卫生服务、土地开发整理、城乡医疗救助、中小学校舍维修改造等专项资金进行了绩效评价，对资金使用绩效低的单位，通过约谈，暂停拨付专项资金等方式，督促其整改，提高资金使用效益。

【国库集中支付实现全覆盖】 2014年,全县192家县直一、二级预算单位和所有财政性资金全部实行国库集中支付，直接支付比率达到90.2%。

【推进公务卡制度改革】 出台《公务卡结算制度改革执行情况专项整治工作方案》(岳县财发〔2014〕15号)，压缩三公经费开支,规范公务支出行为,增强公务消费透明度。县本级预算单位全部纳入公务卡制度改革范围，办卡率达86.5%,公务卡消费占授权支付的比重由2014年年初的17.5%上升到52.4%,公务支出监管得到加强。

【政府采购】 推进政府购买服务改革，努力降低行政运行成本。2014年完成政府采购预算8150万元,节约资金1955万元、节支率达24.4%。

【财政投资评审】 进一步规范财政评审程序、强化评审质量管理,积极拓展评审范围,2014年评审项目209个，评审资金78080万元,审减投资8724万元,审减率达11.2%。

【国有资产管理】 2014年对全县157个行政事业单位的国有资产进行全面清产核资，升级国有资产信息数据库，实现国有资产从购进、使用、报废等各个环节的动态管理。

【非税收入管理工作】 严格执行收费政策，政府性基金及专项收费、土地出让收入在政务服务中心窗口统一征管，砂石收费与货物港务费实行联合征收。加强票证管理，认真清理各单位收费项目,对已取消项目,及时收回各单位票证，进一步强化以票管收。2014年全县政府非税收入完成15460万元。

【财政监督检查工作】 2014年，对县直部门及二级机构、乡镇进行了津补贴执行情况及“三公经费”专项检查;对各乡镇2013年度涉农资金发放情况、专项资金使用情况及乡镇财政运行状况进行了专项检查,对存在的问题,切实督促整改,确保财政资金规范、高效使用。

【乡镇财政财务精细化管理工作】 在消化乡镇财政收入水分，做实财政收入的同时，新增乡镇一般性转移支付2480万元,提高乡镇财政保障水平。规范乡镇财政财务制度,出台《乡镇财政所财政财务精细化管理工作考核办法》,规范资金使用和管理。加强乡镇预算编制、执行和管理,强化乡镇人大监督，乡镇财政财务精细化管理水平不断提高。2014年，筻口镇、步乡仙财政所成功创建省级标准化财政所。

(关 毅 刘 志)

城建投资管理

【概况】 县城建投资管理中心于2005年12月经市编委批准成立。与县城建投资经营有限责任公司实行两块牌子,一套人马。隶属县政府管理的正科级事业单位。党组书记、主任、总经理兼任财政局副局长。定编9人,2009年4月加挂“岳阳县中小企业信用担保公司”扩编至15人,2011年再次扩编至17人。下设办公室、工程技术股、财务股、县中小企业信用担保公司。其主要职能和经营范围为：代表政府行使城建项目投资主体职能；代表政府进行城建资金的举债和还贷；统一运作国有资产、垄断经营城市规划区内土地；负责城建项目的市场化运作和开发经营；负责全县中小企业信用担保监管。2014年,县城建投资管理中心在投资融资、城市建设、城市经营、自身建设等方面取得了一定的成绩,荣获岳阳县争取国家投入先进单位。

【融资新平台挂牌成立】 为破解融资难题，岳阳县与国家开发银行湖南省分行合资成立了开元发展(岳阳县)投资有限责任公司，公司注册资本4120万元，其中：县出资2100万元(占股51%),国开行出资2020万元(占股49%),该公司的成立为推进岳阳县融资工作具有重要意义。

【新增贷款规模 18000 万元】《荣湾湖生态新城片区开发建设项目(一期)》,于 2014 年 10 月 16 日正式通过国家开发银行湖南省分行贷审会,审批贷款额度 18000 万元,是开元发展(岳阳县)投资有限责任公司成立后实施的第一个项目。

【融资到位资金 6100 万元】 国家开发银行贷款 500 万,农业发展银行贷款 3600 万,华融湘江银行贷款 2000 万。

【城市基础设施建设投入】 县城建投资管理中心完成城市道路建设工程量 7265.61 万元,拨付工程款 3995.2 万元;完成城市下水道改造工程量 364.07 万元,拨付工程款 139.79 万元;完成人行道板改造工程量 118.52 万元,拨付工程款 70 万元;完成背街小巷改造工程量 167.37 万元,拨付工程款 46.22 万元;完成创园林县城建设工程量 1280.83 万元,拨付工程款 386 万元;完成创文明县城建设工程量 237.13 万元,拨付工程款 85.92 万元;完成城市管理及环卫设施投入 1026.29 万元,拨付工程款525.31 万元;完成城市规划投入 456.68 万元,拨付 160 万元;完成城市其他零星工程项目工程量 161.6 万元,拨付 42.38 万元。

【融资担保】 县担保公司紧紧围绕"依法经营、服务企业、稳健发展"的原则,2014 年为岳阳县中小企业担保贷款 24415 万元,实现担保收益 550 万元,确保了国有资产的保值增值,扶持了全县中小企业的发展,培育了地方财源。

(刘志成)

国家税务

【概况】 2014 年,岳阳县国家税务局围绕税收现代化的总体要求,以组织收入为中心,以"三提、三促、三保"为工作重点,齐心协力抓收入,扎实践行转作风,稳步推进"便民办税"春风行动,大力提升干部队伍素质和行政管理效能。2014 年,大力加强熟食、社会加油站、烟花鞭炮、大米加工等行业税收管理,实现入库税收 748.89 万元;组织纳税评估 83 户次,评估入库税款 497.89 万元,调减待抵扣进项税额 303.79 万元,评估移送稽查 5 户;实现铁路运输、邮政业和电信业"营改增"税收 1770.37 万元,落实小微企业所得税优惠政策,减免所得税 144 万元。2014 年全年组织国税收入 35730 万元(其中,车辆购置税 1644 万元),同比增收 7.03%。顺利通过省级文明单位复查验收、办税服务厅成功创建省级"五星级办税服务厅",并获"省级文明窗口单位"称号。

【行业税收管理工作】 2014 年 2 月,县国税局针对征纳双方信息不对称、直接从事税源管理人员相对较少和纳税人户数多、管理分散等日益突出的矛盾,税源管理的复杂性、艰巨性不断加大,传统的单一由税收管理员管户的税源管理方式已难以适应基层税收工作的现状,对加油站、烟花鞭炮、风味小鱼和河道砂石等行业全面落实税源行业化管理,以促进税收管理科学化、精细化。对内强化内部协作,征管查各部门建立内部联席会议制度,抽调业务骨干成立行业税收管理团队,加强税源分析监控,强化风险管理意识,提高税源管理的实效性、科学性。对外强化部门联动,加强与工商、质监、安监等政府职能部门的合作,调取企业生产经营数据,开展纳税评估和稽查,帮助完善行业协会机构设置,借助行业协会召集纳税人座谈会,规范行业税收秩序。2014 年对熟食行业 18 户企业开展专项调查、评估和重点稽查入库 106 万元,全行业全年入库税收达 200 万元,比上年增长 93.61%;社会加油站入库 44.69 万元,增长 24%;烟花鞭炮行业入库 150 万元,增长 25%;对大米加工行业试点农产品核定扣除政策,转出进项税额 354.2 万元。

【利用微信公众号服务纳税人】 2014 年 3 月,县国税局利用新媒体资源,开通县局微信公众号,进一步优化交流平台。微信公众号开辟了税务登记、申报征收、发票业务等九大板块和栏目,包含了订阅服务、涉税提示、一对一咨询、通知公告等功能,并指定专人对微信平台进行维护,定期向纳税人发布申报提示、最新税收法则、相关政策解读以及服务动态。

纳税人可以根据需要，点击相关栏目板块,自动获取税收信息,也可针对涉税难点进行提问，公众号服务专人将在接收提问的24小时内作出答复，真正实现了纳税提醒、税法宣传、税务咨询等自主查询和实时互动。2014年,该公众号已有包括税务干部、纳税人、特邀监察员在内的1000余人添加关注，累计发布各类涉税信息243条,在线受理纳税限性人咨询473人次,开展企业所得税汇算清缴、“营改增”政策解读等在线辅导专场4期，服务水平和办事质效大大提升。

【涉税业务实现全县通办】 2014年3月，县国税局针对办税服务厅人手有限、纳税人排队时间长、工作资源分配不均等问题，梳理出操作频繁、共享度高的业务,在全县办税大厅实行业务通办。全县通办包含税务登记、发票代开、纳税证明等24项涉税业务,纳税人在全县国税任一办税大厅、任一窗口即可办理相关业务。同时,加强岗位轮训、设备管理,建立健全同城通办工作协作机制，相关科室定期召开协作会,科室、分局之间按照管辖原则每天交换前台办理信息,跟进后续管理,打破业务办理区隔，有效地缓解了办税服务厅工作压力，提高了资源共享和办理效率。据统计,2014年3—12月,共办理“全县通办”业务2600余笔,节约了办税成本,缓解了办税资源分布不均的局面。

【普通发票邮政代开】 2014年4月,由于国税职能机构收缩,乡镇税务机构撤并，大部分乡镇未设置办税服务厅，尤其是偏远乡镇交通不便，给纳税人代开发票带来诸多不便。针对存在的突出问题，县国税局将发票代开等业务委托邮政、财政等部门办理,在全县相关乡镇共设立了13个邮政代开点，大力推行普通发票邮政代开业务。通过在各代开点发放发票代开流程业务手册，与县邮政局联合安排操作员培训，利用微信平台、纳税人QQ群等发布邮政代开范围、代开点分布等信息,让纳税人可以就近办理相关涉税业务。同时简化审批手续,实现发票代开业务“一站式”办理。自2014年4月推行邮政代开以来,13个代开点共成功开票2139份,入库税款21万元，惠及全县17个乡镇纳税人600余户纳税人。

【电信业“营改增”全面推行】 2014年6月,贯彻落实上级关于电信行业“营改增”工作部署,对2013年已经实现“营改增”的纳税人开展税源调查，对新开业的纳税人督促办理税务登记证，了解“营改增”后纳税人的税负变动情况,针对工作中的问题开展讨论，撰写调研报告，切实巩固前期工作成果。加强与同级地税部门的协作配合，密切关注辖区内营改增试点行业纳税人的户籍变动情况，做到征管范围的无缝衔接。加强与电子申报和税控收款机等系统服务商的沟通协调，及时做好电子申报缴税、税控收款机等相关系统的升级转换工作，确保试点纳税人征管方式的平稳过渡。同时,强化“营改增”政策宣传,将“营改增”新增用户加入纳税人QQ群,提示纳税人关注微信公众号,发送“营改增”最新政策、问题解读等。组织电信行业的企业财务人员召开座谈会，向纳税人通报“营改增”工作安排,听取纳税人意见和建议,针对发票领用、税控机使用等问题现场为纳税人作答。2014年，全局实现电信行业“营改增”税收429万元。

【办税服务厅获省级“五星级办税服务厅”】 县国税局办税服务厅不断完善管理机制,坚持推行“班前例会”制度,切实落实首问责任制、导税服务、延时服务、预约服务、提醒服务、一次性告知服务等基本服务制度,落实“窗口受理、内部流转、限时办结、窗口出件”的“一站式”服务,推行“免填单”服务,公开承诺八项服务,公布监督举报电话，设立举报箱、意见箱,接受纳税人和社会各界监督。倾力建设“纳税人之家”服务品牌,累计举办各类免费培训20余次，开设纳税人短信互动平台和“纳税人之家”QQ群,及时解答各类涉税问题，在税企之间建立起平等互助、征纳互通、守信互动的新平台。同时,优化整合办税服务厅,升级办税服务厅软硬件设施,设置导税服务台,创造星级办税环境,办税服务质效不断提高,纳税人满意度大幅提升。2014年10月获省级“五星级办税服务厅”称号。

（胡　元）

地方税务

【概况】 岳阳县地方税务局现有干部职工93人，内设7个科室，下辖4个税务分局、3个直属机构（稽查局、办税服务中心和信息中心）。负责全县20个乡镇6000余户纳税人的地方税收征管工作，主体税源主要集中在生物医药、建筑安装、金融保险、机械制造等行业，主体税种主要为营业税、个人所得税、企业所得税。2014年，共组织各项收入34397万元，被县委、县政府评为“绩效评估优秀单位”，获“省级文明单位”称号。

【各项收入稳步增长】 2014年，县地税局克服实体经济下行、“营改增”加速扩围、房地产市场不旺、多种优惠政策出台等多重减收因素影响，加强税源分析预测、精准发力、攻坚克难，确保了收入的稳步增长。全年共组织各项收入34397万元，同比增收2308万元，增长7.2%。其中中央级完成4127万元，同比增收738万元，增长21.78%；省级完成4035万元，同比增收40万元，增长1%；县级完成23328万元，同比增收918万元，增长4.1%；“五费三金”入库3915万元，同比增收532万元，增长15.73%。

【征管质效】 牢固树立“大征管”工作理念，紧紧围绕“强征管”工作重点，按照“统筹兼顾、创新品牌”工作举措，扎实推进，成效明显。加强了收入分析。2014年，县地税局一直把收入分析作为“强征管”和“优服务”的重要抓手，建立了收入分析常态化工作机制，按月编印了《税收收入月报》，对重要税源进行了专题调研、深度分析、并形成报告，及时向县委政府领导报送，充分发挥了收入分析“促征管、献良策”的职能作用，得到了县委政府的充分肯定。夯实了征管基础。加强发票管理，规范了未达户发票管理办法，实行了未达发票“调查、登记、限额、盖章出门”管理；开展了发票清理工作。建立了纸质文书征管档案管理，全年建立纸质档案560户，单位纳税人建档率100%，纯管户个体纳税人建档率20%。加强了税政管理。规范了房地产企业所得税和土地增值税征收方式，实行“两税”查账征收方式13户，占房地产企业的100%。开展了土地增值税的清查工作，全年对12户房地产企业进行了土地增值税清查入库，进一步完善了小税种的管理。加强了税务稽查。2014年全年共计划检查15户，对房地产、信用社、医药系统14户企业专项检查；并对结案的15户企业检查实施了“一案双查双报告”制度。创新了征管品牌。2014年，县地税局确定了以“借助税收保障办法突破行业税收征管”，将“房地产、加油站、烟花鞭炮、熟食、砖瓦”等五个行业税收征管作为征管创新项目，成效明显。与纪委等部门联合开展了小产权房税收清理。

【“营改增”税收政策】 2014年落实“营改增”试点工作，“3+7行业”（即2014年1月1日起，铁路运输和邮政业“营改增”试点；2014年6月1日起，电信业“营改增”试点），共向县国税局移交8家企业，减少营业税税源600余万元。

【队伍建设】 坚持以“团结奋进、求真务实”为标准，全面加强队伍管理，不断转变工作作风。班子活力明显增强。进一步明确了县局、分局两级班子职责，落实分级管理负责制。合理调整了班子分工，严格落实民主集中制，坚持领导带头讲团结、带头讲政治、带头讲实干、带头讲纪律，切实转变工作作风，充分发挥示范表率作用。干部素质全面提升。坚持以“内训、外培、自学”三种形式，全面提升干部业务水平。全年集中举办培训班12期，培训891人次。在全省知识竞赛中，县税务局姜慧同志代表市局荣获全省系统前50名，在省局的选调考试中，一分局刘炜同志脱颖而出；认真组织了报考注册税务师工作，2014年共有9人报名参加注税考试，其中3人取得了注册税务师资格。作风建设明显好转。扎实开展了党的群众路线教育实践活动，聚焦“四风”整改，严肃了作风纪律。突出以“治庸、治懒、治散、治奢”四治为重点，就劳动纪律、着装纪律和纳税服务等，采取明察暗访、突击检查等形式，按月通报，保持了严查纠风的高压态势，营造了遵纪守法、风清气正的浓厚氛围。纳税服务全面提质。开展了“便民办税春风行动”,认真落实省局九项便民服务举措和市局“六个一”服务规定，进一步深化了“E心一易满意地税”服务品牌建设。认真学习贯彻《纳税服务规范1.0版》,扎实推进网上办税厅的应用，全面启用了省局“税讯通”。健全“12366”、“12345”两条热线转办回复机制,回复“12345”热线咨询3条。实行了业务科室到大厅值班制和领导蹲点带班制，开辟了特殊纳税人绿色通道。同时强化惠民服务,落实税收优惠政策,2014年共计对23户纳税人减免税717.75万元。

【内部管理】 围绕作风建设的高要求,以教育实践活动为载体,坚持“精细、规范”工作要点,切实加强财务经费、基建维修、公务接待、公务用车、临聘人员等的管理。公共开支和“三公”经费较上年大幅减少。全面清理整改办公用房，共腾退办公室600多平方米。强化了工作纪律,实行了签到制度和局领导值班制度。规范后勤管理,依法规范劳务派遣关系,去年清理临时用工11人。所有基建维修项目都实现先批后修,确保手续齐全、审批到位。办公室认真抓好了舆情监控、税收宣传、信息调研,全面规范了办文办会、来信来访、督查督办工作,做好了与各级地方党政、职能部门的关系协调。

(张洁春　黄勇军)

金融保险

总 类

【概况】 岳阳县金融系统共有机构11个，其中中国人民银行岳阳县支行1个，中国农业发展银行岳阳县支行1个，中国工商银行股份有限公司岳阳县支行1个，中国农业银行股份有限公司岳阳县支行1个(下辖营业部1个、营业所2个)，中国银行股份有限公司岳阳县支行1个，中国建设银行股份有限公司岳阳荣家湾支行1个，中国邮政储蓄银行1个(下辖二级支行2个)，华融湘江银行股份有限公司岳阳县支行1个(筹建中)，农村信用合作联社1个(下辖农村信用社、分社、储蓄所等营业网点36个)，保险公司2个(支公司级)。2012—2014年，全县金融运行稳健，各项存款稳步增长，信贷投入力度加大，现金投放市场平稳，各项利润合理增长，保险业务增长较快。2014年年末，全县金融机构各项存款余额992614万元，较2014年年初增长12.89%；各项贷款余额506410万元，较2014年年初增长8.85%，较好地支持了县域经济社会又好又快发展。

全金融机构主要业务情况

表2 单位:万元

项目名称	12月余额	比11月(+-)	比年初(+-)	比年初(%)
一、各项存款	992614	-17369	113358	12.89
1.单位存款	252773	-19693	3124	1.25
2.储蓄存款	664534	6347	80893	13.86
3.财政存款	73712	-5367	29731	67.60
二、各项贷款	506710	12650	41216	8.85
1.短期贷款	228960	-19271	-36981	-13.91
2.中长期贷款	276960	31921	78789	39.76

人民银行

【概况】 中国人民银行岳阳县支行成立于1990年，机关内设办公室、货币信贷、会计国库发行3个股室，现有职工16人，其中党员13人，本科以上学历11人，大专学历5人。2014年，岳阳县支行以“唯实、从严、致和”为工作理念，强化履职能力，突出工作重点，确保货币政策传导执行，维护辖内金融稳定，促进县域经济健康稳定发展。在全市创先开办的农村土地承包经营权抵押贷款成功首发；全市人民银行系统岗位(廉政)风险防控工作会在支行成功召开；国库被长沙中支评为2011—2014年度全省国库系统先进集体。

【窗口指导】 岳阳县支行落实信贷管理要求，以年度指导意见把握各金融机构信贷投向。一是严格控制贷款规划。向上级行争取支农再贷款限额1.5亿元，累计向县联社投放2.6亿元用于支持辖内春耕生产和新型农业经营主体。二是推动银企合作项目54个，形成贷款意向7.58亿元，年底贷款到位6.97亿元。举办第三届岳阳县促进个体私营经济发展融资洽谈签约会，现场签约2300万元，年末落实1875万元。三是货币政策效应明显。至2014年年底，全县各项存款突破百亿元大关，较年初增加11.3亿元，各项贷款50.7亿元，较2014年年初增加4.1亿元。

【金融服务】 2014年，支行结合辖内社会经济发展需求，在金融服务项目上丰富内涵、拓展外延，促进金融服务质效稳步提升。一是推动金融创新服务，共对22户农户及农业企业发放地权贷款2460万元，成功做法被《金融时报》《湖南日报》《岳阳日报》、湖南卫视等多家新闻媒体报道。二是创建金融支持现代农业示范县。岳阳县被湖南省确定为金融支持现代农业示范创建县之一，出台了《岳阳县创建湖南省金融支持现代农业示范县实施方案》，建立组织架构，召开了成员单位联席会，有条不紊开展创建工作，为现代农业发展注入资金活力。三是通过开展“现金服务示范行”创建活动，拓展助农取款服务，构建“国库直通车”，建立“国债惠农服务点”等措施，较好地优化了农村金融环境，满足了农户金融需求。

【金融监管】 2014年，支行立足宏观审慎，强化风险监测管理，金融监督管理工作效果显著，营造了良好金融生态。一是持续关注辖内金融风险。全力关注岳阳县农村金融环境状况监测，重点关注高风险法人金融机构月度监测及流动性监测；做好信用联社专项票据兑付后续监测考核；及时高效地开展辖内银行机构风险排查及监测工作。二是协办打非行动。会同县金融办敦请县政府召开打击非法集资专题会议，作为组织领导成员单位之一，全力配合县政府组织对各乡镇开展了为期3天的检查、督查活动。三是协办清欠工作。支行全力配合县政府加大对国家公职人员清欠工作力度，在县电视台、手机报公开曝光182人、各级纪检部门诫勉谈话75人、依法冻结工资账户76人、依法起诉30人，年内累计收回拖欠贷款本息1161万元。

【调查研究】 2014年，支行大力开展调查研究和政务信息工作，完成60多个调研课题，74篇调研报告、综合材料、各类信息被上级行采用；其中中办、国办、人总行采用4篇，武汉分行、长沙中支采用16篇，岳阳市中支采用54篇。支行先后组织承办岳阳县委、县政府、县人大、县政协金融工作调研座谈会，积极争取地方党政对金融工作的重视，有力地推动了清收清欠、地权贷款、金融安全区创建等各项工作进一步落实。

(周　桢)

农业银行

【概况】 中国农业银行股份有限公司岳阳县支行是国有控股股份制商业银行。支行本级设综合管理部、财会运营部、客户部、风险管理部4个部室。辖营业部、新墙分理处、月田分理处、湖滨分理处4个网点。2014年，全行认真贯彻落实上级行决策部署，把握升级进位主线，深植“合规是前提，业绩论英雄”经营理念，坚持发展第一要务，坚持以客为尊，坚持深化改革，坚持严守底线，负重前行，迎难而上，各项工作取得较大进步。2014年年末，全行各项存款余额达192144万元，其中，储蓄存款余额达126910万元，对公存款余额65234万元。各项贷款余额126945万元，实现中间业务收入984万元，实现利润3208万元。2014年度被县政府评为金融机构支持县域经济发展“先进单位”。

【支持县域经济发展】 为支持地方经济发展，农行岳阳县支行克服重重困难，成功营销了荣湾湖建设投资公司5亿元项目贷款。2014年共投放荣湾湖建设、大力神电磁机械公司、源红砂石、茂昌医药、中粮米业等企业贷款近4亿元。

【服务“三农”工作】 为认真贯彻落实上级行关于做好助农取款“村村通”布放工作的会议精神，2014年，支行组织专门班子、进村入户开展工作。在研究出台《岳阳县支行“村村通”布放实施方案》的基础上，调配一定的资源来考核计价，将机关部室客户经理进行分组，以团队营销作为计价共享，空前调动了营销人员的积极性。通过明确行领导、各部门的具体工作职责，细化各环节的具体责任人和经办人，优化各小组人员组合，成立了5个专（兼）职营销小组对新墙镇、月田镇、鹿角镇、麻塘镇等21个乡镇500多个村分路营销，共计布放“村村通”机具355台，代收电费200多笔，配发专项费用5万多元。

【其他服务工作】 为提高服务水平，对支行月田分理处网点进行了装修改造，对支行营业部、新墙分理处、湖滨分理处三个网点硬件设施进行更换，主动承接了企事业退休员工养老金的代发、国库集中支付业务的代理，全力支持县财政资金规范管理和改革，努力为全县居民和机关企事业单位提供更优质的金融服务。

【基础工作】 内控组织体系和制度建设得到加强，深入持续推进“三化三铁”“三化三无”“三化三达标”创建，着力推动全行内控管理水平显著提升。逐步实现了管理上由粗放型向精细化转变，操作上由习惯性向规范化转变，全行实现了安全运营，确保了业务经营的稳健发展。全行内控工作继续保持在“一类行”行列。

【队伍建设】 深入开展群众路线教育实践活动、“员工职业操守提升年”治理活动，员工工作作风明显好转。大力推进“职工之家”、农村网点“职工小家”建设，开展困难员工慰问，人文关怀落到实处。

（刘小燕）

工商银行

【概况】 中国工商银行股份有限公司岳阳县支行，现有员工18人，内设营业管理部和综合管理部。2014年，岳阳县支行在上级行和县委、政府的正确指导和大力支持下，各项工作全面、均衡发展，内控案防水平显著提升，营销业绩突飞猛进，实现各项存款8.4亿元，各项贷款余额3.14亿元，实现营业收入1721万元。

【支行网点建设】 2014年度支行以建设国际一流现代金融企业为目标，不断发展进步，规范服务，强化全面风险管理，深化经营机制改革。配合响应岳阳县委、县政府的号召，搞好文明县城建设，提升网点服务水平。

【支持地方经济建设】 县支行为支持地方经济的发展，加强优质项目个贷营销，打造特色县域支行。转变变念，确定以优质个人信贷市场为突破口，主动走访开发商，开发商协调与地方的关系，开展现场办公，快审快批等一系列优质快捷高效的服务，在房地产市场赢得了良好的口碑，县支行办理按揭项目的有天成花园、富安商业广场、浔阳花园、新墙商贸城、东方雅苑、欣荣明珠、亿豪尚品城等项目，2014年共计发放个人按揭贷款190笔，发放贷款3064万元。加大对个体经营户贷款投放，2014年累计投放经营贷款830万元，新增个体户信用卡授信1300万元。为购车客户发放个人车贷专项信用贷款1268万元。

【内控管理】 县支行把提高服务

效率、改善服务质量作为一项重要工作来抓，全行员工积极响应，练内功，树形象，通过坚持不懈地开展形式多样的教育与培训，员工的业务素质、职业道德得到了提升，服务态度、服务质量得到了改善，队伍的团结协作精神得到了加强，2014年，县支行工作人员成功防范了几起短信、电话诈骗案，急时挽救了客户资金。

（陈学军）

建设银行

【概况】 中国建设银行股份有限公司岳阳荣家湾支行，现有正式员工21人，内设办公室、营业部、公司客户经理、个人客户经理部。2013年12月，支行全口经存款11.6亿元，贷款金额2.93亿，全年实现利润1877.36万元。县支行连续10年没有经济案件及责任安全事故，支行成功地进行网点转型工作以来，做到大堂管理秩序化、岗位责任明确化、行为规范标准化、物理分区清晰化。2014年度被县政府评为金融机构支持县域经济发展“先进单位”，被市建行评为“双基管理”先进模范行，被省建行评为“先进单位”。

【支持地方经济建设】 为支持地方经济发展，对岳阳县中小企业降低了融资准入的门槛，简化了贷款审批手续，每年组织银企洽谈会，为岳阳县一中、大沣和超市、洞庭油脂、亿豪房地产、潇湘砂石、海纳物流等单位和企业共发放贷款近亿元。

【双基建设】 （双基建设即基层和基础建设）取得实效，风险控制能力得到加强。在业务发展的同时，县支行始终把双基工作摆在重要位置，做到时时讲双基，人人重双基。在信贷业务大力发展的同时，支行始终重视信贷风险的规避和防范。把夯实基础管理，加强基层管理作风风险防范内控升级的主线，目的在于确保全行安全平稳运行，促进业务快速健康发展。一是加强教育，认识到位。要求全行员工从我做起，从自身找差距，时刻紧绷“银行就是经营风险”这根弦，违规就有风险，有风险就要付出代价。二是明确分工，责任到位。加强上岗认证，在岗制衡，离岗审查，严禁混岗操作。三是奖罚分明，执行到位，在全行开展合规办事的教育活动，在全行形成一种“我学规、我执规、我合规”的氛围。四是查防结合，监督到位。执行制度不走样，重点在监督，查防结合。五是上下同心，服务到位。防案件，强内控，开展“双基”管理活动。

【服务工作】 2014年，荣家湾支行继续狠抓落实服务工作，大力提升服务水平，一是树立服务理念，打牢服务根基。要求每个员工时刻怀着一颗感恩的心，树立“服务就是竞争”的思想，以优质服务全面提升核心竞争力。二是注重服务细节，做好服务讲评，进一步规范服务标准，统一服务行为、服务设施、服务形象，以服务管理精细化推动服务上台阶。三是提升服务技能的培训，根据每个员工的业务技能状况，有针对性地进行学习，有力地促进了服务效率的提高。四是建立激励约束机制，提升服务水平。建立优质服务目标责任制，支行成立以行长任组长的“优质服务”活动领导小组，制定服务考核方案，将服务质量纳入目标管理和绩效考核；对服务工作严管、严查、严要求，加大服务检查、评比、考核力度，使优质服务更加深入、更加扎实、更加有效。通过狠抓服务提高水平，支行服务工作得到进一步提升，服务态度、服务能力大有进步。

【队伍建设】 在工作中支行注重加强班子成员团结协作，一把手带动全体员工团结一心，做到心往一处想，劲往一处使，坚持“人才兴行，以人为本”，着力推进“成才计划”和其他有效的举措，提高员工综合素质，充分挖掘员工的积极性和创造力。在工作中支行设身处地为员工着想，及时解决他们工作的问题，关爱员工，倡导员工快乐工作。在生活中，支行班子及时了解员工生活上的困难，出谋划策，帮忙解决问题。2014年，运行按照市行关爱员工指示建立了支行职工之家，配备了跑步机等各项健身器材，并在支行院子兴建了篮球场、羽毛球场，大大丰富了员工的业余生活。

（余长三）

农业发展银行

【概况】 中国农业发展银行岳阳县支行现有在职干部职工17人，内设办公室、客户服务部、财务结算部；主要开展粮食收购贷款、农业产业化龙头企业贷款、农业基础设施中长期贷款业务；2014年积极支持本地粮油收购和县域经济建设，全年累计发放各类贷款3312万元，年末各项贷款余额55941万元；被市分行确定为全市信贷会计基础工作示范行，获评岳阳市分行2014年度党风廉政建设和安全保卫达标单位。

【支持县域经济发展】 启动最低价粮食收购预案，积极支持粮油收购。支持中央储备粮卫农直属库根据国家启动最低收购价预案政策，收购入库稻谷5060万千克；农发行直接对卫农粮库发放贷款1400万元、对荣湾粮库发发放贷款412万元，审查支付早稻最低收购价粮收购资金6737万元和中晚稻最低收购价资金7079万元，共入库早稻2695万千克、晚稻2565万千克。稳妥支持农业产业化龙头企业，继续向岳阳县芭蕉扇业有限责任公司发放商业性流动资金贷款1500万元。

【贷款划转】 2014年6月20日，按照上级行部署，县农发行对中央储备粮卫农直属库贷款36828万元划至岳阳小港中心库。

（李青竹）

农村信用合作联社

【概况】 截至2014年12月末，岳阳县农村信用合作联社下辖27个信用社（部）、9个分社储蓄所，机构网点覆盖城乡，在职员工382人。全县农村信用社全县信用社各项存款余额279980万元，比年初净增21163万元，增幅达8.1%；股本金余额19488万元；各项贷款余额228799万元，比年初净放21925万元，增幅达10.6%，存、贷款规模总量及份额均居全县金融机构首位，其中在全县银行业中的市场份额分别为30.5%和44.2%；总收入17130万元，总支出17122万元，实现经营利润3691万元，收支轧差账面盈余8万元。

【支农工作】 2014年，岳阳县信用联社信贷工作在做大、做强、做优小额农贷品牌的基础上，积极开发和探索新的贷款品种，在全市率先推出了农村土地经营承包权抵押贷款，重点支持了一批经济效益好、产品有销路、信用等级高的农村种养大户、个体工商户和小微企业的发展。截至2014年年末，累计发放各项贷款131962万元，其中，累投农户贷款85191万元，累投企业贷款33580万元，中小企业银企洽谈签约贷款履约率108%，为支持县域经济发展做出了贡献。

【网络平台建设】 综合业务系统、信贷管理系统、办公自动化三大系统为核心的科技平台的打造，实现了储蓄业务、结算业务全国联网，实时办理。2014年是全省农村信用社“电子银行业务推广年”，岳阳县农村信用社所有营业网点实现WIFI全覆盖，通过全面客户营销，优化服务环境，提升用户体验，促进了电子银行业务推广。全年共营销福祥卡3.2万张，手机银行开户13292户，网上银行开户4958户，便民卡开卡3021张。

【农商银行改革】 2014年，岳阳县信用联社力推产权改革工作，加强与政府部门的沟通协调，争取了包括县委书记、县长和主管副县长在内的县委政府主要领导的重视；10月份，组织政府主要领导、相关职能部门负责人前往平江、华容学习取经。目前，农村商业银行改革的前期准备工作均已完成，改革启动呼之欲出。

【提升产品创新能力】 岳阳县联社每位班子成员有一个产品创新联系点，每个行社今年至少开发3—5个金融产品。实行差别授权管理，对市场需求旺、信用环境好、管理能力强的网点和客户经理要扩大贷款调查和审批权。

【助农金融服务】 为了保持发展趋势，为居民提供更多的业务选择，岳阳县信用联社通过积极协调,8月份正式与县人社局签订了全县城乡社保IC卡代理协议,4个月时间在全县发卡371838张,相当于每两个岳阳县人便持有一张农村信用社的社保IC卡,为惠农社保一卡通工作奠定了良好的基础。同时,加大全县金融机具的布放力度,全年新完成了7台ATM机和168台POS机的安装,年底实现了ATM机乡镇全覆盖,POS机乡村全覆盖。

（余　乐）

中国银行

【概况】 中国银行股份有限公司岳阳县支行,现有员工13人。至2014年12月,中国银行岳阳县支行各项人民币存款时点余额35632万元,较年初新增4809万元,外币储蓄存款余额37万美元,较年初新增13万美元;各项贷款余额10198万元,较年初增长7380万元,其中公司贷款6684万元,较年初增长4201万元,个人贷款3514万元,较年初增长3179万元;实现净收入1160万元;绩效考核得分97.05分,位列全市辖内第二。2014年被岳阳县委、县人民政府评为全面建成小康社会综合绩效"良好县直单位",社会综合治理工作"优秀单位"、金融机构支持县域经济发展"优秀单位",被省中行评为"中银优秀集体""中国银行湖南省文明优质服务百佳示范网点"。

【支持县域经济发展】 通过对县域企业进行认真梳理,筛选出像慧璟科技、湘渝科技、首创环保等一批资质优良、业绩良好的企业作为授信对象,加大贷款扶持力度,2014年共投放公司类贷款6600多万元。零售贷款实现较快发展,在新开发楼盘开发商和贷款客户中建立了良好信誉,全年累计发放个人投资经营贷款329万元,个人住房按揭贷款4420万元,信用卡分期662万元。

【农村金融服务工作】 根据省行慈利"农村金融服务工作会议"精神,支行把拓展农村金融服务工作作为2014年的一项重要工作,成立了岳阳县支行拓展农村金融服务工作办公室,专人负责惠富通业务拓展、福农卡营销以及中银商户通、POS机业务的申报和安装、推广,明确各自职责,支行在人、财、物上进行大力支持,营业间制作富农卡宣传牌,LED显示屏打出惠富通宣传广告,确定以城关镇、黄沙街、麻塘镇和鹿角镇4个乡镇为目标,充分利用营销拆迁补偿款的时机,大力拓展以上4个乡镇的农村金融服务工作,通过以点带面,拓展岳阳县农村金融业务。2014年发放福农卡800多张,拓展商户8户,安装惠富通和POS机8台。

【内部管控工作】 3月份,支行组织员工认真学习了市分行赵勇副行长在岳阳分行2014年党风廉政建设工作会议上的报告《认真学习党的十八大和中纪委二次全会精神　加强党风廉政建设和安全保卫工作》,与支行每位员工签订了《员工职业道德与防案承诺保证书》;5月份,支行召开案件风险排查专题会议,传达、学习了省行邵书记的《统一思想认识　彻查案件风险全力遏制案件风险事件多发势头》报告和市分行赵勇副行长《警醒自律,查防管控,远离民间借贷》报告,支行行长根据案件风险排查活动要求作了《落实案件风险排查要求　努力打造平安中行》的报告,进一步加大对员工思想行为和对员工参与民间借贷、非法集资的排查。同时,支行还通过操作合规培训与教育,规范员工操作行为,利用晨会组织员工学习集中授权差错分析,提高授权通过率,通过对运营OCR系统监控和月度讲评会,加强员工合规教育,内控管理工作跨入全省先进行列。

【网点服务达标工作】 支行以争创省行"十佳、百佳"示范网点活动为契机,积极开展网点服务达标工作,对员工开展文明优质服务考评,加大检查力度,明确奖惩机制,通过整改、练兵等举措完善网点面貌、振奋员工精神、提升服务水平。2014年,中国银行岳阳县支行文明优质服务工作被省中行评为湖南省文明优质服务"百佳示范网点"。

【安保工作】 通过每日晨会、每月检查、每季讲评等多种形式,加强内部管控,强化责任意识,通过安全轮值,全行参与,组织员工学习视频查看问题清单、改进尾箱归集点等措施，提升全行员工的思想认识和行为规范，树立依法合规经营就是效益的正确观念。12月份，支行组织全体员工开展了一次年度消防演练，检验了员工应对火情的处置能力，提升了员工的消防安全意识，达到了预期目的。

（康建军）

邮政储蓄银行

【概况】 中国邮政储蓄银行股份有限公司岳阳县支行于2008年4月22日正式成立，现有员工43人，内设三农金融部、公司业务部、综合管理部共三个部门，下辖东方路支行、新荣支行两个二级支行和14个邮政代理网点。中国邮政储蓄银行依托邮政网络优势，不断拓宽营销渠道，完善服务功能，为广大群众提供更全面、更便捷的基础金融服务，成为一家资本充足、内控严密、营运安全、功能齐全的现代银行。截至2014年年末，自营网点各项存款结余6亿元，全年累计发放贷款2.33亿元，各项贷款结余2.85亿元。县支行连续6年无经济案件及责任安全事故；2014年，岳阳县支行在全省邮政储蓄银行争先进位活动中赢得“进位奖”，被邮政储蓄银行湖南省分行评为“内河运输船舶抵押贷款特色支行”，东方路支行公司客户经理李敏荣获省行级“芙蓉百岗明星”，被市分行评为“2014年度先进党支部”等荣誉。

【支持县域经济发展】 岳阳县支行以服务全县经济发展为己任，依托邮储银行点多面广的优势，全年代发全县各类三农补贴、退耕还林、生猪补贴、计划生育等涉农补贴资金达到2亿元左右，累计代发农村低保和城市低保31.6万户，金额6086多万元，累计代发各类涉农补贴79万户，金额2.02亿元，为广大城乡居民及企业提供了优质的金融服务。并始终坚持致力于服务“三农”、服务中小企业、服务地方经济发展，先后在农业种养殖、工业微小企业等县域经济主体投放了7.9亿元贷款。岳阳县支行始终坚持“阳光信贷”“优质服务”的宗旨，坚持信贷员“八不准”原则，以优质、透明的服务赢得市场和口碑，为邮政储蓄银行树立了良好的形象，在一定程度上促进了县域经济的发展。

【商贷船舶贷特色业务】 岳阳县支行于2012年7月份成功开办船舶抵押商务贷款，通过两年多的业务发展，不论是在市场拓展能力方面还是在风险控制方面都积累了一定的经验。截至2014年年末，船舶贷全年放款5432万元，累计放款10949万元，贷款结余5956.7万元，船舶贷款的业务量占岳阳市分行的60%以上，船舶贷资产质量优良，没有出现一笔逾期，被湖南省分行评为“特色支行”。

【送贷款下乡工作】 2014年5月16日，由岳阳县支行、柏祥镇人民政府联合举办的“送亿元贷款下乡”活动在柏祥镇政府召开。岳阳市分行零售信贷部总经理易英明、岳阳县支行行长魏崇华、副行长陈忠世等领导出席会议。柏祥镇各村负责人、柏祥镇养猪户、商户代表、九鼎农牧有限公司代表等70多人应邀参加。现场已有20个客户有资金需求，需求量340万元以上，累计发放贷款470万元。岳阳县支行自成立以来，一直致力于普惠三农，为支持此次活动，岳阳市分行将在信贷额度上予以充分保证，并推行“九鼎公司+农户”的便利发展模式，维护养猪产业链和农户的稳定。2014年累计发放涉农贷款4000万元。

【加强合规管理】 2014年，岳阳县支行按照上级行的统一部署与安排，为进一步落实合规管理，建立优良的合规文化，在总结2013年“合规大讨论”活动良好成效和经验的基础上，有效地开展和组织了“合规大行动”活动。活动中，行领导带头宣讲，亲自授课，各部门和二级支行组织开展了集中学习和讨论。学习了部门岗位制度、《合规大行动学习手册》《中国邮政储蓄银行员工违规行为处理办法（试行）》等内容，通过学习和讨论，形成学习纪要15条，讨论纪要15条，查找出违规操作及违规意识方面问题12条。11月下旬，邮政储蓄银行总行督导检查小组对岳阳县支行“合规大行动”活动开展情况进行了检查。岳阳县支行工作得到了总行督导检查小组的肯定。

（喻雪峰）

财产保险

【概况】 中国人民财产保险股份有限公司岳阳支公司隶属岳阳市分公司管理，现有三版员工17人、个代营销员24人，下设2个对外服务大厅（出单大厅、理赔大厅）、3个业务部室、1个三农保险服务部。

【商业险工作】 2014年，公司全年共完成各种商业险保费2238.78万元，支付赔款1338.86万元。其中车辆险保费收入1566.63万元，支付赔款1047.63万元；非车险保费收入198.79万元，支付赔款47.93万元；农险保费473.36万元，支付赔款243.3万元。

【保险服务工作】 公司各项服务功能齐全，设备先进、查勘定损理赔服务配备了两台专门车辆、两名专职理赔外勤服务人员，两台平板电脑现场处理赔案，“95518”服务热线全国联网，节假日不休，全天候值班，反应快速，服务到位，任何时候发案，均可在第一时间赶赴现场；为推进农村保险，促进社会主义新农村建设，为客户保险服务提供了极大的方便。

【开展“安责险”工作】 公司在2014年跟建管站联系后，新开展了非车险业务：建筑施工行业安全生产责任保险，简称“安责险”，主要保险责任是因安全生产事故造成的第三人人身伤亡和财产损失、应急救援、事故鉴定、法律服务等善后处理费用；以及因意外事故造成的工程项目施工人员及与工程有关并进入施工现场的所有人员死亡、残疾、医疗费用。保险的签订大大降低了投保了安责险的施工单位各项风险，2014年投保金额为31.59万元。

【售后服务工作】 公司坚持诚信为本、快速理赔，充分利用人保的资金优势、技术优势、网络优势和人才优势，积极地做好各项售后服务，尽最大努力降低和减少被保险人因各种灾害和意外伤害所带来的经济损失。主动为县委、县政府排忧解难，有效地维护了社会稳定和人民生命财产的安全。

【服务地方经济】 公司以促进地方经济发展为己任，2014年为岳阳县地方财政缴纳税费223万多元。县委、县政府安排的建整扶贫、新农村建设、防汛抗灾、计划生育、社会维稳等项中心工作，公司都确定专门人员、专门经费，确保了各项任务的完成。2014年，公司获省工商行政管理局授予的“重合同、守信用单位”称号。

（王伟娣）

人寿保险

【概况】 公司主要经营人寿保险，健康保险，意外伤害保险等各类人身保险业务及部分财产保险。县人寿保险公司设有“一室五部”即经理室、综合管理部、个险销售部、团险销售部、银行保险部、客户服务部。现有干部职工21人，业务代理人186人，服务网点延伸至全县18个乡镇，为全县人民提供了更为方便、快捷、优质的保险服务。

【企业文化】 公司秉持“成己为人，成人达己”的“双成”理念，倡导“求真务实、规范严谨、令行禁止、艰苦奋斗、创新争先”的工作作风，积极推进“外塑形象、内树精神”的文化建设工程，全面塑造“厚重诚信、自强致远”的企业品格。

【业务发展】 岳阳支公司2014年完成总保费5288.14万元，其中短险保费达成498.69万元，提前一个季度达成全年目标，首年新单保费2132.11万元，续期保费：2657.34万元，其中十年期新单保费535.32万元。

【个险业务】 截至2014年12月31日，个险渠道完成保费3161万元，同比增长26.3%；完成新单期缴584.33万元，同比增长31.33%，其中10年期430.43万元，同比增长33%。在全省星级农服部创新晋级工程中，县人寿保险公司新墙营销服务部、公田营销服务部全部晋升成功，达标省级“绿洲工程”重点营销服务部。

【团险业务】 2014年，在县域经济条件艰难及保险市场竞争日益激烈的情况下，支公司坚决执行上级公司决策，加大团险主要规模渠道的投入，认真做好业务公关，为支公司团险渠道在考核达标中奠定了坚实的基础。2014年，支公司既有的主要规模渠道（学平险)得到了全力维护,其他渠道业务如:“计生险”“小额信贷”“建工险”“员福”“老年人保险” 等都已走上良性的发展轨道。

【银保业务】 2014年，面对竞争激烈的银邮市场，在强化对银行客户经理综合素质培训的基础上，进一步加大了对渠道的管理和维护,对银行渠道进行了梳理，对其架构做了调整，使渠道管理更具有专业化、规范化。在红利分配较低的情况下，公司做到了没有出现大的麻烦，业务发展与去年相比虽然有所下降，但银保渠道各代理网点市场占有率仍稳居岳阳县各保险公司第一，有力地保证公司在岳阳县的市场引领地位不动摇。

【队伍建设】 岳阳支公司在市分公司的统一运作下，无论是管理干部还是销售队伍，给力队伍建设。1月份调整领导班子,提拔了一名副经理、一名部门经理,从而充实了管理力量。特别是个险的销售队伍，通过市公司的统一规划部署,培训部的统一教育培训，从新人面谈及创业说明会，到参加市公司的初管营，初管营的训练让新人接受前所未有的知识、活动等，为新人的后段成长搭建平台,并且鼓励新人充满激情、活力和毅力，队伍建设是企业建设的关键,是分公司“一把手工程”的落脚点。按照“要想上业务,首先上队伍”的原则,公司在机关选拔撤换了8名骨干，在农网选拔撤换了12名主管,在整个队伍累计发展新员80余人。优秀骨干和新鲜血液的加入，使整个队伍出现蓬勃生机，正确的价值取向得到确立,各项工作逐步上台阶,工作效率和业绩明显提升。

【服务工作】 岳阳支公司响应保监委号召“保险,让生活更美好”,将公司服务与业务发展摆在同等重要的位置,以“忠诚服务、笃守信誉”为宗旨,以“成人达己、成己为人”为经营理念,把员工的素质教育放在首位，不仅通过柜面大厅的服务和银保、个险队伍一对一的服务让客户高兴而来，满意而归,还利用”95519“为客户提供卓有成效的服务(可咨询、查询、挂失、理赔等),同时国寿“6·16”与广大客户交流的平台，拉近了公司与客户、公司与业务伙伴、业务伙伴与客户的沟通。

（邓小兰）

中华联保

【概况】 中华联合财产保险股份有限公司岳阳县支公司成立于2005年12月,设经理室、综合科、业务科、农险科、理赔科五个科室。2014年,中华联合财产保险股份有限公司岳阳县支公司转变发展方式,深化内控管理,强化依法合规,各项工作取得了较好成绩。2014年，市公司下达县公司全年目标任务3888万元,其中,商业保险任务1588万元，农业保险任务2300万元。截至12月21日,县公司完成商业保险1308万元，完成全年目标任务的82.3%,同比增长3.85个百分点；完成农业保险2491万元，完成全年目标任务的108%,同比增长12%。商业保险和农险合计完成3799万元，完成全年总目标任务的97.7%，加上12月底农险及商业险生效保费,确保完成了全年总目标任务。

【团队建设】 全面、系统地制定了学习计划,坚持组织集体学习。学习内容涵盖政治理论、营销理论、法律法规、职业操守、专业知识、企业文化等方面内容。结合总公司“理赔服务年”活动,公司开展了争创“优质服务明星”活动，在员工之间大力开展比服务意识、比服务本领的专项竞赛。员工整体素质、业务技能、服务意识得到了明显提升，公司活力逐步形成。被评为“打造学习型团队先进单位”。

【内控管理】 针对办公、承保、人事、财务、理赔、费用、出勤等方面,完善了相关管理制度,并建立了奖优罚劣考核机制，及时推出各岗位标杆。积极响应省公司“将每一笔赔款当作宣传费使用”的服务口号,将立案率、结案率、结案周期、未决清理等理赔数据作为客服人员重要考核指标，理赔服务质量得到了明显提升。

【保险职能】 在做好传统业务的同时,关注民生领域,为客户提供最大限度的保险保障，实现政策“必保”、客户“想保”与公司“可保”的有机结合,有效地解决了摩托车、农机车等部分保险“投保难”的问题。在全省政策性保险多个领域开展业务。

（胥　沛）

教育·体育·科技

教　育

【综述】 2014年，县教育局围绕“办人民满意教育”的总体目标，按照“强基础、求实效、提品味”的工作思路，加大投入保障力度，扎实推进教育强县建设，有力地推动了全县教育事业又好又快发展。

大力改善办学条件。2014年，全县教育投入4.7亿元，其中县本级投入3.6亿元。投入1500万元解决“大班额”问题，在荷花塘、新长征等7所学校新建、改造教学楼1.8万平方米，增加学位1080个。争取农村中小学维修改造等各级项目资金1708万，拆除危房16栋，维修加固21栋，新建10栋，并解决了10所农村小学的安全饮用水、食堂和厕所问题；改善义务教育学校寄宿生住宿条件，配置床铺8338个，实现了一人一铺。投入80万元，装备图书、教学仪器，新建“班班通”教室19个，“班班通”总数达565个。岳阳县进入国家全面改善贫困地区义务教育薄弱学校基本办学条件项目二类县笼子，连续五年每年获得1600万元项目资金支持，2014年改造薄弱学校27所。

加强教师队伍建设。公开招聘差缺学科教师192名，补充到农村学校或薄弱学校；实施教师“支教、援教、走教”工程，挑选100名城区和近城地区骨干教师到农村支教，组织一批优秀教师到薄弱学校援教，每个乡镇规模学校安排专任教师到教学点走教，促进师资均衡。完善教师培训学分登记管理制度，全面落实“国培、省培”计划，创新教师“点餐”、送培下乡等培训模式，轮训教师1200余人，整体提升教师队伍素质。加强师德建设，组织优秀教师成立师德宣讲团，深入全县各乡镇开展师德巡回宣讲活动，促使全县师德水平进一步提高，涌现了“全国模范教师”黄亚飞、“湖南省运达乡村教师”奖获得者毛阳保、“岳阳市最美乡村教师”丁群芳等一大批师德典型。其中，黄亚飞老师受到国家主席习近平、总理李克强等党和国家领导人接见。提高教师生活待遇，将高中阶段、义务教育阶段教师绩效工资全部按2.2万元标准纳入县财政预算，发放偏远山区农村学校教师津贴207.2万元；推进教师安居工程，投入800万元，在张谷英镇、毛田镇等9个乡镇新建144套教师周转房，完成相思乡、步仙乡等11个乡镇450套公租房的项目选址。教师节投入48万元，共表彰优秀教师161人，其中扎根山区优秀教师9人，最美教师40人，教育系统特殊贡献奖12人；优秀校长8人，优秀班主任20人，师德标兵20人，优秀教师58人，优秀教育工作者2人；资助贫困教师40人。

全面推进教育改革。改革教育绩效管理，修订教育绩效考评方案，精简考评指标，将原来1000多个计分点缩减到高中学校50余个、其他学校30余个；实行学校发展性评价，根据学校差异，由学校自主选定考核目标，共性目标横向评价，个性目标纵向评价；改革考核评价方式，由年终考核调整为形成性考核与年终考核相结合，更加注重形成性评价，促进学校自主办学，自主发展。改革教育督导管理，建立督学责任区制度，聘任25名机关干部担任责任区督学，全县完全小学以上学校实行责任督学挂牌督导，学校办学水平与片区督学、校长、行政干部及教师进行捆绑评价。将乡镇党委政府教育履职情况纳入党政绩效考评体系，促进教育工作责任落实。改革课堂教学管理,全面开展“课改样板校”建设,加强课改指导与督查,积极构建“自主、合作、探究”的高效课堂教学模式。筻口镇的“双轮驱动,阵地前移”管理模式和“五加一”课堂教学模式,麻塘镇的“五步递进”导学模式,荷花塘小学的“认、学、议、练”四步教学法等课改探索都取得实效。

保障落实教育民生。校园安全方面,推进省级“平安校园先进县”建设,以校园安全、校车安全、校舍安全、食品安全为重点,抓实安全精细管理,加强安全工作督查,及时消除安全隐患。全县中小学校、幼儿园全部装备“一键式”报警系统,与公安机关报警平台联网,全面提升了校园安全防范能力。全县未发生一起重大校园安全责任事故,校园安保工作代表全省迎接了公安部的检查,县教育局被评为岳阳市校车安全管理工作先进单位、岳阳市教育安全工作先进单位。惠民助学方面,发放各类助学资金1077.5万元,资助学生9834人。争取中国扶贫基金会捐赠价值60万元厨房设备,改善了20所学校食堂条件。发展壮大教育基金,募集资金645万元,资助、奖励学生80人。教育服务方面,建立教育阳光服务中心和学校服务站,完善服务体系,办理建议提案17件,办理“12345”热线、群众诉求、网络舆情160多件。

狠抓教育质量提高。全面推进素质教育,加强和改进德育教育,广泛开展社会主义核心价值观、中国梦教育以及文明创建、志愿者服务等活动。扎实抓好心理健康教育、劳动实践、科技创新、体艺“2+1”教育,全面提高学生的综合素质。全县中小学生在市级以上各类竞赛中获奖230余人次,其中国家级奖励10人次,张谷英镇中心学校学生张海标被评为2014年度湖南省“最美孝心少年”,县教育局被教育部评为“全国青少年五好小公民‘美丽中国·我的中国梦’主题教育活动先进集体”。狠抓教育教学管理,加强教学常规督查和教学视导,强化教育质量监测,全面提高教育质量。全县小学生入学率、巩固率均达100%,初中生巩固率99.81%,普高学生巩固率达98.5%。衡量基础教育质量的各项指标位居全市前列。2014年,岳阳县高中学考合格率达到87.61%,排名全市第三;高考一二本上线1783人,一二本上线人数、一本上线率、600分以上人数均居全市各县市区第一,岳阳市文理科状元均被岳阳县摘得,3人被北大、清华录取。

2014年,在岳阳市委、市政府小康社会综合绩效考核中,岳阳县教育工作获得满分;在岳阳市政府教育为民办实事工作评价中,岳阳县教育工作被评定为优秀等级;在全市县级教育行政工作督导评估中,岳阳县教育局荣获全市综合先进单位。同时,岳阳县教育局被市委、市政府评为市级文明标兵单位。

【全面实施高中“阳光招生”】 5月20日,县委办、县政府办联合下发《关于在全县中小学校全面实施“阳光招生”工作的通知》(岳县办〔2014〕51号),从2014年秋季开始,全县全面实施普通高中“阳光招生”,严格按计划招生,严格按分数录取,严格执行“三限政策”,示范性高中招生指标向农村、山区初中倾斜,扩大计内招生比例。招生政策、录取过程、招生结果全过程公开,阳光透明、公平公正。严肃处理违规招生行为,各高中没有接收一个“条子生”“关系生”,没有降分录取一名学生。普高生源质量得到整体提升,省示范性高中县一中招生规模从1670人下降到1169人,班额从近75人下降到55人;县一中人平总分达880分,比去年平均分提高40多分,其他高中生源质量都有大幅度提高;职高招生规模翻了一番,超过一千人,促进了普职协调发展。

【化解教育债务】 2014年8月,县政府成立教育化债工作领导小组,制定《岳阳县化解义务教育学校债务实施方案》,由县审计局对全县义务教育债务进行第一轮审计,并招标第三方审计机构湖南博盛会计师事务所对全县各类公办学校债务进行第二轮审计。建立全县义务教育债务电子台账,全面采集所有义务教育学校的债主信息,了解债主的偿债意愿,收集债主银行开户的必备资料,加快推进了教育化债工作。12月11日,全县防控教育新增债务管理工作会在县委党校召开,各乡镇中心学校、县直学校校长,县教育局、县政府办相关负责人参加会议，县政府副县长周里出席会议并作讲话。会议由县教育局局长李有根主持。会议全面解读了《岳阳县防控教育新增债务管理办法（试行）》，就加强教育债务管理、项目建设管理、设备采购管理、教育财务管理等进一步明确了工作要求、强化了工作责任，要求各学校要坚持依法办学，切实加强教育财务管理，严格控制新增教育债务，促进教育事业持续健康发展。

【全面推进教育信息化建设】 2014年，县教育局将教育信息化建设作为年度重点工程推进。7月10日，组织各乡镇中心学校校长、县直各学校校长及部分初中学校和中心小学校长赴华容县学习考察教育信息化建设工作，并在华容县马鞍山实验小学召开全县教育信息化推进会，对全县教育信息化建设工作作出具体部署。加强教育信息化技术应用培训，组织专业人员利用双休日对20个乡镇的在职教师进行了第一轮“多媒体”设备应用和教学资源应用集中培训，轮训教师2600人；由各学校组织开展教师计算机基本功培训，使所有教师会使用计算机制作课件，会使用网络资源，县教育局组织考试，确保了人人过关。

【召开2014年度教育工作计划总结会】 2月11日，县教育工作计划总结会在县教育宾馆四楼会议室召开。县教育局党委书记、局长李有根作《务实拼搏，开拓创新，奋力谱写教育强县建设新篇章》的主题工作报告，回顾总结了2013年教育工作，对2014年教育工作作了具体部署。会议对课改、春季开学工作及党风廉政建设与反腐败工作作了动员部署，对2013年度教育工作先进单位予以表彰，四位优秀教师代表作了课改经验介绍。各学校向县教育局递交了工作责任状。

【召开2014年下学期教育工作会】 8月26日，岳阳县2014年下学期教育工作会在县教育宾馆四楼会议室召开。各乡镇分管教育领导、各县直学校校长、书记、各乡镇中心学校校长、常务副校长、初中校长、中心小学校长，民办学校负责人及县教育局全体机关干部职工共200余人参加会议。县教育局党委书记、局长李有根作主题报告，副县长周里、县人大副主任周建军、县委副书记汤小娥分别作重要讲话。会议对开学工作作了具体部署，强调了收费纪律，与会校长向县教育局递交了收费工作、控流保学工作责任状。会议还颁布了《岳阳县2014年中小学校及幼儿园发展性评价方案》，并作解读辅导。

【市委常委、市委组织部长王瑰曙到岳阳县调研】 9月9日，市委常委、市委组织部长王瑰曙来岳阳县开展教师节调研慰问活动。县领导毛知兵、王保林、周里及县教育局局长李有根陪同调研。王瑰曙一行先后来到新墙镇中心小学和新墙镇中心学校，看望慰问困难党员和骨干教师，并在县教育局召开教师人才队伍建设和教育系统党的群众路线教育实践活动情况座谈会。

【师德教育巡回演讲活动】 9月起，岳阳县教育局组织“全国模范教师”黄亚飞、“岳阳市师德标兵”吴标华、岳阳市“最美乡村教师”丁群芳和付文及县三中原校长方德琪等5位教师成立师德巡回宣讲团，深入全县各乡镇、各学校作师德宣讲，用亲身经历诠释师德的意义与价值，全县4000多名教师参加了宣讲活动。

【建设岳阳县教育视频会议系统】 1月9日至15日，县仪电站组织对全县教育视频会议系统进行了验收，结果全部为合格。该视频会议系统投入经费19万余元，分为教育局主会场控制系统和18个分会场系统，实现了局机关和各县直学校、乡镇中心学校互通互联，有效地降低了会议成本，提高了工作效率。

【召开岳阳县教育基金会暨长沙理事会成立1周年座谈会】 1月11日，岳阳县教育基金会暨长沙理事会成立一周年座谈会在县一中举行，国防科技大学计算机学院政委刘乔一、省纪委副秘书长朱再驰、岳阳市副市长李为、岳阳县委书记毛知兵等省、市、县领导，岳阳县籍在外企业家和乡友，以及县内企业家和特邀嘉宾共50余人出席会议。会议由岳阳县委副书记、县长张中于主持。副县长周里代表县教育基金会汇报了一年来的工作情况。肖家炎、潘迪雄、王五星等多名爱心企业家向岳阳县教育基金会现场捐赠 420 万元。

【召开庆祝第 30 个教师节座谈会】 9 月 10 日，岳阳县庆祝第 30 个教师节座谈会在县委党校召开，县领导毛知兵、张中于、汤小娥、汤森林、彭西罗、余泽世、周建军、周里出席座谈会。县委书记毛知兵在会上作讲话，向全县广大教师致以节日问候，对加强教师队伍建设，办人民满意教育提出了具体要求。会议授予黄亚军等 9 位老师“扎根山区优秀教师”称号、黄志勇等 40 位老师“最美教师”称号，童凤华等 11 位老师“教育系统特殊贡献奖”，每人奖励 5000 元。会议还表彰了 8 名优秀校长、15 名优秀班主任、16 名师德标兵、58 名优秀教师、4 名优秀教育工作者。8 位优秀教师代表在座谈会上作典型发言。

【召开全县校车安全管理工作培训会】 2 月 22 日，岳阳县校车安全管理工作培训会在县一中报告厅召开，县政府办、县校车办、县教育局、县交警大队、县安监局负责人及各乡镇中心学校校长、安全专干、用车学校（幼儿园）负责人、校车司机、照管员及校车公司负责人共 780 人参加会议。会议回顾了 2013 年校车安全管理工作，对 2014 年工作作了部署安排，对学生用车管理优秀单位、优秀个人和优秀驾驶员、照管员进行了表彰，各中心学校校长递交了校车安全管理工作责任状。县政府办副主任侯练兵、县教育局局长李有根出席会议并作讲话

【“送培到校”教师培训活动】 4 月份至 10 月份，岳阳县教育局组织教研员、进修学校教师、仪电站专业技术员，利用每周双休日深入步仙乡、中洲乡、黄沙街镇、毛田镇、云山乡、甘田乡等乡镇学校和湖州学校开展“送培到校”活动。此项活动改变过去教师被动培训模式，由教师实际需要自己选择培训项目，县教育局组织专家“送培到校”，有效地提高了培训的针对性和实效性。

幼儿教育

【概况】 2014 年，岳阳县公办、民办幼儿园共 193 所，其中公办幼儿园 20 所，普惠性幼儿园 68 所，教职工 1804 人（含代课教师 884 人），在园幼儿 20917 人。全县学前一年入园率达 99.5%，三年入园率达 90%。全县幼儿教育布局基本合理，形成了以公民办市级示范性幼儿园、乡镇中心幼儿园为骨干、民办幼儿园为主体的幼儿教育网络。县教育局加强对幼儿教育的督导管理，全面整治非法办园行为，严格督查办园条件、保教工作、安全工作、食品卫生等方面工作，幼儿教育发展进一步规范。各幼儿园基础设施建设不断加强，县财政投入 3000 万元，按省级示范幼儿园标准建成岳阳县中心幼儿园；杨林乡贝贝幼儿园、柏祥镇童子梦幼儿园成功申报市级骨干民办幼儿园，幼儿教育办学水平进一步提升。公开招聘 19 名幼师充实队伍，组织幼儿教师参加各类竞赛，教师队伍得到进一步加强。2014 年，岳阳县被评为湖南省“学前教育三年行动计划实施工作”先进典型县。

【县中心幼儿园建成投入使用】 2014 年，总投入 3000 多万元，占地 2.13 公顷的岳阳县中心幼儿园正式建成投入使用。该园位于岳阳县城长丰路，配备教职员工 63 人，规划设计为 18 个班，可容纳 600 名幼儿就读。园内设施设备一流，每个班标配两教一保，配有专职安保团队和电子安保设施，室内外均有活动场地，配备大型游艺组合玩具，配备科学发现室、阅览室、创意美术室、舞蹈室、音体室等多间功能室和小礼堂。

【开展学前教育宣传月活动】 5 月 20 日至 6 月 20 日，县教育局组织开展了学前教育宣传月活动。活动借助电视、广播、宣传窗、横幅、宣传单等多种媒体，积极宣传《3—6 岁儿童学习与发展指南》，宣传加快发展学前教育的重大意义，并组织开展了六一会演、游戏评比、科学保教论文评比、学习心得评比、征集家长体会或感想等活动，全方位多角度地强化了宣传效果。

中小学教育

【概况】 全县共有中小学校112所，其中普通高中4所、中等职业学校两所、初中27所(含九年一贯制学校8所)、小学78所(含教学点26个)，特教学校1所；中小学生61708人，其中高中生10957人、初中生15927人、小学生34712人，特殊教育学校学生112人。现有专任教师4368人，其中高中教师939人，初中教师1514人，小学教师1897人，特殊教育教师18人。中小学全年对6366名贫困寄宿学生发放生活补助金356万元，免除53910名学生九年义务教育教科书费408.7984万元，免除5692名学生辅助学习资料费7.3996万元；普通高中发放国家助学金311.33万元，资助人数4151人。完成8所义务教育非完全小学合格学校建设，全县合格学校达84所。

【黄亚飞荣获“全国模范教师”称号】 9月9日，岳阳县饶村乡居公完小教师黄亚飞经过层层评选推介，被教育部评为“全国模范教师”，并于第30个教师节期间作为湖南省优秀教师代表赴京出席全国教师节庆祝活动，在人民大会堂受到习近平、李克强、刘云山、张高丽、刘延东等党和国家领导人的亲切接见。

【张谷英镇学生张海标被评为“湖南省最美孝心少年”】 在2014年“湖南省最美孝心少年”评选中，岳阳县张谷英镇中心学校九年级学生张海标被评为“湖南省最美孝心少年”，并获得省关工委5000元奖励，成为全市唯一获奖学生。张海标从8岁开始就承担起服侍父母的重任，5年时间为患重病的母亲熬制近千副中药，坚持照顾母亲喝药，并主动为身患白癜风和腰椎间盘突出的父亲分担农活，在当地传为佳话。

【关爱留守儿童志愿服务活动】 8月7日，县教育局组织机关志愿者，深入城关各社区开展关爱留守儿童志愿服务活动。志愿者向学生家庭发放《家长教子》《学龄儿童自我防护常识》等宣传资料，与留守儿童、贫困学子结成对子，开展自护教育、心理疏导等关爱活动，得到了群众高度评价。8月10日，《岳阳日报》对此次活动作了专题报道。

【开展第19个“全国中小学生安全教育日”活动】 3月25日，岳阳县第19个“全国中小学生安全教育日”活动在县明德小学启动，城关地区各中小学(幼儿园)安全工作负责人，新墙镇、麻塘镇、鹿角镇等乡镇中心学校、中心小学的安全专干参加活动。与会人员观摩了县明德小学应急疏散演练，听取了安全知识专题讲座，交流了安全管理工作经验。3月31日，全县中小学校全面开展了“全国中小学安全教育日”系列活动。

【开展“安全教育周”活动】 2月24日至28日，县教育局组织各中小学校及幼儿园开展“安全教育周”活动。各学校采取上安全课、组织安全应急演练、发宣传单等方式，广泛地开展安全教育宣传进班级、进家庭、进社区活动，进一步提高了广大师生和人民群众的安全意识。

【开展全县义务教育阶段“巴陵杯”教学竞赛】 10月28日至11月7日，岳阳县“巴陵杯”教学竞赛活动分别在县八中等五所中学及县明德小学等五所小学举行，全县共有200名中小学教师参赛，评选出一等奖42名，二等奖65名，三等奖93名。

【承办全市中学生篮球赛】 10月24日至26日，岳阳市2014年中学生运动会篮球比赛在岳阳县一中举行，来自全市32所学校的36支代表队参赛。经过3天的激烈角逐，岳阳县一中代表队获男子乙组冠军、县三中代表队获男子甲组亚军、县职业中专获职中组季军。

【开展全县中学生“美丽中国、我的中国梦”演讲比赛】 5月8日，岳阳县中学生“美丽中国、我的中国梦”演讲比赛在县教育宾馆举行，来自全县各普通高中、初中学校和县职业中专的28名选手参赛。经过比赛，共评出一等奖4名，二等奖6名。市教育局关工委、县关工委、县委组织部等相关单位负责人莅临比赛现场指导，并为获奖选手颁奖。

【开展县“楚康杯”中学生运动会篮球比赛】 11月10日至14日，县“楚康杯”中学生运动会篮球比赛在县二中举行，来自全县21所学校的25支球队参赛。县教育局局长李有根出席比赛开幕式并宣布开幕。经过激烈角逐，岳阳县八中等8支球队名列男子前八，毛田镇中心学校等4支球队位居女子前四，另有杨林乡中心学校等5支球队被评为道德风尚奖。

【评选省、市、县级“三好学生”和优秀学生干部】 4月份，经学校审核推荐，县教育局集中评选，市教育局审批同意，全县共有133名学生被评为省、市级“三好学生”和优秀学生干部。其中，19名学生被评为省级“三好学生”，6名学生被评为省级优秀学生干部；80名学生被评为市级“三好学生”，28名学生被评为市级优秀学生干部。同时，县教育局择优评选出350名县级“三好学生”，92名县级优秀学生干部。

职业教育与成人教育

【概况】 2014年，全县有中等职业学校两所，在校学生5001人，教职员工257人。全面实行阳光招生，2014年职业学校招生人数较往年增加63%，其中600分以上高分人数增加36%，普职招生比例基本达到1:1。提高职业教育信息化水平，县职业中专入围省职业教育信息化教学应用试点单位，并通过国家中职改革发展示范校建设省级复评。全面贯彻《民办教育促进法》，在严格执行准入制和年审制的同时，保障民办学校在招生就业、学生资助、专业设置等方面与公办教育一视同仁，促进了民办教育持续健康发展。全县已有民办教育机构184所，注册学生15500多名。县职教中心积极开展东洞庭湖渔民、返乡农民工、残疾人、下岗失业人员等群众技能培训，年培训3万余人次。县职教中心依托乡镇农校平台，采取集中培训、送教下乡等方式培训农民，推广农业新技术，主动服务“三农”，年组织农技专家授课100余节次，现场指导80余次，对数千亩葡萄进行了技术改良，为农民增收300余万元。2014年，县职教中心共培训劳动力4万余人次，有效地服务了县域经济社会发展。

【迎接国家中等职业学校改革发展示范校复评】 9月12日，国家教育部委托省教育厅组织专家对县职业中专创建国家中职改革发展示范校进行复评。评估组一行先后查看实训基地，检查台账资料，并召开座谈会，听取学校建设成果汇报，与学校领导、项目负责人沟通交流，充分了解学校各重点专业的建设情况。在随后召开的汇报反馈会上，评估组对县职业中专近年来的工作给予高度评价，对示范校建设工作提出了合理建议。县委常委、副县长黄艳娥出席汇报反馈会。

【“师生创业街”经验被《湖南教育》向全省推介】 随着社会改革进入攻坚期，经济下行压力持续增大，给职业学校的学生就业带来了不小的冲击。岳阳县职业中专转变观念，适应新常态，加强创业教育，引导育人模式由培养打工型人才向培养打工、创业型人才转型。县职业中专将临街26个门面改造成师生创业街，引进实力企业参与生产经营，由企业提供见习岗位、学校提供创业资金，鼓励师生自主创业，构建“前店后厂”创业实践平台，培养学生创业创新能力。2014年11月8日，《湖南教育》头版“深度报道”中以“小门店，大天地”的标题，详细报道了岳阳县职业中专“师生创业街”的典型经验。

【李波老师获湖南省黄炎培职业教育杰出教师奖】 3月12日，湖南省第三届黄炎培职业教育奖评选活动在长沙结束，岳阳县职业中专李波老师获得中职组“杰出教师奖”，是全市唯一获此奖项者。此次评选活动由湖南中华职业教育社和湖南省职业教育与成人教育学会联合举办，共评选出10所职业院校和57名个人为湖南省第三届黄炎培职业教育奖的获得者。

（刘成文　陈亮　徐洪涛）

一 中

【概况】 岳阳县一中创办于1978年，系湖南省首批重点中学和首批挂牌示范性普通高级中学、中国教改教研实验基地、全国百所体育传统项目学校和湖南省现代教育技术实验示范学校、湖南省园林式学校。校园占地面积16公顷，建筑面积11万多平方米，基础设施完善，教学设备先进。学校现有72个教学班，4500多名学生，283名教职工。

2014年，学校无安全事故，教育教学质量稳定，深入地开展了党的群众路线教育实践活动，顺利实施了阳光招生，拆除重建了二教学楼，召开了第八届教代会，出台了《绩效工资分配方案》，参加了全国教育系统先进集体评选活动，《湖南日报》(2014年9月25日第08版)以《洞庭湖畔桃李艳》为题专题进行了报道。一年中，学校荣获湖南省中小学教师培训基地学校、湖南省学校心理健康教育先进党委、岳阳县绩效考评综合先进单位、岳阳县文明食堂、岳阳县高考学考质量先进单位等荣誉称号，被中国传媒大学、中南财经政法大学、湘潭大学、湖南工业大学确定为“优秀生源基地”。

【开展党的群众路线教育实践活动】 2014年3月底启动了党的群众路线教育实践活动。在第一阶段征集到关于领导班子的意见共21条，其中“四风”方面存在突出问题的意见16条，其他方面的意见5条。征集到班子成员(党员领导干部)意见共34条，其中“四风”方面存在突出问题的意见30条，其他方面的意见4条。在第二阶段开展了谈心谈话、查摆问题、开展批评等活动，开好了一次高质量的民主生活会，各支部也相应地开好了组织生活会。在第三阶段制定了领导班子整改方案，并细化到个人；开展了“四风”突出问题专项整治工作，有针对性地对12类问题进行了专项整治；推进了建章立制的工作，梳理、健全、制定了19项制度。通过教育实践活动，学校的领导干部和教职员工工作态度更加端正、工作作风得到了改进，通过建立长效机制，着力解决了一些群众、师生及社会反映强烈的突出问题，有效地提升了学校的社会地位。

【高考、学考工作】 2014年高考再创佳绩：600分以上88人；一本上线468人，上线率31%；二本以上1090人，上线率71%。徐威宇、方承启被北京大学录取，陈一栋被清华大学录取。高考成绩在全市各县(市)区位居第一。2014年学考全科合格率达99.26%，稳居全市第二。

【阳光招生顺利实施】 按照县委、县政府的安排部署，2014年暑假实施“阳光招生”政策。根据《2014年高中阶段“阳光招生”实施方案》，县内正取生(含特长生)计划招收873人，县内择校生计划招收87人，县外回流生计划招生250人，共计1210人。此项政策得到了广大家长的认可，各级领导和相关职能部门也大力支持，在招生过程中，学校严格执行“不超招一个、不降低一分、不多收一元”的操作程序，共招收高一新生20个班共1174人，学生素质比较均衡，没有一个“条子生”，入校以后实施了均衡编班，阳光招生政策得以顺利实施。

【改善办学条件】 由于学校二教学楼使用年限过久，被鉴定为D级危房，学校领导通过多方努力，争取县委、县政府重视和各相关职能部门的大力支持，在最短的时间里办齐了拆除重建所需的相关手续，于7月份奠基开工，共投入1200多万元于2014年年底完成了全部工程建设，并按照教育信息化的要求高标准配套了相关设备，2015年上学期开学投入使用。2014年暑假，学校按照计划投入20余万元对食堂进行添置、改造和维修：废除了开水房原有的煤气锅炉，新装了三组天然气锅炉；实现了炼油房和储油库房的全面改造；搞好了内墙改造工程，将所有厨房墙面进行了选择性翻新；完成了女生公寓空气能设备的安装和调试，男生公寓完成了水改工程。

(侯　曼)

职业中专

【概况】 岳阳县职业中专创办于1994年，是县职教中心的主体学校。学校现代化设施齐全，师资力量雄厚。开设有电子电器应用与维修、计算机网络技术、机械加工技术、计算机平面设计、会计电算化、服装设计与工艺、旅游服务与管理、音乐、现代农艺技术、电子商务等10余个专业，有70多个实习实训室，建起了校园网络、闭路电视，有近3000万元的仪器设备和20余万册藏书。本科以上学历教师占95%，其中硕士研究生16人，特级教师2人，“双师型”教师占专业教师的94.8%。

学校坚持以“培养德技兼备的现代职业人”为目标，重点培养学生的创新精神和实践能力，从人才培养方案、课程体系、特色校本教研、设施设备、教师队伍、实训管理及学生就业等方面与企业一一对接，努力实现校企共建、共育、共享。特别是“前店后厂、两业融合”人才培养模式下建立的“师生创业街”，不仅为学生见习提供了便利条件，更为学生创业树立了标杆，大批优秀毕业生走上自主创业之路，“师生创业街”成为岳阳市首个挂牌的创业教育孵化基地，学校的办学成果和经验先后被湖南经视、《湖南日报》《湖南教育》《岳阳日报》等多家媒体推介。

【岳阳市首批名师工作室挂牌】 2014年3月25日，岳阳市教育局颁发《岳阳市教育局关于认定岳阳市首批中小学名师工作室的通知》，岳阳市中职旅游服务与管理专业名师工作室在岳阳县职业中专正式挂牌成立，由该校李波老师担任首席名师。同月，李波老师获湖南省第三届黄炎培职业教育“杰出教师奖”。

【学校官方微信公众号正式开通】 2014年5月9日，岳阳县职业中专微信公众号通过官方认证正式对外推送信息。这是学校继校报、校园网、校园电视台、广播站之后，为广大师生提供的又一信息交流平台。这也是学校适应新媒体技术发展，实现学校管理规范化、信息化，宣传推广学校建设成果与经验的重要平台。

【创业教育形成特色受到省市媒体关注】 2014年6月，岳阳县首条“师生创业街”在岳阳县职业中专落成。同年8月，“师生创业街”被定为岳阳市首批“创业教育孵化基地”，岳阳市人社局副局长陈彬、岳阳县人社局局长胡团生等出席揭牌仪式。11月，《湖南教育》《岳阳日报》《职教与就业》等多家媒体对学校创业教育模式和经验进行了宣传推介。

【对口支援武陵片区中职学校建设】 岳阳县职业中专对口支援武陵山片区中职学校专业课程建设取得明显成效，2014年6月26日，湖南经视台对岳阳县职业中专电子电器应用与维修专业“专递课堂”项目建设进行专题采访，并于6月28日在湖南经视新闻中以《岳阳对口支援武陵山片区职业教育》为题进行了专题报道。

【通过国家中等职业教育改革发展示范校验收】 2014年9月13日，省教育厅组织专家组对岳阳县职业中专“国家中等职业教育改革发展示范校”建设项目进行评估验收。通过实地查看实训基地，查阅台账资料，召开师生座谈会，学校领导、项目负责人答辩等多个环节展示，学校各项工作得到了专家组的一致认可，学校顺利通过了国家中等职业教育改革发展示范校验收。

【高中阶段学校“阳光招生”工作】 2014年，岳阳县正式启动高中阶段学校“阳光招生”工作，严格控制普高招生，实行普职1:1分流。岳阳县职业中专2014年秋季新注册的全日制学生数较往年多出433人，生源质量也有了明显的提升，为全县职业教育办学规模和办学质量的提升奠定了基础。

（汪正利）

体 育

【概况】 岳阳县体育局共有干部职工35人，退休7人，在职28人，其中党组成员6人，教练员10人。岳阳县社会体育工作以科学发展观为指导，认真贯彻党的十八大精神，全面推进社会体育上升为“国家战略”目标，有力地推进了全县社会体育工作再上新台阶。

【群众体育】 全县的群众体育活动继续坚持以“多方联动、有机整合、广泛开展”为宗旨，全县群众体育活动开展积极性高、热情浓，共组织了多次较大规模的群众体育活动。2014年10月15—22日主办了“康源”杯岳阳县第七届乡镇篮球赛；3月份进行了第六次全国体育场地普查活动，对全县所有的体育场地进行测量、登记、摸清了基本情况；8月份开展了全国第四次国民体质监测工作，对全县820位不同性别、年龄的人群进行了体质监测。

【为民办实事工程】 高标准完成了市政府下达的28个农民体育健身为民办实事工程。同时为推动农村体育场地设施建设，2014年，28个行政村配备了28幅篮球架，56幅乒乓球台。主动配合县城“小游园”建设，向省体育局争取到9条健身路径。

【竞技工作】 岳阳县是省高水平后备人才重点县，为了进一步加强重点县建设，县体育局面向全国招聘了一名优秀运动员作为专职教练来充实教练队伍。坚持以重视实战、适应实战，训练与实战不脱节的出发点确保了常训工作的进行。2014年在省第十二届运动会上共获得8金1银5铜14块奖牌的好成绩。

【体育产业】 全县体育彩票市场稳步发展，不断地充实销售渠道，为岳阳县筹集了较多体彩公益金，体育彩票发行工作态势良好，2014年体育彩票突破1.3亿元，比去年同比增幅8%。

【公共体育场所管理】 为充分发挥体育行政管理职能，加强了裁判员、社会体育指导和民间组织协会的培训。2014年对全县公共体育场所进行了两次大规模整治。

（林　龙）

科技技术

【概况】 岳阳县科技局加挂岳阳县知识产权局牌子，为县人民政府工作部门。局机关内设办公室、发展计划股（县地震办公室）、高新技术发展与产业化股（县知识产权管理股）、农村科技发展股等4个股室，下设岳阳县科技情报服务所（岳阳县生产力促进中心）、岳阳县科技服务中心等2个二级机构。

2014年，岳阳县科技局按照“围绕一个目标，抓好两个结合，突出三个重点，完成四大任务，全力提升全面建成小康社会中科技工作的新形象，发挥新作用”的工作思路，在县委县政府和省市科技部门的坚强领导下，工作取得了一系列新成绩。岳阳县科技局被评为全省知识产权工作先进单位，省专利工作先进单位。

【岳阳县成功获批可持续发展实验区】 2014年4月18日，湖南省岳阳县可持续发展实验区建设规划考察评审会在县委党校举行。县委、县人大、县政府、县政协及省科技厅、市科技局领导和专家出席并作重要讲话。专家组一行实地考察了湖南科伦制药有限公司、麻塘城乡统筹示范区、洞庭湖水资源和湿地保护、麻塘大堤加固工程、候鸟观测保护工作站、渔民新村，专家们观看了岳阳县创建省级可持续发展实验区建设的宣传片，听取了岳阳县省级可持续发展实验区建设规划内容汇报。专家组一致认为《湖南省岳阳县可持续发展实验区建设规划》目标明晰、定位准确、重点发展领域突出，充分肯定了岳阳县加强科技体制机制创新，认真组织实验区相关重点工程建设，提升重点项目建设水平，围绕东洞庭湖发展，把岳阳县建设成湖南省乃至全国具有一定影响力的可持续发展实验区的发展规划。6月26日，省科技厅正式批准岳阳县可持续发展实验区规划建设工作。

【强化集体领导、分工负责的项目管理工作制度】 2014年局党组研究决定，按照“全局总揽、分线负责”原则，建立项目工作管理办法。局党组负责从项目工作全局上和总体上把好项目布局关、遴选关、推荐关、管理关，建立项目评审推荐制度和申报工作程序。各线具体负责项目从培养、包装、申报到实施、管理、验收等具体服务指导工作。按照有关政策及要求，各线分管领导负责组织分管股办室具体培养项目、开展科技咨询服务、遴选初议申报项目、向局党组提交申请审议项目等工作，负责局党组审议确定推荐项目后的组织、完善、申报、跟踪及申报成功后项目实施、监管、验收等指导服务工作。2014年成功争取项目资金1374万元。

【重大科技项目取得新突破】 岳阳县申报2014年度科技项目18个，涉及农业支撑、科技兴贸、工业支撑、专利技术产业化、社会发展支撑、创新基金、科技特派员创业、软科学等计划系列。争取国家、省市科技财政资金1374万元。其中成功争取国家科技重大专项1个、湖南省战略新兴产业重大项目两个。湖南科伦制药有限公司申报的“即配型粉液双室袋输液技术产业化示范”国家科技重大专项争取项目资金450万元。湖南利尔康生物有限公司、岳阳大力神电磁机械有限公司申报的湖南省战略性新兴产业重大项目参加了省厅专家评审会，两项目均批准立项，其中湖南利尔康生物有限公司申报的“微生物高密度发酵制备脂肪酶关键技术研究及应用”项目获无偿资助300万元；岳阳大力神电磁机械有限公司申报的“起重电磁吊智能机械保护装置与控制系统”项目获无偿资助300万元。

【荣获湖南省知识产权工作先进单位】 充实知识产权工作队伍，加强业务培训，安排3人参加了省知识产权局组织的专题学习。以多种形式开展了“4·26”知识产权宣传日活动。深入全县规模企业，帮助企业开展专利申报工作，2014年新申报国家专利121件，获得国家授权专利87件，其中发明专利申请量21件。2014年，县科技局开展专利执法检查行动10次，对19个城区、乡镇的商场、超市、药店进行了检查，共检查商品8280多件，立案并结案16起，发放国家专利法、省专利条例和自编资料300多份。

【创建罗内土鸡农业特色品牌】 县科技局重点确立了以信息化带动产业化的商业模式创建土鸡特色品牌。一年来，罗内土鸡品牌创建在合作社大户中安装了土鸡养殖实时监控摄像头，在网上、智能手机上实时提供土鸡土养视频，为消费者提供产品品质索源；在岳阳市区、县城大泮和超市开设了土鸡销售实体店，在60多家超市、酒店拓展直销，在网上开设了淘宝店；开通了微信、微博等电子商务平台，开通了全国销售热线；印制了产品宣传广告册和视频宣传片，加强了营销宣传；筹建了种苗孵化场、生态饲料加工厂、冷库；已申报了两个涉外商标，已成功获批省级示范合作社。罗内土鸡品牌创建工作受到了县委县政府的表彰奖励。

（易岳如）

广播电视·文化

广播电视

【概况】 2014年，岳阳县广播电视系统共有干部职工252人，其中县台162人，乡镇广电站90人。县台获得专业技术职称人员有编辑1人，助理编辑3人，助理记者3人，工艺美术师1人，二级播音员2人，三级播音员2人，高级工程师2人，工程师12人，助理工程师20人，经济师2人。乡镇站有助理工程师5人。县台辖广播电视新闻中心、有线数字电视网络中心、农网中心、广播电视发射中心、工程技术中心等5个二级机构，内设办公室、计财股、人事股、产业发展管理办公室、纪检监察室等5个股室。2014年，在县委、县政府的坚强领导下，岳阳县广播电视台致力于服务全县大局，推进事业发展，营造优质服务团队，各项中心工作圆满完成。

【新闻宣传】 2014年，岳阳县电视台大力改进新闻宣传体制机制，新闻从业人员工资奖金与工作绩效挂钩，实行百分制量分考核，奖勤罚懒，奖优罚劣，大大提升了新闻从业人员的工作积极性和主动性，新闻宣传质量和舆论引导水平有了明显提高。新闻宣传紧紧围绕县委县政府中心工作，节目突出创新，组织采、编、播人员精心策划，“巴陵新闻”先后推出20多个专栏，图文声并茂地展示了岳阳县经济社会和谐发展的新形象。在新闻内容上坚持贴近实际、贴近群众、贴近生活，先后播出了一大批优秀共产党员、先进基层工作者、农村致富带头人等事迹，反映了一大批群众关注关心的热点问题。围绕县委县政府中心工作，主要对重点项目建设、“三个园区”建设、计划生育、招商引资、优化投资环境、园林城市创建等中心工作及开展的一些大型活动进行深层次的宣传报道，推进了全县经济社会又好又快发展。2014年年底，电视台“巴陵新闻”共播发272期稿件3418条；向省、市台上稿排名全市第一，向中央电视台上稿两条。

【广播电视事业】 一是加大有线数字电视改造力度。县城城区全年新发展数字电视用户1000多户，全力做好有线电视服务工作，将每天排故时间推迟到晚上9点，做到故障日有日清，赢得了用户的好评。二是加快农村无线数字电视的覆盖。2014年，先后对毛田、相思两个乡镇原有模拟有线电视进行了无线数字电视整体转换，山区群众和县城居民一样收看到了60套高清的数字电视节目。同时，在其他乡镇发展无线数字电视用户近5000户，目前全县无线数字电视用户已达20000户。三是认真实施广播电视“村村通”工程。全年共筹措资金80多万元，共完成300多个20户以下自然村的“村村通”建设，完成任务数达到省里下达任务的110%，新增收视人口1万多人。四是乡镇有线数字电视改造工程全面推进。2014年，县电视台将乡镇有线电视数字化改造工作作为重点工作全力推进，在乡镇广播电视产权管理混乱、网络质量标准低的情况下，投入大量资金完成了中洲、新墙、新开三个乡镇有线数字电视改造，还有杨林乡等几个乡镇已启动改造工作。

【广告创收稳步提高】 2014年，岳阳县广播电视台广告公司采用提高节目收视率拉动广告创收的工作方式，全年收入340万元，比2013年增长20%。 （杨文涛）

文化广电新闻出版

【概况】 岳阳县文化广电新闻出版局是2011年3月文化体制改革中组建的,将原县文化局(县新闻出版局、县版权局)的职责、县广播电视局的行政管理职责进行了整合。有综合执法大队、文化馆、图书馆、文物所、电影公司5个二级机构,其中电影公司为企业,机关设有办公室、人事股、财务股、事业发展股、文化市场股、法规股、监察室、工会、妇委会等内设股室。文化市场综合执法大队为副科级行政支持类事业单位,大队长高配正科级。主要职责是承担全县群众文化、专业文化宣传、普及和指导,保护文化遗产,管理文化市场,开展"打黄扫非",发展文化产业,广播电视管理,规范新闻出版和版权工作。县图书馆为国家一级图书馆、文化馆为国家二级文化馆。

【打造文化惠民活动品牌】 一是品牌活动常创常新。岳阳花鼓戏一元剧场惠民演出6场,岳阳县的《用政府买单、让群众看得起戏看得好戏》入选省委宣传部《宣传思想工作创新案例》。"欢乐潇湘·幸福岳阳"百姓大舞台群文活动巩固提质,6月末启动"欢乐潇湘·幸福岳阳"百姓大舞台群文活动,活动整体上由群众文艺会演、广场舞大赛、健身艺术节和企业文化节组成,扩大了活动的覆盖面,挖掘了民俗文化素材,发挥了文艺爱好者的作用,活跃了群众业余生活。全县共举办活动28场,共演出节目380多个,其中新创节目49个,参演人员4000多,观众近11万人次,在市会演中获得一等奖两个、二等奖3个。同时,充分利用县图书馆文化惠民平台,打造讲坛之书,传播先进文化,全年开展"忧乐岳阳"论坛12场。二是送戏下乡贴近群众。开展"我的中国梦·文化进万家"活动。开展送戏下乡100场、送电影下乡5000多场、社会主义核心价值观宣讲10场。三是免费开放突出成效。创新活动方式,加大三馆一站免费开放力度,确保了免费开放有特色、出成效、提形象。文化馆每周接待京剧票友会、民管协会等文艺社团组织两次以上,成了文艺爱好者的乐园。2014年三馆免费开放了图书报刊、电子阅览、音乐舞蹈和器乐培训等10多个项目,接待读者群众5万人次。

【抗战文化保护工作】 一是新墙河抗战文化保护与利用工作稳步推进。积极筹建新墙河抗战博物馆,新墙河抗战博物馆是湖南省第一个全面展示湘北抗战的博物馆。省文物局对此十分重视,副局长何强亲自定名并4次现场调研指导,要求把该馆建设成充分体现湘北民众浴血奋战、奋勇抗日的爱国主义教育基地。11月24日,岳阳市委常委会就新墙河抗战文化保护进行了研究,确立了新墙河抗战的历史地位,明确由市委市政府主办岳阳新墙河抗战博物馆,筹建工作市文物局和岳阳县负责。确定在县城内利用原学校旧址改建为博物馆,占地面积1500平方米,陈列面积600多平方米,已完成文案大纲设计、内容设计及形式设计,计划于2015年2月开工建设,6月份正式免费开放,为纪念抗日战争胜利七十周年献礼。扎实开展史料收集,走访了全县20个乡镇215个村和周边县市区,采访了238名抗战历史见证人,其中抗战老兵35人,征集文物211件。特别是通过特殊渠道收集到来自日本的抗战资料20本,来自台湾的抗战资料10本。摸清了全县抗战遗址100多处,其中典型遗址10处,已公布为市、县文物保护单位,制定了保护制度,树立了保护标志,落实了保护经费。编辑了《新墙河抗战民间见证》一书,收集抗战故事200个,共30余万字;制作了《血火新墙河》宣传片;创作了《我的新墙河、我的母亲河》MTV歌曲;创作了《第一防线》电影剧本,市级文艺专家给予高度评价。二是非物质文化遗产保护形成机制。恢复排练岳阳花鼓戏剧国家级非遗保护项目《平贵回窑》等6个,成功申报民俗《行礼》等4个第三批市级非遗名录,2014年,共计搜集挖掘整理岳阳花鼓戏传统剧目97台。创作了道德教育小型花鼓戏《回村看看》《黄马褂》。同时,编制了国家级、省级非物质文化遗产"十三五"保护规划,5人通过了省市级非物质文化遗产传承保护人认定。建立非遗进校园工作联席会议机制，县一中、城关镇一中、新长征小学被确认为岳阳县第一批非遗传承学校，非遗传承学校内均设有非遗传习室。三是文物保护有序开展。邀请专家编制了刘士奇同志故居整体修复方案，即将启动刘士奇同志故居的修缮工作。对擅自在新墙河抗战遗址文物保护范围内进行挖掘作业的单位进行了立案查办。

【公共文化体系建设】 一是岳阳花鼓戏传承剧院改造项目2014年12月竣工使用，上级单位投入260万元，县财政配套100万元。二是启动公共文化服务体系示范区建设。按照省市要求，摸清全县公共文化底子，完成建设规划，明确创建目标。三是加强乡镇文化建设，对乡镇文化中心、村农家书屋农村文化工作制定了考评指标，对2013年工作突出的乡镇公共文化中心进行了评先。

【查办违法案件】 按照上级单位要求，依法依规管理文化市场、新闻出版和广播影视。一是维护文化安全。以打击政治性非法出版物为重点，全面收缴淫秽色情、侵权盗版等各类非法出版物，净化社会文化环境。1—2月，通过上报省市扫黄打非办公室，联合国家安全、海关等部门，开展封堵收缴政治性出版物行动，收缴政治性出版物《曲道》40册，封堵违禁出版物3本。二是规范经营行为。以抑制未成年人进入网吧为重点，加强文化市场执法工作。净化高考期间文化市场环境。针对全县网吧、娱乐场所接纳未成年人等问题开展了突击检查，立案查处违规场所136家，回应群众关切，对违规接纳未成年人的13家网吧进行了关停。开展游艺场所整治，收缴违禁机具34台。取缔学校周边游戏厅6家。三是坚持依法行政。2014年对文化市场新闻出版广电项目进行了全面清理，共计19项，审批流程进行了再造，审批时限压缩40%，优化服务，规范办事办证程序，全场程接受效能监察，2014年到省市为残疾人等办事群众提供服务3次。

【广播电视村村通工程】 一是加强对小片网清理，确保广播电视安全播出，全年共开展2次清理。同时，对全县80个村94个应急广播进行了全面检修，为防汛等自然灾害的预防提供了保障。二是加快农村无线数字电视的覆盖。先后对毛田、相思两个乡镇原有模拟有线电视进行了无线数字电视整体转换，山区群众和县城居民一样收看到了60套高清数字电视节目。三是认真实施广播电视“村村通”工程。全年共筹措资金80多万元，完成300多个20户以下自然村的“村村通”建设，完成任务数达到省里下达任务的110%，新增收视人口1万多人。

（费　维）

图书发行

【概况】 岳阳县新华书店于2009年9月顺应集团改制上市要求注册更改为湖南省新华书店有限责任公司岳阳县分公司。主要担负全县7万中小学教材教辅的发行任务和一般图书、电子音像制品、数码产品等商品的征订和销售任务，公司下设经理室、综合管理部、资产财务部、教材发行部、图书业务部。现有干部职工37人，在职员工23人，中共党员12人，大专以上文化程度17人。经理彭建武被湖南出版集团授予2014年度先进个人荣誉称号。

2014年，岳阳县分公司完成商品销售码洋5462万元，超全年任务指标190万元，营业收入4395万元，完成利润总额230万元，综合货款回笼率100%。

【主营业务】 严把品种关。严格按照集团要求的教材发行抓服务的原则，不留漏洞，不留死角，严格把关品种、版本、订数，对义教学校订数与上期仔细核对，发现异常及时与学校经办人联系落实。对高中学校更是仔细核对进度，文理选修等问题，努力为学校征订把关。每期各高中的教材订单在信息技术通用技术、音乐、美术等非高考科目上基本上都是空白，面对这种情况，分别向各高中做工作，耐心解释，力争按要求订足订齐。县教育局下发了《关于做好义务教育阶段免费教材发行的通知》,要求各学校严格按照一个班允许多一套免费教材的原则做好免费教材的发行，免费教材的人数必须和学籍卡的人数一致，超过部分由学校买单，有效地减少了书店的损失。2014 年 6 月 18—19 日全县中考以后，公司以此为契机，组织推销小分队带着由中国海洋出版社出版的新高必读《初升高衔接教程》样本,深入全县各县直高中向校长进行推荐和介绍,销售该书 3100 套。取得了全年发行教材 1091 万元,教辅发行 3655 万元的成绩。

【图书发行】 一年一度的党政干部“一个月读一本好书”活动已成为公司的一个品牌营销活动。并得到了县委领导的高度评价。2014 年 10 月,县新华书店与广州开心出版社合作，在明德小学和荷花塘小学主办了台湾作家管家琪老师签名售书活动，现场销售图书 3 万多元，取得良好社会效益和经济效益。幼儿教材的发行经过近几年的不懈努力，发行数量从无到有、从小到大，并且和《3—6 岁儿童成长指南》捆绑发行,全年共发行幼儿教材码洋 129 万元,同比增加 47 万元。2014 年秋季,在全县各学校开展“书香进校园暨工具书教辅图书流动展销活动”。在新生报名和开学旺季分别到各高中开展流动展销，征订到了班级，共销售工具图书码洋 31 万多元。同时以党的群众路线教育实践活动为契机，成立了专门队伍在全县各单位开展征订推销，共推销活动图书 30 万元,及时满足了各单位学习的需要。发行了《习近平总书记重要讲话读本》10000 册,《读有所得》近 600 套。政治理论读物的发行,充分展示了主渠道的形象。全年共销售一般图书 416 万元。

【货款回笼工作】 针对秋季教辅到货迟的不利局面和岳阳县财政拨付的特殊情况,多次向财政、教育汇报情况,寻求支持,商讨解决方案。一是详细制定货款回收方案,将每一笔资金,每一笔货款的回收确定到人，把应收账款回收当作一项全员性、经常性和紧迫性的工作常抓不懈。多次召开清欠工作会议，每星期核算欠款回收进度；二是加大应收账款的回收力度,避免出现前松后紧,年终清收欠款艰难的不利局面,确保全年货款“颗粒归仓”；三是充分发挥团队力量，班子成员亲自带队,分片包干,责任到人,实行回收进度考核与绩效挂钩,奖惩兑现，确保了 2014 年货款 100%收回。

【企业文化】 扎实开展帮扶活动。制定了公司“三进三解三提升”和“双联双帮”活动方案。班子成员在第一时间与所需帮扶的对象进行了直接联系。资助该村 30000 元,解决了他们的部分实际困难。在七一前夕,按照县委、县政府开展的党员干部进社区的活动要求，全体党员到天鹅社区开展一对一的帮扶活动，并且每人向社区困难户捐助了 200 元。组织全体员工向湘阴县分公司身患重病职工捐款共 5000 元。

【安全生产工作】 安全无小事，安全便是效益，安全生产不得有丝毫麻痹松懈思想和厌倦情绪，公司每次大小会议都将安全生产作为重要工作来贯彻落实，来督促全体员工引起高度重视，经常性地组织相关人员对办公场所、生活区内的用电、用气、用水线路进行排查，发现问题及时督促进行维护和整改。在行车、用车方面,由于私家车逐年增加,公司经常性地组织有车一族加强对驾驶人员的安全教育，严格执行各项安全驾驶规定，禁止驾驶员酒后驾驶,疲劳驾驶,确保不发生道路交通事故。全年社会综合治理管理得到好评。

（陈拥东）

卫 生

卫 生

【概况】 岳阳县卫生系统有县直医疗卫生事业单位10个,乡镇卫生院21所(其中中心卫生院5所、一般卫生院16所),社区卫生服务所1个,区域性血防站4个,厂矿企业所属医疗机构两个,民营医院4个,全县有村卫生室605个,医务室4个,门诊部5个,个体诊所36个,共设病床2469张。在编人员1608名,其中卫生专业技术人员1423人(2014年9月统计:专业技术人员中执业助理医师以上资格893人,注册护士465人),注册乡村医生731人。2014年,县卫生局始终以“办人民满意卫生”为宗旨,坚持卫生工作“四化”(即公共卫生法制化,医疗服务一体化,基本药物规范化,医疗保障科学化)方针,遵循基层医疗卫生机构“一个理念、两医并重、三基齐抓、四科完善”的“1234”发展思路(一个理念即乡镇卫生院要建成辖区老百姓满意的卫生院;两医并重即中西医并重;三基齐抓即乡镇卫生院要确保基本公共卫生、基本医疗和基层队伍建设三项工作到位,四科完善即内(儿)科、外科、妇科、中医科要均衡发展,不能出现偏废),锐意进取,攻坚克难,圆满完成了各项任务目标,开创了全县卫生事业科学发展的新局面。

【公共卫生服务】 2014年,全县常住居民健康档案累计建档59万余人,建档率84.6%,合格率达到80%以上(与2013年相比上升10%),其中进行维护管理、有动态记录的档案76398人,在管高血压患者33516人,Ⅱ型糖尿病患者8237人。重性精神疾病患者在管2481人,实施救助治疗的关锁、流浪和有肇事肇祸倾向的重精患者15人。全县共报告乙类传染病12种574例,发病率80.08/10万。

【公共卫生保障工作】 全面开展查灭螺、灭蚴工作,对全县有螺范围、查螺面积等螺情信息全部进行了GPS定位,所有疫区行政村钉螺分布示意图均实现Google Earth电子成图。全年全县共投工3759个,查螺6511.05万平方米,占全年任务的113.24%;完成灭螺900万平方米,完成任务的100%;完成灭蚴40万平方米。2014年救助晚血病人215人,发放救助资金100万元。

【“新农合”服务工作】 推动新农合政策回归平稳,参合率达到了99.1%,2014年共支付基金2.25亿元(基金使用率为96.1%),补偿38万人次;农村五保对象和农村孕产妇县内住院全免工作全面落实;农村重大疾病补偿比例提高,2014年补偿人次达2240人次,累计补偿1956万元;建立县外非定点医疗机构住院费用电话核查机制,杜绝了虚假报账事件,全年仅发现1起虚假发票报账现象,并予以拒付;建立定点医疗机构及医务人员的诚信评价制度;意外伤害无责任方住院补偿委托商业保险公司经办,成效明显。

【基本药物管理】 加强对医疗器械和医用耗材的采购管理,严格采购审批许可,规范采购和使用程序;实施药品集中采购,严格整顿网外采购或采购使用非基本药物的行为,堵住了违规购药和假冒伪劣药品流入的漏洞。2014年全县共计网上采购药品达5510.5万元,农村居民医药费用负担不断减轻。同时,加强监督管理,不定期进行现场专项检查和整改，进一步规范村卫生室基本药物采购和使用；积极向上报告了基本药物实施过程存在的问题，启动了设备调配工作。

【妇幼保健】 2014年孕产妇建档率98.78%，系统管理率为92.45%；0—6岁儿童建档率87.91%，系统管理率84.58%；5岁以下儿童死亡率4.36‰，无孕产妇死亡。

【卫生监督】 全面开展卫生执法监督，加强生活饮用水、公共场所卫生、传染病、放射卫生监督检查，2014年共打击非法行医27起。

【基础设施】 不断改善医疗环境，不断更新硬件设施。2014年，县中医院实施整理搬迁，县疾控中心和6个卫生院基础建设项目工程已完成并全部投入使用，完成村卫生室建设项目20个。

【争资立项】 2014年争取项目建设63个，其中，县级为县人民医院门急诊大楼建设项目，乡镇一级为甘田、荣湾镇2个卫生院综合大楼建设项目，中央项目投资2150万元；在建村卫生室60个，中央项目经费投入300万元。12月4日，岳阳县基层卫生医疗机构发展“1234”理念在《大众卫生报》头版上被推介，并在全省“2015—2020年基层医疗卫生服务体系建设规划”征文活动中荣获三等奖，得到湖南省卫生计生委的表彰。

【医政管理】 全面加强诊疗、护理、院感控制、临床用药管理，规范医疗行为，严格医务人员准入，落实医师定期考核，推进医务人员医德考评工作，加强业务培训，进一步提高医疗技术，避免医疗安全事故的发生。成功招聘了82名医技人员，同时接受外地在编在岗岳阳县籍或符合有关条件的外籍卫生专业技术人才来县工作，加强了对在编不在岗人员的管理，技术骨干流失的势头得到有效遏制。完成了全县35家个体诊所、3家医务室的校验工作，对暂缓校验的7家个体诊所并以文件的方式下发到个体诊所协会，9—11月开展的医疗安全质量集中整治活动，取得明显成效。全县全年门诊量达47万多人次，住院总人数7万人次，医疗服务额近2亿元。

【国家机关六部委调研团到岳阳县调研】 2014年7月，国家机关六部委（国家卫生计生委、行政学院、信访局、中医药管理局、地震部、环保部、知识产权局）青年干部“根在基层·情系民生”调研团一行8人到岳阳县开展为期一周的基层卫生调研实践活动。调研期间，调研团亲身体验基层常态化工作，与基层单位服务对象密切接触，倾听群众呼声和诉求，对岳阳县“保基本、强基层、建机制”要求下的“1234”创新发展模式给予了充分肯定，调研团实地参观了新墙镇卫生院，详细询问了该院的人员构成、从业资格、硬件设施等基本情况，听取了岳阳县基层医改落实情况的介绍，及时了解基层基本药物制度执行情况，推动了卫生新政策的出台并建议新墙镇卫生院申报创建群众满意卫生院。

【信息化工作】 2014年依托省卫生计生委信息化建设项目，岳阳县建起了覆盖县卫生行政部门、乡镇卫生院、村卫生室三级的卫生信息管理系统，实现基层医疗卫生信息系统与新农合信息管理系统、城镇居民医疗保障信息系统实现无缝对接，更好地实现卫生资源的共享和工作的动态实时监管。

【血防工作】 着力做好血吸虫病传播控制达标、监测巩固和传播阻断规划工作，2014年年底，以行政村为单位的血吸虫病传播控制达标验收工作顺利完成，考核结果达到国家标准。省血防办授予岳阳县血防办“2014年度血吸虫病防治工作绩效考核优秀单位”称号。

【中医中药工作】 全面开展中药资源普查和中医药健康管理服务工作。将中医药健康管理服务工作纳入基本公共卫生服务管理范围，卫生系统相关人员，基本规范掌握了中医药健康管理服务技术，全县中医药服务龙头作用凸显，80%的乡镇卫生院设置中医科，近两年来中医诊疗、中药占业务量比重连续增长，顺应了人民群众的中医药需求，社会效益显著。

【红会工作】 健全献血点和应急献血队伍建设，2014年全县无偿献血共1471人次，比2013年增加236人，增幅达16%，无偿献血总量达48.543万毫升，比上年增长9.613万毫升，增幅达19.8%，保障本县供血充足。

【配合创建国家文明县城】 积极配合“国家文明县城”创建活动，迎接了市爱卫会组织的“秀美县城”评选活动，通过了“灭鼠先进县”和“灭蟑先进县”的复核验收。

（喻 冰）

人民医院

【概况】 岳阳县人民医院始建于1984年，是全县唯一一家集医疗、教学、科研、预防、保健和急救于一体的二级甲等综合性医院。医院秉承“关爱生命、亲情服务”的服务理念，以“开拓进取、仁爱诚信、务实创新”为办院宗旨。医院占地面积65000平方米，总建筑面积35660平方米；现有在职职工490人，其中高级职称30人，中级职称136人，初级职称277人，硕士研究生3人；开放床位600张；2014年收治住院病人25380人次，门急诊病人89299人次，开展手术4993台次。拥有美国GE16排CT、四维彩超、彩色B超、胃肠镜、DR、CR、800毫安X光机、移动式C型臂机、体外碎石机、气压弹道碎石机、呼吸机、血液透析机、等离子前列腺电切仪、全自动生化分析仪、快速细菌培养箱、腹腔镜、鼻窦内窥镜、病理切片机等先进诊疗设备100余台（件）。

医院设有急诊科、重症医学科、手术室、麻醉科、创伤科、普外科、泌尿外科、妇科、产科、普内科、神经内分泌科、感染科、中医老干科、五官科、儿科、新生儿科、血液透析中心、体外碎石中心、健康体检中心、检验科、放射影像科、功能科、口腔科、病理科等临床、医技科室20多个；辅助科室有药剂科、供应室；行政职能科室有行政办公室、人事科、财务科、医务科、护理部、院感科、后勤科、设备科、对外医疗科、投诉办、医保办、病案室、信息科、门诊办公室等。

县人民医院为岳阳市（县）基本医疗保险、城镇居民医疗保险、新型农村合作医疗、城乡医疗救助定点医疗机构；是岳阳县医疗紧急救援中心、孕产妇急救中心、中南大学湘雅医院定点指导医院、省级爱婴医院、岳阳职业技术学院临床教学医院。该院除担负全县人民的防病治病、医疗急救等任务外，还承担湖南师范大学医学院、岳阳职业技术学院实习生的临床教学、全县20多个乡镇医院的巡回医疗、业务培训、计划生育技术指导以及全县突发公共卫生事件的处置等任务。

【召开学术年会】 2014年2月13日，岳阳县人民医院召开2013年度学术年会。院长喻新亚、院总支书记邓寿停、院务会成员、院中层领导干部、学科带头人等参加了此次会议。会上，医务科负责人就2013年度岳阳县人民医院学科建设和学术研究工作进行了汇报，并就2014年的学术工作进行了安排。喻新亚对2013年医院的学术工作表示肯定，同时对2014年的学术工作提出要求。会议对2013年度优秀论文和新技术新项目进行了表彰。

【召开第四次职工代表大会】 2014年4月10日，岳阳县人民医院召开第六届第四次职工代表大会。院长喻新亚、院总支书记邓寿停、工会主席李三玉、院务会成员、职工代表参加了会议。喻新亚对职代会的重要性和使命感进行了肯定；对工会组织和职工代表提出了殷切期望，希望职代会在院工会的领导下，在党政班子的指导下，认真履行职责，行使职工权利，发挥主人翁精神，协助医院又好又快发展；并对医院当前工作作了三方面的剖析：一是回顾过去，成绩斐然；二是正视现状，形势严峻；三是展望未来，任务艰巨。会议审议通过了《岳阳县人民医院2014年度综合目标管理方案（草案）》和岳阳县人民医院门急诊综合大楼建设项目的建设规划和流程布局。

【门急诊综合大楼初步设计评审会召开】 2014年5月15日，岳阳县人民医院门急诊综合大楼初步设计评审会召开。县发改局、县国土局、县规划局、县住建局、县消防大队、县人防办、岳阳市专家组等参加了会议。会议就中机国际设计院所提交的岳阳县人民医院门急诊综合大楼初步设计方案进行讨论，各相关部门、专家组成员对该方案在前一次评审会后所进行的修改表示肯定，同时对设计方案提出了进一步完善的意见和建议。会议决定审核通过中机国际设计院所提交的岳阳县人民门急诊综合大楼初步设计方案，标志着该项目的实施进入实质性阶段，为该项目争取进入2014年度中央预算内投资计划打下了良好基础。

【门急诊综合大楼建设项目进入中央预算内投资计划】 2014年8月27日，岳阳县发改局转发岳阳市发改委《关于下达基层医疗卫生服务体系和医院建设项目2014年中央预算内投资计划的通知》(岳发改社〔2014〕223号)，标志着岳阳县人民医院门急诊综合大楼建设项目正式进入中央预算内投资计划，项目获批资金1950万元。经过近两年的前期申报和筹备工作，该项目成功落户岳阳县人民医院，是县人民医院历史上里程碑式的大事。项目建成后，将极大地改善县人民医院的门急诊条件和就医环境，为进一步打造县域医疗中心提供新的推动力。

【省级医药专家到岳阳县义诊】 2014年9月20日，岳阳县籍省级医药专家在岳阳县人民医院进行感恩回馈义诊。此次前来义诊的包括湘雅医院、省人民医院、省儿童医院、长沙市人民医院等省内大型综合三甲医院的医学权威。近年来，县人民医院在加强自身素质建设的同时，加大了与院校及上级医院合作的力度，此次专家交流，是县人民医院与大型知名医院合作交流的一次新的尝试，有助于借助大型综合医院力量，提高县人民医院学术水平、技术力量，提升综合实力和社会知名度。此次活动共义诊患者200余人次，湘雅医院教授、省儿童医院教授还举行了专题讲座，社会反响良好。

【门急诊综合大楼建设项目协调会召开】 2014年11月21日，岳阳县人民医院门急诊综合大楼建设项目协调会在县政府召开。县人民政府副县长周里、县发改局、县住建局、县卫生局、县房产局、县监察局、县法制办、县公安局、县城关镇等部门相关领导参加了此次会议。会议就岳阳县人民医院门急诊综合大楼建设的施工招标、建设施工、项目业主等相关问题进行了讨论。此次会议，为该项目施工前的各项工作打下了基础，有助于推动项目尽快开工建设。

（李三玉　孙　剑）

食品药品监督

【概况】 岳阳县食品药品监督管理局于2001年成立，原名岳阳市药品监督管理局岳阳县分局，负责对药品（包括中药材、中药饮片、中成药、化学原料药及其制剂、抗生素、生化药品、生物制品、诊断药品、放射性药品、麻醉药品、毒性药品、精神药品、医疗药品、卫生材料、医药包装材料等）的研究、生产、流通、使用进行行政监督和技术监督。2004年更名为岳阳县食品药品监督管理局，增加了对食品、保健品、化妆品安全管理的综合监督，组织协调和依法开展对相关重大食品安全事故进行查处的职能。2011年1月，改由地方政府管理，为政府的一个工作部门，正科级局，正式接管食品、保健品、化妆品的监管职能。局机关设办公室、政策法规股（加挂行政审批办公室）、药品与医疗器械监督股、食品安全监督股4个股室，下设食品药品稽查大队和食品药品检验所两个二级机构。2014年共有干部职工34人，其中行政编制10人，参公编制14人，事业编制5人，机关工勤人员1人，退休4人。2014年，县食品药品监督局围绕“建一流强局，创一流业绩”的奋斗目标，团结一心，务实求为，奋力拼搏，获得了卓有成效的工作业绩。

【市场秩序管理】 抓好行为规范，促药械市场新转变。治理药械市场是搞好药监工作的重要一环，在认真总结以往药械市场治理经验的基础上，进一步分析了药械市场现状，采取把住“三关”举措，力求药械市场面貌出现新的转变。一是把住研制生产关。继续派驻1名驻厂监督员，不定期对湖南科伦制药有限公司的生产进行监督，了解企业的生产质量情况，督促企业严格执行药品质量国家标准，强化企业第一责任人的责任意识，确保药品质量，提高企业的生产管理水平和市场竞争力。二是把住流通关。严格药品零售企业管理，对全县1家药品批发企业,164家药品零售企业严格按照GSP标准,进行跟踪检查,把“驻店药师是否在岗,处方药是否凭处方销售”等纳入专项检查,检查覆盖率达100%,保证了公众用药安全有效。三是把住药品使用关。加强对基层医疗机构的药品监管，不定期对乡镇医疗机构药库基本药物的购进、验收、养护等情况进行督查,2014年,共开展执法行动30余次,出动执法人员120余人次,对3家医疗机构下发了责令整改意见书。

【餐饮安全监管】 县食品药品监督管理局作为餐饮消费中重要的安全监管部门，为了确保全县不发生一起重大食品安全事故,保障全县政治、经济的正常运转,着力打造平安县城,一方面健全县、乡、村三级食品安全监管网络,在全县20个乡镇成立食品药品安全委员会,并制定了《食品安全事故应急预案》,将食品安全工作纳入政府的重要议事日程；聘请农村食品药品安全协管员、信息员,扩大食品药品安全信息渠道,整合监管资源和监管力量,形成“横向到边,纵向到底”的食品药品监管体系,打造了“各级领导重视,地方政府负责,部门协调配合,上下齐抓共管”的有机体系。另一方面,加大食品安检执法力度,2014年，结合全县创建国家文明县城活动，组织开展了餐饮食品安全专项整治,以城镇为重点地区,以学校、建筑工地食堂和小型餐馆为重点对象，对全县城乡的餐饮单位无证经营的行为进行集中整治，共出动执法人员4428人次,出动车辆80余次,监督检查餐饮服务机构2214户次,下达责令整改通知书1700户次,取缔无证经营3户,监督检查率100%。严格餐饮服务许可和药品经营许可初审与换证工作,全年审查发放《餐饮服务许可证》185张,换核发《药品经营许可证》32份,发出《监督意见书》2000份,与相对管理单位和个人签订《食品药品安全承诺书》1100多份。

【严打假冒伪劣药械】 2014年,县食品药品监督管理局始终保持对假冒伪劣药品和医疗器械严厉打击的高压态势,重点加强对“非药品冒充药品销售、中药材和中药饮片、医疗机构药品使用”等药械的专项整治,及时查处了“使用假冒中药饮片‘制穿山甲’‘沉香’”“销售劣药地塞米松磷酸钠注射液、骨肽片案”“无证经营医疗器械案”等系列违法违规案件,净化了全县药械市场。2014年,共抽检药品15个品种批次,医疗器械1个品种批次，保健品2个品种批次,化妆品1个品种批次,其中检出12个品种批次药品不合格，充分发挥了药械检验在药品打假中的技术支撑作用，切实保障人民群众用药安全。

【业务培训工作】 积极开展业务人员培训和安全知识讲座,2014年,县食品药品监督管理局组织举办药品从业人员培训班3期,培训人员共计达到300人,食品从业人员培训两期,参加培训人员达到500人,强化了食品药品从业人员的法规意识,提升了食品药品从业人员的业务水平,为保障食品药品安全打下了良好基础。

【转变药品零售经营模式】 为了进一步规范药品零售市场，改变药品“乱、假、劣”,药店“小、散、多”的局面,保证药品质量和公众用药安全，县食品药品监督管理局对全县药品零售店进行整顿,鼓励宝鑫、香云堂、一健、心正、你好、东陵、仁丰堂、修正堂等连锁加盟企业进驻岳阳县，积极引导药品零售企业转变以往单一的销售经营模式,实现统一名称、统一采购、统一储存、统一配送、统一管理、统一价格、统一门店形象、统一计算机网络化控制，新型连锁经营模式使得全县的药品管理上水平,药品服务更规范,群众用药更安全。

【文明创建工作】 县食品药品监督管理局结合县委县政府创建全国文明县城的工作部署，精心组织,强化措施,落实责任,全力参与全国文明县城创建工作，强力推进食品药品行业的文明创建,取得了显著实效。同时,县药监局联合县文明办开展了“文明餐饮店”“文明食堂”“文明药店”的评选活动,倡导诚信经营,树立行业典范，努力营造食品药品行业文明规范的消费环境。

（许元爱）

社会生活

人口和计划生育工作

【概况】 岳阳县人口和计划生育局是县人民政府负责全县人口和计划生育管理的政府职能部门，现有在职干部职工52人。内设办公室、政策法规股(行政审批办公室)、统计信息股、宣传教育股、综合发展股(科学技术股)、财务股6个股室；下设社会抚养费征收管理局、计划生育流动人口管理站、计划生育药具管理站、计划生育技术服务站4个二级机构；县计划生育协会秘书室为计划生育协会的办事机构。

2014年，岳阳县按照人口计生“坚持计划生育的基本国策，启动实施一方是独生子女的夫妇可生育两个孩子的政策，逐步完善政策，促进人口长期均衡发展”的总体要求，突出重点，破解难题，稳步推动人口计生工作的平衡进步。在全省人口和计划生育工作年度考核评估中被评定为先进县；被省委、省政府评为打击“两非”单项先进县；被省计生协会评为全省计生协会先进县；筻口镇计生办被省卫计委评为“湖南省计划生育依法行政示范单位”；全面完成了市委、市政府下达岳阳县的人口和计划生育责任目标任务，在全市人口计生考核评估排队中，麻塘镇被评为计划生育“模范”乡镇，除1个乡镇评为计划生育“二类”乡镇，其余18个乡镇都评为计划生育“一类”乡镇。

【党政统筹】 岳阳县始终把人口计生工作纳入到全局工作统筹谋划，县委县政府出台《关于切实做好2014年度人口和计划生育工作意见》，重点突出“四项制度”的落实，进一步优化计划生育的社会环境。一是落实目标管理制度，全员考核到位。坚持“县级领导包乡镇，乡镇主职干部包后进村，一般干部包村组”的工作责任制。全面落实三个“同考核、同奖罚”，即：县级领导与所联乡镇工作绩效同考核同奖罚；单位党政一把手，分管领导，党政班子成员，行政、计生干部与所联村工作绩效同考核同奖罚；支、村两委成员与所在村工作绩效同考核同奖罚，使县、乡、村三级人口计生工作责任全员捆绑，全员覆盖。二是落实“一票否决”制度，责任追究到位。2013年全县被“一票否决”的单位有5个，被“黄牌警告”的单位33个。其中：村(居委会)36个，县直单位两个；71名责任人被追究相应的责任，其中61人被取消当年度评先评优、提拔重用资格，10名责任人当年度考核定为基本称职；31个村(居委会)各罚款1万元，并取消了评先评优、扶贫定点资格，其中有7个村支部书记、村专干被撤换；两个被“黄牌警告”的县直单位取消了当年度单位评先评优资格，所有班子成员和计划生育专干不得评先评优。三是落实基本保障制度，财政投入到位。建立和完善了计划生育投入与同级财政经常性收入增长幅度同比增长的长效机制。2014年度县本级人口计生事业费预算年平均增长13.8%，乡镇2014年人口和计划生育事业费人平基数提高到12元。四是落实舆情监测制度，宣传先导到位。2014年，岳阳县在充分整合“12356”计生热线、“12345”县长信箱和宣传部门网络舆情管理平台，积极加大正面新闻宣传报道力度，较好地发挥了宣传先导作用。先后在《中国人口报》《湖南日报》等省级及以上新闻媒体独立成篇发表正面报道9篇，其中《中国人口报》独立成篇报道4篇，《湖南日报》独立成篇报道5篇。

【工作效果】 通过严格依法行政、强化内部管理、加大执行力度等多措并举，突出解决低生育水平稳定、社会抚养费征收等难题，总体效果良好。一是生育水平持续稳定。全年全县共出生9996人，出生率为14.38‰，自然增长率7.92‰，户籍人口符合政策生育率76.24%，常住人口符合政策生育率83.02%。同时坚持一手抓补救措施落实，一手抓长效避孕节育措施落实，保持经常性的工作态势。二是依法管理更加规范。稳妥扎实有序地实施一方是独生子女的夫妇可生育两个孩子（简称“单独两孩”）政策，2014年发放“单独两孩”“再生育证”292本。在社会抚养征收上，按照《湖南省人口与计划生育条例》，切实做到了征收主体、征收程序、征收标准、资金管理“四个合法”。全县对违法生育人员立案2739件，申请法院受理311件，司法拘留47人，征收社会抚养费2500万元。2014年度社会抚养费平均个案征收标准，由上年的9618元上升到14568元，社会抚养费征收到位率明显提高。

三是服务质量明显提升。紧紧依托“县站、乡所、村室”服务网络，扎实开展“婚前政策宣传服务到家、孕前优生服务到家、产后避孕节育服务到家、产前跟踪服务到家”等“四个服务到家”，服务质量得到了群众好评。年度内孕前优生健康检查目标人群5100对，目标人群覆盖率84.2%。筛查出高风险人群631人次，查出出生缺陷儿10例，并对所有受检对象进行了优生指导和追踪随访，极大地降低出生缺陷的发生概率。四是流动人口管理成效明显。2014年岳阳县是全国流动人口动态监测试点县，根据国家卫计委通报的2014年度全国流动人口动态监测数据质量，岳阳县在湖南省58个县市区参与动态监测的县市区中，排名11位，在岳阳市6个县市区中排第一位。五是协会工作亮点纷呈。2014年岳阳县计生协会主动作为，积极为人口计生工作增添正能量，受到省计生协会好评。县计生协会被评为全省先进计生协会，新墙镇计生协会被评为全省乡镇先进计生协会，杨林乡兰田村计生协会被评为全省村级先进计生协会，还有长湖乡、新开镇计生协会魏佳琪、王友良被评为全省计生协会先进个人。

【政策推动工作】 以民生关注和群众需求为切入点，把握“完善现有的、坚持管用的、推广有效的、创新特色的”基本原则，通过岳县政发〔2013〕7号文件梳理、整合了教育、卫生、民政、住建、移民、工商、农办等部门普惠政策与计划生育利益导向政策兼容与互动，形成了计划生育利益导向“一册通”，并在县政府门户网站、县电视台等新闻媒体向社会公开。特别要求有集体经济收益分配和征地补偿费的乡镇必须落实对独生子女家庭增加一人份额的规定，使利益导向政策更加务实。全县全年落实利益导向经费近900多万元，涉及目标人群达23000多人。健全监督管理，贴近群众需求。进一步健全资格确认、资金管理、资金发放、社会监管“四权分离”、封闭运行的管理服务机制，确保了国家项目扶助对象确认准确、操作程序规范、资金发放安全、监督管理严密，群众满意度高。2014年，全县符合农村部分计划生育家庭奖励条件目标人群2450人；病残和死亡家庭特别扶助人数257人；计划生育手术并发症人员补助人数135人；城镇独生子女父母奖励人数3310人；对象准确率、资金到位率、申报及时率均达到了100%。加大配套投入，提高扶助标准。2014年县财政扩大资金预算168.69万元，在国家补助标准的基础上落实了“两奖”提标。创新工作机制，形成自身特色。2014年，全县已办理免费养老保险人数为8387人，县、乡两级财政每人每年负担100元，每年投入经费80多万元。民政部门每年单列15万元专项经费用于计划生育困难家庭的救助。

【综合治理工作】 围绕解决政策完善、执法协调、管理服务、人口信息共享问题，进一步强化了综合治理部门工作职责，做到了完善政策、兼容到位，执行政策、审查到位，信息共享、通报到位，协同管理、执行到位。部门协同管理，信息共享落到实处。2014年，卫生、公安、民政、人社等部门与计生部门落实了实时通报制度，实现了信息资源共享。2013年10月1日至2014年9月30日，全县卫生部门“实时通”录信息

14812 条，其中产前检查信息 10273 条，住院分娩信息 4286 条，流引产信息 253 条；公安部门“实时通”录入 10717 条，其中新生儿上户信息 8195 条，育女户口迁入信息 2522 条；民政部门“实时通”录入婚姻登记信息 7732 条；劳动部门“实时通”录入档案托管和失业登记信息 188 条。落实把关制度，资格审查不留死角。全县年度内提交干部提拔、行政事业岗位招聘录用、社会公众人物评选、“两委员一代表”候选人推荐、发展党员等资格审查人数 819 人，被否决的有 13 人；提交评先评优资格审查单位 61 个，被否决 5 个。农村工作部门把计划生育纳入社会主义新农村建设、建整扶贫工作首项工作规划和工作考核“一票否决”范畴；宣传部门加强了网络舆情监控，把握了社会舆论的正面导向作用；组织、人社、统战、工商联等部门严格把住审批审查关；县乡人大、政协在年度考察中，人口计生工作履职情况实行专项汇报、专项督查、专项讲评。形成联动合力，打击“两非”有所作为。进一步健全以政府办牵头，公安、纪检、卫生、计生、药监等部门联合办案机制，深入推进出生人口性别比整治工作，切实把好预防控制、查处打击的各个环节。共查处“两非”典型案件 11 例，非法终止妊娠案件 6 例，非法销售终止妊娠药品案 1 例。有效遏制出生人口性别比偏高的蔓延趋势。

（廖载平　付　华）

乡镇概况

城关镇

党委书记　杨　盛
副书记、镇长　刘四兵
副 书 记　刘望才
　　　　吴少锋(兼)
人大主席　张　磊
政协联络办主任　黄光明
纪委书记　卢亚军
党委委员　易　斌(挂职)
　　　　方立军
　　　　曾伟波
副 镇 长　张　韶
　　　　袁检保
人大副主席　侯益波
办公室主任　刘光前

【概述】 城关镇为岳阳县县城驻地,是全县政治、经济、文化中心。东连107国道、京港澳高速,西距鹿角码头10千米,北距岳阳市区23.6千米,武广高铁、京广铁路贯穿境内,岳荣新公路、荣黄公路、荣宝公路从辖区穿过,新墙河流经北部。地貌以丘岗为主,水陆交通十分便利。全镇面积48.6平方千米,其中耕地面积1320.2公顷,水田面积1031公顷下辖13个行政村、18个居委会,共238个村(居)民小组,户籍总人口10.17万人。

2014年,城关镇以经济建设为中心,真抓实干,奋力拼搏,攻坚克难,社会管理综合治理、安全生产、计划生育、控建拆违、民生改善等工作均有长足进步,重点工程建设顺利推进。2014年,城关镇实现地区生产总值23.85亿元,完成地区固定资产投入21.9亿元,财政税收总收入达到2900万元,农民人均纯收入达到12995元。

【项目建设】 城市扩容指挥部:城南河工程得到突破性进展,征地拆迁已基本扫尾,景观工程基本完毕;青山路、公园路补偿已到位;广电中心、味冠天下土地协调基本完成;华润燃气已完成任务。生态工业园协调指挥部:工业园四期征拆已基本扫尾,科伦一百亩用地征拆、平整到位;工业园五期95.87公顷土地征收已取得突破。城市建设协调指挥部:已完成二个小游园建设任务;汽配市场工程已经完工;污水管网D、E线征拆协调任务已全面完成。镇为业主项目协调指挥部:中心幼儿园工程建设已圆满完成,现已开园营业;廉租房主体工程已建设完毕;胥明屋地块8公顷征拆任务已基本完成。高速公路指挥部:征地、青苗、迁坟均已签订协议,并补偿完毕。

【社会大局】 城关镇民调在全市排名第16位,比上年上升了10个名次,同时作为全县民调工作的主战场,城关镇也为岳阳县在全省排第42位的好名次做出了较大贡献。2014年,共调解来信来访纠纷56起,化解积、难案件5件。开展专项行动3次,查处涉黄场所28处,查封麻将馆38处,处理涉黄涉赌涉毒人员23人,收容重症贩毒人员12人,收缴涉赌工具125台。

【安全生产】 城关镇高度重视安全生产、食品药品安全工作,开展了宣传、监管、排查、整治行动,实现了安全生产"零事故"。全年共组织安全生产教育培训两期,参训人员达86人次,同时以开展"安全生产月"活动为抓手,协助开展了天然气泄漏应急演练活动。全年共对辖区内企业和单位开展安全检查18次,下达责令限期整改指令书24份。2014年,城关镇组织安委会成员单位对道路交通、烟炮安全、网吧管理、校车安全、食品安全、生产安全等进行了10多次专项整治行动，及时消除了各类安全隐患。

【计划生育】 2014年，城关镇以抓学习、抓清理、抓手术、抓征收、抓迎检、抓利益导向等“六抓”措施为着力点，圆满完成了全年工作任务，实现了保类进位的目标，并顺利通过了省、市、县各项检查验收。

【控建拆违工作】 2014年，城关镇按照每周1次小行动、每月两次大行动的频率开展拆违行动，对全镇范围内的违法建筑进行强制拆除，全年共开展行动37次，拆除违法建筑12000平方米。

【民生改善】 开展“阳光低保”行动，加大对低保工作的审核力度，共清退农村不符合条件低保对象490人、城区1859人，新增困难对象461户共688人，基本做到了“应保尽保、应退尽退”。超额完成县定的新农保、新农合筹资工作任务，基本覆盖到了全体居民。进一步完善保障性住房工作，全年共改造危房39户，补助资金23万余元。同时，完成了福民廉租房主体工程的建设，预计4月份可进行分配。做好桥头杨城市棚户区改造，妥善安置棚户区居民855户。进一步优化了教育资源：中心幼儿园已全面启用，标准极高，是岳阳市一流的幼儿园；镇一中新建了高标准的运动场和高水准的科教楼；荷花塘小学和新长征小学均新建了教学楼。高标准完成了对镇医院的维修改造，已竣工投入使用。 （费三星）

鹿角镇

党委书记　姚正大
副书记、镇长　彭泽民
副 书 记　廖焱丰
人大主席　周　兵
政协联络办主任　阮振国
纪委书记　陈石文
党委委员　邓　飞
　　　　　李　刚
副 镇 长　罗乐之
　　　　　李　丹
人大副主席　陈志辉
办公室主任　罗文淑

【概述】 鹿角镇现辖32个行政村，1个居委会，1个渔场，414个村民小组，总土地面积9520公顷，耕地面积4426.67公顷（其中水田2182.6公顷、旱地2244.07公顷，可利用水面1200公顷），全镇共36919人，12479户，其中非农业人口2020人。2014年，全镇工农业生产总产值23.5亿元，主要工农业产品产量为：纸箱206万平方米，茶叶350吨，砖8000万块，粮食24725吨（其中早稻9041吨，中稻1377吨，晚稻10005吨），油菜籽400万千克，豆类800吨，薯类1232吨（其中红薯1110吨，马铃薯122吨），柑橘2.6万吨。

2014年，鹿角镇工农业生产总值达23.5亿元，比上年同比增长28%，农民人均纯收入达到13758元，增幅26%，12月底，共完成国、地、财三税任务190万元，占总任务的100%。鹿角镇已进入“全面提速、快速发展”的发展轨道。

【重点工程】 2014年，鹿角镇强力推进征地拆迁工作，全年先后召开30多次党政办公会研究部署荣湾湖综合治理等重点工程建设，3次调整征拆班子，由主职领导带队，9名负责干部参与协调，3名负责干部专职负责征拆。依据上级征地拆迁相关政策，及时调整完善征拆方案4次，进一步强化责任，实行责任、时间、任务三定方针，坚持在征拆政策允许的范围内，采取各个击破的办法破解征拆难题，认真稳妥地处理各种矛盾，确保了各项重点工程建设的稳步推进。一年来，荣湾湖综合治理工程岳荣新以东区域已完成净地移交20公顷，做好安置点各项建设协调工作，共拆迁房屋39栋，包括兴无路快速通道建设已签订3栋房屋协议，拆除两栋，三角地带征收土地14.4公顷；“两所合一”建设征拆任务全面完成。

【城市综合体建设工作】 2014年，鹿角镇积极做好城市综合体先锋土地储备工作，成功处理自2010年以来所有遗留问题，共征收土地10.2公顷，征拆预制场两个、学校1所、工厂3个、房屋15栋，重点做好市场、安置点、坟山和红线外征收协调工作。

【规划控建工作】 2014年，鹿角镇继续调优配强规划控建班子，将任务细化，强化岗位工作责任，规范建房审批程序，不断加强管理，一年内先后4次组织大型拆违和强拆行动，共拆除房屋与活动板房36处，总占地、建设面积2860平方米；拔除抢种抢栽各类大、小树苗40000余棵，种植面积约28公顷，取得良好的效果。目前，全镇责任区内违法建设势头得到根本遏制，确保了禁违拆违治违工作强力推进，村民建房秩序进一步规范。

【村级财务工作】 2014年，鹿角镇以村级换届选举工作为契机，成立由镇纪委牵头，镇经管站具体落实的镇财务清理领导小组，对34个村、场、居委会财务进行全面清理，除清退截留资金外，对部分违反纪律规定的村级党员干部进行了依法查处，有两名村干部被镇纪委立案处分。同时，针对全镇村级财务存在的问题，镇党政研究并制定出台了《村级财务管理暂行规定》。全镇村级财务报账管理日益规范。

【传统文化建设】 2014年，鹿角镇群众性文化体育活动蓬勃开展，“欢乐潇湘·幸福岳阳·秀美巴陵”大型群众文艺会演在百年名校鹿角洞天观小学浓情上演，充分展示了鹿角镇厚重的文化底蕴和多姿多彩的群众文化生活风貌。积极开展诗词、对联创作活动，各类作品在省、市、县纷纷获奖，被省楹联协会誉为“湖南省楹联之乡”，岳阳县首届广场舞比赛鹿角镇代表队荣获全县二等奖，乡镇篮球赛荣获优胜奖。

【农业生产扩面提质】 2014年，鹿角镇创新工作思路，加大投入，狠抓农业结构调整，做大做强优势主导产业，种养殖工作取得明显成效。推广集中育秧新技术24公顷，提高经济效益5%以上；创建省级休闲渔业基地1个，省级油菜高产万亩示范基地1个，省级油菜新品种试验示范基地1个，市级水产健康养殖场1个，水稻高产示范片133公顷，推广新建生猪品改站1个，肉牛冷配站1个，产量质量明显提升，规范化种养殖已成为全县新的亮点。

【水利设施建设】 2014年10月下旬，鹿角镇认真贯彻落实市委关于做好沟渠疏浚工作的指示精神，按县委、县政府统一部署，围绕统一标准、突出重点、分步实施的工作思路，在全力推进沟渠疏浚工作中切实做到了严要求、高标准，成为全市沟渠疏浚工作亮点乡镇。投资70万元，完成大成支渠70.7千米，中信支渠完成10.177千米，村办重点工程已完成清淤扫障80.1千米，农毛渠已完成9.8千米，农村水利设施建设不断夯实。

（罗文淑）

麻塘镇

党委书记　任伟平
副书记、镇长　续广宁
副书记　吴　进
人大主席　张学维
政协联络办主任　阎敏波
纪委书记　蔡春华
党委委员　卢继红
　　蒋仕涛
　　袁　柱（挂职）
副镇长　汤雅麟
人大副主席　荣来归
办公室主任　姜新军

【概述】 麻塘镇位于岳阳县最北端，毗邻岳阳市南湖新区，南接县城荣家湾，西临东洞庭湖、东倚麻布山，镇域面积92平方千米，其中耕地面积106.29公顷。镇中心距岳阳市区5.4千米，距岳阳县城12千米。全镇辖19个行政村、1个居委会，228个村民小组、5478户。全镇总人口约2.4万，其中非农人口4120人。人口出生率为13.66‰，人口自然增长率为6.33‰。2014年全镇农林牧渔业总产值32768万元，工业总产值534150万元。

2014年，麻塘镇被评为全市人口和计划生育模范乡镇。全年实现国民生产总值69亿元，同比增长10%；财政总收入实现1750万元；农民人均纯收入达到13800元，同比增长15%。

【群众路线教育实践活动】 按照县委统一部署，麻塘镇党的群众路线教育实践活动于2014年4月10日正式启动，至11月3日结束，历时近7个月。活动期间，围绕“学习教育、听取意见”“查摆问题、开展批评”“整改落实，建章立制”三个环节，麻塘镇精心组织，扎实推进，确保活动实效。其中，在“学习教育、听取意见”环节，麻塘镇认真组织开展了上党课、大讨论、写心得等“五个一”学习活动，并通过谈心谈话、上门走访、召开座谈会等方式，共收集整理对党政领导班子和班子成员个人的意见建议284条。在“查摆问题、开展批评”环节，各支部均认真召开了组织生活会。8月5日，省委督导组副组长周震虹，县委书记毛知兵，联点县领导、县委常委、县政法委书记袁陆保，县委常委、组织部长王保林等领导亲临麻塘镇，参与指导了镇党政领导班子专题民主生活会，并给予了高度评价和充分肯定。在“整改落实”环节，麻塘镇瞄准“四风”问题，明晰了6个方面31项整改内容。镇党政领导班子成员共确定整改措施118项，均已按时限要求一一整改落实到位。为完善制度保障体系，全镇共废止制度7项，修订完善制度23项，新建制度3项。

【麻塘垸南北干渠疏浚工程】 麻塘垸地处东洞庭湖畔与新墙河尾闾交汇处，堤垸保护人口3.2万人，保护面积30.5平方千米，其中耕地面积2533.4公顷（水田1733.4公顷，旱地800公顷）。麻塘垸南北干渠始建于20世纪70年代，全长11.3千米，由于年久失修、投入不足，导致淤塞严重、灌排不畅、功能衰减。2014年11月中旬，由麻塘镇政府组织实施南北干渠清淤工程，严格按照“清空见底、坡面整洁、岸线顺畅、环境同步”的工作要求，共疏浚渠道9.36千米，清淤土方10.6万立方米，完成投资280万元，(其中县级财政投入220万元，乡镇配套60万元)。工程于2015年1月下旬完工。

【城镇建设】 2014年，麻塘镇加快推进城镇化建设进程。一是抓规划修编，规范建设促提升。配合中国城市规划设计研究院完成了“岳阳县城乡统筹示范区总体规划”前期基础资料调查，测绘、修编和一、二期评审工作；完成了1个村庄布局规划，3个项目修建性详细规划；完成了4个居民点规划。二是抓住房保障，科学审批解民忧。全年市、县城市规划控制区共审批村民住宅建房284户97128平方米，规避了禁与建之间的矛盾。落实国家农村危房改造项目，争取国家补助资金50余万元，解决了农村五保户、低保户、残疾人等特困家庭39户，有效地缓解了特殊困难群体住房难问题。三是抓功能配套，设施完善强民心。在项目建设上，配合完成了“镇老年人服务中心”“农村客运站”应垅、万垅幼儿园等项目协调、服务、手续代办等前期工作；完成了镇区路网改造11.7千米；新建垃圾焚烧炉二处；配合血防站、信用社、邮政银行、卫生院、中心小学等单位部门修缮改造行政办公设施3420平方米；修竣集镇污水排放渠建设560米。完成集镇路灯维修改造87盏。

【禁违拆违治违工作】 2014年，麻塘镇坚持以控建拆违为抓手，彰显社会公平正义，维护发展环境。一是加强领导，投入到位。成立了以镇党委书记为政委、镇长为组长、分管领导任常务副组长，规划、国土、司法、公安派出所、农电站、自来水厂等相关站所负责人为成员的麻塘镇禁违拆违治违工作领导小组。同时，组建了16人的专业综合执法大队。各村相应成立了领导小组。安排禁违拆违治违工作经费年度预算115万，主要用于宣传教育、执法工具配置、统一着装、工资统发、零违建村奖励等开支。二是完善机制、奖惩到位。制定了《麻塘镇禁违拆违治违工作实施方案》，明确了“属地管理原则”和“110”工作目标。2014年全镇共对29处新增违法建设进行了现场强制拆除，拆除违章建筑总面积2662平方米、拆除存量违法建筑1户1栋245平方米。做到了依法强拆、露头就拆、一拆到底，决不留情。

（姜新军　杨望新）

新开镇

党委书记　孙　肽
副书记、镇长　毛红波
副 书 记　喻军辉
人大主席　付海霞
政协联络办主任　冯彦平
纪委书记　张　宏
党委委员　付水霞
　　　　　童卫华
副 镇 长　赵玮华

人大副主席　龚卫华
　　　　　　易阳兵
办公室主任　李　仲

【概述】 新开镇位于岳阳县境内西北部，毗邻市区，交通便捷。总面积133.4平方千米，其中耕地面积3700公顷。全镇辖36个行政村、1个居委会，12668户，总人口39000人(其中非农业人口1349人)。2014年人口出生率为14.32%，人口自然增长率为8.64%。

2014年，新开镇坚持"工业兴镇、农业强镇、三产活镇"的工作思路，努力打造"商贸物流重镇""现代农业新镇""县域经济强镇""休闲旅游名镇"，构建和谐、秀美、富饶、幸福新开。

经济总量明显提升。全年共计完成国民生产总值37.4亿元，同比增长12%；农民人均纯收入13479元，同比增长13%；财政总收入突破2705万元，增长13%，完成国地两税2305万元，财源建设跃居全县第一名。

项目建设强力推进。岳望高速、无公害垃圾处理场两大重点项目土地征拆工作圆满完成；昆沙500千伏输电线路征地协调工作如期推进；岳阳驾考中心、电子商务物流园、建材市场等一批符合"退二进三"战略目标的企业已达成意向性协议；华铭混凝土、光大电器、大成食品等企业已正式投产并形成效益；昌达机电、铭泰节能窑炉等项目正在加快建设。截至2014年年底，全镇工业企业达到45家，其中规模工业企业20家，工业经济比重进一步加大。

农业基础更加夯实。万福、枫树、杨柳等3个抗旱排渍机埠维修及李伏村草堰整修全面完成，九龙水库、过渡水库的除险加固工程正式启动；全镇水利冬修共完成沟渠疏浚220千米；完成杨华等11个村电网改造、10千米村级断头路建设，启动了三港咀大桥项目。切实加强农业生产管理，大力推行单改双，复垦抛荒面积133.33公顷，双季稻种植面积扩大至1000公顷，粮食生产喜获丰收。

社会事业长足进步。全镇新农合参合率达到100%，新农保参保率达到97%；完成了第二敬老院项目立项、规划、设计工作；农村低保、五保、临救覆盖面进一步扩大，基本建成了"病有所医、老有所养、急有所救"的社会保障体系；教学质量稳步提升，校园安全得到保障；成立了新开镇楹联诗画协会，开展了"欢乐潇湘·魅力新开"大型群众文艺晚会、全镇首届广场舞比赛、乡镇篮球赛等活动，36个村远程电教室和图书室实行广覆盖，极大地丰富了群众文化生活；扎实推进计生工作，实现了计生服务所整体搬迁，"三查四术"各项指标圆满完成；加大安全监管力度，重点加强了矿山、采石场、砂场、加油站、烟花鞭炮生产等高危行业以及药品和食品安全等关键行业的监管，切实保障人民群众生命财产安全，全年无一起安全责任事故发生。

政务服务日渐完善。结合党的群众路线教育实践活动，大力整治干部"庸、懒、散"现象，狠刹"四风"问题，干部作风明显好转；全镇36个行政村村支两委换届选举工作平稳顺利完成，实现了"大稳定、小调整"的工作目标；大力推行依法行政，对事关民生的重大决策采取听证会制度，合理确定了新开集镇自来水水价；落实主职领导定期接访制度，实行"12345"热线和信访双通道接访，群众合理诉求得到及时有效解决，不合理诉求得到了政策解释；投资12万元建设新便民服务中心，将镇内设部门实行统一办公，着力推进优质化服务，解决群众办事难的问题。

【集镇扩容提质】 为加快新开集镇的发展，新开镇党委政府先从规划着手，2014年，进行了下水道改造、沿街旧房改造、4千米高标准路灯安装、弱电入地，街道绿化、垃圾站和公厕建设，实现了集镇大提质。现在集镇区面积为2.72平方千米，常住人口1.6万人，商业铺面350多个，从业人员3000多人，其中大型生活超市5家，大型家电市场两家，建材批发商铺30多家，设有商业银行营业网点两个，农业服务机构1个，培训机构1家。

【自来水入户】 新开镇集镇地下矿物质超标，饮用水安全不达标，严重影响居民的用水安全。为解决这一民生问题，新开镇党委政府将新开镇自来水项目作为全镇最大的民生项目来解决。总投资1600多万，其中争取国家安全饮水项目和城镇供水项目资金800万元，政府自筹800多万元，采取对接岳阳市自来水供水管网的方式解决水源问题，项目于2012年正式启动，施建过程中克服了跨地域协调、资金不足、征地协调难等多重困难，于2014年4月正式通水。

【新建计生服务所】 为方便群众办事，经镇党政办公会研究决定，投资150万元新建了计生服务大楼，2014年2月完成了镇计生服务所从马店至新开的整体搬迁工作。

【便民服务中心搬迁】 为进一步优化服务群众办事条件，将计生服务所一楼改造成新开镇便民服务中心，服务设有民生保障、农技服务、公共文化与社会事业、司法信访、水务、计划生育、财政经管等7类办事窗口，2014年5月实行了整体搬迁。

【三港咀大桥建设项目启动】 三港咀地处筻口、新墙、新开三个乡镇接壤处，河水阻隔了三地的交通，不仅人们出行不便，而且极大地阻碍了当地的经济发展。三港咀大桥建设于2013年3月立项，2014年4月始建，项目工程由县交通局施工，新开、筻口、新墙三个乡镇进行配合。土地征收等前期工作已完成（在新开境内征地约0.33公顷），16个桥墩已建成，桥梁正在施工中，该桥建成后将极大地方便新开镇龙湾片及五垸片共约20个村村民前往岳阳县城，也将进一步活跃三地经济发展。

【岳望高速新开段征拆工作】 因修建岳望高速公路，涉及新开镇九龙、万福、七星等13个村的土地。2013年至2014年，镇村干部顶住压力，攻坚克难，协助岳望高速项目部共征收土地96.13公顷、征拆房屋54栋、迁移坟墓2000余座，全面完成征拆任务。

【第二敬老院建设项目启动】 为解决“老有所养”的问题，新开镇人民政府拟在马店村原计划生育服务所建设“新开镇马店敬老院”，这是镇属的第二座敬老院。项目部投资400万元，占地面积4892.42平方米。主要建设内容为3栋老年公寓和老年活动室（可提供100个床位）、1栋行政管理办公楼和食堂，以及各种配套设施。环评等工作在2014年已完成。

【沟渠疏浚工作】 新开镇共有小〔1〕型水库5个，小〔2〕型水库30个，山塘堰坝1500余处，但水利设施大多年久失修，有水不能到田，末系渠道“最后一千米”问题尤为突出。新开镇党委政府大兴水利，解决水系末梢问题，除争取上级资金40万元，镇财政投入185万元，共计225万元，完成沟渠疏浚220千米，硬化渠道10000米，清淤山塘91处，农田水利基础设施得到明显改善。

（胡　洋）

筻口镇

党委书记	付鸾声
副书记、镇长	梁亿仲
副书记	黄　海
人大主席	徐勇军
政协联络办主任	任明星
党委委员	颜昌勇
	冯学理
副镇长	张永胜
	黄湘群
人大副主席	林　凯
	冯荣保
办公室主任	任凌志

【概述】 筻口镇位于岳阳县东北部，北抵临湘市白羊田镇、岳阳市经济开发区；东连甘田乡；南与杨林乡搭界；西与新墙镇、新开镇接壤。全镇土地总面积137.9平方千米，辖58个行政村，3个居委会，592个村民小组，15881户，总人口63535人，其中非农业人口8820人。人口增长相对缓慢，人口数量较稳定，2014年，人口出生率为12.6‰，人口自然增长率为6.3‰。全镇耕地面积5433.33公顷，其中双季稻种植面积5066.66公顷，年产优质稻0.7亿千克，是岳阳县最大的粮食生产镇。

2014年，全镇共完成地区生产总值18.7亿元，完成固定资产投资9.6亿元，财政总收入达到2516万元，人均纯收入达13660元。

2014年，筻口镇认真践行科

学决策、求真务实；牢记宗旨、执政为民；团结奋斗、不辱使命地执政和发展理念，投身于产业旺镇、项目强镇、宜居靓镇、人文名镇的建设中，攻坚克难，取得了较好的成绩。筻口镇被评为农业部粮食生产高产创建整建制推进示范乡镇、省计划生育依法行政示范乡镇、市粮食生产先进乡镇、市安全生产先进乡镇、县绩效评估优胜单位，井塘用水者协会被农业部、水利部等八部委授予“全国先进基层水协会”。

【产业建设】 现代农业产业已具雏形。一是做响粮食品牌。大力发展生态优质稻种植，全镇优质稻种植面积达4933.33公顷。组建了3个专业合作社，推行优质稻的深加工和精包装，注册了“洞庭巧媳妇”“洞庭口味王”两个优质稻品牌。二是做大油茶产业。2013年与湖南中联天地油茶科技有限公司签订了1333.33公顷的油茶种植合同，通过土地流转2014年完成油茶种植1000公顷。工业产业效益初现。华丰二期顺利投产，中石油库正式通油；新增产值达100万元以上的小微企业30多户。全镇年纳税已具备过千万的能力。三是做大休闲旅游产业。全力支持胜奇循环农业示范园和兴东休闲农庄的开发，逐步把筻口打造成岳阳市的后花园，市民周末休闲度假的目的地。

【项目建设】 2014年，大批关系筻口长远发展的民生项目扎实推进。投资3240万元自来水厂工程，已完成招投标工作，征地、建设正在抓紧进行；投资2400万元的三港咀大桥建设，10月份动工，正抓紧施工中；投资1100万元的团坨岭3.5万伏变电站增容改造工程，已竣工验收；投资600多万元的筻口大道升级改造工程，除白改黑外，已全面完成；投资近1300多万元，长16千米连接铁山北干渠至明星水库，兼顾饮用和灌溉的熊市分干建设项目，已完成了设计，落实了资金；投资近700万元，漆市大桥建设工程，落实了建设资金和队伍；跨沙港河的大熊桥、四庠桥、中洲桥，改造重建已实施完成；机关食堂建设，2014年年底已竣工投入使用；长600米的幸福大道东段建设工程，已完成征地，土方施工正在进行中；朱仑完小教学楼重建项目，已进入招标程序；沟渠疏浚工程，大面积，高标准完成了疏浚任务。

【集镇建设】 一是高起点规划。重新高标准编制了集镇总体规划和控制性详规，完成了全镇58个村的村庄规划编制。二是高效率经营。对供销社、粮店、农技站等存量建设用地和规划建设用地进行了普查，收储了土地15.45公顷。三是高标准管理。强化了集镇的各项管理，加强集镇“三项”整治行动，整顿了砂车超载、抛洒砂石、乱停乱靠等交通秩序；整顿了出店经营、环境卫生及镇容镇貌；四是高品位建设。筻口大道升级改造工程下水道、人行道板、街沿石、绿化、亮化、弱电入地等建设全面完成。幸福大道东段建设、李丙路升级改造、老街下水道建设、农贸市场的升级改造、垃圾中转站建设、集镇街道的绿化、亮化等十大工程都提上了议事日程。五是大力度控建。按照“集镇规划区、主干公路沿线、占用基本农田、项目区范围内”四条红线，实行“一脚踩死”，加大巡查力度，效果显著。

【民生保障工作】 一是新农村示范片建设成绩斐然。加强环境卫生整治投入，大面环境卫生状况明显改观，大力推行村庄绿化，打造了一批绿化重点。新安，西冲两个村，全面完成了三年新农村建设目标任务。西冲村继被评为国家级文明村镇、省级生态村后，2014年，西冲村又被评为全市秀美村庄。二是社会事业协调发展。强化社会管理，坚持矛盾排查周汇报制、矛盾调处村负责制，做到小事不出村，大事不出镇；坚持义务巡逻和专业巡逻相结合，积极地推行综治维稳与平安创建工作。稳定了低生育水平，计划生育工作被评为省级依法行政示范乡镇和县先进乡镇。推进了名校、名院战略，筻口中心学校被评为全省重点农村中学，筻口镇中心幼儿园被评为省级示范性中心幼儿园；筻口中心卫生院的肛肠科已形成特色专科，并与岳阳市一医院建立合作关系。落实了安全生产责任，2014年，筻口镇又被评为全市安全生产示范乡镇。加强了精神文明建设，成立了老年科协会、关心下一代协会、诗联学会、舞蹈健身队等丰富群众精神生活。农家书屋、有线电视实现了全覆盖。全镇精神文明建设成就硕果累累。徐泽海家庭被评为岳阳市唯一的一个省级“最美家庭”，涌现了全国文明村1个，省级生态村两个，市级文明单位两个，县级文明单位4个。

【干部队伍建设】 完善作风建设长效机制。进一步巩固学教活动成果，持之以恒反对“四风”，树立“为民务实、清廉”的形象。强化干部岗位目标管理，能级管理，财务监督管理，绩效考核管理，根据绩效考核结果，结合工作实际，采取“调优配强、以责定岗”的原则，对所有干部职工进行定岗定位。投入150元新建了机关食堂，篮球场，进行了庭院绿化、亮化，及下水道建设，为全镇干部职工提供了一个舒适的工作生活环境。

（任明星）

甘田乡

党委书记　　程立斌
副书记、乡长　高兴球
副 书 记　　许海峰
人大主席　　朱雄光
政协联络办主任　高湘元
纪委书记　　高湘元
副 乡 长　　张　燕
　　　　　　高大军
人大副主席　熊　立
办公室主任　袁　礼

【概述】 甘田乡地处岳阳县东北部，东接大云山国家森林公园，南邻铁山水库，西通岳阳市区，北及临湘。全乡共辖15个村、209个村民小组，土地面积57.13平方千米，耕地面积1484.26公顷（其中水田1313.26公顷、旱地171公顷）。境内矿产资源丰富，主要有花岗岩、高岭土等。全乡共有人口17892人，其中非农业人口496人，人口出生率11‰，人口自然增长率5.2‰。

甘田乡是传统的农业乡镇。坚持以市场为导向，以结构调整为主线，发展多元种养结构，打造了西瓜、柑橘、中药材、生猪、渔业等特色亮点产业，主要盛产粮、油、猪、禽、瓜果、蔬菜、药材等农产品和竹木工艺品。

农业经济平稳发展。围绕农业增效、农民增收的目标，大力调整农业生产结构，努力改善农村生产生活条件，农业经济在增产增效中形成特色，已初步形成了西瓜、葡萄、油茶三大优势产业。成功引进九丰公司进行油茶开发，在高桥、横铺、石姑等村连片开发近67公顷，将获得好的经济效益。打造以高桥、甘田、东升、五星四个村为主的养殖基地，支持养殖大户的发展，全乡共涌现鸡禽、牲猪养殖大户10余户。林业生态秩序良好，绿色环保理念深入人心，强化了“零采伐”制度，全乡森林覆盖率进一步提高。

工业经济稳步发展。按照“依法有序，环保安全，上规模精加工”十四字方针，甘田乡进行保护性、限制性开发本地麻石资源，现基本走上规范化轨道。瑞星石材于2005年引进，2012年，瑞星石材投资1000多万元完成了第二期厂房的建设，搬迁后并投入生产，2014年产值达到1000万元，解决本地40人劳动就业；岳阳市涌泉鹏盛石业有限公司于2009年引进，2012年3月正式投入生产。2014年产值达500万元，解决劳动就业60余人。

环境卫生整治稳步推进。自开展乡村环境卫生整治工作以来，甘田乡围绕“杜绝调工、专门队伍、统一着装、统一工具、固定报酬、工作经常”二十四字方针开展工作，环境卫生整治工作水平逐步提高，在全县评比中名次逐步上升，广大人民群众的参与面日益增大，满意度逐步提高。2014年，甘田乡环境卫生工作取得了上半年全县排名第一名，第三季度全县排名第三名，年终全县排名第三名的好成绩。2015年1月9日，县政府、县农办、县环保局组织全县20个乡镇环境整治负责人，全县26个垃圾减量试点村支部书记，现场参观甘田乡戴家村村庄环境整治示范亮点工程，参观了戴家村垃圾分类减量和雨污分流处理工作，戴家村组织群众自主建设美丽村庄的模式得到了县领导的肯定。

安全生产工作常抓在手。2014年，甘田乡继续牢固树立“发展是第一要务，安全是第一责任”的意识，严格贯彻落实领导干部安全生产“一岗双责”，建立健全了安全生产协调、监管、会议等制度。加强对乡境内学校、地质灾害点、道路交通、易燃易爆物品等各行业、各领域的安全监管，消除安全隐患，对学校、农村开展消防安全大检查，广泛地宣传消防安全有关知识，进一步增强了广大干部群众的消防安全意识。全年召开安全生产季度例会4次，开展安全生产大排查6次，专项检查两次。近几年，甘田乡无一例生产安全事故发生。

社会综合治理工作明显加力。2014年，甘田乡社会综合治理工作紧紧围绕建设“富裕、秀美、文明、和谐新甘田”的总体要求，整合各方面力量，深入扎实地开展社会治安综合治理，对影响社会和谐稳定的突出矛盾纠纷、治安问题，及公共安全隐患，进行了有效整治，进一步完善了防空、严打、监管、调解等工作机制，三级巡逻机制不断完善，热点难点问题处理及时。一是加大法治宣传力度和矛盾纠纷的调解，全年共发放各类宣传资料八千余份，化解社会矛盾纠纷一百余起；二是加大打击和处罚力度，共抓捕吸毒贩毒人员13人，其中治安拘留9人，批捕4人；抓获赌博人员6个，其中治安拘留5人，批捕1人；侦破侵财案件4起，牵涉人员15人，逮捕4人。通过加大打击力度，各类黄、赌、毒及侵财性案件明显减少，群众反响较好。

【集镇改造提质工作】 按“省县道拓宽拉直建新街、项目与建房并举、新村建设带动开发”的思路推进新型城镇化。集镇人口规模达到5000人。为适应发展要求，对甘田乡集镇进行了提质改造，对集镇1.5千米街道进行了“白改黑”，将原有排水系统废除，重新布置2000多米排水管道，拉长新街460米，统一铺设了街面石、路沿石，并埋设了自来水管网和弱电线路入地管网。

【港口骆凤桥建设】 甘田乡港口骆凤桥在县政府和县交通局的关心下，争取项目资金110多万，此桥于2013年12月完成设计、评审、招投标等程序，并于2014年2月开工建设，现工程已竣工通车，新桥全长58米，宽6.25米，总耗资210万元。

【公办中心幼儿园建设】 甘田公办中心幼儿园于2013年5月正式启动，总投资300多万元，占地面积3334.39平方米，建筑占地面积484.82平方米，规划总建筑1195.82平方米，主要建设内容为新建教学、活动及辅助用房。目前主体工程、附属工程及绿化后续工程已全部竣工，2014年9月份开园投入使用。

【甘田中学公租房建设】 为逐步解决乡工作人员、乡村教师及其他基层公益服务人员的住房困难问题，正式启动了甘田中学公租房建设项目。该项目总投资300多万元，建设总面积约2310平方米，共建60个套间，每个套间两室一厅、一厨一厕、建筑面积38.5平方米左右。建成后，将彻底解决乡干部职工、乡村教师住房困难问题。

【卫生院扩建综合办公楼建设】 为改善乡医疗机构救治条件，提高卫生保障水平，全面推动农村新型合作医疗的成果，甘田乡卫生院将扩建综合办公楼，该项目总投资140万元，主体工程102万元，附属工程38万元，2014年7月份正式开工建设。

【农技中心业务用房建设】 农推中心业务用房建设是争取的县农业局的基层基础设施建设项目，总投资50多万元，建筑面积240平方米，建成一个集科技培训、功能展示、办公为一体，配套合理，功能齐全，设施一流的乡镇农技推广服务中心。现已全面竣工。

（袁　礼）

公田镇

党委书记	陈君辉
副书记、镇长	王　勇
人大主席	任　畅
政协联络办主任	易志坚
党委委员	廖　辉
	李志宏
	龚小峰
副镇长	黄加宝
	刘新华
人大副主席	方　魁
办公室主任	易利秋

【概述】 公田镇辖23个行政村，1个集镇居委会，257个村民小组，总面积87.5平方千米，耕地面积

1.07千公顷，30767人，其中非农业人口3318人，人口出生率11.8‰，人口自然增长率3.4‰。主要工农业产品及产量为：汽车刹车片2400万件，陶瓷1500万件，榉木板50万平方米，线条60万米，预制构件4200万件，水泥砖2400万块，稻谷1.22万吨，柑橘、梨600吨，生猪出栏6.8万头，土鸡12万羽，水产品1600吨。

2014年，公田镇继续围绕“夯基础、惠民生、兴集镇、促和谐”的工作思路，立足公田实际，突出工作重点，攻坚克难，锐意进取，经济社会取得长足发展，全年完成地区生产总值10.6亿元，同比增长10.7%；完成财政总收入突破1199万元；完成固定资产投资9.6亿元，同比增长9.9%；人均纯收入实现11392元，同比增长12.9%。

基础设施不断夯实。以项目引进为抓手，不断推进“水、电、路”等基础设施建设。在水利建设方面，推进沟渠疏浚工作，扫障清淤镇级及村组渠道15万米；争取农村水价改革项目资金700万元，对饶港干渠进行升级改造；争取大段片2000人的安全饮水项目，解决了晏冲、芳山、东淇、板桥等村的饮用水困难；完成了松岭水库的除险加固及饶港等村的U型渠水利建设项目，提高农田抗灾保收能力；高标准完成饶港河综合治理项目工程，提高了河道防洪功能。在电力设施方面，高标准完成东淇村农电网改造扫尾工程，顺利通过市、县验收。在道路硬化方面，将板桥桥、龙潭桥等年久失修桥梁纳入危桥项目库；完成了Y178线1.6千米道路硬化，完成了S306线至马元村鸡毛组断头路的硬化工程。在国土整治方面，争取芳山、东淇、板桥、祯祥连片整治的国土平整项目。

惠民利民更加透实。强农惠农政策不放松，对粮食补贴、退耕还林、公益林等补贴无截留、不拖延，打卡发放到位，对资金发放情况在政务栏、村务栏中公开。坚持铁山水资源保护导向政策，合理引导群众在200米淹没线外建房居住，发放库区补助资金70万元，免费分发国外松、杉树、香樟等苗木给库区农户栽种，提高森林覆盖率。农保、农合的参保率分别达到96%、98%，养老金发放率达100%。扶助弱势群体，解决危房建房25户，将1006个困难人口纳入农村低保，共计发放各类救助、优抚款66万余元。

集镇形象更加亮丽。一是严控强拆，推进集镇规划的实施。成立5名工作人员组成集镇管理专项工作班子，从巡防上加大密度，从严控上加大法度，在拆违上加大力度，做到在时间上不留空挡，在地域上不留死角，在处置上不留余地，先后联合县规划局等职能部门组织力量进行强制拆除行动3次，拆除违法建筑400多平方米。二是储备土地，为集镇开发做好准备。将原铁山管理局院内0.23公顷闲置土地走招、拍、挂程序后重新发包开发，建设成铁山小区。同时启动了集镇西区土地储备，计划先期储备土地6.67公顷。三是完善设施，形成集镇新亮点。投入资金100万元，对集镇农贸市场进行了重建；投入资金20万元，对铁山大道绿化带进行了改造，重植了新的花带；投入资金90多万元，对河西坪集镇进行升级改造，油化道路500米，铺设了路沿石，安置了路灯，新建了下水道。

社会大局更加和谐。抓好了村级班子的换届选举，选强配优了村级带头人，整治了东淇、龙山等软弱涣散村级班子。抓好综合治理工作，专项整治“黄赌毒”，捣毁4处赌博窝点，行政拘留参赌人员6名；强戒吸毒人员4名；捣毁涉嫌色情服务业的碧水湾洗浴中心，抓获违法犯罪嫌疑人6名。加强干部义务巡逻及公安干警治安巡逻防控体系建设，确保了社会局面稳定。

党风作风更加严实。抓干部强基础，政治上关心干部，把一批肯干事、能干事、会干事的干部放到重要岗位上；经济上不亏待干部，鼓励并奖励勤干事、有成绩的干部，让他们干劲再足，精神更强。抓制度促规范，坚持村务公开、党务公开和民主管理制度，严格实行村帐“站代管”和“四议两公开”，大力发展农村民主与社会事业，强化农村社会管理。抓作风促落实，加强党风廉政建设，严格落实“一岗双责”。刹“走读”风，所有干部职工坚持住机关；兴节俭风，大幅度降低了招待费用；倡务实风，坚持“一把手”带头，党政班子带头，履行好示范作用，务实干事，争创一流，为全镇的发展提供强有力的组织保障。

【河西坪集镇升级改造】 2014年4月，借杨白线道路硬化的机遇，公田镇政府启动了河西坪集镇全面升级改造，将路面由原来的5米拓宽到9米，硬化了整个河西坪集镇500米道路，两侧铺设了路沿石，新设置了10盏路灯，改造了自来水管网，重修800米下水道，整个工程共计投入资金90余万元，于2014年11月全面竣工。

【Y178线中学段公路硬化】 Y178线连接祯祥、彭昌等四个村，是5000多群众及公田中学1000多师生进出的主要通道，全长1.6千米由于资金问题，该路公田中学至晏冲段一直没有硬化，成为断头路。2014年5月，争取道路硬化立项，投入资金40多万元。对该段路进行了拓宽、平整，并在8月份进行了硬化。

【公田农贸市场重建】 公田农贸市场位于铁山大道东侧，建于1999年，是公田集镇唯一的农副产品市场。由于建设已久，市场顶棚有垮掉的危险。为此，公田镇党委、政府决定在旧址重建新的市场，项目于2014年8月份启动，同年11月份竣工，共投入资金60万元，新的农贸市场占地1200平方米，建有商铺60处，规范了农贸产品分类分区，加强了卫生责任划分，经营环境得到明显改善。

【沟渠疏浚工程】 2014年10月下旬启动沟渠疏竣工作，按照"政府引导、群众为主、民办公助、以奖代补"的原则，确定饶港干渠、百花台干渠、团结水库北渠、东淇排灌渠和向佳排灌渠疏浚为镇办重点工程，村办U型渠和一般农毛渠为一般工程，共计投入资金80万元，疏浚渠道15万米，彻底解决了公田镇小型农田水利建设"最后一千米"的问题。

【铁山小区建设】 原铁山管理局院内闲置有0.23公顷土地，2014年5月，公田镇党委、政府经集体研究决定，将闲置土地重新利用，走完招、拍、挂程序，发包开发，建设成铁山小区，计划建设商品房60套，建好绿化带、下水道配套设施等，小区已开工建设。

【涉赌涉黄专项整治行动】 2014年6月中旬，由公田镇综治办牵头，组织派出所、司法所等干警，配合县治安大队开展涉赌涉黄专项整治，共出动干警30多人，捣毁集镇4处赌博窝点，缴获各类型的赌博机20余台，行政拘留参赌人员6名；捣毁涉嫌色情服务业的碧水湾洗浴中心，抓获违法犯罪嫌疑人6名。

（黄加宝）

云山乡

党委书记　毛　鸥
副书记、乡长　付海苗
副书记　张鹏飞
人大主席　李柒林
政协联络办主任　周湘福
纪委书记　周湘福
副乡长　彭　立
　　　　邓党生
人大副主席　孙正正
办公室主任　万宗敏

【概述】 云山乡位于岳阳县东北部，北抵大云山国家森林公园，东抵临湘市詹桥镇，西接甘田乡，南邻毛田镇和铁山水库。全乡辖15个行政村，122个村民小组，总人口12369万余人(含大云山林场)，非农业人口356人，2014年人口出生率12.29‰，人口自然增长率6.48‰。共有20个党支部，党员424名。土地总面积42平方千米，其中耕地面积426.67公顷，山林面积2666.67公顷。境内有小Ⅰ型水库1座、小Ⅱ型水库5座。2014年粮食总产量8200吨，出栏牲猪26000头，土曲小桌谷酒产量82吨。

基础设施更加完善。水利设施方面：投入资金100多万元，在永兴、云山、联合、云墩、文洞、杨墩6个村完成3300人安全饮水工程；投入资金27万元，完成7口骨干山塘改扩建和永兴村兰冲机埠建设；投入12万元，完成云山村小农水项目建设，清淤加固正垅水库下游骨干山塘一口、硬化灌渠1000米；投入以奖代投资金20万元，完成了沟渠疏浚任务。危房改造方面：投入60万元，完成西台新村800米道路硬化、1300米边沿石铺设和新建下水道、排水沟2500米，西台新村整体危改与配套建设基本完成；实施爱国村综合扶贫危房改造工程，通过整合扶贫专项资金和部门对口帮扶资金，对该村27户困难户危房实施改造、10户进行修缮加固，并对断头路、排污处理设施实行配套补助，使该村民生设施、村容村貌获得了极大改善。道路设施方面：全年共计硬化村级道路5千米；完成甘云公路和甘大公路全线维修；并投入5万元在在毛云路和甘云路急弯险段安装交通凸面镜31块、设立警示标志40处。环卫设施方面：永兴、云山、陈洞、文昌4座环保型垃圾焚烧炉投入使用。启动西台村、文昌村垃圾分类减量试点，两个村垃圾分类设施已基本建设到位。新能源方面：完成农村能源建设太阳能项目100台，新建沼气池32个、共计容量800立方米。其他方面：投入近12万元完善乡机关“五小”设施，完成乡机关灯光球场、图书室、活动室建设；完成了全乡模拟电视向数字电视的升级改造。

群众生活更加殷实。立足于景区乡、库区乡和山区小乡的实际情况，努力争取农林项目，大力支持村级引进社会资金发展发农林产业，努力拓展农民增收渠道。完成文洞、杨段、联合、爱国、西台等村43.13公顷楠竹低改。完成文洞、陈洞村7.33公顷血防造林。杨塅村李家山生态种养休闲项目已完成基础建设投入60多万元。全年实施村“一事一议”奖补项目11个，为村级公益事业建设提供了有力支持。

社会和谐更有保障。社会管理综合治理成效显著。通过大力禁赌禁毒、加强重点精神病患者的收治管控力度、坚持开展警车巡逻，全乡保持了良好的治安环境。通过构建运转有效的安全生产监管机制、大力弘扬安全文化和加强烟花爆竹、交通、校车等领域的安全监管，全乡安全生产形势良好，顺利地完成市级安全生产示范乡镇创建工作。文体教育事业展现新貌。完成文昌、云塅村两处农民健身工程建设。先后成功组织“秀美巴陵”云山专场大型群众文体汇演，组队参加全县广场舞比赛，组队参加全县篮球赛等3次重要的文化体育活动。完成“云山高腔”申报省级非物质文化遗产的资料收集整理工作。加大对教育事业的支持力度，出台了关于校园管理、教育质量等方面的多项激励措施，乡中心学校着力提升教育教学质量，年度分别获得岳阳市教育教学先进单位和岳阳县教育教学先进单位、县教育局绩效考评先进单位等多项荣誉。社会保障工作稳中有进。新农保基金征缴55万元，享受新农保养老金人口1730人。新农合基金征缴105万元，全乡患者年度农合报销金额180万元。完成贫困人口识别建档工作，共有1153人纳入贫困人口管理。集中供养五保户30户。卫生计生工作迈上新台阶。年度新增联盟、田坳、爱国、杨塅、永兴村5个村级卫生室建设，为群众便捷就医提供了较好保障。大力强化“三查四术”、优生优育的督导力度，大力推进“阳光计生”，不断地优化人口计生工作环境，摘掉了计生工作落后的帽子。

基层组织更具活力。自4月份开始在全乡各支部推动党的群众路线教育实践活动，至10月份基本结束。乡领导班子和班子成员逐一对照问题清单和专项整治要求，共对105个问题逐一整改落实。落实了“三重一大”“三资”管理、民主评议处置不合格党员、“四议两公开”等一批重要管理制度以及“乡干部驻村工作站”等一批便民服务措施。圆满完成村“两委”换届选举工作。3月份与4月份，相继启动全乡村支部和村委会换届选举，并先后于4月份和5月初顺利完成换届工作。

【爱国村建设扶贫工作】 从2013年开始，爱国村被列为市级建设扶贫单位，由市委组织部、市房产局、市环卫局联系。至2014年完成爱国村建设扶贫工作。两年间，爱国村完成3.5千米村组道路硬化，新修机耕道路3千米，完成全村三线一体光缆架设，新建8个垃圾收集处理屋，修缮硬化2千米水渠，完成3口骨干山塘清淤加固和4个组安全饮水管道铺设，完成村级活动中心前坪硬化，完成80盏路灯架设；新建4个移动通信信号发射站、1个小型电信信号塔和1个发射站，将原50千瓦的变压器扩容至200千瓦；完成10个示范性三级化粪池和3个沼气池建设；通过结合危房改造资金和县直单位帮扶资金，17户困难群众重建住房、9户群众进行修缮加固；完成楠竹退现项目20公顷，完成荒山造林3.33公顷。2014年，编印《精神文明建设小手册》分发到每家每户，在主干道和中心屋场悬挂精神文明固定宣传标语20处,在全村开展"十星文明户"挂牌评比活动。通过建设扶贫,爱国村实现了基础设施、经济发展、精神文明同步提高。

【沟渠疏浚工作】 2014年10月28日，召开全乡沟渠疏浚工作动员会，会议下发了《云山乡2014年沟渠疏浚实施方案》,全面启动全乡沟渠疏浚工作。2015年1月,乡组织专人对各村沟渠疏浚情况进行验收。全乡共疏浚农毛渠44091米,其中爱国村5111米、联盟村2750米、黄稻村2780米、文昌村2850米、田坳村2484米、陈洞村4058米、联合村4677米、云山村3428米、杨塅村2720米、文洞村2850米、云塅村2800米、西台村3295米、长仑村1640米、谢山村2648米，乡财政对各村农毛渠投入奖补资金81914元;完成两处乡办重点工程云塅水库灌区(位于云塅村、永兴村)2450米、定山水库至人和桥排灌渠2750米干支渠疏浚，乡财政投入奖补资金4.4万元、申请县级奖补资金6万元。

【安全饮水工程建设】 投入资金100多万元,在永兴、云山、联合、云塅、文洞、杨塅6个村实施安全饮水工程,其中2701人纳入政府安全饮水项目规划，按人均282元标准予以补助。2014年纳入项目规划的情况为永兴村360人、云山村591人、联合村550人、文洞村350人、杨塅村350人、云塅村500人。2014年安饮工程实施情况为：永兴村在全村老屋、独石、尹家、皮条、兰冲5个组全部实施,云山村在香山、刘兴、东台、西台4个村民组实施；联合村在塘湾、柏树、脚屋、洪坳、港贝、张家、东风、庙湾8个组实施;文洞村在除基本无人居住的桃冲组外的7个组全部实施;杨塅村全村8个组全部实施。至此,全乡已实施安全饮水工程人口为9100人,占总人口的82%，安全饮水问题在全乡基本得到解决。

【西台新村改造工程】 云山乡西台新村含团结新村和田花新村两处，其中团结新村建筑面积6616平方米、田花新村建筑面积768平方米。均始建于1976年"学大寨、赶毛田"时期,是由政府主导,群众投工投劳，集中连片建设的居民点,受当时条件限制,房屋质量差,加之年久失修,已全部成危房,存在重大安全隐患。2013年5月13日,县长张中于在云山乡政府会议室就云山乡西台新村危房改造工作主持召开现场办公会,会议决定按照"县督办、乡负责、村落实、户为主"的工作模式,坚持统一组织领导、统一补助标准、统一规划设计的原则启动西台新村整体拆危改造。2013年5月23日，西台新村开始拆危,至2014年年底,共新建住房26栋,完成西台新村800米道路硬化、1300米边沿石铺设、新建下水道和排水沟2500米，西台新村整体危改与配套建设全面完成。西台新村改造政府共计投入资金280万元。

【创建市级安全生产示范乡镇】 2014年年初，启动创建市级安全生产示范乡镇工作。一是严格落实安全生产"一岗双责"。二是加大安全生产宣传力度。共投入8万多元，建设了安全生产知识文化长廊，在乡主干公路沿线电杆上悬挂宣传标牌150块，设置大型宣传牌5块，设置宣传竖牌10块,设置宣传窗栏20多块,张贴标语100多条,印制了《云山乡安全知识手册》《村民安全自治公约》等资料4000余份。同时组织乡机关干部、部门负责人、村支部书记和村主任开展了一次安全生产教育培训，全乡安全生产氛围进一步浓厚。三是强化安全生产日常监管。针对道路交通、森林防火、烟花爆竹等三个重点领域,坚持每月组织安全大检查，做到零失误、零事故。2014年年底,市级安全生产示范乡镇创建工作顺利通过验收。

【保障房竣工入住】 云山乡保障性住房在县房产局做好项目的招标、地质勘探、规划设计等工作后,于2012年6月与云山乡签订委托建设协议书，委托云山乡政府当业主，由云山乡政府负责项目建设及项目质量、安全监管、协调工作,建成后由房产局回购。项目建设于2012年10月份动工,于2014年4月份竣工,共有6层建筑4栋,住房120套,其中使用面积50平方米住房84套、使用面积38平方米住房36套，总建筑面积6044平方米。2014年7月份开始入住,至2014年12月,入住率为63%。云山乡保障性住房的建成,一举解决了云山乡政府及乡属部门干部职工、学校教职工和在集镇陪读人员等住宿难题。

(万宗敏)

毛田镇

党委书记　付文勇
副书记、镇长　黄　晨
副书记　施华兵
人大主席　杨向荣
政协联络办主任　李灯保
纪委书记　李小雄
党委委员　吴建军
　刘　衍
副镇长　许　维
办公室主任　刘锦华

【概述】 毛田镇地处岳阳县东北部,湘鄂两省及临湘、岳阳、通城三县交界处。东抵岳阳县屋脊相思山下的相思乡;西临道教圣地大云山麓的云山乡;南插碧波荡漾的铁山水库,与公田,月田两镇一依带水;北依坐镇两湖三县的铜鼓山,与临湘市詹桥镇和通城县北港镇相毗邻。

毛田镇是个典型的偏远山区、库区乡镇。镇域面积78平方千米,全镇辖31个行政村(其中24个库区村)、1个居委会,共246个村民小组;全镇有党支部41个,党员885人。2014年,全镇有6428住户,户籍人口23172人;其中农业人口22102人,非农业人口1070人。辖区处四山之中,形如盆地;北边是境内最高峰铜鼓山海拔535.90米,中间是八宝山和普安山,最南边铁山海拔244.50米。地势北高南低,呈山地丘陵夹盆地特征。盆地为铁山水库所淹,田少山多;以种植单季稻为主。有耕地面积1866.4公顷(水田1541.3公顷,旱地325.1公顷);山林面积4497.2公顷,森林覆盖率为76%。2014年,全镇实现地区工农业生产总值28754万元,完成公共财政收入3875.7452万元,固定资产总投资38962万元,农民人均纯收入达11420元,增长4.1%;共完成国、地税入库130万元。2014年,毛田镇被评为湖南省安全生产示范乡镇。

【环境卫生整治工作】 在广泛进行宣传的基础上,督促各村建立评比制度和落实村级长效保洁机制。2014年财政投入47.5万元,共印发宣传手册1500余份,发放评比牌3000余块,新建垃圾焚烧炉4个,添置封闭垃圾箱13个,运输车辆一台,大投入,大决战,取得了阶段性成效,营造了浓厚的环境卫生整治氛围,第三季度荣获岳阳县"环境卫生整治"第一名。

【铁山水资源保护】 突出库区周边禁违、拆违、治违。为认真落实市、县关于铁山库区水源地一、二级保护区内严禁新建的指示精神,毛田镇对违法建筑一律进行停建。与县规划、国土等执法部门强力配合,组织大型强制执法专项行动两次,拆除5户违建房户,共720平方米。突出生态保护。为了有效地保护铁山水资源,毛田镇按照"保民生、保水质"两保并重的思路,印发宣传资料5600份,对水资源保护进行深入宣传发动;镇村与市县同步,集中开展了"铁山水资源保护月活动"。取缔库区规模养殖企业1个;对5处非法采矿点予以强力打击;对石材、木材加工厂等进行全部关停;在黄金、同心等村完成42户临水房屋四池净化达标排放工程试点;投入130万元,完成八斗村85户生活污水集中处理设施建设。同时进行植树造林、封山育林等,做到了对铁山水资源保护和民生发展工作相结合。寻求政策突破。市委出台岳发〔2014〕12号文件《关于加强铁山饮用水水源保护与库区民生保障的意见》,文件明确每年给库区乡镇下拨生态保护、大病医疗救助、特困救助资金和后靠建房补助资金等。寻求项目支援。通过多方努力,争取到全县两个集镇污水处理工程项目落户毛田镇,市县将投入2000万元以上建立污水处理厂。目前已经完成了初步设计、初设评审、可行性研究、环境评价、能源评审、地质勘探、地形测量与勘界、部门联合选址等9项前期工作,即将进入招标阶段。

【民生工作】 投入大幅增加。2014年,用于困难群体生活保障的公共财政支出达到12万元,比上年增长12%。政策不断落实。新型农村合作医疗参合率达95%;农村新型养老保险11618人参保，参保金额113.83万元，100%完成上级下达的任务，参保品质也较2013年有所提升，全年3740人已领取养老保险金。实行"阳光低保"，毛田镇农村低保保障面达4%，惠及镇村低保对象417户、871人。落实民办代课老师及老年乡村医生生活困难补助、重度残疾人护理补贴、重性精神疾病患者救治等政策，并完成民办代课老师322人、老年乡村医生43人的统计、核实、造册、公示工作。保障成效显著。投入276万元，基本完成道仁村周代组41户176人危房改造和相关设施配套建设，成功解决了历史遗留问题。全面完成贫困人口识别建档立卡工作，实施扶贫攻坚项目10余个，解决1000余农村人口安全饮水问题，争取上级各项扶贫资金近300万元。

【公共社会事业】 公共设施实现新突破。镇120套保障房全面完工；中心卫生院门诊大楼、中心幼儿园等一批重点民生实事工程相继竣工验收并投入使用；完成了立坪、南庙、彭庄、南冲等9个村26千米村组公路硬化任务；毛田大桥附属工程也已全面完工。改建完成福圣、胡铁两个二级标准化渡口并简单硬化了毛田、田河、南庙码头；集镇自来水厂完成入户水管网招投标程序，即将开工建设，完成毛田、高昌、卢塅河入河口拦污建设工程；完成桃洞村土地整理项目，并启动了孟城、杨家、芭蕉村80公顷的土地整理项目；组织引导完成全镇31个村沟渠疏浚35000米，农业标准化建设迈出新步伐，抗灾能力大大增强；集镇供电与学校道路拓宽加固安全工程全面完成升级改造。公共文化取得新进展。集镇范围内"无线数字电视"改造升级全面完成；"三八"节文艺会演、"欢乐潇湘"百姓大舞台、"广场舞"大赛等群众文化活动深入开展，极大丰富了群众精神文化生活，毛田镇选送的"铁山湖""刘海砍樵"节目，分别在县级荣获二等奖和三等奖。同时在"灏东杯"广场舞大赛中取得二等奖的优异成绩。镇村建设规范化有了新发展。2014年，完成了毛田集镇整体规划、镇村布局规划、库区居民安居工程点规划等3大类规划编制工作。教育事业再上新台阶。2014年，初升高升学率达到94%，其中考入县一中12人，48套教师保障性住房和16套周转房的项目的实施将为改善办学条件、稳定教师队伍发挥作用。

【社会治理】 积极开展安全生产"六打六治"打非治违专项行动，打击取缔非法采砂船只15条；认真推行安全生产"一岗双责"制；投入20余万元，对炮厂、学校校车、食品药品、危险化学品、道路交通、水上交通等存在重大安全隐患的单位和领域进行了严格监管、定期巡查、排查，并及时整治，2014年，实现了全镇安全生产零事故，被评为湖南省"省级安全生产示范乡镇"。"平安毛田"创建活动扎实开展，一批信访积案和矛盾纠纷得到有效化解。2014年信访、社会治安发案率持续下降；综治、信访工作进入市、县先进行列。积极受理"12345"政府公共服务平台群众诉求，办理解决142个群众诉求问题。

（付　聪）

相思乡

党委书记	邹飞跃
副书记、乡长	刘三军
副书记	杨法新
人大主席	李龙波
政协联络办主任	汪秋宝
党委委员	罗文勇
	龙新宇
	刘拥华
副乡长	万红娟
人大副主席	李　宏
办公室主任	刘奇勇

【概述】 相思乡地处岳阳县东北部，与湖北省通城县接壤，属革命老区、铁山库区、边远山区和旅游新区。境内有岳阳县海拔最高的相思山，相思山公园是岳阳市有名的旅游风景区，全乡总面积69.8平方千米，总人口2.6万，下辖27个行政村、236个村民小组，有961.33公顷耕地，5926.67公顷山林；全乡共有小〔1〕型水库2座，小〔2〕型水库9座，大小骨干山塘1232口，非农业人口495人、人口出生率11.68‰、人口自然增长率4.2‰，境内有银杏、杜仲等珍稀树种，长石、石英等矿产资源储量丰

富。水资源非常丰富,鲇鱼洞水力发电站被列入岳阳县重点工程项目,全乡整个地势东高西低,平均海拔620米,属典型的亚热带大陆气候,主要农作物有水稻、大豆、花生等。

2014年,相思乡紧紧围绕“一年打基础,两年出成效,进入全县年终绩效考评优秀乡镇行列”的工作目标,踏实肯干,锐意进取,务实求为,全面完成各项工作指标任务,全乡经济社会呈现出良好的发展态势。

【干部队伍建设】 认真执行村党支部换届“两推一选”和村民委员会换届“海推海选”模式,3月底、5月初分别启动村支部、村委会换届,把一批政治素质好、廉洁奉公、年富力强、能带领群众致富奔小康的优秀党员群众选进村支两委班子,配强了村级班子,以创建学习型机关和学习型党组织为抓手,采取外请专家教授及班子成员轮流授课的方式,努力提高机关干部的政治思想素质和引领农民发家致富的能力。建立健全规章制度。全乡已制定和修订了《关于党委贯彻落实“三重一大”事项集体决策制度的意见》《关于进一步规范精简各类会议的制度》《关于进一步加强机关干部理论学习的意见》和《相思乡机关制度》等制度23个。

【实事办理工作】 2014年,相思乡着力办好年初向全乡人民承诺的10件实事,努力提高人民群众的幸福感和满意度。1. 无线数字电视覆盖方面,完成了集镇周边500户数字电视平移,争取在年内新增白若片500户。2. 小一、二型水库全面维修加固工程建设方面,争取了玉龙水库除险加固工程的立项,目前除土湾水库除险加固正在扫尾外,其余在建水库均已竣工。3. 集镇提质扩容工程建设方面,自来水厂。供水系统、小水厂收购等进入扫尾阶段,11月底开始正常供水。集镇标准化农贸市场,完成了“三通一平”,进入规划设计阶段,集镇路灯亮化。亮化改造工程方案已经乡党政办公会集体研究通过,即将动工。4. 竹坨新村危房改造项目建设方面,成立了专项拆建指挥部,完成了房屋拆除、地基平整、下水道铺设、宅基地分配等工作。5. 乡农技大楼新建工程方面,已完成了前期摸底工作。6. 公办幼儿园建设,确保了2014年秋季如期开学。7. 公租房建设方面,主体工程已封顶,水电安装、内部装饰也在同步进行。8. 卫生院住院大楼建设方面,开始了住院楼的整体搬迁。9. 公路硬化方面,全年计划硬化5千米,实际争取了11千米的计划,超额完成任务。10. 村低压电改扩容建设方面,积极向上级部门争取了五个村低压电改扩容建设指标,3个村已启动。

【社会治理工作】 2014年,相思乡党委、政府紧密结合实际扎实开展治安防范工作。切实加强工作宣传,对全乡电话用户进行了一次全面的模拟民调,对群众普遍反映知晓率较低的平安创建工作进行查漏补缺,在完成县政法委规定动作的基础上,共悬挂宣传横幅27条、集中屋场悬挂警民联系牌74块、发放参与综治民调倡议书4400份,并督促每村张贴宣传标语20张,取得了较好的效果。2014年派出所共接处警82起,抓获违法犯罪人员18人,其中社区戒毒6人,强制隔离戒毒4人,办理行政案件19起,办理刑事案件6起,破获刑事案件4起,起诉2人、批捕1人。狠抓信访维稳,进一步加强对重点人员、重点领域、重点时段的监控。全年司法所共调解矛盾纠纷92起,为群众追回经济损失80余万元。狠抓安全生产,乡党委、政府多次召开了专题会议部署清理整顿非法开采行动,分别于6月6日、8月26日组织全乡政府及部门干部50多人对进行整顿;分别于5月27日、9月28日组织相关职能部门进行食品安全专项检查。

【民生工作】 抓好环境卫生整治,采取固定标语、资料入户、村民会议等形式加强工作宣传,让“爱我相思家园”的意识深入人心,为环境整治工作营造舆论氛围,奠定群众基础;坚持常态保洁、定期督促、按时讲评、兑现奖罚等工作措施,进一步提高广大群众环境整治的自觉性与积极性,取得较好成效。2014年,相思乡环境整治工作分别取得了一季度排名全县第四,二季度、三季度均排名全县第三的好成绩。抓好铁山水资源保护,2014年,相思乡白若河、李段河、卢段河、珠港河先后出现了利用挖掘机开采河沙的行为，严重毁坏了河道，给过道行人和车辆带来了安全隐患，乡人民政府联合相关职能部门对此类挖采河沙行为及时进行制止，取得了良好效果。抓好计划生育工作，扎实搞好各项日常工作，积极开展计划生育集中服务活动，兑现了纯女结扎户养老保险；坚持征收标准不动摇，着力做好社会抚养费征收管理工作；打击“两非”初见成效，为创造计划生育环境打下了好的基础。2014年，顺利通过了省、市、县的年终验收。抓好沟渠疏浚工作，根据全乡沟渠现状，确定小〔1〕型水库石洞水库东西两渠以及土湾水库下游渠道为乡重点工程，采取“以奖代补”“先建后补”的方式，改变了以往“先拨款、再做事”的老模式，放大财政资金的社会效益，群众投工投劳积极性倍增。投入以奖代投资金58万元，完成沟渠疏浚主干渠6.7万米、毛渠8.3万米，专项工作被评为全县第一名。

（刘奇勇）

月田镇

党委书记　　李凌峰
副书记、镇长　　卢兴国
副书记　　毛　瑞
人大主席　　李　明
政协联络办主任　　杨拥军
纪委书记　　赵波林
党委委员　　李新辉
　　汪庆宇
副镇长　　李旭东
办公室主任　　周　强

【概述】 月田镇地处湘、鄂两省，岳（阳）平（江）通（城）三县交界处，铁山水库上游，由原岳阳县月田区黄岸乡、月阳乡与花苗乡三乡撤并而成，镇域面积175.5平方千米，省道S306线斜插其境，素以“大林区、大山区、大库区与大边区”（以下简称“四区”）著称。辖55个行政村、1个居委会，常住人口共12457户49583人（其中非农业人口2613人）。计划生育人口出生率为13‰，人口自然增长率为6.9‰。山林面积12600公顷（其中退耕还林面积279.53公顷，生态公益林10533.33公顷）。小〔1〕型水库两座、小〔2〕型水库14座，骨干山塘286口。主要工业企业有精博机床厂、宏峰长石粉厂、国庆烟花鞭炮厂，年创税收100万元以上。主要矿产资源有长石矿与高岭土。水田1233.33公顷，旱地800公顷。主要农林牧副渔产品为水稻、红薯、生姜、油茶、楠竹、黄牛、黑山羊、铁山鱼虾，其中湾头小集镇的刁子鱼和邓谷村的红薯粉丝产业发展较快，成为全市知名的地方特色农副产品。

2014年，全镇上下坚持把改善民生作为第一要务，把培植产业作为第一目标，把维护稳定作为第一关键，把保护环境作为第一抓手，积极推进“林业大镇、库区重镇、边贸强镇、山乡名镇”的建设，经济社会保持持续稳定、健康发展的势头良好，各项工作取得了新的进展。2014年，国内生产总值达到6.756亿元，同比增长7%；农民人均纯收入达到9045元，同比增长10%。

坚持三大产业协调发展，综合实力明显增强。品牌农业逐渐形成。以邓谷红薯产业合作社为龙头，2014年全镇红薯种植面积600公顷，年产红薯2250吨、红薯粉405吨、红薯粉丝364.5吨，农民依靠红薯产业实现增收850万元；大力推进双季稻种植；全镇新增楠竹改造面积53.33公顷，利用荒山规划新增油茶种植面积200公顷。工业企业运行良好。金博机床厂年创税收70万元，长石粉厂年创税收38万元。第三产业持续发展。私营企业和个体工商户达600余个。从事批发和零售的商业店铺门面1500余个，电子商务和快递物流产业发展实现了突破，其中中通、圆通、申通和韵达等快递企业已落户月田镇。

坚持以项目促发展，各项基础设施不断完善。抢抓机遇，以重点项目为引擎，加快完善基础设施建设步伐。交通方面。投资300万元的余家大桥正在进行预制梁应力测试，测试通过后将迅速铺梁和实现通车。硬化村组道路24千米。水利方面。投入21万元对10座骨干山塘进行了提质改造；投入31.5余万元对立新干渠及25个村的重要渠道等实施了疏浚；投入98.7万元解决了国庆等17个村共3500人的安全饮水难题，投入35万元实施自来水厂扩建。电力方面。投资280万元对中心集镇、江先村、刘庙村、大桥村等电网实施了电改。库区保护方面。污水处理厂已完成投资1300万余元，一标段工程进度超过了70%。

坚持改进和改善民生，群众幸福感不断提升。教育方面。投资200余万元的中心幼儿园在2014年9月开园；投资200万元的“月田中学教学楼改造工程”已经完工；投资80余万元的“江先小学教学楼改造项目”已经完成并投入使用。卫生方面。中心卫生院已与2014年5月搬入新综合大楼，配备了先进的医疗器械，加强了人才队伍建设，月田镇医疗卫生水平迈上了一个新台阶。文化方面。2014年，在县举办的“欢乐潇湘·秀美巴陵”大型群众文艺会演暨百姓大舞台活动中，月田镇获得了优秀组织奖。广泛发动妇女群众开展广场舞比赛活动，派出的代表队在县举办的广场舞大赛中获得了第三名。社会保障方面。帮扶76户五保户、低保户和特困户实现了危房改造；黄岸敬老院项目一期工程完成投资351万元，已进入内部装修阶段。新农合参合率高达96%，发放五保金88万元、临时救助资金34万元、优抚金100万元、大病救助23万元。计划生育方面。2014年，全镇共完成计生手术674例，“三查率”达89.5%，加大了社会抚养费征收力度，顺利通过了省市县检查验收，计划生育工作水平得到了巩固和提高，保类进位目标得以实现。

坚持落实各项政策，库区环境不断改善。一是认真落实铁山水资源保护政策。月田镇坚持“发展经济必须保护环境，改善环境就是改善民生”的理念，坚持“两保并重，民生优先”的原则，认真落实市委市政府12号文件。铁山水资源保护生态补偿资金正在按规定进行发放。违法乱建抢建的严峻形势得到扭转，库区人民群众的保护认识得到了普遍提高。二是环境卫生水平进一步提升。2014年，全镇共计投入各类资金96万元，新建垃圾焚烧炉6个，河道拦污网两处，基本配齐了环卫设施。环境卫生长效机制在摸索中进一步完善，一是各村均配备了保洁员，制定了管理办法，二是部分村由各村环境卫生理事会向农户收取了一定的保洁费用。目前，月田镇环境卫生治理成绩得到了群众的普遍认可，环保意识深入人心。

坚持创新社会管理，社会更加稳定和谐。综治维稳方面，一是积极开展“化纠纷、解难题、保平安”活动，集中解决了一批疑难纠纷和信访积案。2014年共调处各类矛盾近247起。二是严厉打击各类违法犯罪。全年共刑事立案88起，破案21起，查处赌博案件10起，抓获吸贩毒人员40人。司法所社区矫正业务进步显著，2014年月田镇司法所被县司法局评为社区矫正工作先进单位。一年来，没有出现一起民转刑案件或恶性群体性事件。安全生产方面，一是在重点领域认真开展安全隐患排查整治；二是在重点时段采取必要的安全生产措施杜绝责任事故的发生，；三是在重点行业提升安全生产水平，其中国庆炮厂实施了第三轮标准化改造，电力加油站新作业车间建成投产，月田液化气站通过了充装许可认证。全年没有发生一起重大安全责任事故，月田镇被评为县安全生产先进单位。

【村支两委换届选举】 月田镇3月1日启动了各村党组织换届选举，4月1日启动了各村第9次村民委员会换届选举。镇党委、政府成立的村支两委换届选举工作指导组严格执行各项换届选举纪律和要求，指导各村在党组织选举中严格落实“双推一选”选举办法，监督各村在村委会选举中严格按照《中华人民共和国村民委员会选举法》依法实施选举，把“坚持党的领导、充分发扬民主、严格依法办事”始终贯穿于村支两委换届选举全过程。通过全体镇村干部、党员群众的共同努力，此轮村支两委换届选举做到了依法有序、风清气正。2014年6月底，55个行政村的党组织和村委会的班子换届已全部顺利完成。

【月田河余家大桥开工建设】 月田河余家大桥（又称月田大桥、余家大桥）位于铁山水库上游，横跨月田河，连接月田集镇和茨洞、新庄、西田等14个村，是近9000名群众的交通要道。该桥曾于1996年由有关村民自行筹集资金修建，筹集资金少、设计标准低和施工技术差等原因，造成桥成为危桥多年不能通行。鉴于群众对重建月田大桥的呼声十分强烈，月田镇党委政府决定重建该桥。该桥项目总投资265万元，2014年2月拆除了旧桥，4月开始了新桥重建。工程原定工期12个月。工程施工单位为临湘市路桥工程有限公司，监理单位为湖南通达建设工程咨询监理有限公司。该桥预计于2015年8月份通车。

【污水处理厂开工建设】 岳阳市委市政府为保护铁山水库水资源，决定在库区乡镇投资建设污水处理厂，集中处理中心集镇污水。月田镇污水处理按照统一规划、分期建设的原则，于2014年11月份启动建设，根据安排，月田镇人民政府为建设业主。该污水处理厂设计规模分两期，为近期（2020年）平均日处理污水1200立方米、远期(2030年)平均日处理污水2400立方米。一期工程按近期设计规模实施，预留远期建设场地，项目总投资额3755.29万元，采用改良型氧化沟处理工艺，出水执行国家《城镇污水处理厂污染物排放标准》一级A类标准，尾水达标后将直接排入铁山水库。

【黄岸敬老院开工建设】 月田镇辖55个村、1个居委会，共有人口49785人，其中五保户498人。该镇于2006年在原月田区花苗乡政府旧址建立了一所敬老院，可容纳五保户30余人。由于该敬老院系利用旧房改建而成，虽经年年修葺，现已成C级危房。为确保全镇孤寡五保老人老有所养，2014年镇党委政府经集体研究，决定在原黄岸乡政府旧址上新建一所敬老院，项目计划总投资1500万元，分三期建设，建筑面积7500平方米，完善配套功能设施，可最终实现全镇孤寡五保老人集中养老。该项目预计将于2015年8月份可投入使用。

（周　强）

张谷英镇

党委书记	刘映球
副书记、镇长	黄　洋
副书记	李细雄
人大主席	胡华盛
政协联络办主任	刘新生
纪委书记	易洛斌
党委委员	钟志斌
	余秋根
副镇长	徐小霞
人大副主席	万　懿
办公室主任	刘　胜

【概述】 张谷英镇位于岳阳县东南部，岳、平两县交界处，距107国道38千米，京珠高速公路35千米，离市区71千米；下辖31个村，1个居委会，267个村居民小组，土地面积144.3平方千米，山林面积10933.33公顷，其中成片楠竹7000公顷，素有“湘北十万亩楠竹基地”之称，耕地面积750.67公顷；人口28582人，其中非农业人口883人，人口出生率为12.25‰，人口自然增长率5.95‰。

2014年，张谷英镇党委、政府按照市、县经济工作会议要求，以“科学发展、富民兴镇”为主题，围绕“突出两个重点，守住三条底线，狠抓四个关键，做强五大特色”的工作思路，努力将张谷英镇打造成湖南旅游强镇、特色名镇。

项目建设成效显著。2014年，张谷英镇经积极争取，启动了总投资2600万元的水环境综合治理项目，至11月底已完成2000余万元的工程，工程完工后，解决了张谷英镇集镇居民用水及景区景观用水；在“7·4”“7·16”两次洪灾后，镇财政拿出资金50万元用于水毁水渠、镇级道路、山体滑坡恢复建设，有效地保障了芭蕉片区、陈坪片区居民的正常生产生活。

基础设施提质明显。根据张谷英镇基础设施较为薄弱的现状及收集到的意见和建议，镇党委、政府加大了对基础设施建设的争资与投入力度。交通方面：2014年的梅城线升级改造项目，总投资1.44亿元，是建镇以来最大的一个项目投入，2014年11月底已经全面竣工；教育方面：向上争取的100套、总投资507余万元的学校公租房项目，在2014年7月初进入施工阶段，已完成土地平整等基础设施建设，9月底开始主体工程建设，2014年年底完工。

民生工作保障有力。2014年全镇惠农政策补贴资金发放共计405.9万元，其中林业补贴196.75万元，粮食直补资金84.35万元，粮种早稻补贴8.67万元，粮种中稻补贴1.94万元，农资综合补贴72.24万元，玉米良种补贴0.74万元；规范村级财务管理，约束各村收支平衡，按时交账、清账。多年来，张谷英镇从未出现因涉农资金而到县上访事件。新型农村合作医疗、新型农村养老保险均

100%完成县下达的目标任务。

【景区建设】 2014年，张谷英古建筑群实施了抢救性文物维修工程，投入项目资金900万元对因洪灾损失重点部位进行维修。积极争取上级文物部门重视，张谷英古建筑群安全消防二期工程已到位项目资金757万元，项目实施后可彻底解决古建筑群消防设施薄弱局面。2014年6月，张谷英村被评为湖南省全国重点文物保护单位和省级文物保护单位集中成片传统村落文化遗产整体保护利用示范村。

【集镇提质工作】 2014年，张谷英镇抓住梅城线升级改造的机会，投入资金680余万元对集镇进行提质改造，用于道路加宽并“白改黑”、改造排水网管、道路两边铺设青石板、绿化、亮化等建设，有效缓解了集镇拥挤，改善集镇排水问题。

【环境卫生】 2014年，张谷英镇党委政府把农村环境卫生整治工作纳入政府的重要工作范畴，建立长效机制，制定了专门的管理办法，考核奖惩严格兑现。各村都成立了农村环境卫生理事会，配备了专职保洁员，加大对农村环境卫生工作的宣传；同时，对集镇占道经营、摆摊设点、车辆乱停乱靠、私自搭接电力、乱扔倒垃圾等行为进行整治规范。

【村级财务】 开展清理整顿村级财务和“三资”问题。2014年5月份，镇党委政府会议研究，制定了《村级财务管理制度》《村级“三资”监管审计制度》并实施了村级财务的全面清理和整顿，全镇各村财务由镇经管站代管，审计31个村村级财务，对杉桥、向阳、红卫、寺湾4个村的财务管理混乱情况进行了严肃处理，对何核平等违纪人员进行了严肃的纪律处分。村级财务管理和“三资”管理情况良好。

【社会稳定工作】 结合党的群众路线教育实践活动实施方案，全镇联点干部从4月份起，带着“五个着力解决”的问题，对各村的农户进行一次全面走访，想方设法、实实在在地为群众解决了一些实际问题。镇派出所共受理刑事案件20件，查出治安行政案件81起，刑事拘留11人，行政拘留25人，强制隔离戒毒11人，调处交通事故75起。通过强有力地打击、有效地调处，全镇无一起突发性或特大群体事件发生，呈现人民群众安居乐业、社会家庭和谐的局面，群众幸福感和满意度不断提高。

（龙　霞）

饶村乡

党委书记　　周代建
副书记、乡长　綦小广
副 书 记　　邹　翔
人大主席　　万　辉
政协联络办主任　付伟中
纪委书记　　许干群
副 乡 长　　赵　雄
人大副主席　袁　雁
副乡长、办公室主任　易　艳

【概述】 饶村乡地处岳阳县东南部，是1995年3月渭洞区撤区后的单列乡，东临公田镇，南靠张谷英，西连步仙乡，北接杨林乡，城芭公路贯穿而过。该乡现辖16个行政村，154个村民小组，总人口为17552人(非农业人口572人)，人口出生率15.32‰，人口自然增长率为6.63‰，土地面积48.6平方千米，其中耕地面积693.33公顷，山林面积3466.67公顷，林木蓄积7.6万立方米。主要地方特色产品有竹木制品、板栗、油茶、珍稀植物、皇鸽、黑山羊、土鸡等。

2014年，饶村乡抢抓机遇，立足乡情，坚持“科学决策、求真务实，牢记宗旨、执政为民，团结奋进、不辱使命”的执政理念，按照“工业兴乡、林业立乡、项目强乡、旅游活乡、集镇提乡”的工作思路，努力促进了全乡经济社会新发展。

经济实力不断提升。2014年，饶村乡坚持“聚财、理财、活财”的管理思路不动摇，全乡共完成国、地税任务280万元。投资1.2亿元的岳阳大力神高梯度磁选机产业化项目竣工投产，预计年产值2.5亿元以上，年创税收1500万元以上。刘备洞景区改扩建项目已经完工，景点不断增加，餐饮、娱乐、休闲等服务配套设施不断完善，投资500多万的景区宾馆已试营业。

三农发展稳中加速。一是狠

抓环境整治,确保乡村美丽。在全县率先推行垃圾分类减量试点工作,迎来了全县垃圾分类减量试点现场会在该乡的召开。2014年饶村乡环境整治工作排名全县第二,伍相村也被评为岳阳市“美丽村庄”。二是狠抓粮食生产,确保农业增产。年初由乡村干部进组入户宣传粮食生产政策,推行压单扩双,杜绝抛荒,实行领导包片、联点干部包村,村干部包组,层层落实责任,并通过种粮补贴、种粮大户奖励等政策,增加双季种植面积,提高了全乡粮食产量。压单扩双工作在全市检查中名列前十。三是壮大特色产业,确保农民增收。珍稀植物园扩园新增面积20多公顷,全乡血防造林26.67公顷,天地油茶开发有限公司在饶村乡花园村建立油茶种植基地33.33公顷;在外乡友在伍相村投资建成新品种杨梅种植基地8公顷和东山村黄颡鱼规模养殖基地4.67公顷;花园、大峰等村的王鸽养殖业正重新焕发活力,大坳、莲花等村的紫薯种植业正向规模化、专业化方向发展。

实事项目快速推进。投资140多万元的金西、中留桥全面建成通车,二是两房建设接近收官。投资500多万元的乡机关及中学105套公租房建设主体工程已全部竣工。集镇及全乡16个村详细规划设计已完成并通过专家评审,为集镇提质扩容、村庄建设绘好了蓝图。中心小学科教楼、居公小学公租房和礼堂建设已完成项目申报,将开工建设。饶村乡梅城线协调工作积极主动,得到了县建设指挥部的充分肯定。

社会事业统筹发展。一是教育文化亮点纷呈。2014年,饶村乡正取县一中31人,录取率在全县二类乡镇中排名第一,乡财政重奖教师16.4万元;居公小学黄亚飞老师被评为“全国优秀教师”并受到总书记习近平的亲切接见,饶村乡综合教育水平获全县教育教学质量先进单位。“三八”节文艺会演、“欢乐潇湘”百姓大舞台、乡镇篮球赛,书画展、春节义务写春联、免费送春联等活动深入开展,极大丰富了群众精神生活。二是社会保障扎实有效。低保上通过开展阳光评议活动,加强动态管理,对全乡低保户进行了清理,杜绝“人情保”“关系保”,取消78人,新增128人,让更多困难家庭得到了实惠,同时进行了敬老院改扩建工作。农保上完成了续保、新参保人员的信息录入,全乡新型农村养老保险参保率达到100%,新农保工作位列全县第一。劳动力信息资源采集、录入、上报提前完成平台建设“百日会战”任务,位列全县第一。医疗卫生上大力发展农村合作医疗,积极改善就医条件,力解“看病难、看病贵”的问题。扶贫开发上评议申报扶贫人数1213人,完成纸质资料上报、建档工作,同时积极申报争取市级扶贫村,为后续精准扶贫奠定了基础。三是计划生育保类进位。以“三查四术”为基础,扎实开展“冬春季计划生育集中服务活动”,改进和提高服务水平,严格依法行政,维护政策法规的严肃性,成功实现保类进位目标。四是综治维稳常抓不懈。坚持重拳打击赌博,吸、贩毒,偷盗等违法犯罪活动;坚持干部义务巡逻、派出所专业巡逻和各村的节假日巡逻,为群众创造安全和谐的治安环境,群众安全感不断提升;坚持乡干部定期下村走访,及时发现、化解社会矛盾;积极办理“12345”公众服务热线群众诉求,解决群众诉求问题111件;积极开展人民调解工作,避免民事纠纷激化升级。饶村乡综治民调满意位列全市第三十位、全县第四位。五是安全生产警钟长鸣。积极开展安全生产“六打六治”打非治违专项行动,对渡口、油站、气站、学校等重点单位、区域实行定期检查和随时抽查,及时消除安全隐患,确保全年安全生产零事故。

【中留桥和金西桥重建通车】 中留桥修建于1976年,被相关部门鉴定为危桥,必须拆除重建。2013年3月,饶村乡启动了大桥重建工作。2014年10月18日,中留桥(长50米,宽6米,高4米)全面竣工,同年11月通车。金西桥经受了1996年、1998年、2011年三次特大洪水的冲击,2012年5月12日,该桥被罕见特大暴雨袭击垮塌,两岸群众往来与耕种受到严重影响,要求重建的呼声非常强烈。2014年7月,饶村乡筹资140万元启动重建,同年11月,金西桥(全长45米,高6米,宽6米)全面竣工并通车。

【公租房主体工程完工】 为改善教师居住环境,推动饶村乡教育事业发展,2014年以来,饶村乡党委、政府为教师争取公租房建设项目,于2014年7月份开始新建45套公租房,每套房面积为38.5平方米,总建筑面积1734.5平方米,项目用地695.89平方米,该项目总投资170万元。为改善饶村乡机关干职居住环境,2014年7月开始启动机关公租房建设项目,新建60套公租房,每套房面积为38.5平方米,总建筑面积2312.2平方米,其中住宅面积1599.896平方米,非住宅面积712.304平方米,该项目总投资220万元。此105套建公租房建设主体工程已全部竣工,装修及附属工程也即将完工。

【环境卫生整治】 2014年,饶村乡在2012年、2013年环境整治取得的成绩基础上,继续做好“三抓”,一抓日常保洁,建立长效机制;二抓经费保障,建立县、乡、村共担的稳定经费筹措机制;三抓奖优罚劣,促进平衡发展。同时,着力实施整体绿化工程,在全乡各村主干道栽种茶树,做到绿化全覆盖。特别是饶村乡率先在伍相村启动垃圾分类处理试点工作,得到了县领导的多次表扬。2014年11月11日,县委、县政府将全县垃圾分类减量试点的现场动员会在伍相村召开。2014年,饶村乡获得全县环境卫生整治第二名的好成绩,伍相村也被评为岳阳市“美丽村庄”,环境卫生整治工作已成为饶村乡名片。

【沟渠疏浚工作】 饶村乡自2014年11月沟渠疏浚工作启动以来,明确了清淤渠道10.16万米,清淤土方12.36万立方米的目标任务,其中:斗渠12条,共38026米,清淤土方2.1万立方米;农毛渠92条,共46404米,清淤土方1.26万立方米;港堰排灌渠17199米,清淤土方9.1万立方米。该乡计划每年完成任务的50%,力争通过两年努力将全乡农田灌溉水有效利用系数提高到65%以上,实现“旱能灌、涝能排”目标,彻底解决好饶村乡小型农田水利建设“最后一千米”的问题。乡党委政府把沟渠疏浚作为农业农村工作的一项重要内容来抓,截至2014年11月底,该乡完成了李汉排灌渠、五支渠和一支渠等3个乡办重点工程,千工、肖冲、西湖、钓鱼等4个小Ⅱ型水库斗渠乡办工程,丰收渠、铁山小支渠和老支渠等3个支渠乡办工程以及铁山引水渠等33个毛渠村办工程。清淤渠道55946米,清淤土方19078立方米,其中,乡办重点工程渠道的疏浚总长度17980米,清淤土方14760立方米,改善及恢复灌排面积26.67公顷,实际灌排面积达到260公顷;乡办工程渠道的疏浚总长度14766米(支渠9546米,斗渠5220米),清淤土方3068立方米,改善及恢复灌排面积21.33公顷,实际灌排面积达到253.33公顷;村办毛渠疏浚总长度23200米,清淤土方1250立方米。沟渠疏浚工作推进了沟渠清淤,保障了渠道灌排通畅,大大加强饶村乡农田水利建设。

(易　艳)

杨林乡

党委书记	陈庆军
副书记、乡长	吴红兵
副书记	许陆军
人大主席	刘一标
政协联络办主任	刘志宇
纪委书记	余艳智
党委委员	陈红平
	孙朝晖
副乡长	欧阳玲芝
人大副主席	罗　默
办公室主任	余艳智

【概述】 杨林乡地处岳阳县中心腹地,辖25个行政村,286个村民小组,土地面积85.96平方千米,耕地面积2704公顷(其中水田2502公顷、旱地202公顷),总人口35222人,人口出生率7.14‰,人口自然增长率为6.46‰;杨林乡主要以农副产品为主,其中稻谷34020吨、水果2799吨、蔬菜13863吨、水果2820吨、茶叶57吨、生猪63698头、乳鸽2060万羽、水产品1320吨。杨林乡在党的建设、农业产业化发展等方面的初步探索,得到了市、县领导的充分肯定,市委书记卿渐伟两次到杨林乡调研和指导。

杨林乡以创建县级文明单位为目标,着力党的建设、产业发展、民生改善、环境整治、生态保护、乡风建设、民主管理、项目推进等工作,努力打造村民富裕、乡风文明、村容整洁、管理民主、生态良好的全面小康建设示范乡村。

社会大局和谐稳定，开展“干群同心同力，共建平安杨林”活动，形成政法干警、机关干职、村组党员“三位一体”联合巡逻格局。全年共处理行政案件78起，破获刑事案件26起，行政拘留48人、刑事拘留30人、起诉22人、强制戒毒26人、社区戒毒16人；全乡化解积案3件，有效地处置预防民转刑事案件4起，化解矛盾、纠纷80余起。

基础设施不断完善。杨林乡投入200万元，完成了铁山及大坳水系主要支渠，沈塘水库等4座小二型水库以及8座骨干山塘查险处险，铁山末级渠道杨林段扫尾工作；沟渠疏浚工作，疏通干支渠64千米，斗渠128千米，农毛渠162千米，清淤土方近86万立方米，超额完成计划任务；争取国家投入超过2000万元，惠及9个村农村河道治理。公租房建设，投入390万元，建设住房66套。新建35千伏变电站，总投资近2000万元。

医疗卫生明显进步。乡级卫生院住院条件不断改善，医疗服务水平不断提升，就诊群众继续增加，2014年接待各类病人5817人。开展公益义诊，多次免费为肛肠病、两癌妇女、乙肝等患者开展疾病检查，免费为65岁老年人健康体检3000余人次。

环境整治强力推进。坚持拦网式检查，对重点问题实行挂销号，推行党员联户工作制度，群众环卫意识逐步提高；率先在白泥、福冲村行进垃圾分类减量试点工作，形成了环境卫生整治长效机制，全乡环卫水平稳定提升。福冲、付朝等4个村获得县级清洁村称号。

社会保障纵深推进。全面完成新农保、新农合任务，新农保参保率达100%、新农合参合率达96.67%。开展劳动监察，对全乡20多家企业用工全面排查，保障了劳动者合法权益。认真做好低保等民政求助对象信息录入工作，全力做好困难群众的社会保障。

文化教育持续繁荣。承办市、县计生协会举办的庆祝中国计生协会成立34周年、湖南计生协成立30周年纪念活动，构筑了计划生育村民自治新平台，兰田村计生协被评为湖南省计划生育协会工作先进单位。承办“欢乐潇湘·幸福岳阳·秀美巴陵”大型文艺会演；完成全乡广播架设，及时进行新闻、农技、民政等政策和信息宣传，拓宽了文化教育渠道；开展送电影下乡活动，全乡累计播放革命、教育等题材电影54余场，丰富了群众业余文化生活；开展了孝老爱亲、诚信友善等杨林首届道德模范评选活动，评选出王学琳等10名道德模范，形成知荣辱、树正气、促和谐的良好道德风尚；教育教学成果丰硕，教育质量检测综合评价居全县前列，2014年杨林中学被县一中录取46人。

【品牌创建】 2014年，形成鸽业、生猪、水稻、林下经济四大特色产业，湖南杨林鸽业有限公司成功申请了省级农业产业化龙头企业，带动全县鸽业生产发展年出笼乳鸽1200万羽，销售收入1.8亿元，创利3000万元，“怡神源”鸽蛋通过农业部无公害绿色产品认证，获得“2014中国中部（湖南）国际农博会金奖”“湖南省著名商标”。岳阳林源生态农业科技开发有限公司已成功获批湖南省林业龙头企业和湖南省林下经济示范基地，“壹品土鸡”品牌创建了酒店直供、农场对接餐桌等营销模式，产品热销长沙及全省各地州市。

【生产经营】 全民家禽专业合作社被评为国家级示范社，农业规模化提升。新祥和农牧业有限公司有序流转周边林地和荒山，已租赁平整山地近60公顷，完成生产和生活设施建筑面积近13000平方米，目前存栏4000头。成立了岳阳县幼雄水稻专业合作社、红春农机专业合作社，目前已发展社员362户，发展优质双季稻246.67公顷，整合了大量机械、种苗和技术资源。盛源林业专业合作社壮大，发展集体和个人社员206个，有效地整合林地资源1333.34公顷。

【党建工作】 杨林乡党委切实履行党要管党、从严治党职责，抓班子，带队伍，转作风，开创了党建工作新局面，党委书记陈庆军代表党委班子履行党建情况述职中，获得综合评估第一名。党建工作获市委组织部领导的肯定，10月9日在岳阳新闻综合频道进行专题播报。全乡33个党支部分别召开专题组织生活会，开展了民主评议党员工作，1020名党员和266名群众代表参加了民主测评，对890名能发挥作用党员进行了民主评议，按程序公开处置民主评议出来的不合格党员29名，其中限改27名，劝退1名，除名1名。在便民服务中心设立来访群众接待点，为全乡群众提供政策咨询和引导群众快速办理相关事宜，共接待群众300余人。各支部积极参与扶持龙头企业开展品牌创建，帮助解决生产发展中的困难，推进特色农业加快产业化步伐。

【作风建设】 紧扣“为民务实清廉”主题，开展班子成员、部门负责人集体廉政谈话2次，组织党政班子、干部职工观看廉政教育片15场次。完成了33项制度的制定，其中在党员干部管理、信访接待调处和联系服务群众等工作方面创新制定出9项制度。开设“作风建设大家评”视频专栏，集中讲评，公开曝光。着力整治基层干部违纪违法问题，立案调查违纪违规村干部4名，查处两名，分别给予了警告处分和严重警告处分，查处党员干部参赌涉毒案件3起，处理3人。在机关便民服务中心电子屏滚动播报服务信息，方便群众及时了解工作动态及办事信息。设立意见箱，公布举报电话，认真接受群众监督。

（余艳智）

步仙乡

党委书记　廖亚辉
副书记、乡长　汤少文
副书记　刘庆华
人大主席　蒋湘明
政协联络办主任　陈振宁
纪委书记　陈群风
党委委员　万　群
　　　　　李佑军
副乡长　李忠耘
人大副主席　钟　方
办公室主任　于　谦

【概述】 步仙乡地处岳阳县东南边陲，东临平江，西接汨罗，国土面积104.1平方千米，耕地面积1711.53公顷，其中水田1565.6公顷，旱地146.53公顷，山林面积0.73公顷。全乡辖21个村，309个村民小组，人口34980人，其中农业人口34000人，非农业人口980人。步仙乡文化底蕴深厚，境内有鹿苑古寺、步仙湖、牛皋寨、古驿道等风景名胜，历史上文人志士层出不穷。自然资源丰富，主要农副产品有粮、油、茶、果、竹、猪、牛、鱼、禽等，矿产资源有石英石等，有生猪、肉牛、黑山羊、土鸡、港鲜鱼等土特产，资源开发潜力巨大。2014年被评为省级标准化财政所、市粮食生产压单扩双先进单位（全市排名第五）、市级安全生产示范乡镇等荣誉。

【农业农村工作】 2014年，步仙乡将压单扩双增面工作当作重中之重，早部署、早行动，召开村主任专题工作会议、走访种粮大户和农户，及时了解动态，化解各项矛盾，经过努力，全乡水稻双季稻种植面积比例高达89%，取得了全县排名第二的好成绩。积极抓好集中育秧示范工作，全年共落实早稻集中育秧秧田面积57.33公顷。2014年，步仙乡加强农作物病虫害的预测预报工作，专人专点定时调查，全年共发放病虫防治通知9期，印发资料10000余份，并及时送至村组张贴；大力扶植病虫害专业化防治组织，全乡共成立了3个病虫害专业化防治合作社，成立了6支机防队，培训机防人员28名，病虫害统防统治面积比例逐年增加。积极抓好高产创建示范工作，创建了一个千亩晚稻高产示范片，示范片面积68.8公顷，涉及松溪、关王二个村186户农户。经田间测产和实际测产，平均亩产498.6千克，示范效果显著。2014年步仙乡共培育扶持种粮大户25户；申报家庭农场3个、种粮专业合作社12个；培养扶持畜禽养殖大户、专业户34家，培训人员500人次；岳阳县好运来生态养鸡专业合作社创建的“罗内土鸡”品牌成功获得湖南省著名商标认定等这些都为步仙乡农业的集约化、现代化发展奠定了坚实基础。

【项目建设和招商引资工作】 2014年，乡党委政府紧抓机遇，不断攻坚克难，解决项目资金、征地拆迁等瓶颈制约，保障项目的顺利推进。集镇自来水项目投资300多万元，一期工程年内已竣工，二期工程规划资金196万元，已开工建设，预计工程完工后，日供水量3000吨，将解决步仙乡1.5万人安全饮水问题；总投资193万的凤凰中学公租房,已基本竣工,解决了凤凰中学老师的住宿问题,为更好地发展教育事业创造条件。2014年,步仙乡积极推进招商引资,依靠招商引资极大地促进了经济实力的快速提升。在原有招商项目的基础上,继续做好华能岳州电厂、蒙西铁路的前期准备工作。新进招商项目宝丰矿业,投资2000多万元,现已投产,运行良好,效益可观。

【基础设施建设】 水利建设方面:2014年,全乡沟渠疏浚工作完成沟渠疏浚45000米,受益农田达1333.33公顷,其中:岳坊水库各干渠完成清淤;胜利村胡家冲渠道完成维修护砌;石美村青年水库完成维修改造;关王村桃坡堰、石美村廖公塘改扩建已启动;乡五支渠护砌即将启动。交通建设方面:积极实施通畅工程,采取了一系列措施,完成了北斗、胡兴、安山、广福、石牛、狮形等村10多千米道路硬化工程;北斗村至鹿苑寺旅游公路目前已经完成路基规整拓宽,硬化工作现已启动。植树造林方面:2014年共完成造林面积83.4公顷,超出目标任务。质量合格率100%,良种使用率100%,壮苗使用率100%,全乡绿化率得到提高,生态环境持续改善。环境卫生整治方面:2014年步仙乡财政总投入70多万元,以集镇、公路沿线为重点,以养殖污染为重点,以点带面促提高,乡容村貌得到改观。

【平安创建工作】 稳定是发展的前提,2014年,步仙乡始终坚持以创建"平安步仙"为目标,做到"四个到位"。(诉求合理的解决到位,生活困难的帮扶到位,诉求无理的教育到位,行为违法的惩处到位),深入推进平安步仙建设。结合党的群众路线教育实践活动,坚持以"干部义务巡逻"为手段,全乡干职积极走访群众,进行拉网式排查,及时化解矛盾,共调处各类纠纷86起,调解成功率达到98%以上,协议履行率达到100%。以安全排查为手段,建立好安全排查的台账,抓好以道路交通、非煤矿山、建筑施工、校车安全、食品药品等为重点的安全生产,坚持"负责领导带队、每月常规检查、专项突击检查"制。2014年,全乡累计出动机动车辆100余台次;检查大小企业、商户1000多家次,其中:非煤矿山企业3家次,危化从业单位3家次,食品经营户300多家次,建筑工地10多家次,个体工商户150多家次。下发整改指令100多份,提出整改意见达40多条,现场整改20余条,限期整改10余条。2014年,成功创建市级安全生产示范乡镇。

【社会事业】 文化方面:2014年,步仙乡以"党的群众路线教育实践活动"为抓手,重点推进机关"五小"基础设施建设,通过建立小图书室、小浴室等,极大地提高了干部工作的积极性;积极引导群众参与县内举办的各种文化活动,先后参加县"百姓大舞台"活动,获得第二名;在全县广场舞比赛中,赢得三等奖;在全县乡镇篮球赛中,步仙篮球队员表现更是突出,进入了四强,文化兴乡这一发展战略已经呈现勃勃生机。教育方面:推进平安校园建设,坚持以防为主,防治结合,健全校园安全稳定长效机制,提升学校人防、物防、技防水平,积极创建安全文明校园。推进"三化"建设,完成五关小学等合格学校验收,推进学校建设合格化;完善中小学绩效管理机制,推进学校管理规范化;凤凰中学打造基础教育新课程改革和课堂教学改革,关王小学的"体卫2+1"项目等实现了一校一特色,推进学校特色多样化。加强教师队伍建设,主要以"加强和改进学校德育,深入推进新课程改革,抓好薄弱学科建设"为主要内容,重点加强教师培训,以校本研修为主体,认真完成省、市、县教师各类培训任务。计划生育方面:认真宣传贯彻计划生育法律、法规,坚持依法征收,健全利益导向机制,计生率、社会抚养费征收到位率、计生系列保险等各项工作均全面完成任务,对计生服务所办公楼进行了改造,市、县评估排队均为一类乡镇。

(童　普)

柏祥镇

党委书记　童　铮
副书记、镇长　陈拥军
副书记　刘　盟
人大主席　戴永红

政协联络办主任　孙陆山
党委委员　李简政
　　　　　刘　盟
　　　　　姚飞梁
　　　　　吴红波
副 镇 长　黄飞龙
　　　　　姜宗干
人大副主席　万海勇
办公室主任　陈萧林

【概述】 柏祥镇地处岳阳县南部，辖24个行政村，1个居委会，350个村民小组，总面积102.53平方千米，其中山林面积4466.66公顷，耕地面积2533.33公顷。全镇共有人口34032人，其中非农业人口2322，人口出生率为14.12‰，人口自然增长率为7.01‰。柏祥镇地处丘岗，属亚热带大陆性湿润气候，适宜粮食、西瓜、油菜、棉花、花生、柑橘、奈李、桃子等多种经济作物生长，具有粮食生产和生猪生产的传统优势。2014年，全镇稻谷产量25120吨，玉米产量2060吨，油菜产量1730吨，出栏生猪178000头，出栏禽类29万羽，农民年人均纯收入1.1万元。2014年，全镇地区生产总值8.5亿元，比上年增长7.7%，工业总产值14.7亿元，比上年增长36%，农民人均纯收入达到1.1万元，比上年增长8.9%。

2014年，柏祥镇荣获省级土地确权发证工作优秀乡镇、省级农机工作平安乡镇、市级经管工作优秀乡镇、市级粮食生产工作优秀乡镇、县级社会管理综合治理优秀乡镇、县级安全生产优秀乡镇、县级招商引资工作先进单位、县级征兵工作先进单位等荣誉称号，柏祥镇党政领导班子被县评为“好班子”。

【基础设施建设】 柏祥镇集镇全长2.4千米，常住人口7000多人，2014年，党委、政府借柏凤线大修之机强势推行集镇美化、亮化工程，先后完成南北下水道改造，南北灌溉渠、人行道的新建，街面拓宽至12米，街面“白改黑”等，集镇面貌焕然一新。以高标准农田整治项目为依托，对沟、渠、路、田进行高标准综合整治；农田基础设施上，完成了新冲、胡万、谢全水库的处险加固，新开挖渠道一万余米，修田间等附属设施27处；实施农业综合开发项目村6个，极大地提高了农业生产的硬件水平；全年新建公路23千米，全面完成了柏凤线维修改造项目；启动沟渠疏浚工作，全年共完成镇属渠道9.7万余米，村级渠道19万余米，完工率均达100%。

【安全饮水工程】 2014年，投资1600万元新建水厂，着力改善居民饮水难问题。先后征收山林地2公顷，变更道路1条，经过紧张施工已完成主体工程建设，管道铺设已进入施工阶段，预计于2015年5月底可以实行试供水，届时将解决11个村1.9万人口饮水难问题。

【招商引资工作】 用足用活县镇各项优惠政策，千方百计吸引能人志士来柏祥投资置业。2014年，柏祥镇引进1000万元筹建竣博二期工程，厂房已竣工；引资2800万元建成湖南亿农生物科技有限公司，现已投入生产。深圳文科园林投资6000多万元，占地333.33公顷的湘北最大花卉苗木基地，总公司即将上市。

【农业产业发展】 雷公藤黄栀子花等药材种植基地正打破原有种植格局，菜油、茶油种植产业逐渐兴起。2014年，有药材生产专业合作社3家，水稻种植合作社2家，茶油产业合作社2家。推广农业压单扩双增面水稻种植代表县参加全市竞赛获得了第一的荣誉称号。为打破原有畜禽养殖格局，2014年，柏祥镇不断加强禁养、限养、适养宣传，引导良性发展，不断寻求生态养殖，鸽业养殖、野山鸡养殖、乌鸡养殖等多种类合作社经营养殖方式正在柏祥镇推广兴起，同时推行合作化经营模式，在管理上形成风险共担，利益共享的经济体系，切实提高了养殖业发展水平。

（陈萧林）

新墙镇

党委书记　黎晓军
副书记、镇长　李革伟
副 书 记　童　军
人大主席　彭泽龙
政协联络办主任　侯二平
纪委书记　周满六
党委委员　黄细波

彭文荣
副 镇 长　王建平
　　　　　袁　雁
人大副主席　吴秀荣
办公室主任　万　鹏

【概述】 新墙镇地处岳阳县城东部，新墙河畔。京港澳高速、107国道纵穿南北，荣公公路、岳荣新公路横贯西东，交通便利，区位优势明显，是岳阳县向东发展的桥头堡和窗口单位。全镇总面积76.87平方千米，现辖27个村，两个居委会，总人口3.05万人，非农业人口2704人。人口自然增长率7.3‰。境内资源丰富，耕地面积2400公顷。山地面积2533.3公顷，水域面积1120公顷，其中集镇建成区面积2.2平方千米，主要农产品产量：稻谷25980吨，葡萄种植面积300公顷，挂果9000吨，砂石、高岭土资源储备丰富。

2014年，新墙镇党政领导班子团结带领全镇干部群众，攻坚克难、开拓创新，圆满地完成了全年各项工作任务，实现了全镇经济又好又快发展。2014年，新墙镇被评为岳阳市"秀美乡镇"、市"文明村镇"、县全面建成小康社会综合绩效评估优秀乡镇、县党风廉政建设先进单位、县社会管理综合治理工作优胜乡镇、县控建拆违先进乡镇，县计生工作先进单位、县重点工程优质服务单位，新墙镇清水村被评为"全国文明村"。

综合实力在优化结构中明显提升。新墙镇现有高标准示范园300公顷，葡萄品种25个，年产值近1.2亿元；全镇共有工业企业32家，其中园区企业14家，镇属企业18家；休闲观光旅游业和商贸物流业强势推进，形成一、二、三产业高度融合、相辅相成的良好发展态势。2014年，新墙镇主要经济指标在上一年的基础上大幅增长，地区生产总值实现51.85亿元，同比增长18.25%；财政总收入完成2602万元，同比增长11.09%；固定资产投资完成14.99万元，同比增长22.1%；城镇居民可支配收入、农民人均纯收入分别达22640元、13960元，同比增长6.03%和22.04%，经济发展基础显著增强。

行政效能在作风转变中明显提升。2014年，新墙镇依托党的群众路线教育实践活动，以贯彻落实中央八项规定为切入点，狠抓作风建设，对群众反映强烈的"四风"积弊出重拳，通过专项整治，下决心、下狠药，根治机关"四风"顽疾。2014年，与上一年同期相比，会议数量减少约16%，党政发文减少11个，评比达标表彰活动减少2个，公务接待费用同比下降约12%，葡萄接待费用也明显减少，查处损害涉农利益行为6起，查处基层干部违纪违法事件两起，处理4人。机关干部严格执行"三访三评"制度，做到每周下村一到两次，下村频率明显提高，2014年，全镇联村干部共计下村走访10878人次，走访群众5626户，收集意见建议224条，党员干部与群众交流沟通时间增加，干群关系进一步密切。

民生水平在安全稳定中明显提升。2014年，新墙派出所共接处警646起，刑事拘留12人，强制戒毒7人，社区戒毒8人，行政拘留34人；新墙镇司法所处理好群体性事件9起，调解纠纷148起，接受管理社区矫正人员32人。针对新墙镇东街门店涉黄、南街洗浴中心、农贸市场贩卖码书码报现象，新墙镇政府两次邀请县治安大队，联合职能部门重拳出击，取缔无证经营门店6家，当场销毁床铺85张，刑事拘留容留卖淫老板2人，南街洗浴店器具全部没收、门店全部取缔，市场贩卖码书码报现象全部清除。积极化解信访积案，袁佰生、王建岳、王湘保、王绪、廖维、袁步云5件信访积案得到有效处理。通过一年来大家的努力和支持，新墙镇2014年综治民调工作在全市排位与上年相比前进了128个位次，社会管理综合治理工作位居全县第二名。

【新墙葡萄采摘一日游】 2014年，新墙镇借助清水村特色旅游资源和新墙河抗战历史文化资源，与湖南省宝中国际旅行社签订了"走进新墙葡萄园，体验乡村田园情"旅游合作协议，于2014年8月23日启动"新墙葡萄采摘一日游"项目，带动了10余家农家乐餐饮服务行业。经镇党委政府协商，清水村与湖南宝中国际旅游公司结成战略合作伙伴，休闲观光旅游业取得了良好的开端。

【集镇建设】 引进投资3.5亿元的旧城改造项目和1.3亿元的新墙商贸城建设，至2014年年底已完成了2.4公顷的旧城区建设和商贸城7.2万平方米的建设;2014年5月1日启动了商贸步行街开业典礼,81个门面全部售罄,形成集品牌服装、箱包、生活超市、家电家私等为一体的商业街区;投入530万元完成了集镇东街标准化建设;投入800万元,于10月完成集镇新"T"字形街道布局;投入100万元,统一276户临街门面的标牌广告;铁山南干所将实行就地还建,已签订意向协议,计划2015年4月份完成0.67公顷土地的招拍挂。

【基础设施建设】 2014年,新墙镇完成通村、通组、通户道路硬化127.58千米;投入447万余元,疏浚干支渠39.6千米、斗渠69.7千米、毛渠9.69千米,完成30口山塘清淤护砌和6口堰坝维修,农村水利设施大为改善;投入410万元,完成5个村低压扩容改造,完成示范片15千米电网提质改造,新增6台110千瓦变压器和2台220千瓦变压器;投入170万元,结合县饮水厂工程,完成镇自来水厂、自来水管网改造,实现了集镇居民和附近8个村村民统一供水,让老百姓喝上"放心水、干净水"。

【公租房建设】 新墙镇现有机关干部人数60人,而政府院内唯有一栋建于20世纪80年代末的干部住房,仅能容纳12户,绝大多数干部无法得到就近妥善安置,影响了工作顺利开展。结合实际情况,新墙镇于2014年8月正式启动政府公租房建设。该项目总投资312.2万元,占地面积460平方米,建设规模60套,每套面积38.5平方米,共2312平方米,该工程现已基本完工,预计2015年5月中旬入住,有效地改善新墙镇机关干部工作、生活环境。

【环境卫生整治】 2014年,新墙镇加大集镇环境卫生整治力度,实行全天候的保洁模式,聘请专业保洁人员14人,投入14万元购置洒水车一辆,2014年1月份在集镇主要街道植树576余株,栽种苗木8万余株,改造绿化带3000平方米,街头绿地、景观绿地等小型公共绿地面积达48136平方米;安装路灯221盏,实现镇区亮化全覆盖;在集镇主干道合理设置集镇垃圾收集池和果皮箱120个,居民生产生活环境得到明显改善。同时,采取以每个屋场为单位聘请专业的保洁人员,每年在县级拨付1万元卫生经费基础上,新墙镇支持村级卫生经费1万元,并形成了考核机制;积极督促各村成立了环境卫生理事会,固定了保洁员,并上门收取卫生费。在新农村示范片六个村进行垃圾分类试点,减少了垃圾处置量,农村环境得到有效改观。

【千户管道沼气综合工程】 2014年,新墙镇争取项目资金500万元,将2009年建成的枫树湾1200米大型沼气工程提质改造,实施千户管道沼气综合工程,新增太阳能和空气能保温增温系统一套,扩建环保沉淀池4个,添置了固液分离设备,重点发展管道沼气,使年产沼气达到31.8万米,在原供气133户的基础上发展到向周边的进塘、寺塘、周邓三个村1000户以上农户有偿供气,建起了枫树湾沼气能源园,走上农牧结合、种养平衡、生态平衡、资源循环利用的"猪—沼—鱼—果—蔬菜"农业综合开发科学生态特色养殖之路。

【污水处理站建设】 2014年,新墙镇清水村竹园李屋场新建污水处理站,该污水处理站采用的是人工湿地的方式,总投资120万元,占地面积2668平方米,污水处理工程的设计规模为100立方米/天,可解决600人的生产生活污水处理,污水处理工艺流程是:合流污水→污水截流井→化粪池→格栅井→污水调节池→厌氧预处理池→人工湿地(潜流)→出水。出水水质达到国家《城镇污水处理厂污染物排放标准》(GB 18918—2002)一级B排放标准。

(冯　敏)

长湖乡

党委书记　张文毅
副书记、乡长　王四平
副 书 记　李海鸣
人大主席　周三波
政协联络办主任　戴洪波
纪委书记　胡德意
党委委员　冷清波
副 乡 长　姜新伙
人大副主席　吴朝晖

办公室主任　彭六良

【概述】 长湖乡地处岳阳县正南部，和汨罗市大荆镇接壤，辖31个行政村，402个村民小组，10806户，4.2万人，其中非农业人口1300多人。全乡总面积119平方千米，拥有耕地面积2533公顷，全乡5大水系、8条支渠、13座小型水库灌溉全乡，总库容达500万立方米，可利用水面213.33公顷。京珠高速和107国道南北贯穿全境，交通区位优势明显。

境内资源丰富。山林面积5866.66公顷，林木开发利用率高。高岭土资源丰厚，探明矿藏涉及5个村，储量在1500万吨以上，是县建材工业园的资源宝库。粮、油、豆、茶、菜、果、鱼、禽等物产丰富。特色产业逐渐成为现代农业的支柱产业，全乡优质水稻年总产量4万吨，长湖优质无籽西瓜年总产量200万千克，2014年出栏生猪16万头，年出笼鸡鸭鹅苗2700余万羽，全乡农业产业结构调整呈现新格局，年人平纯收入达14430余元。

事业发展蓬勃。集镇全面实现“五化”工程；乡、村道路硬化建设全面完成，乡、村累计已硬化道路达170千米。整合教育资源，实施教育布局调整，投入资金1000多万元，对原有三所中学的教育行政、教师队伍、硬件资源和学生资源进行了科学组合；计划生育确保了人口计划，稳定了低生育水平，不断完善利益导向机制，优化工作环境，迎接省市县检查验收顺利过关，稳居全县一类乡镇之列；社会大局和谐稳定，群访、集访、越级访锐减；民政救助、医疗卫生、养老保险等社会事业蓬勃发展，普惠群众。

2014年，实现了长湖乡社会大局和谐稳定、财政收入大幅增长、民生建设长足改善、乡村面貌日新月异、全乡经济社会呈现出健康发展的强劲势头。

【工业园区经济】 长湖乡陶瓷工业区距离京珠高速公路4千米，107国道穿境而过，是岳阳县建材工业园的企业集中地，辖区长湖、光荣、大仙、新桥四个村有陶瓷企业4家，共占地133.33公顷。境内宏康、百森、天欣、亚泰等四家大型陶瓷生产企业现有生产线13条，共有员工7000人，其中安置长湖乡闲置富余劳动力3000人，共经营各类产品达100多种，分别销往东南亚地区和全国各地，年上缴国家税收8000多万元。2014年，长湖乡以科学发展观为统领，牢牢抓住招商引资和项目建设这条主线，以项目的节能化、工艺的先进化、建设的规范化和园区的可持续发展为主攻方向，加大节能减排力度，加大环境保护力度，加快建材产品结构优化升级步伐，全面推进新型建材工业园区的开发建设。

【项目建设】 2014年，长湖乡工业招商引资到位资金6400万元，规模工业企业总数达到18家。投资2600万元的光荣加油站已正式营业，投资2000万元的范家加油站主体工程已基本竣工。投资5000万元的湖南普为特项目已进入土地平整阶段，目前范家村的土地平整已完成，高家村的土地平整正在进行。投资5000万元的荣兴陶瓷原料公司已开工生产。投资2200万元的新桥花卉基地已基本建成；投资300万元的公租房一期工程已经竣工，配套设施全面完善，长湖中学教师已入住，解决了学校老师住房难的问题；投资600万元的公租房二期已全部完工，围墙、绿化等基础设施也已全面完成。

【基础设施建设】 水利方面，2014年，全乡有投资1250万的农业综合开发项目、投资1800万元的环洞庭湖基本农田保护项目、投资280万元的中小河流治理项目及投资400万元安全饮水工程都已相继开工建设，下半年投资100万元的沟渠疏浚工程对全乡各村大小渠道进行了一次全面的清淤扫障，解决了人民群众最关心的农田水利基础设施问题。电力方面，有5个村进行了农网改造，新增变压器21台。道路方面，有义门、三间、京广等5个村10.8千米乡村道路硬化。投资90万元的自强湖头界线桥于2014年12月建成竣工通车。

【农业品牌创优】 2014年，长湖乡被省定为岳阳县唯一的双季稻整建制推进乡镇，长湖乡进一步完善基地基础设施建设，大力培育合作社，成立水稻种植合作社8家，农业机械专业合作社两家，大米加工厂4家，水稻种植大户350

多家，同时加强技术指导，特别是集中精力大力推广集中育秧技术和优质稻种植，如工业大棚育秧、机插秧、超级稻等，全力推进整建制粮食高产创建工作，禁止抛荒、禁止单季稻，创建了旱坪、新许、湖头、自强、松山、范家、高家、断塘8个村666.66公顷粮食高产示范片，进行统一品种、统一育秧、统一播种、统一病虫防疫规模化种植。确保了全乡粮食高产丰收，2014年，长湖乡被评为全县粮食生产先进乡镇。

【社会大局稳定】 针对群众关心的吸贩毒，107国道流窜作案，侵财案件频发及流动赌场的综治难点，派出所、司法所进行了重点打击，收治重症贩毒患者3人，破获毒品刑案11例，强制戒毒19人，端掉赌博点6个，侦破侵财案件22起，刑事拘留31人，行政拘留67人，为群众挽回经济损失150余万元。2014年，长湖乡民调排名全市第七，全县排第二位。

【民生事业】 教育教学效果显著，2014年长湖乡中心学校正取县一中44人，位居农村中学榜首；全面落实各类强农惠农富农政策，新农合参合率96%，新农保参保率98%，发放养老金238万元，新型农村合作医疗、新型农村社会养老保险全面完成县定任务。"阳光低保"评议、重度残疾生活补助、农村居民危房改造全面落实，环境卫生整治效果明显，人居生活环境得到了进一步改观；林业资源得到合理开发利用，森林失火面积进一步缩减；畜牧业平衡有序，没有发生一起重大疫情，确保了健康发展。全乡人民普享社会发展成果。

（彭六良）

黄沙街镇

党委书记　吳旺兴
副书记、镇长　周立雄
副书记　鲁　伟
人大主席　梁拥军
政协联络办主任　秦　毅
纪委书记　王　庆
党委委员　刘　勇
副镇长　张志永
　　　　彭　会
人大副主席　董细红
办公室主任　米　军

【概述】 黄沙街镇东抵107国道，西濒洞庭湖，南接汨罗市，北枕岳阳县城，京广铁路、武广高铁、S201线公路及正在开工建设的岳望高速公路都穿镇而过，具有得天独厚的地理、交通区位优势，是岳阳县的南大门，自古就有"小长沙"的盛誉。1996年，原黄秀乡、大明乡并入黄沙街镇，镇域总面积129.4平方千米，耕地面积3150公顷，其中水田2400公顷，旱地750公顷。现辖35个行政村、3个居委会、两个渔场和1个林场，总人口5.4万人，其中非农业人口0.8万人，镇区常住人口近1万人。2014年，农民人均纯收入11692元。

经济发展实现快速增长。主要经济指标超额完成。2014年全镇实现地区生产总值10.09亿元，比上年同比增长8.4%；工业总产值6.07亿元，增长36.6%，农业总产值4.87亿元，增长9.6%；全社会固定资产投资完成8.25亿元，增长10.97%；人均纯收入达到13188元，增长12.8%。综合经济实力稳步增强。2014年，全镇实现地方公共财政预算收入160.8万元（其中国税10万元、地税142.3万元、非税收入8.5万元），上级财政补助收入1460.99万元，纳入一般预算管理的非税收入315万元。除去1998年固定收入基数上解118.29万元及县级扣款支出59.53万元，全镇共计可用财力1758.97万元，比2013年同比增长25.6%。

民生工程持续改善。扎实实施多项民生工程，共发放五保、低保、大病医疗救助等资金330万元，优抚资金120多万元，政策性农业保险参保率达到了70%。实施公共卫生管理项目12大项，41小项，资助贫困学生96名，完成农村危房改造110户，发放危房改造补助资金70.6万元，实施一事一议财政奖补项目28个。从2013年年底开始，在全镇范围内对原民办老师、代课老师、老年乡村医生这三类对象进行了全面摸底，通过宣传政策，个人申报，部门审核，阳光公示等环节，有730多名民办、代课教师和60多名老年乡村医生符合初审条件。待到上级主管部门审核完成后，这些符合条件的对象每月将可获得60至

120元不等的补助。

项目建设成效显著。一是积极主动做好项目呈报和实施工作。2014年4月成功申报了全国重点镇，为镇域经济发展打造了一个新的平台。环洞庭湖五期工程、黄沙河治理、黄沙中学图书馆等一批民生项目已开工建设。二是继续抢抓机遇,优化环境,狠抓重点工程建设。2014年针对岳望高速、台创园等重点工程坚持“一个项目一套班子一抓到底”的重点项目、重点工程推进机制,项目推进有力、有序、有效。岳望高速黄沙段已基本完成12.34千米的清表工作以及64栋房屋的拆迁工作。共完成台创园征收土地126.13公顷,已完成土地平整46.4公顷,D地块16.13公顷目前正在进行平整施工，剩余63.6公顷中的26.66公顷已完成砍青作业,37公顷林业部门的砍伐手续已在2015年1月中旬办理完毕。

农业生产硕果累累。黄沙街镇是典型的农业大镇，为保证粮食的安全与发展，认真抓好双季稻和秋冬生产工作。一是认真抓好双季稻生产，全镇共完成双季稻播种面积5200公顷,通过狠抓落实，全镇的粮食产量和质量有了明显的提高。二是推广了早稻集中育秧、病虫害专业化防治、测土配方施肥等技术，不断地提高单位面积产量，同时认真做好了中乔村及9组粮食产量抽样调查点工作。三是较好地完成了水利工程建设。2014年,黄沙街镇全面完成了对岳汨、荣湾分干进行清淤扫障工作,树立了天然、坪桥两村黄沙支渠的先进典型，并组织了部分村干部进行现场观摩,全镇沟渠疏浚工作推进顺利。四是探索农业生产发展的步伐，支持专业合作的发展。引导驰田蔬菜、苹果桃、宏天水果等专业合作社的发展,促进了玉米、马铃薯、桃子、葡萄、柑橘等作物的联合生产，有效地化解了农业的市场风险,确保了农民收入的稳定增长。

社会治理稳步推进。一是成立强有力的维稳班子。做到主要领导亲自抓,分管领导具体抓。二是采取强有力的工作措施。加大矛盾排查化解力度，加大对重点管理对象的稳控力度，明确了镇村责任人,务必保证无上访现象。三是保证各项信访维稳经费近10万元，一年来社会大局稳定，没有出现安全生产事故，没有发生群访事件，确保了无越级上访现象。

社会事业全面进步。农村电网改造方面,2014年完成了九元等15个村的农网升级改造工作，目前，电气化乡项目有和平、存仁、黄金、红卫、友义、黄秀、周冲等7个村已基本竣工，先锋等8个村的电气化项目准备已获省公司审批通过,计划马上启动。

新农合新农保方面。2014年，新农保参保率达到100%，新农合筹资工作也很好地完成了县定任务。集镇管理方面,充实了城建办力量,整顿集镇经营秩序,开展了针对集镇乱停乱靠、出店经营、占道经营等问题的专项整治,组织了机关干部职工参与集镇卫生大扫除，标划了2000多米集镇街道交通标线,加强了集镇日常化管理。

【全国重点镇创建】 通过抓规划编制、抓项目建设,认真核查相关数据,编制申报材料进行上报,同时对申报材料的信息进行网上录入,并得到家乡在外领导的支持。2014年7月，被住房城乡建设部等部门正式批准为国家重点镇，与新墙镇同为全县两个全国重点镇之一。全国重点镇是小城镇建设发展的重点和龙头，成为全国重点镇后，国家和省市县将在政策、土地及项目安排上对全国重点镇建设发展予以扶持，以加快镇域经济的发展。黄沙街镇将以全国重点镇为契机，积极拓展城镇空间、完善城镇功能、提升文化品位、集聚镇区人气,实现特色生态产业、非公有制经济、集镇建设的良好互动，使全镇经济和社会实现又好又快发展。

【黄沙河治理】 黄沙河治理项目是国家中小河流治理项目,在黄沙街镇范围内主要是实施裁弯改直、堤岸护砌、河道清淤等工程。工程从2014年10月启动,预计需投入资金1100余万元,将惠及青山、存仁、先锋、新堤、黄金、廖山、树德、坪桥、六合、光华、和平等村。

【黄沙中学图书馆建设】 2014年11月，黄沙中学图书馆工程正式开工建设，图书馆工程选址黄沙中学,设计为两层框架式结构,占地面积647.53平方米，总建筑面积1295平方米。项目总投资200万元，资金由湖南省光彩事业促进会捐赠。

【安全饮水工程】 黄沙街镇安全饮水工程从2012年开始启动，一期自来水厂建设已经全面竣工，从2014年9月起，工程进入了二期管网延伸工程。工程设计日供水量为10000吨，受益人口22000人，工程总投资1698万元。工程的建设将让群众喝上干净水、放心水、可靠水。

【党建工作】 在全镇51个支部，1270名党员干部中深入开展了党的群众路线教育实践活动，进一步密切了党群联系，大大促进了党员干部的作风转变。把好“入口”，畅通“出口”，提高党员质量，优化党员结构，纯洁党员队伍。2014年，全镇共培养入党积极分子20人，发展预备党员19人，预备党员转正18人；处理违纪党员4人，党内警告1人，严重警告2人，留党察看1人。调整和优化村级班子，新选拔优秀年轻的支部书记6名、村主任11名。大力整顿软弱涣散支部，改组1个村支部，免去2个村的支部书记职务，支部的战斗堡垒作用进一步夯实。制定方案，对村、居委会承担的公共事务进行了全面清理整顿，切实解决村级存在的牌子多、台账多、检查评比多等问题，为村里减压减负。加大村级运转经费保障力度，在保证村级运转经费6万元足额到位的情况下，给每村配套1万元，共计投入38万元。

【作风建设】 在全镇范围内深入开展了以为民务实清廉为主题的党的群众路线教育实践活动，对党员干部身上存在“四风”问题进行了一次大排查、大清扫、大整治。完善“五小设施”建设，改善了干部职工工作生活条件。同时，严格落实上班签到制度，干部上班出勤率明显提高；严格落实负责干部带头住机关制度，有效地改变了“走读”的问题，行政服务效率明显提高；严格落实工作督查制度，着力解决干部脱岗和“慵、懒、散”问题，有效扭转了部分干部涣散的工作作风。

（米　军）

中洲乡

党委书记　许吉程
副书记、乡长　费时铭
副 书 记　李九斤
人大主席　陈登高
政协联络办主任　毛虎勇
党委委员　万满平
纪委书记　胡孟生
副 乡 长　付　勤
　　　　　王　会
人大副主席　周正操
办公室主任　费军民

【概述】 中洲乡地处东洞庭湖畔，东接岳汨路，南抵汨罗，北邻县城，西达洞庭湖，紧靠鹿角水运码头，距107国道、京珠高速20千米，水陆交通十分便利。辖25个行政村，1个渔场，189个村民小组，6758户，3.1万人，其中非农业人口2300人，人口出生率为16.17‰，人口自然增长率为8.22‰。总面积74.3平方千米，耕地面积2866.67公顷，其中水田面积1302.3公顷，旱地面积1564.33公顷，山林面积926.8公顷，可养水面积1666.67公顷。中洲乡是七十年代为安置铁山库区毛田、月田、公田、黄沙、荣湾五个区的部分乡镇移民围湖建垸成立的建制乡，1981年将原中洲、红旗两乡合并为中洲乡，1983年设为中洲、兴旺两个乡，1995年撤区并乡为中洲乡，属典型的湖区移民乡镇。

宝塔集镇占地5.4平方千米，街道长1.5千米，有集贸市场1个，门面720个，建筑总面积48000平方米。为落实集镇提质扩容目标，计划投资1亿元的宝塔集镇新街道工程已开工建设，建成后的新街道既可缓解垸内群众建房困难，又可带动全乡经济发展。位于宝塔集镇的中洲水厂日供水量5000吨，能保证全乡人民的日常饮用水。全乡共有3所小学，师生4815人，为整合教育资源，在宝塔集镇新建了一所现代化的新中学，现正在对现有的两所中学合并。

全乡交通便捷，垸内路渠紧紧相依，正南正北，将湖区勾勒成30格。垸内平均地势25.6米，年降雨量在1400/1800毫米，属亚热带季风性湿润气候。土质肥沃，湖泊众多，是洞庭湖畔的“鱼米之乡”。主要农产品有粮、棉、油、菜、猪、鸡、鸭、鱼，是岳阳县的棉、粮、大白菜、西瓜基地和特色水产基地，中洲龙虾、螃蟹远近闻名。2014年，全乡粮食总产量达20000余吨，其中水稻年产量为11000余吨。全乡黏土、硅砂矿储量十分丰富，年产15万吨的硅砂矿畅销全国13个省市。乡企业有洞庭水湘、蓝海科技、涌泉弹簧厂、湘之渔食品等，年产值过亿元。

2014年，中洲乡共投入500余万元持续推进了宝青路、费家湖大堤、青镜至寒湖等主要交通要道的破损路面维修工作；投资2000余万元，启动了北套电排新建工程；投资160余万元启动了排污管网设施建设；投资371万元启动了宝塔水厂安全饮水管网工程建设；投资563万元，启动了中洲中学通校道路建设，中洲中学办公楼正在施工建设中；投资300余万元，启动了乡卫生院综合办公楼建设，目前正在施工建设中；为做好通用航空项目协调工作，对机场实施了整体封闭；湘之渔食品有限公司年产值达1亿元，可解决300人就业；引进投资3000余万元的万利扬食品有限公司已投产；引进投资1.1亿元的洞庭水湘食品有限公司已建设完工。该项目已投产，可解决500—800人就业，员工人均年工资收入可达4万元。

【规划建设】 2014年3月，为加快农村规划建设工作，引导农民合理建房，保护耕地，投入20余万元完成了宝塔集镇和村级规划编制工作。4月17日，中洲乡第五届人民代表大会第三次会议对《中洲乡总体规划(2012—2030年)》进行了审议表决，与会全体同志以举手表决的方式一致通过了《规划》。 (卢灵隐)

【乡村道路建设】 2014年，针对中洲乡地处湖区，路基松软，全乡道路破损严重，部分道路较窄，给群众的生产生活带来了诸多不便的现实情况，在2013年投入20余万元搞好宝塔集镇破损道路维修工作的同时，持续推进全乡破损路面的维修、路面拓宽和断头路扫尾工作。投入220余万元对宝青路、十字村至平湖村的南北二号公路等主要交通要道的破损路面进行了维修；投入260余万元对青镜至寒湖、宝塔集镇至六门闸等全乡较窄的主要道路进行了路面拓宽；投入17万元，完成了全乡唯一的一条断头路——义合村12组至铜盆村2组的道路硬化工作。 (费军民)

【水利基础设施建设】 2014年，为进一步完善全乡水利基础设施，保障农民基本农业生产，提高基本农田灌溉率，切实维护垸内群众生命财产安全，解决群众基本用水需求，中洲乡投资2000余万元，启动了北套电排新建工程；投资160余万元启动了排污管网设施建设；投资371万元启动了宝塔水厂安全饮水管网工程建设，新增建一座可容纳150—200吨的水塔，对集镇供水机组设施进行升级改造。预计完工后，将解决宝塔集镇、19个行政自然村、18个乡属部门和4所中心学校，共4968户，2.48万人口的安全饮水难题。 (卢灵隐)

【中洲中学通校道路建设】 2014年，为彻底解决中洲中学师生进出难的问题，整合教育资源，消除安全隐患，保障师生的教学安全，中洲乡投资563万元，启动了中洲中学通校道路建设。中洲中学始建于1979年，因湖区地势低洼，又经三十多年风雨侵蚀，多栋房子鉴定为D级危房，2012年春季，中洲中学由原南套中学迁入宝塔集镇，在宝塔集镇凌云塔畔新建了全县唯一一所高标准的农村中学。新校区占地面积28600平方米，新建校舍6000平方米，总投资约1800余万元。(卢灵隐)

【湖南洞庭水湘食品有限公司落户中洲】 2014年8月，湖南洞庭水湘食品有限公司落户中洲。该企业是中洲乡优越的资源环境引来的众多"金凤凰"之一，是一家专业从事豆制品和洞庭湖野生鲜鱼深加工的大型食品加工企业。项目投产后，将进行鱼制品、豆制品等特色产品加工，预计年生产5000吨淡水鱼制品、5000吨豆制品，年产值可达3.72亿元，年利润2120万元，年创税910万元，能就近解决500—800人就业。湖南洞庭水湘食品有限公司中洲项目基地的建立，对于带动中洲乡的渔业发展、提高劳动力就业、创立特色品牌、拉动区域经济发展均具有重要的意义。 (费军民)

先进人物

【黄亚飞】 男，58岁，中共党员，小学高级教师，两岁时因意外事故导致全身大面积烧伤，左手五指全无，右手仅剩三根不到常人一半长短的残指。1975年至2014年，他先后在岳阳县饶村乡大峰小学、双石小学、江南小学和居公完小教书，从教40年来始终坚持育人为本，敬业为荣的工作理念，一直站在教学教研前沿。每次全乡或全县教学质量检测，所任教的学科，学生人平分数名列榜首；所带的班级学生无一人流失、无一次安全事故、无一例体罚事件，创造了山区小学教育的奇迹。他撰写的《东方明珠　繁华香港》《盼澳回归　洗雪国耻》《宝岛台湾　我们爱你》《钓鱼岛　中国的》先后在教育期刊上刊登，享有港、澳、台、钓四个主题班会活动设计“全国第一人”的美誉。迄今为止，黄亚飞公开发表81篇学术论文，为湖南省山区教师“第一人”；科研成果获奖证书120个，属岳阳市小学教师“第一人”。他先后被评为岳阳县道德模范、岳阳市残疾人自强标兵、湖南省优秀教师和湖南省最可爱的乡村教师。2014年5月，他作为“湖南最可爱的乡村教师先进事迹报告团”成员之一，在三湘大地巡回报告，引起强烈反响。同年9月，他被评为“全国模范教师”，光荣出席了第30个教师节暨全国优秀教师表彰大会。2014年9月9日，他与全体获奖代表一起在人民大会堂受到了中央政治局四位常委的热情接见，总书记习近平与他亲切握手。他教书育人的典型事迹，多次被国家级、省级媒体报道，他就像大峰山区教苑的一支红烛，将残缺的人生化作光和热，点亮了山里孩子的希望和梦想。

【刘冬平】 男，1975年10月出生，高中文化，县政协委员，湘北汽车服务公司总经理、岳阳县微水爱心志愿者协会创办人、会长。刘冬平多年来一直致力于岳阳县爱心志愿服务事业，坚持开展扶贫助学济困活动，先后启动了“微水爱心超市、道德荣光、爱心圆梦、爱心义卖、寒冬送暖、爱心送考、携手壹基金“温暖一家人”、关爱留守儿童”等主题志愿服务活动。在其精心培育和积极呼吁下，协会目前已发展成为拥有400多名志愿者的服务团队，志愿服务力度和影响力不断扩大。仅2014年，协会在特困党员慰问、敬老爱老、受灾群众救济、白血病学生、特困学生与留守儿童、病残儿童救助等活动中，募集、捐献的爱心义款达50余万元。鉴于其数年如一日的爱心义举，2015年1月8日，湖南省“忠实履职，奉献湖南——最美政协人”宣传暨评选活动组委会、政协湖南省委员会湘声报社授予刘冬平湖南省“忠实履职，奉献湖南——最美政协人”提名奖荣誉称号。

【李满秋】 岳阳县司法局相思司法所所长李满秋，在偏远山区坚守司法行政工作一线11年，把群众当亲人、把司法所当家，视事业为生命、视名利为浮云；他践行人到、心到、法到、情到的“四到”工作法。人到，就是本人第一时间赶到现场，让群众看到干部的态度和效率；心到，就是诚心做人，尽量放低架子，用心做事，善于发现和解决问题的症结；法到，就是依法依规、合情合理处理矛盾纠纷，在维护群众合法权益的同时，不纵容支持非法无理诉求；情到，就是满怀感情为群众服务，急群众所急，解群众所忧。他曾为赶赴现场调解而摔成重伤，做完开颅手术后不到半年又投入工作，他曾在大年初一的凌晨三点多赶赴现场处理矛盾纠纷。11年来，他指导化解各类矛盾纠纷近2000起，调解成功率在99%以上，无一例民转刑。他先后被评为岳阳县劳动模范、湖南省优秀人民调解能手和全国人民调解能手。2014年，《法制日报》对他的事迹进行了宣传报道。

附录：
岳阳县特色农产品简介

黄颡鱼

黄颡鱼是湖南省岳阳县的特产。在岳阳县已有100多年的养殖历史，黄颡鱼营养价值丰富，鱼肉中含有叶酸和多种维生素，具有滋补健胃、清热解毒、止嗽下气等功效。

黄颡鱼体长，腹平，体后部稍侧扁。头大且平扁，吻圆钝，口大，下位，上下颌均具绒毛状细齿，眼小，须4对，大多数种上颌须特别长，无鳞，背鳍和胸鳍均具发达的硬刺，刺活动时能发声，胸鳍短小，体青黄色，大多数种具不规则的褐色斑纹；各鳍灰黑带黄色。其肉质细嫩，无小刺，多脂肪，其蛋白质含量为16.1%，脂肪为0.7%。

黄颡鱼性味甘平，能益脾胃，利尿消肿，《医林集要》治水气浮肿，即以黄颡鱼配绿豆、大蒜，用水煮烂，去鱼食豆，并取汁调商陆末服，攻补兼施，对脾虚而肿满甚者尤其适宜。

黄颡鱼主养区在岳阳县的城关、鹿角、麻塘、黄沙街、新墙、柏祥、筻口、张谷英、新开、中洲、长湖、步仙、云山、饶村14个乡镇，其中国营中洲渔场经过多年科学研究，基本掌握了黄颡鱼生长特性，在亲本培植、育苗、成鱼商品化等各方面取得突破性进步，使岳阳县黄颡鱼年产量达500多万千克，除在本地销售外，还销售到长沙、武汉等大中城市和出口日本、韩国等市场。

藜　蒿

藜蒿学名狭叶艾，又名芦蒿、水蒿、青艾等。本草纲目草部第十五卷记载：藜蒿气味甘甜无毒，主治五胀邪气，风寒湿脾，补中益气，长毛发，久食轻身，耳聪目明，防衰。中医认为其除食用之外还有清热、利湿、杀虫之功能。

岳阳县的藜蒿，生长在岳阳县中洲、麻塘、黄沙镇沿湖一带。据史料记载，皇宫后妃们发现藜蒿有十分明显的排毒养颜作用而竞相购买，京城一带呼之“贵妃草”。明朝朱元璋在金陵称帝后，指定岳阳县县官在清明时节进贡嫩藜蒿食用，因此民间又称之为“贡草”“洞庭人参”。该地区常年生产鲜嫩藜蒿两万吨以上，主要销武汉、南京、合肥、上海、长沙、北京等地。

岳阳藜蒿系菊科蒿属多年生野生草本植物，其嫩茎可作蔬菜食用，每100克可食部分中含蛋白质3.6克，钙730毫克，硫胺素0.0075毫克、磷102毫克、胡萝卜素1.39毫克、抗环血酸49毫克、铁2.9毫克。其茎清香鲜美，脆嫩爽口，营养丰富，含蛋白质、 粗纤维、碳水化合物和多种微量元素，具有开胃、止血、消炎、镇咳、护肝、防癌抗癌等功效。

以岳阳藜蒿为食材的主要菜品有：藜蒿炒腊肉、藜蒿炒香干、藜蒿炒牛肉。随着人们菜谱的变化，经过人工栽培的藜蒿走进了寻常百姓家，也步入了高档次的宾馆、酒店。为适应市场需要，岳阳县人工种植藜蒿2000公顷，一般藜蒿亩产鲜茎4000千克—5000千克，效益较高。

烟薰茶

烟薰茶是岳阳县的土特产，乡人谦称“粗茶淡饭”，烟薰茶算是名副其实的粗茶。顾名思义，烟薰茶是经过烟熏制作的茶叶。烟薰茶至今依然是千家万户手工制作，细梗粗叶，外观呈黑色，散发着扑鼻的烟熏香味，泡出来的汤水黑黄而浓酽。目前，全县的烟薰茶产量很低，每年仅10吨左右。

岳阳烟薰茶是利用当地盛产的新鲜的茶叶加工而成，具体生产工艺：首先将新鲜的茶叶倒下去翻炒杀青，轻烟蒸腾，清香弥漫，大锅里那堆起小山样的茶叶，很快就熟蔫。端出去复又在晒簟上摊开来略冷却，将青熟的茶叶簸拢了，趁着余热揉捻起来，挤压出青青的涩汁。复又摊冷，回锅加温，再揉捻熟了，盖上白棉毛巾，让其发酵，烘干熏烟即成。

烟薰茶味道苦带甘，性味是寒性，有清头目、醒昏睡的作用，当疲倦乏力嗜睡多睡，头目昏沉时饮用，可以提神、振奋神经；茶有化痰消食下气的功效，当油腻的食物吃得很多，导致肠胃不适时，喝茶有消油脂作用，而咳喘人饮茶也有化痰降气的功能；茶有利尿止泻的作用，偶尔喝茶的人会有感觉，小便的量会增加，茶本身有利尿的功效，这是因为茶叶中所含茶碱的作用，而茶叶中鞣质则有止泻的功能。

芭蕉扇

岳阳芭蕉扇始产于明末清初，为国内名扇之一，品种繁多，工艺精湛，美观耐用。目前品种多达200多个，主要分为纸扇、羽毛扇、绢扇、骨扇、宫扇、帽扇、轻便扇、套扇、戏剧舞蹈扇和香木扇等十几大类。

岳阳芭蕉扇也是珍贵的艺术品。该扇骨以当地盛产的竹制成，光亮轻巧，镂刻精美。有五把、八把、十五把组成的套扇。扇面设计想象丰富，取材广泛，构思新颖，有山水风景、名胜古迹；有花鸟虫鱼、名言警句；有历史人物、神话传说等，那烟波浩渺的洞庭湖，秀丽的君山，富丽堂皇的岳阳楼，巍然屹立的慈氏塔，无不展现在扇面之上，万紫千红，五彩缤纷，美不胜收。

新中国成立以后，岳阳县芭蕉扇制作工匠组成扇业合作社，使传统手工技艺得以传承，并形成十二大系列，1600多个花色品种，年产各类扇1200万把。改革开放以来，岳阳县芭蕉扇走出国门，先后远销至西班牙、英国、日本、韩国。

张谷英油豆腐

岳阳县张谷英镇有600多年的历史，是国内保存最完整和最大的明清时代的汉居，属国家重点文物保护单位。张谷英在湘北地区也小有名气，像用古井水做的油豆腐，张谷英豆腐乳，岳阳小干笋，农家土猪腊肉等都是当地非常有特色的食品。

岳阳张谷英油豆腐，是用张谷英镇生产的黄豆、渭洞茶油和龙涎井清泉，采取传统工艺加工而成。色泽金黄，空心酥软，内含丰富的蛋白质、维生素A、维生素B、铁、钙、磷质。油豆腐属于百搭食材，可以与肉类、各种蔬菜同炒，也可以煎、炸、烩、煮、炖，都能做得味道鲜美可口，常食对减肥健身、防治高血压、便秘等有明显作用。

目前，岳阳油豆腐年产量达4万吨，除本地销售外，还销售到长沙、武汉、广州等城市。

罗内土鸡

罗内土鸡是岳阳市著名的肉蛋兼用型地方优良鸡种，在岳阳县已有200多年的饲养历史。毛色以黄色、黄麻为主，青腿青脚青喙，体型中等，具有耐粗饲，抗病力强，肉质细嫩等特点。

岳阳罗内土鸡属黄鸡类型，具有产蛋多、蛋大壳厚、遗传性能稳定等特点，为蛋肉兼用鸡。全县均有分布，体躯呈三角形，羽毛丰满，单冠直立，六个冠齿，冠后缘分叉，冠、冈挥、耳垂呈鲜红色，眼大有神，味短呈青黄色。公鸡毛呈金黄色，母鸡以黄色、麻黄色为多。母鸡长到180天开产，年产蛋为130—200枚，平均蛋重50克，蛋黄呈鲜红色。成年公鸡体重2.1千克，母鸡1.5千克，为湖南省宝贵的家禽品种资源之一。

岳阳罗内土鸡有以下突出的优良性状：一是耐粗饲，抗病力强，适宜野外放牧散养；二是肉质细嫩，肉味鲜美，汤汁醇厚，营养丰富，具有较强的滋补功效；三是母鸡产蛋较多，蛋大，蛋清较稠，蛋黄色深，蛋壳厚，耐贮运。

兰花萝卜

兰花萝卜是岳阳县著名的传统酱菜之一，早在明末清初利用当地盛产的皮薄、肉嫩、光洁的鲜萝卜为原料，辅之以辣椒粉，盐创制而成。后经改进，萝卜经数刀切后，仍为一个整体，提起时形同盛开的兰花，又如过去农民的雨具蓑衣，故又名蓑衣萝卜。它保存了传统的鲜辣风味，又有脆嫩郁香的余味。同时，还有助于消化，增加食欲，一直畅销湘北市场。

岳阳兰花萝卜，经过原料选择和预加工处理、腌制、切制、漂洗、拌和。原料配比量：萝卜咸坯100千克、香油4千克、优质辣椒粉3千克、酱油40千克，和均匀后封坛包装，过3—4周即可食用。产品具有色泽金黄、红润，造型美观，如花似棱，味道香、甜、辣相间，脆嫩可口，并有开胃增食之功。

王　鸽

据《越绝书》所载，“蜀有苍鸽，状如春花”。相传楚汉相争时，被项羽追击而藏身废井中的刘邦，放出一只鸽子求援而获救。岳阳县古称“巴陵”，属楚国，从汉代就已开始养殖鸽子，俗称“白凤”。很多老式房屋的屋顶隔层间就有鸽巢，普通人家仅仅把它们当作宠物或者信鸽等。但其中不乏小有规模的养殖专业户，所养殖鸽子已送上邻里乡亲的餐桌。

鸽是鸽形目鸠鸽科数百种鸟类的统称。我们平常所说的家鸽只是鸽属中的一种。经过几百年的品种培育，岳阳王鸽体质健壮，结构匀称，发育良好，性情温驯，采食性强，额宽喙短，眼大有神，胸宽深而向前突出，龙骨直，腹大柔软，两脚间距离宽。背长而开阔，尾长而末端纯圆，大腿丰满，跗趾和趾较短，脚色为红色。

岳阳王鸽肉美、营养丰富，著名的乌鸡白凤丸就是用乌鸡和白凤（王鸽）为原料制成。它所含的钙、铁、铜等矿物质及维生素A\B\E等都比鸡、鱼、牛、羊肉的含量高。鸽肝了中含有最佳的胆素，可以帮助人体很好的利用胆固醇，防止动脉硬化。鸽肉里含有丰富的泛酸，防止脱发、白发和未老先衰等都有很好疗效。

鸽肉里含有丰富的软骨素，可增加皮肤弹性，改善血液循环，可加快伤口愈合。现代医学、生命科学、营养学研究表明：乳鸽的营养指数在生物类中占首位，每千克鸽体含5.02×106焦耳能量，消化吸收率可达91%以上。鸽具有超常的神经定位和控制系统，脑中分泌丰富的松果体素，鸽是禽类唯一的无胆动物，肝脏中储存着丰富的胆素，血液中含有丰富的血红蛋白，骨骼中有大量的软骨素。这些特殊的营养成分，对调节人体大脑神经系统，改善睡眠，增进食欲，帮助消化，激活性腺分泌和脑垂体分泌，以至全面平衡人体机能，调理并强壮身体，有着特殊的食疗作用。有益于人体能量的储存和利用，维持肌肉和神经系统的正常功能，改善心肌收缩和凝血功能；有关资料表明，乳鸽不但所含的营养价值比其他家禽要高，而且具有很高的食疗滋补作用。乳鸽还是珍贵的中药材，素有“肉中人参”之美称。

鸽蛋营养成分：每100克中含有：蛋白质—13.2克；脂肪—14.8克；钙—102毫克；铁—4.10毫克；硒—28.66微克

鸽肉营养成分：每100克中含有：蛋白质—24.49克；脂肪—0.73克；碳水化合物—1.72克；钙—313毫克；硒—26.23微克

鸽肉和鸽蛋营养丰富，含有多种人体必需的氨基酸和维生素，是高蛋白、低脂肪珍品，而且具有很高的药用价值，具有增强人体免疫和造血的功能，对术后的伤口愈合、产后的恢复调理及儿童的生长发育更具功效。鸽蛋口感比较细嫩、爽滑，而且富含高蛋白、软骨素、维生素B5等多种营养成分，长期食用具有增强皮肤弹性、改善血液循环、清热解毒等功。

鸽肉鲜嫩味美，可做粥，可炖、可烤、炸、烤、可做小吃等。清蒸或煲汤能最大限度地保存其营养成分。炒鸽肉片宜配精猪肉；油炸鸽子的配料不能少了蜂蜜，甜面酱，五香粉和熟花生油。鸽肉四季均可入馔，但以春天、夏初时最为肥美。欲健脑明目或进行病后和产生调补中，可将乳鸽与参杞配伍，佐以葱、姜、糖、酒一起蒸熟食之。也可配芪杞，食用法与上述相同。

岳阳雷公藤

岳阳雷公藤，又叫黄藤、黄腊藤、菜虫药、红药、水莽草，为卫矛科、雷公藤属植物雷公藤的根，藤本灌木，主产于湖南、福建、浙江、安徽、河南等地。岳阳县属中亚热带季风气候，四季分明，温暖湿润，雨量充沛，无霜期长，具有明显的山地立体气候，非常适宜雷公藤生长。也正因为地貌的原因，岳阳县在三国时期就有人工栽培雷公藤的历史，产量较大，《三国志》中即有曹操水军“煎黄藤，去暑热”的历史记载，故中医界又称“岳阳雷公藤（或岳阳黄藤）”。

岳阳雷公藤属灌木，高1—2米，小枝棕红色，具有4—6根细棱，被密毛及细密皮孔。叶椭圆形、倒卵椭圆形、长方椭圆形或卵形，长4—7.5厘米，宽3—4厘米，先端急尖或短渐尖，基部阔楔形或圆形，边缘有细锯齿，侧脉4—7对，达叶缘后稍上弯；叶柄长5—8毫米，密被锈色毛。

岳阳雷公藤雌雄异体，雄株不开花不结果，雌株开花，圆锥聚伞花序较窄小，长5—7厘米，宽3—4厘米，通常有3—5分枝，花序、分枝及小花梗均被锈色毛，花序梗长1—2厘米，小花梗细长达4毫米；花白色，直径4—5毫米；萼片先端急尖；花瓣长方卵形，边缘微蚀；花盘略5裂；雄蕊插生花盘外缘，花丝长达3毫米；子房具3棱，花柱柱状，柱头稍膨大，3裂。

岳阳雷公藤翅果长圆状，长1—1.5厘米，直径1—1.2厘米，中央果体较大，约占全长2/3—1/2，中央脉及2侧脉共5条，分离较疏，占翅宽2/3，小果梗细圆，长达5毫米；种子细柱状，长达10毫米。生于背阴多湿的山坡、山谷、溪边灌木丛中。喜较为阴凉的山坡，以偏酸性、土层深厚的沙质土或黄壤土，pH值5—6最宜生长。味苦、辛，性凉，大毒。归肝、肾经。功效祛风除湿、通络止痛、消肿止痛、解毒杀虫、肾炎、解热阵痛、杀菌、器官排斥用药、各种肿瘤等。

2010年，雷公藤列入国家濒危植物。

岳阳雷公藤是中药的瑰宝，其含有雷公藤内酯醇即雷公藤甲素（triptolide），表雷公藤内酯三醇（epitriptriolide）、乙素、红素，雷公藤碱（wilfordine），雷公藤次碱（wilforine），雷公藤碱乙（wil-forgine），雷公藤碱丁即雷公藤春碱（wil-皮酰胺（celacinnine），南蛇藤β-呋喃甲酸胺（celafurine），南蛇藤苄酰胺（celagbenzine），雷公藤内酯（wilforlide）A、B，雷酚萜醇（triptonoterpenol），16-羟基雷公藤内酯醇（16-hydroxytripto-lide），雷贝壳杉烷内酯（tripterifordine），对映—雷贝壳杉烷内酯（antripto-lactone），雷公藤酸（tripterygic acid），直楔草酸（orthosphenic acid），β-谷甾醇（β-sitosterol）及胡萝卜甙（daucosterol）。

岳阳雷公藤广泛应用于治疗风湿病、肾炎、脉管炎、红斑狼疮、银屑病、肺结核、各种肿瘤、节育、消炎、杀菌、解热镇痛、器官排斥用药，且对疑难顽症具有独特治疗作用。在基础领域则进行的生物、化学、药理，免疫和毒理等方面的研究已取得了172种单体，发现了极有发展前景的新型药物和零残留新型生物农药。

20世纪70年代，湖北省洪湖市中医院周承明老先生到岳阳县麻塘镇麻布大山挖采岳阳雷公藤，用自己的生命实验出岳阳雷公藤可以治疗类风湿病，三九黄石药业生产岳阳雷公藤片产值过亿元。

美国哈佛大学医学院和波士顿儿童医院从岳阳雷公藤研究出名叫瘦素的单体，减肥效果远远超过目前市场上任何一种减肥药，而且还是降低胆固醇，优化肝功能，改善糖代谢，从分散研究走向重点研究，并引起国内国际医药界科研界的广泛关注。